全国
地名手話マップ

財団法人全日本ろうあ連盟出版局

はじめに

国の主導による、いわゆる「平成の合併」により、全国の市町村合併が進み、2009年1月現在で1781市町村になりました。

全日本ろうあ連盟出版局では1969年から手話の語彙集である『わたしたちの手話』シリーズを刊行しておりますが、そこには都道府県及び主要都市の手話を1・3・10巻に分けて掲載してあります。しかし全国全てを網羅しておらず、全国を一覧する地名手話本の発行が望まれておりました。そこで今回の「平成の合併」を機に全国を一覧できる地名手話の本を上梓しました。

紙面の都合上、町村は掲載できませんでしたが、2009年1月現在の全市（東京のみ区含む）806ヶ所を一挙掲載しました。

当連盟は全都道府県に傘下団体を擁しておりますので、実際に各地で使われている手話表現を傘下団体から提出してもらい作成しました。

本書は多様な使い方ができます。自分の居住地域の手話を確認するのはもちろんのこと、全国にどのような市があるのか知識を深めるにも便利ですし、児童・生徒の地理学習にも役立てることができます。ニュースで地名が出たときなど「どこらへんかな？」とすぐ調べることができますので、居間など身近な場所において使いこなしてください。

なお、傘下団体の中には、独自に、市だけでなく町村も網羅した地名手話の本を発行している地域があります。巻末に資料として情報を掲載しましたので、詳しく知りたい方はどうぞお問い合わせください。

では、本書で楽しい手話の旅におでかけください。

財団法人全日本ろうあ連盟
出版局長　石野富志三郎

全国地名手話マップ

●目次●

この本の見方

イラストの記号説明

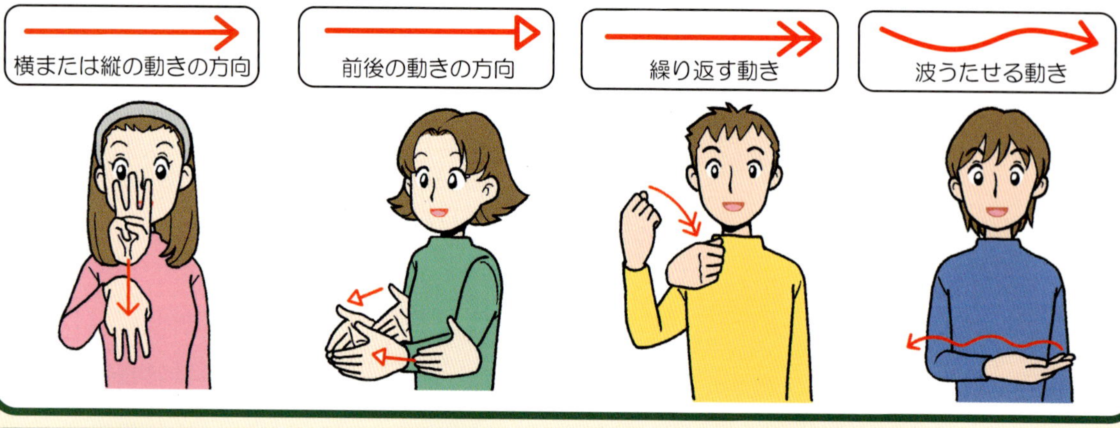

●●都・●●府・●●県・●●市・●●区の手話

〇〇都（と）

ポイント 指文字「ト」を表わす。

〇〇府（ふ）

ポイント 指文字「フ」を表わす。

〇〇県（けん）

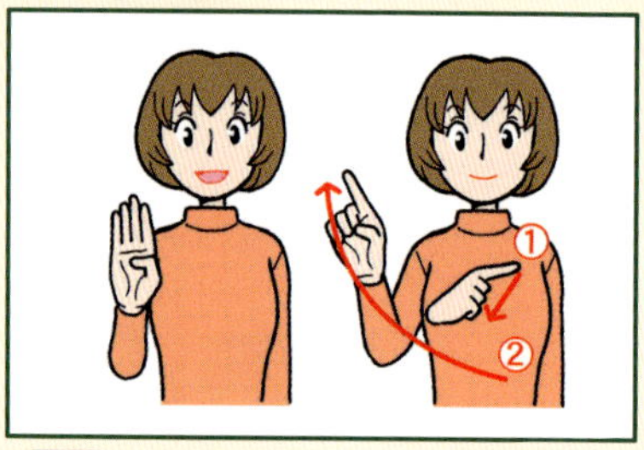

ポイント 指文字「ケ」「ン」を表わす。

〇〇市（し）

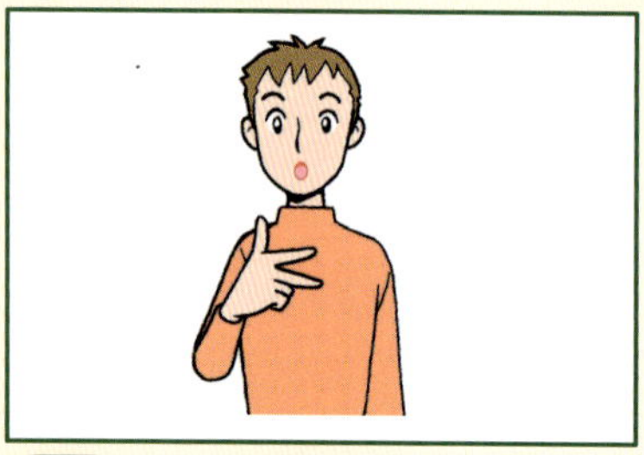

ポイント 指文字「シ」を表わす。

〇〇区（く）

ポイント 指文字「ク」を表わす。

表現例

●奈良県

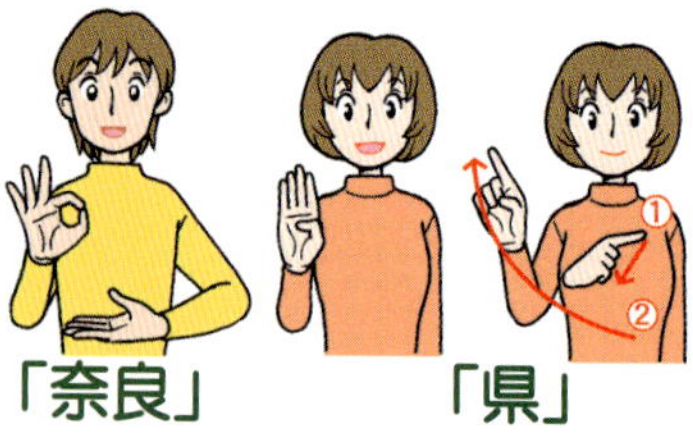

「奈良」　「県」

●伊東市（静岡県）

「伊東」　「市」

●品川区（東京都）

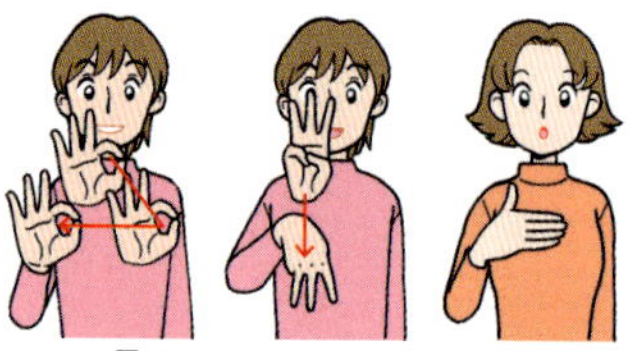

「品川」　「区」

※本書の手話表現は「右利き」の方を基本にしていますが、それは絶対ということではありません。
手の方向さえ正しくしていただければ、自分にとってやりやすい手に変えていただいてかまいません。

北海道ブロック

北海道 （ほっかいどう）

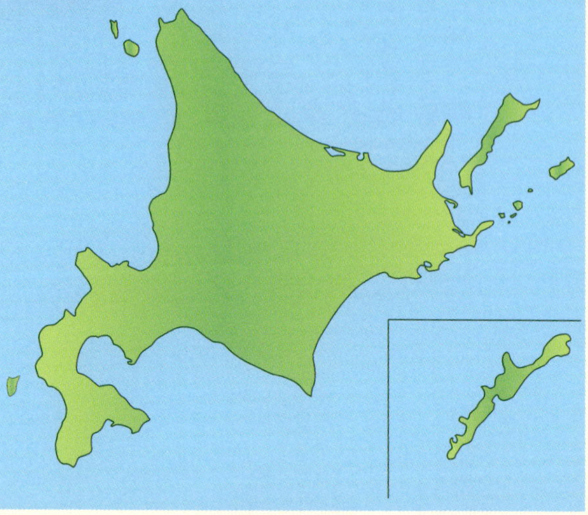

ポイント 両手2指で菱形（北海道の形）を描く。

❶札幌市 （さっぽろし）

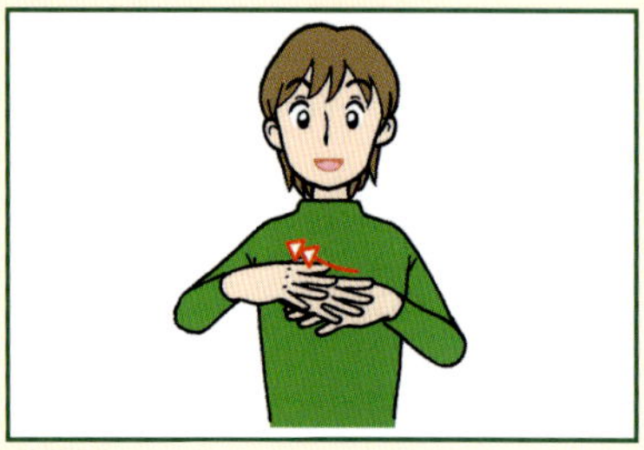

ポイント 両手を、左手を下にして重ね右手を手前に引く動作を繰り返す。
※碁盤の目の形をした街を表わしています。

❷函館市 （はこだてし）

ポイント 指を曲げた左手に指を曲げた右手をかぶせる動作を繰り返す。
※箱の形で上からふたをしめるイメージです。

❸小樽市 （おたるし）

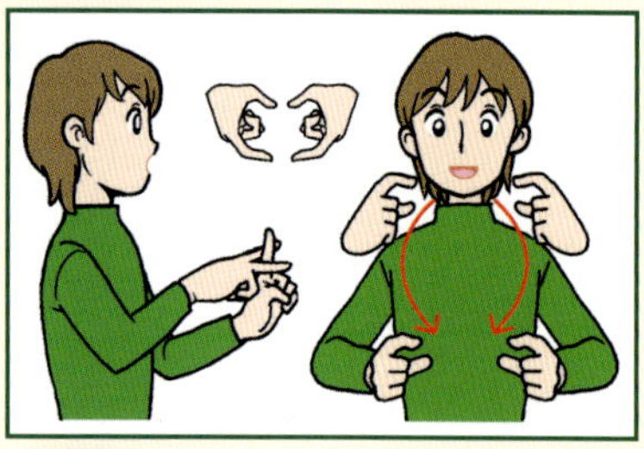

ポイント 左手人差指を右手２指ではさみ、両手２指を向い合せて樽の形を描く。

❹旭川市 （あさひかわし）

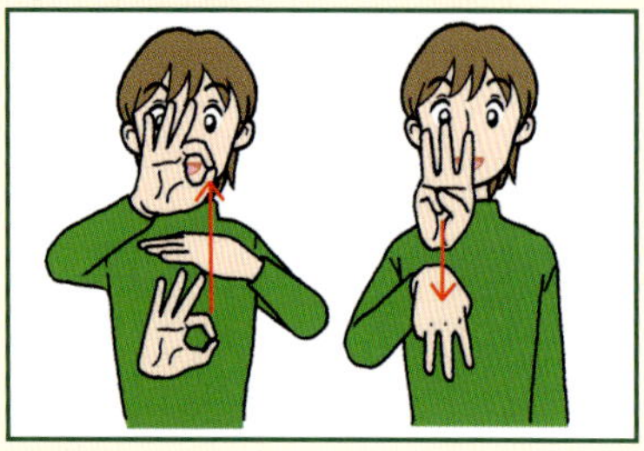

ポイント 左手の下から２指で輪を作った右手を上にあげ、伸ばした右手３指を下へおろす。

❺室蘭市 （むろらんし）

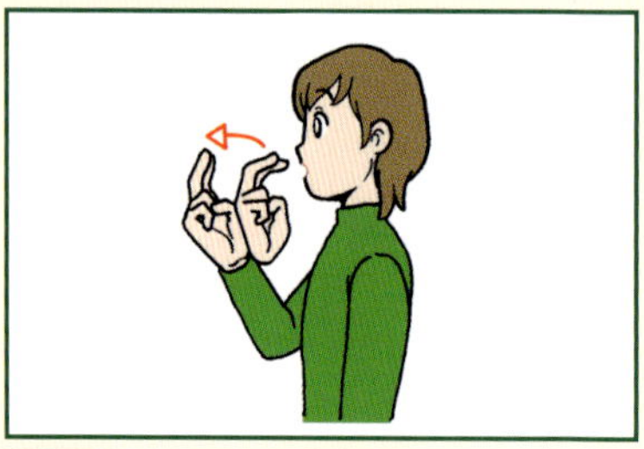

ポイント 右手２指の先を鼻から少し前に出す。
※香りをかぐしぐさを表しています。

❻釧路市A （くしろしA）

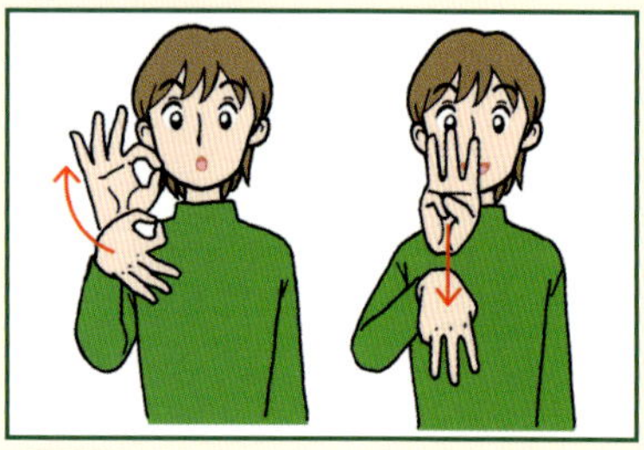

ポイント 口の横で２指の輪の右手を上に返し、３指を伸ばして下へおろす。

❻釧路市B （くしろしB）

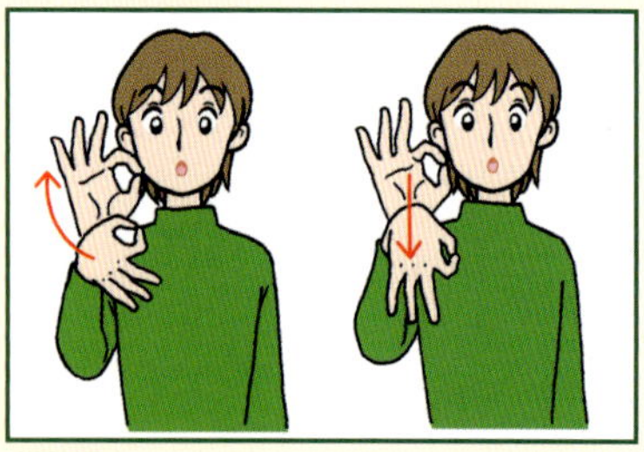

ポイント 口の横で２指の輪の右手を上に返しそのまま下へおろす。

❼帯広市 （おびひろし）

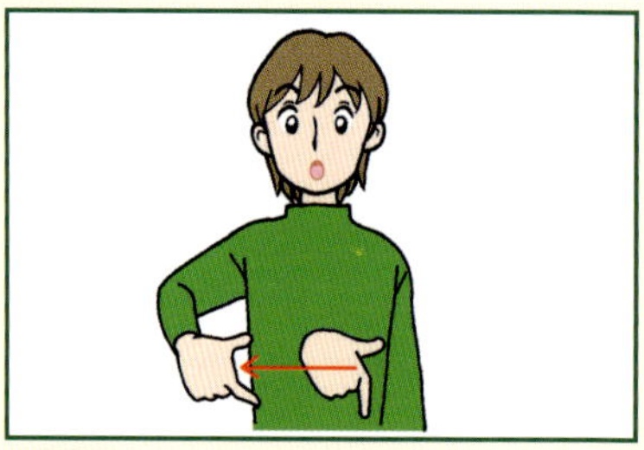

ポイント 右手２指を腹の左から右へ動かす。
※帯の形を表わしています。

❽北見市 （きたみし）

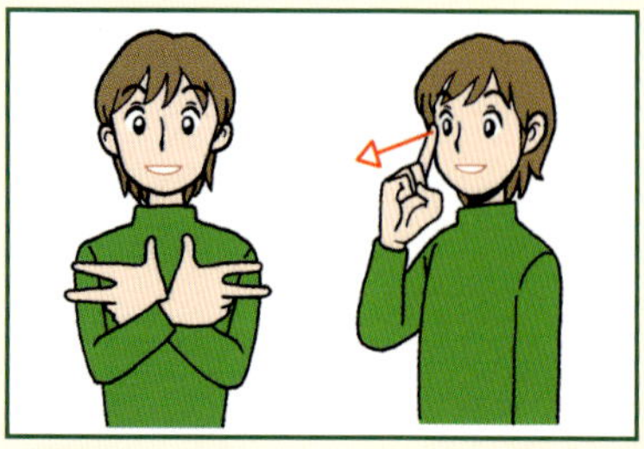

ポイント 指文字「シ」の両手を交差させ、右手人差指を目から前方に出す。

⑨夕張市 （ゆうばりし）

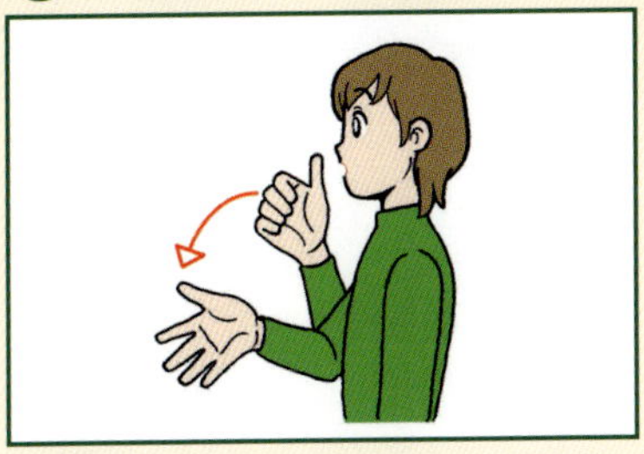

ポイント 右手親指を立て、弧を描くように少し前におろしながら４指を開く。

⑩岩見沢市 （いわみざわし）

ポイント 両手を折り曲げて向い合せ右手を回し、人差指を目から前に出し、指を曲げた両手を斜め左右へ小さな弧を描きながら広げる。

⑪網走市 （あばしりし）

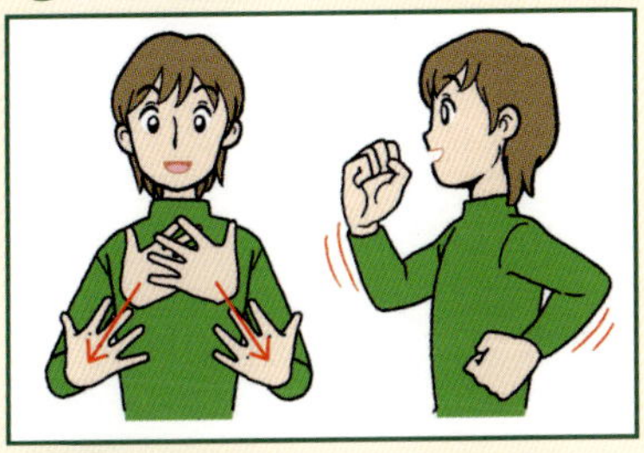

ポイント 両手を重ね左右へおろし、走るしぐさをする。

⑫留萌市 （るもいし）

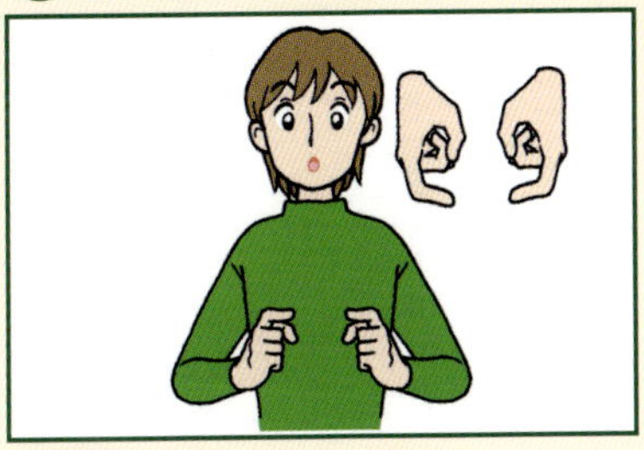

ポイント 両手人差指を曲げて向い合せる。

⑬苫小牧市 （とまこまいし）

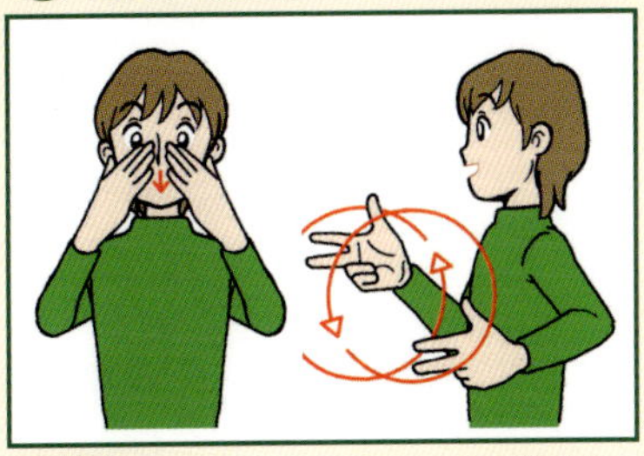

ポイント 鼻をかむしぐさをし、指文字「シ」の両手を交互に前方へ回転させる。

⑭稚内市 （わっかないし）

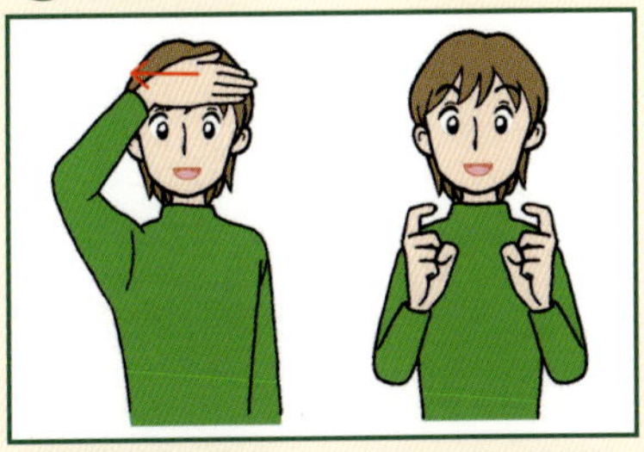

ポイント 右掌を額にあてて右へ動かし、両手人差指を曲げて向い合せ「内」の形を作る。

⑮美唄市 （びばいし）

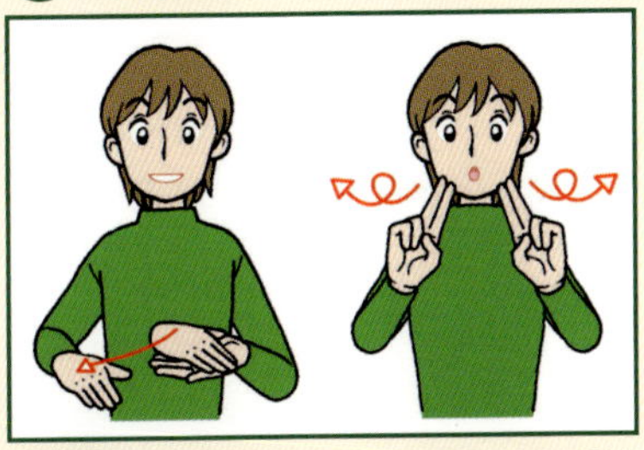

ポイント 左掌を右掌でなでながら右へ動かし、指文字「ウ」の両手を口元から回しながら斜め左右へ広げる。

⑯芦別市 （あしべつし）

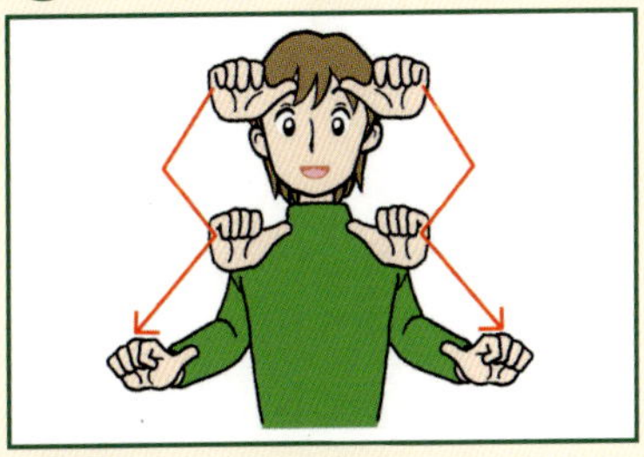

ポイント 指文字「ア」にした両手を向い合せ、額のところから五重塔の形を描く。

⑰江別市 （えべつし）

ポイント 指文字「エ」の左手に、右手甲をつけて右へ動かす。

⑱赤平市 （あかびらし）

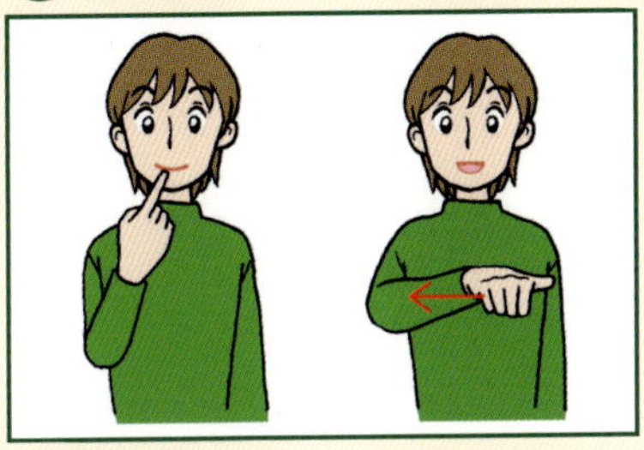

ポイント 人差指で唇を指し、伸ばして指先を前に向けた右手を右へ動かす。

⑲紋別市 （もんべつし）

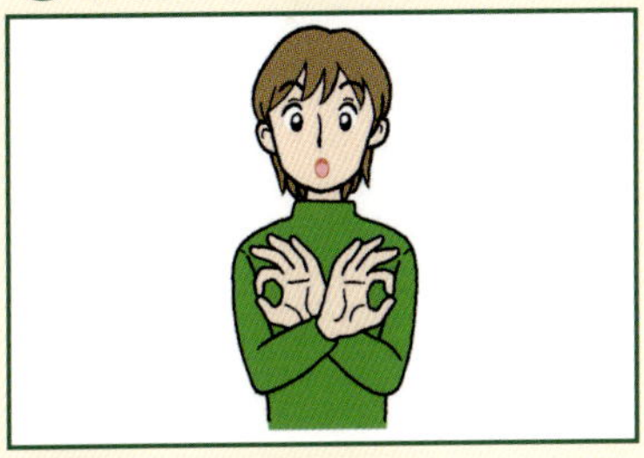

ポイント ２指の輪の両手を交差させて胸につけ、着物の紋を表す。

⑳士別市 （しべつし）

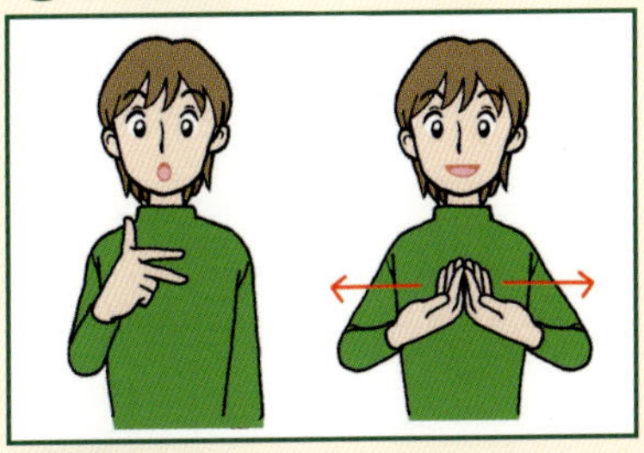

ポイント 指文字「シ」を表し、両手甲をつけ左右へ引き離す。

㉑名寄市 （なよろし）

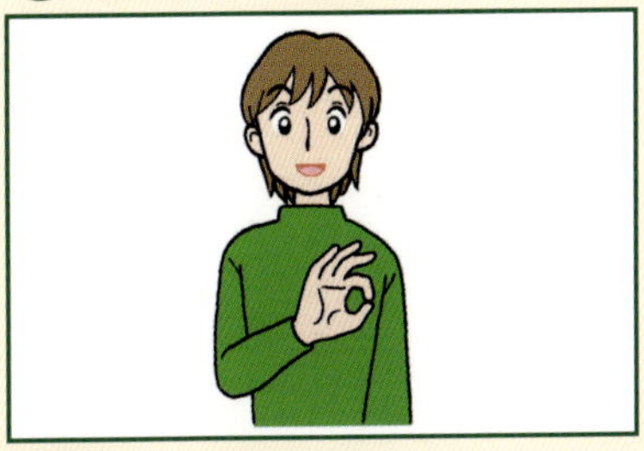

ポイント 右手２指で輪を作り左胸にあてる。

㉒三笠市 （みかさし）

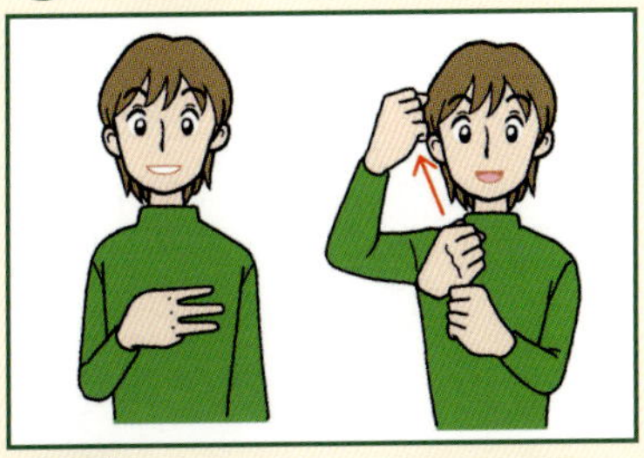

ポイント 指文字「ミ」を表し、傘を開くしぐさをする。

㉓根室市 （ねむろし）

ポイント　左手の下から指文字「ネ」の右手をおろす。

㉔千歳市 （ちとせし）

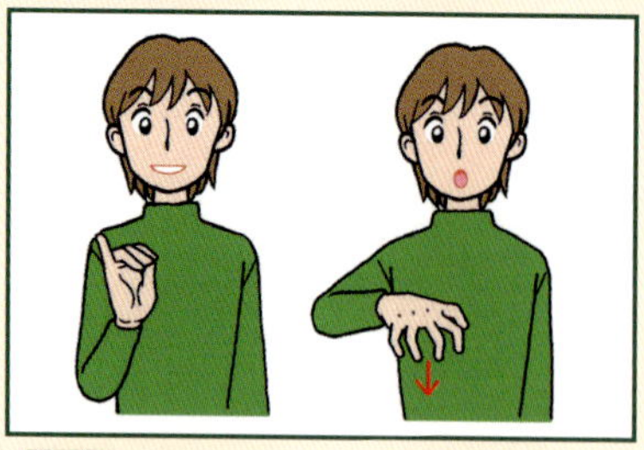

ポイント　指文字「チ」を表し、指を折り曲げて体の前に置く。

㉕滝川市 （たきかわし）

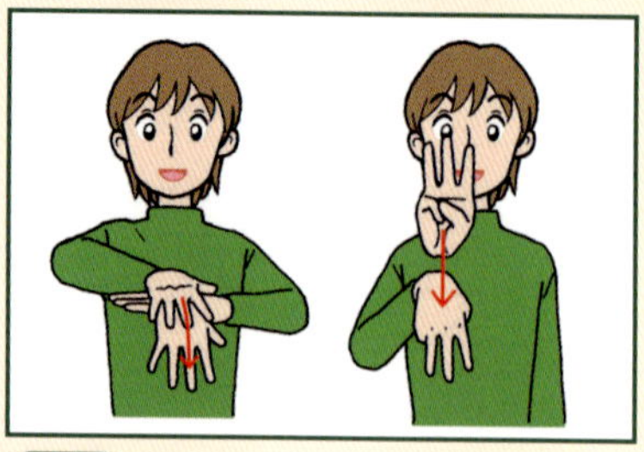

ポイント　右手を左手の甲から下へおろし、伸ばし３指を下へおろす。

㉖砂川市 （すながわし）

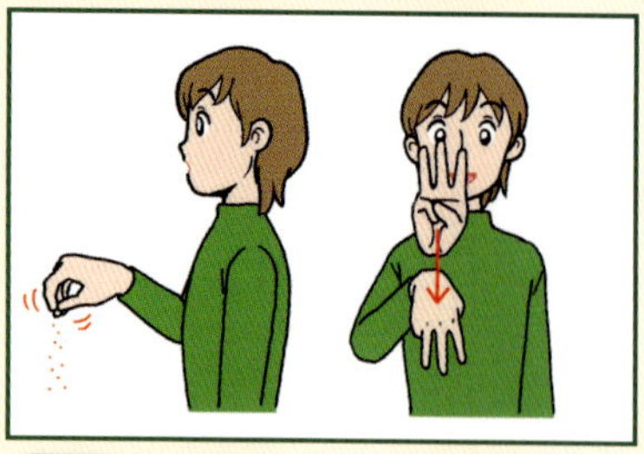

ポイント　指先でもんで、砂をおとすしぐさをし、伸ばした右手３指を下へおろす。

㉗歌志内市 （うたしないし）

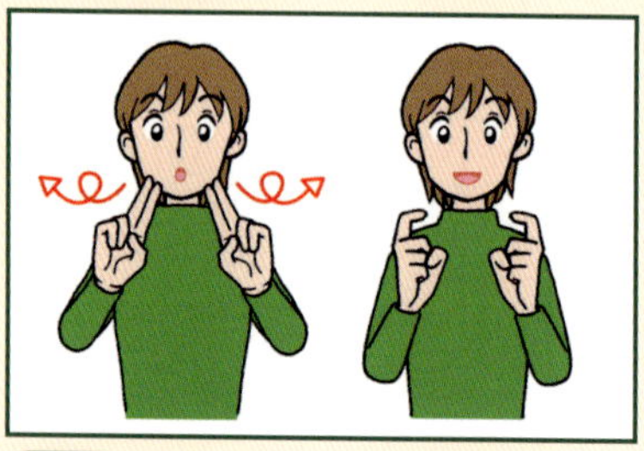

ポイント　指文字「ウ」の両手を口元から回しながら斜め左右へ広げ、人差指を曲げて向い合せ「内」の形を作る。

㉘深川市 （ふかがわし）

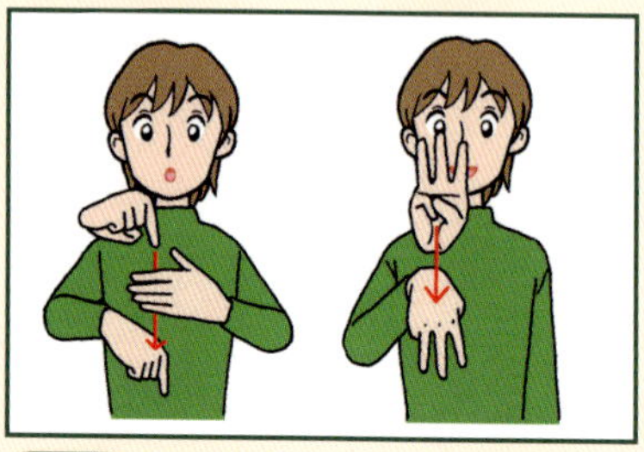

ポイント　左手の内側へ右手人差指を入れ、伸ばした右手３指を下へおろす。

㉙富良野市 （ふらのし）

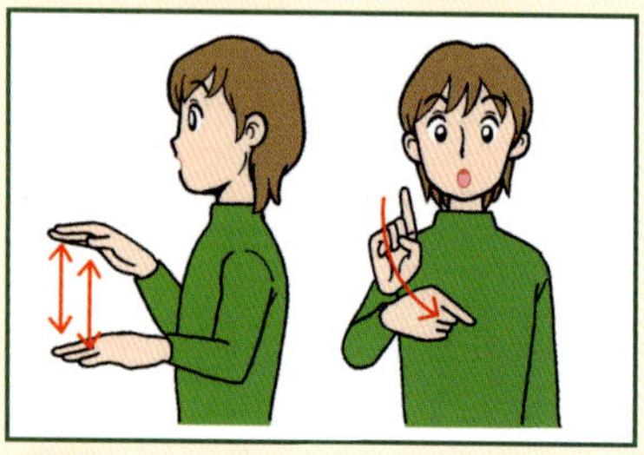

ポイント　歩いているようにゆっくり両手を交互に上下させ、指文字「ノ」を表す。

㉚登別市 （のぼりべつし）

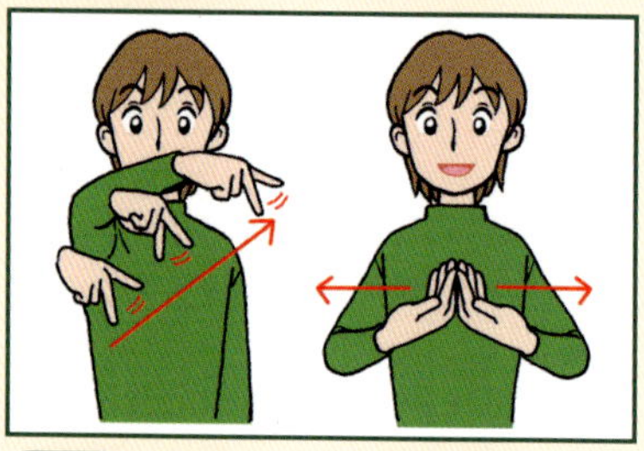

ポイント　坂を登っていくように２指を交互に動かしながら上へあげ、両手甲をつけ左右へ引き離す。

㉛恵庭市 （えにわし）

ポイント　２指の輪の右手を左手人差指に沿って動かす。
※市のシンボル「すずらん」を表します。

㉜伊達市 （だてし）

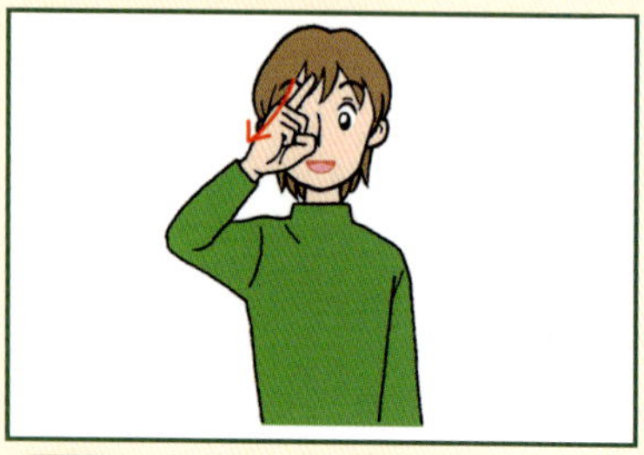

ポイント　右手人差指を右目の上から斜めに動かす。

㉝北広島市 （きたひろしまし）

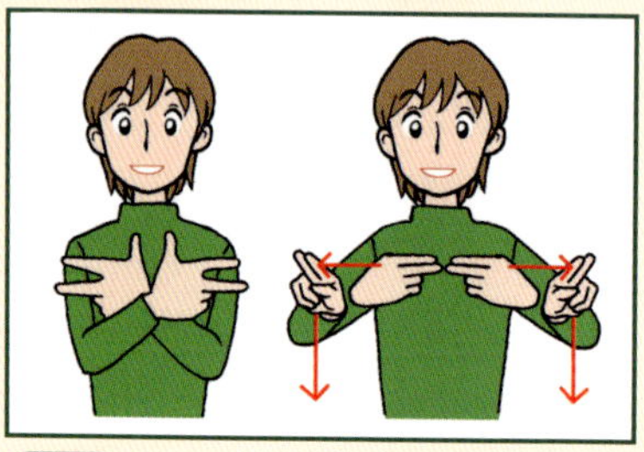

ポイント　指文字「シ」の両手を交差させ、両手２指を左右に開き下におろして鳥居を表す。

㉞石狩市 （いしかりし）

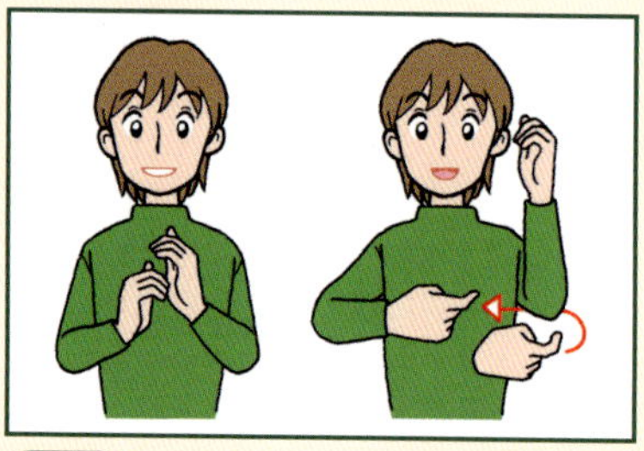

ポイント　曲げた左掌に曲げた右手指先をつけ、左肘の下で曲げた右手人差指で稲を刈るしぐさをする。

㉟北斗市 （ほくとし）

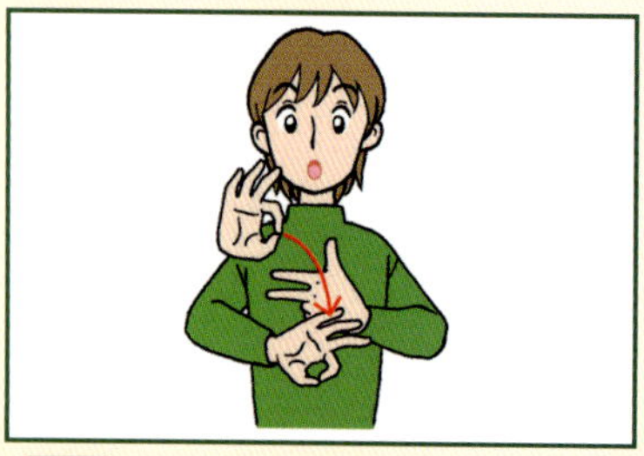

ポイント　指文字「シ」の左手の前で、２指の輪の右手を流れ星のように動かす。

東北ブロック

青森県 （あおもりけん）

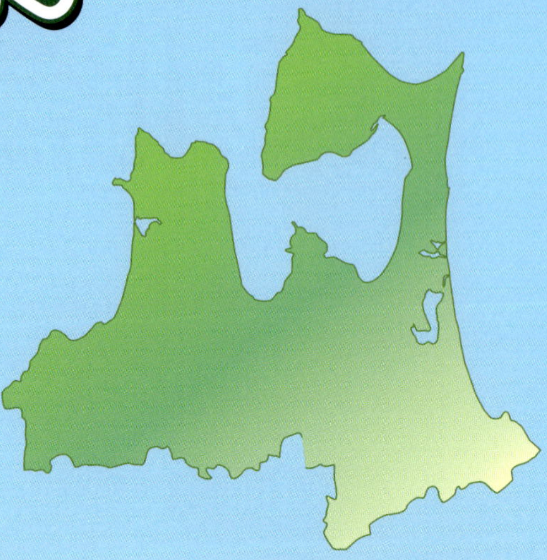

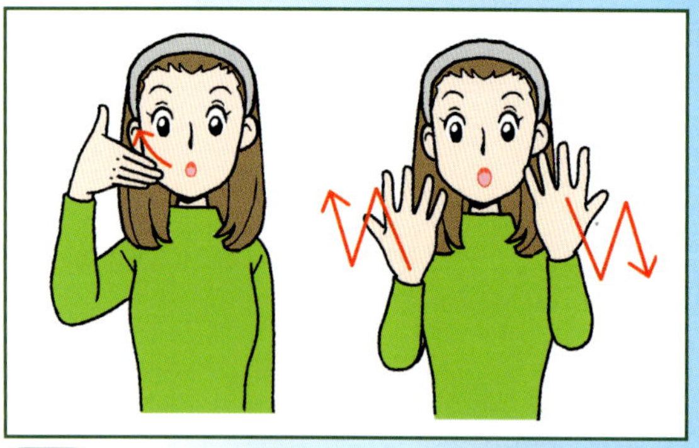

ポイント　右手指先で口の脇から頬になであげ、開いた両手を交互に上下に動かしながら左右に広げる。

❶青森市 （あおもりし）

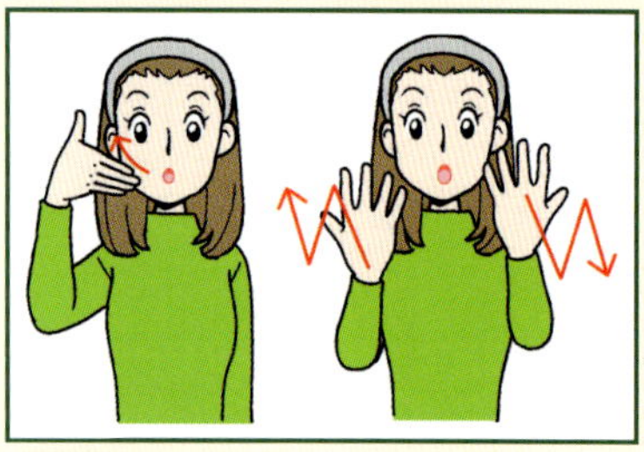

ポイント　右手指先で口の脇から頬になであげ、開いた両手を交互に上下に動かしながら左右に広げる。

❷弘前市 （ひろさきし）

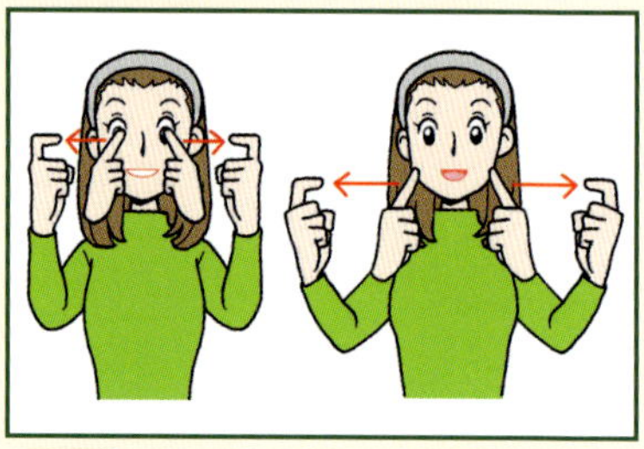

ポイント　立てた両手人差指を曲げながら左右に広げる動きを上と下で２回繰り返す。
※弘前城の形を表しています。

❸八戸市 （はちのへし）

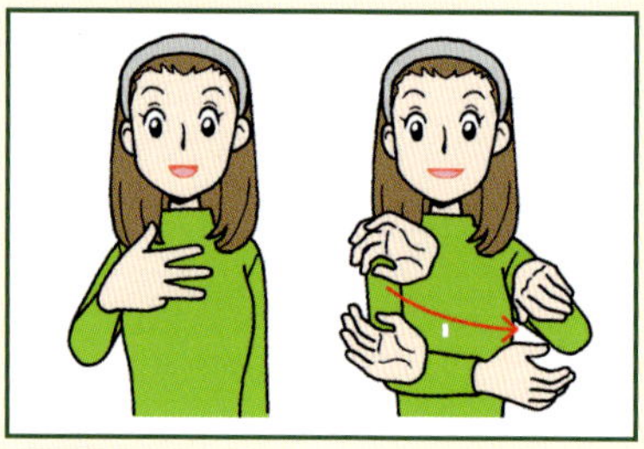

ポイント　数字「8」を表し、戸を開けるしぐさをする。

❹黒石市 （くろいしし）

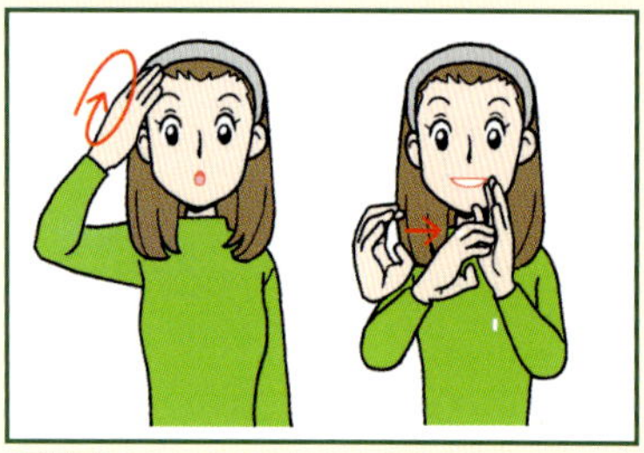

ポイント　髪をなでるように回し、左掌に曲げた右手４指をつける。

❺五所川原市 （ごしょがわらし）

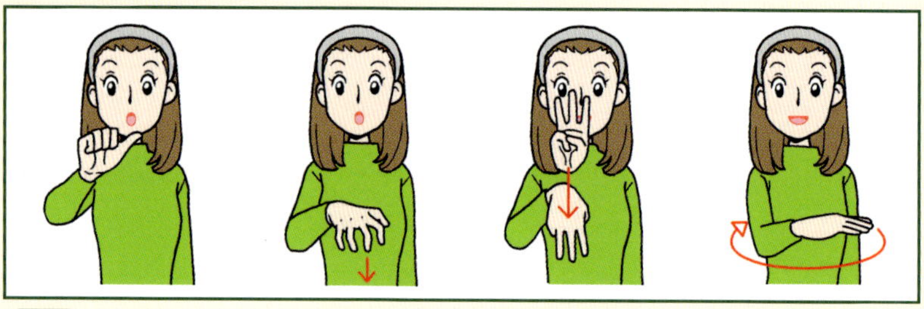

ポイント　右手で数字の「5」を表し、全指を曲げ体の前に置き、伸ばした３指を下へおろし、体の前で半円を描く。

❻十和田市 （とわだし）

ポイント　両手人差指で十字を作る。

❼三沢市 （みさわし）

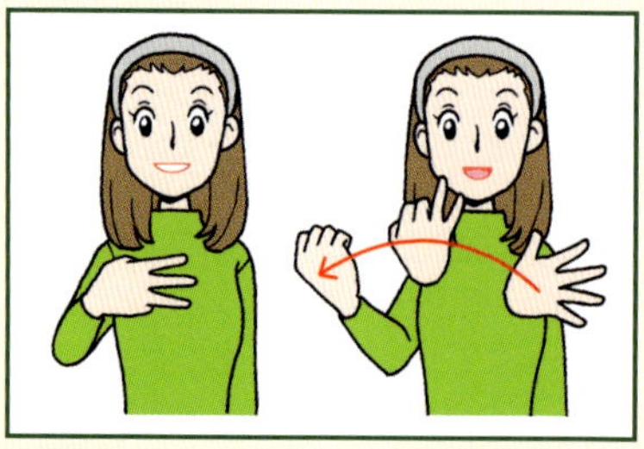

ポイント　数字「3」を表し、右手を親指から順に折りながら左から右へ弧を描く。

❽むつ市 （むつし）

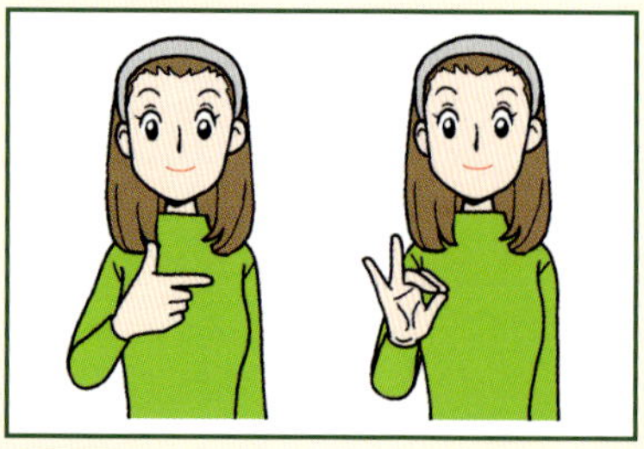

ポイント　指文字「ム」、「ツ」を表す。

⑨つがる市　（つがるし）

ポイント　指文字「ツ」の右手で左手甲をつまみ上にあげる。

⑩平川市　（ひらかわし）

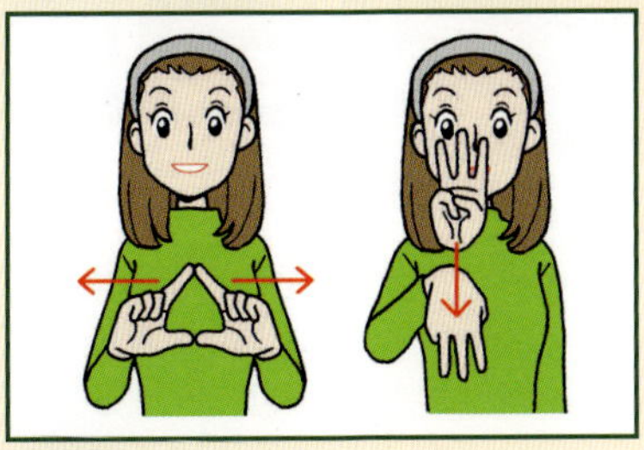

ポイント　伸ばした両手２指を左右に引き離し、伸ばした右手３指を下へおろす。

岩手県 （いわてけん）

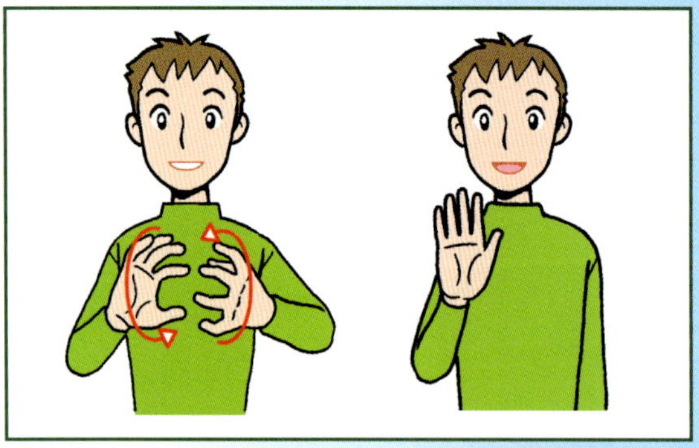

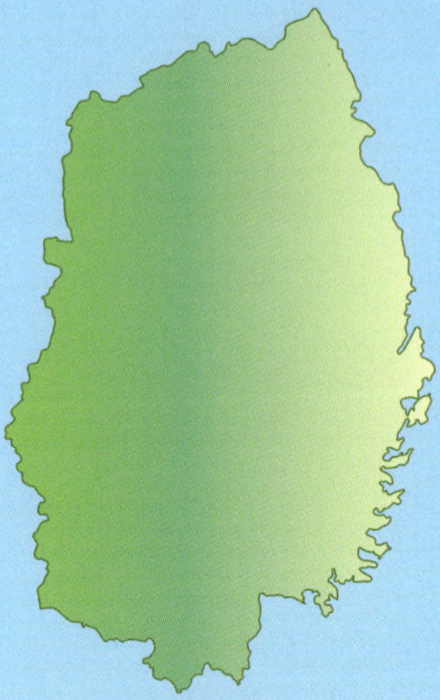

ポイント 両手を折り曲げて向い合せ互いに逆方向に回し、指文字「テ」を表す。

❶盛岡市 （もりおかし）

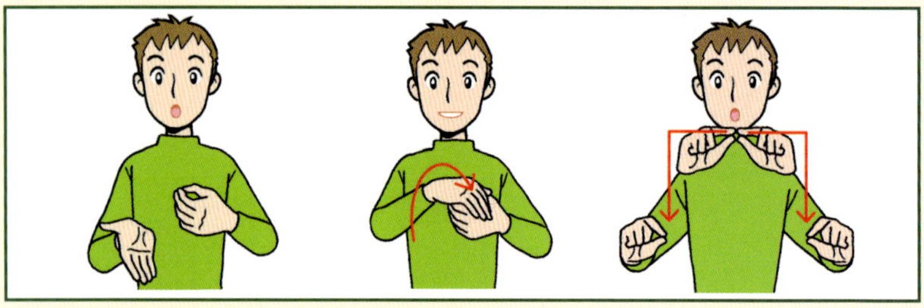

ポイント 左手の輪に右手でふたをし、両手２指で左右にカギ形を描く。

❷宮古市 （みやこし）

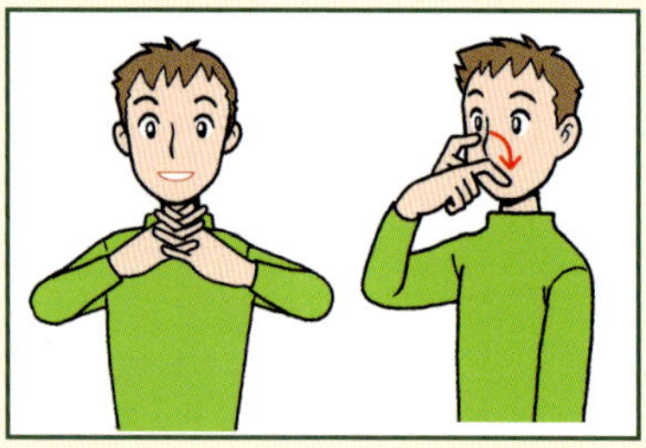

ポイント 両手の指を組み合せ、人差指を曲げて鼻の前で回す。

❸大船渡市 （おおふなとし）

ポイント 右手２指を伸ばし左から右へ弧を描き、両手で船の形を作り前へ出し、指文字「ト」を表す。

❹花巻市 （はなまきし）

ポイント 丸めた両手をひねってつけ、回しながらを開き、２指をつまんだ左手指先の周りを右手人差指で回す。

❺北上市 （きたかみし）

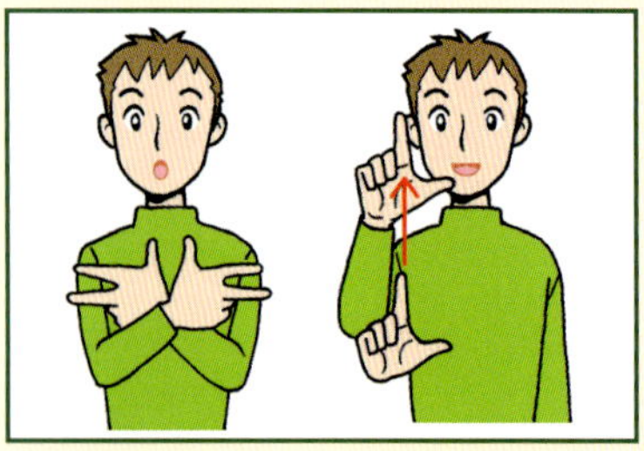

ポイント 指文字「シ」の両手を交差させ、「L」にした右手を上にあげる。

❻久慈市 （くじし）

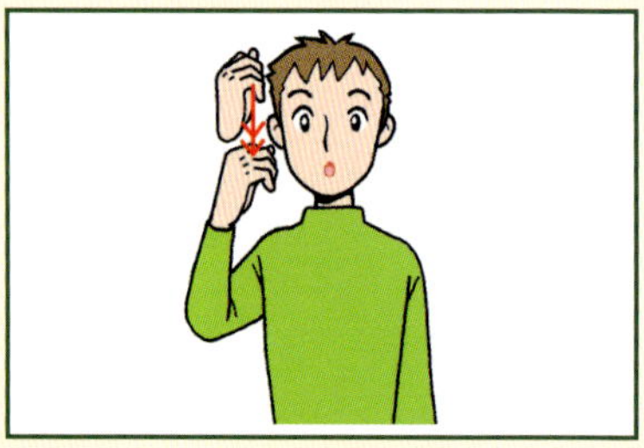

ポイント 櫛を持って髪をとかすしぐさをする。

❼遠野市 （とおのし）

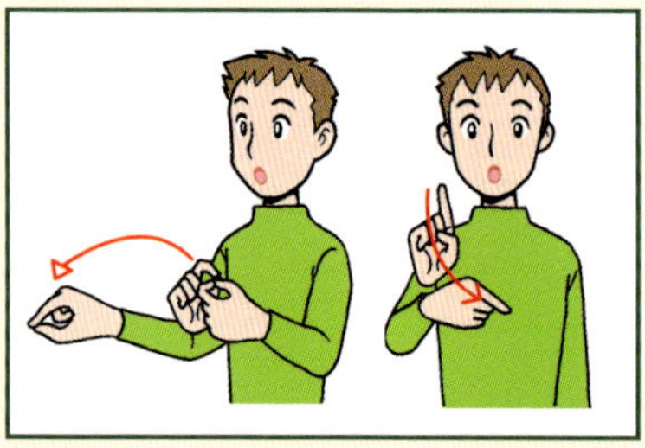

ポイント 両手２指をつまんでつけ、右手を弧を描きながら前方に出し、指文字「ノ」を表す。

⑧一関市　（いちのせきし）

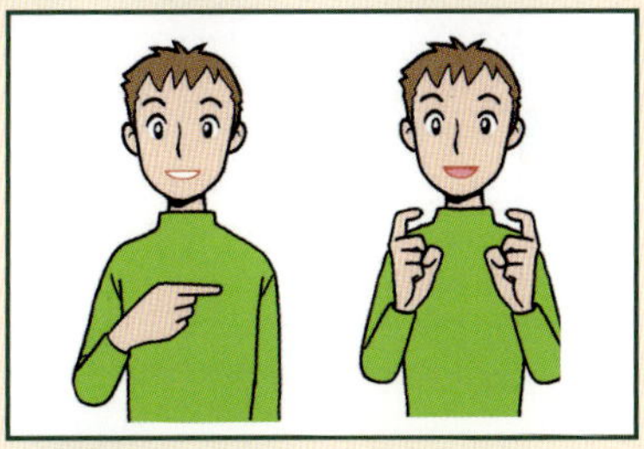

ポイント　右手人差指を横に置き、両手人差指を曲げて向い合せる。

⑨陸前高田市　（りくぜんたかたし）

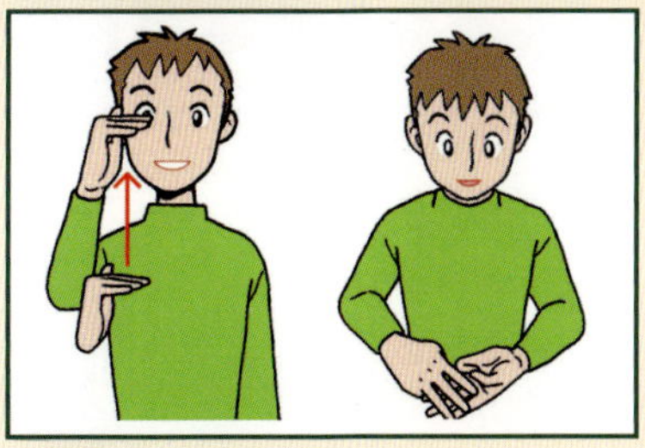

ポイント　指文字「コ」の右手を上にあげ、伸ばした両手３指を向い合せて重ねる。

⑩釜石市　（かまいしし）

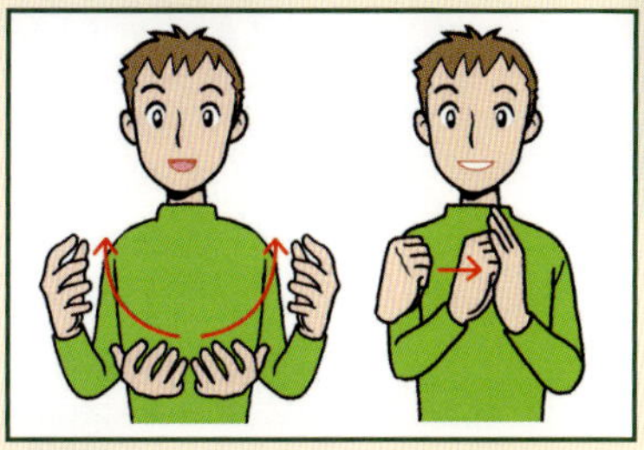

ポイント　両手で釜底の形を作り、左掌に右拳をつける。

⑪二戸市　（にのへし）

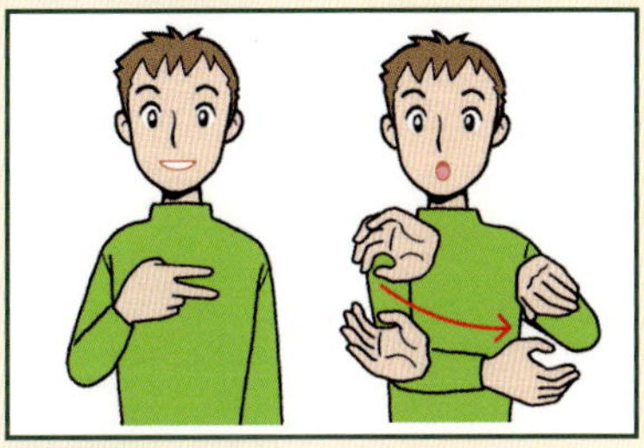

ポイント　右手２指を横に置き、戸を開けるしぐさをする。

⑫八幡平市　（はちまんたいし）

ポイント　数字「８」を表し、両掌を体の前で合せ、伸ばした両手２指を左右に引き離す。

⑬奥州市　（おうしゅうし）

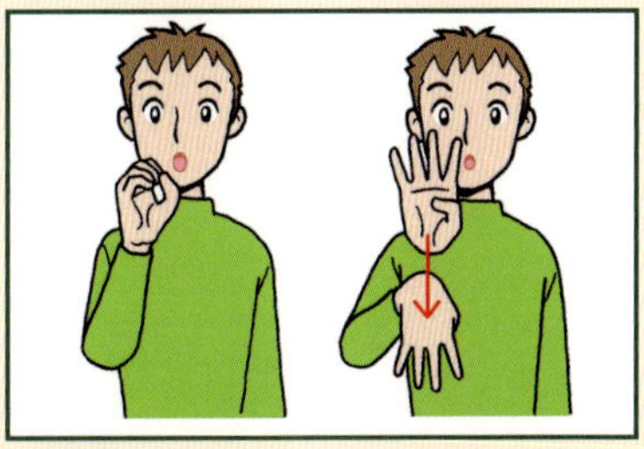

ポイント　右手で指文字「オ」を表し、伸ばした４指を下へおろす。

宮城県 （みやぎけん）

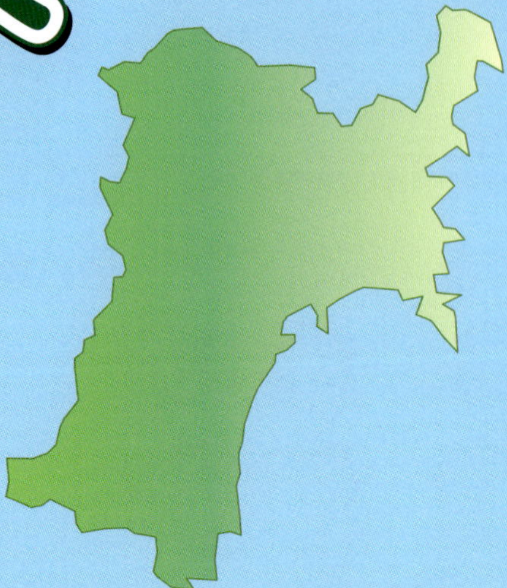

ポイント　両手の指を組み合せ、両手人差指を曲げて向い合せる。

❶仙台市 （せんだいし）

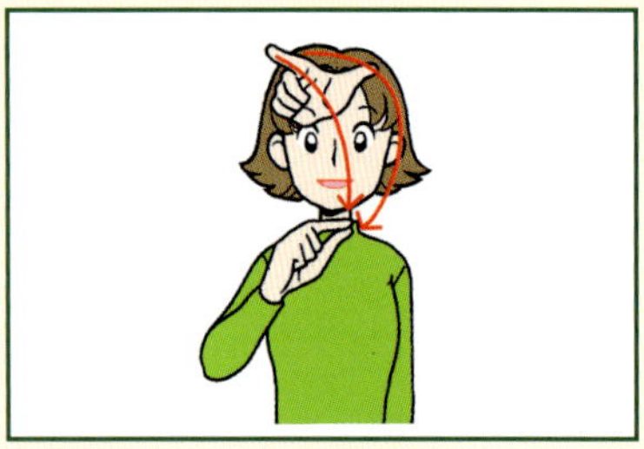

ポイント　顔前で２指で三日月を描く。

❷石巻市 （いしのまきし）

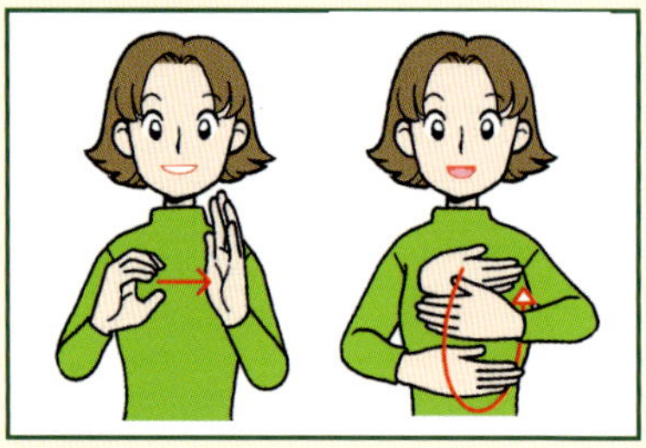

ポイント　左掌に右手指先をつけ、右手で左手の周りを一回転させる。

❸塩竈市A （しおがましA）

ポイント　人差指で歯を往復させる。

❸塩竈市B （しおがましB）

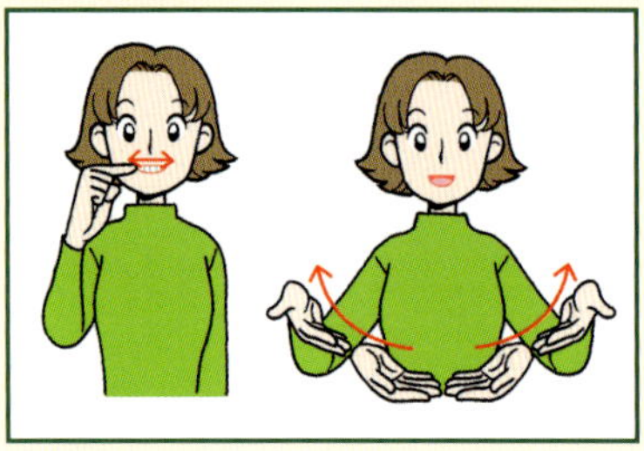

ポイント　右手人差指で歯を往復させ両手で釜底の形を作る。

❹気仙沼市A （けせんぬましA）

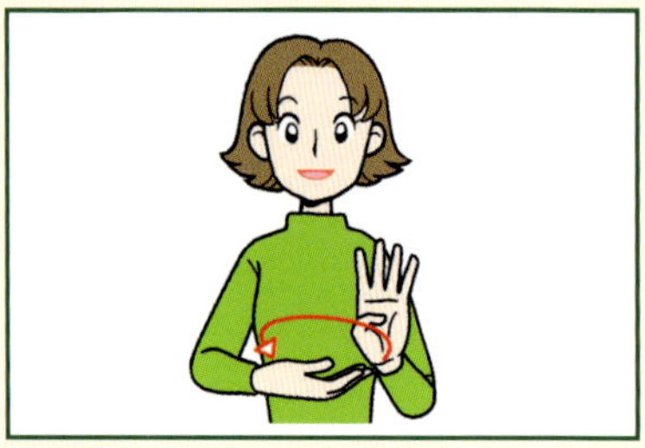

ポイント　指文字「ケ」の左手の横で掌を上にした右手を回す。

❹気仙沼市B （けせんぬましB）

ポイント　左腕に右手で力こぶを作る。

❺白石市 （しろいしし）

ポイント　歯を指し、左掌に右手指先をつける。

❻名取市 （なとりし）

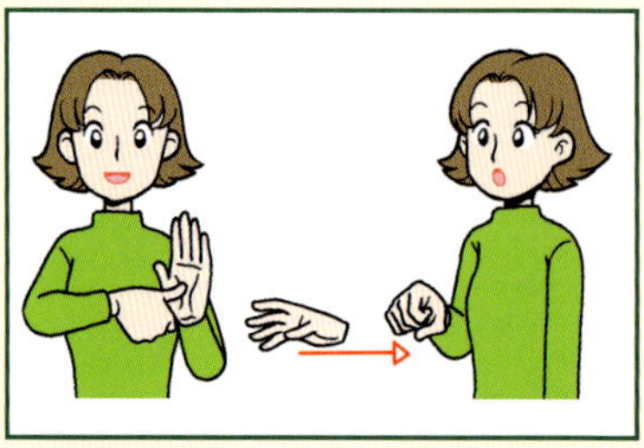

ポイント　左掌に右手親指をあて、右手でつかみ取るしぐさをする。

❼角田市 （かくだし）

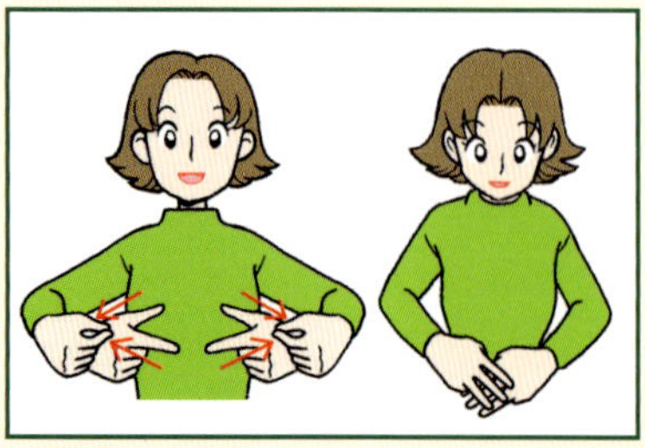

ポイント　両手２指をつまみながら左右へ広げ、左手３指に右手３指を重ねる。

❽多賀城市 （たがじょうし）

ポイント 曲げて向い合せた両手人差指を左右にひねる。

❾岩沼市 （いわぬまし）

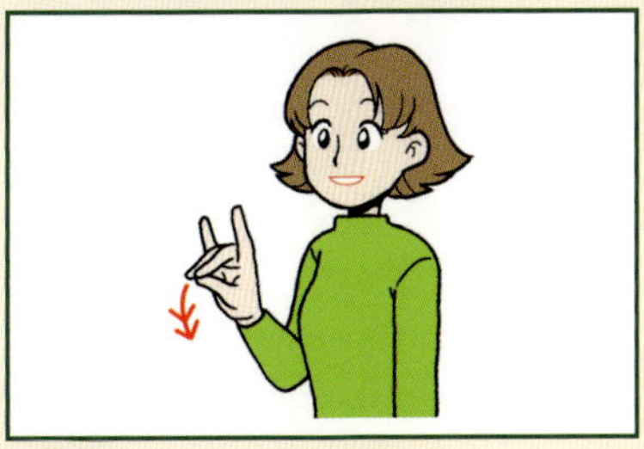

ポイント 指文字「キ」の右手を下に振る。

❿登米市 （とめし）

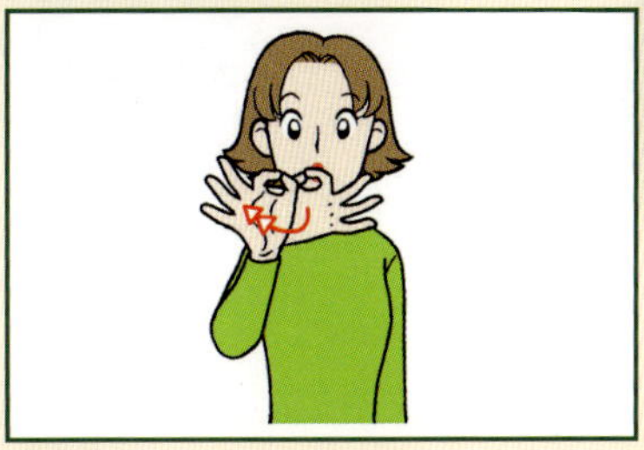

ポイント 右手２指をつまんで口の端にあて、手首を返す。

⓫栗原市 （くりはらし）

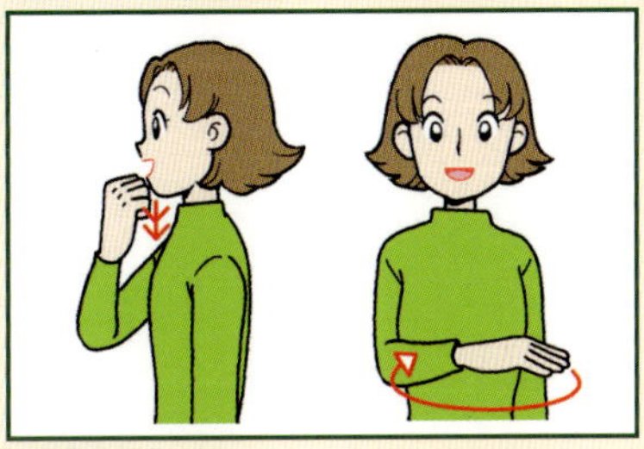

ポイント 右拳をあごから２回下におろし、体の前で半円を描く。

⓬東松島市 （ひがしまつしまし）

ポイント 「L」にした両手を上にあげ、右手２指を頬にあて、丸めた左手の上で反時計回りに掌を上にした右手を回す。

⓭大崎市 （おおさきし）

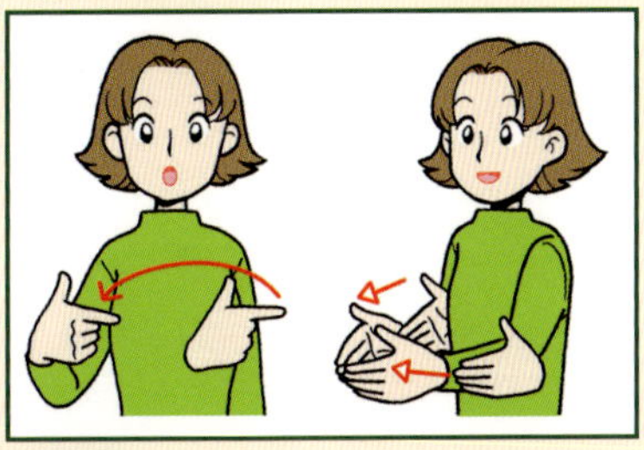

ポイント 右手２指を伸ばし左から右へ弧を描き、両手指先を前方でつける。

秋田県（あきたけん）

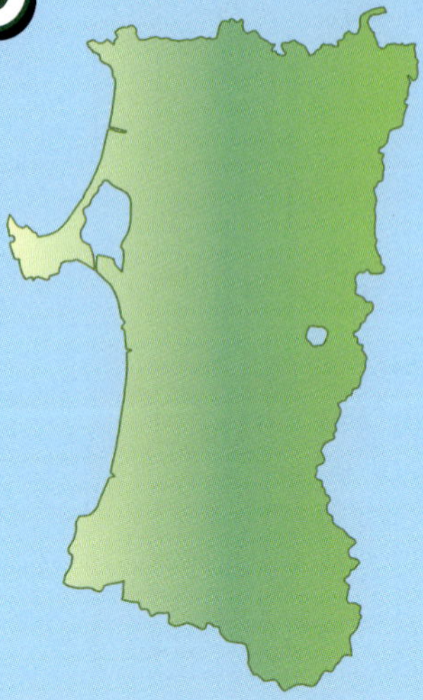

ポイント　掌を上にした左手の下に右手親指をつける。

❶秋田市（あきたし）

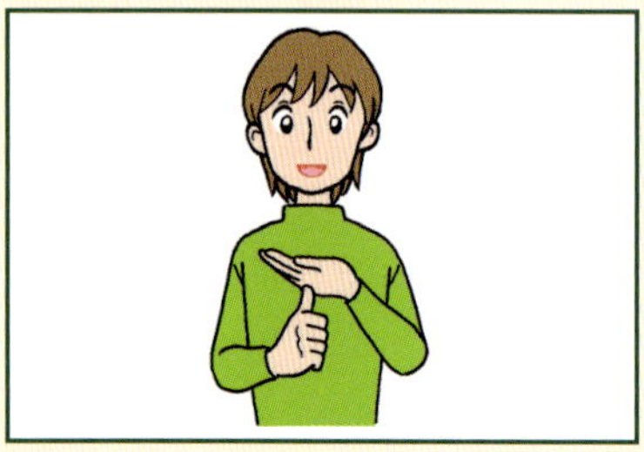

ポイント　掌を上にした左手の下に右手親指をつける。

❷能代市（のしろし）

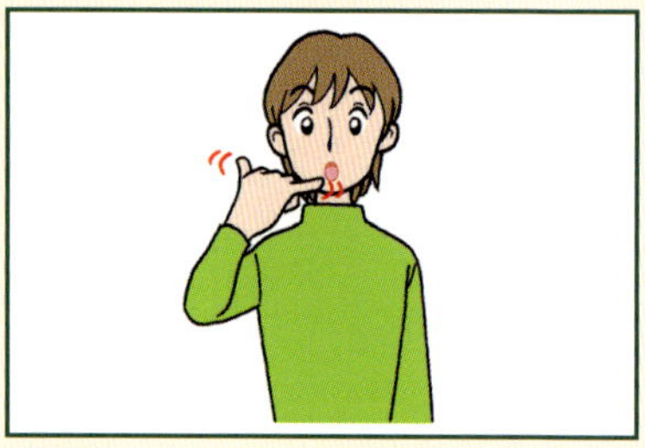

ポイント　指文字「ヤ」の指先を頬に向けて小刻みに振る。

❸横手市（よこてし）

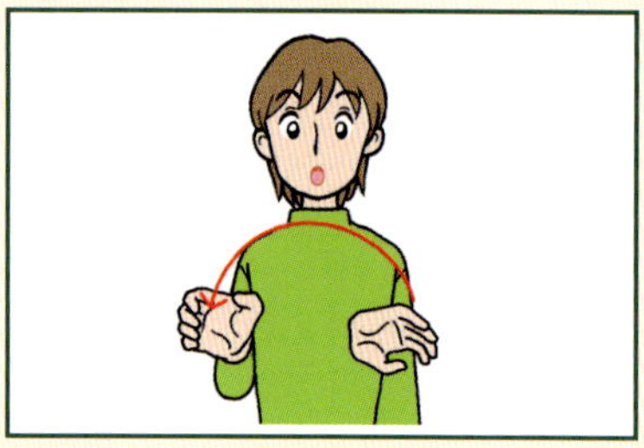

ポイント　「C」にした右手で、かまくらの形を描くように動かす。

❹大館市（おおだてし）

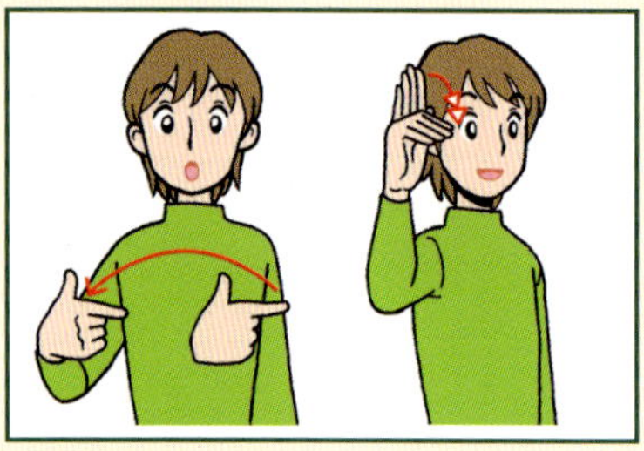

ポイント　右手２指を伸ばし左から右へ弧を描き、右手親指を頭の横につけ、残り４指を前に２回垂らす。

❺男鹿市（おがし）

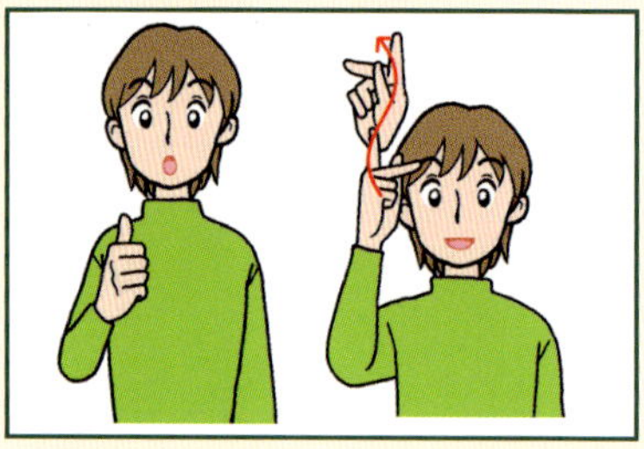

ポイント　親指を前に置き、指文字「カ」の右手を手首をひねりながら上にあげる。

❻湯沢市（ゆざわし）

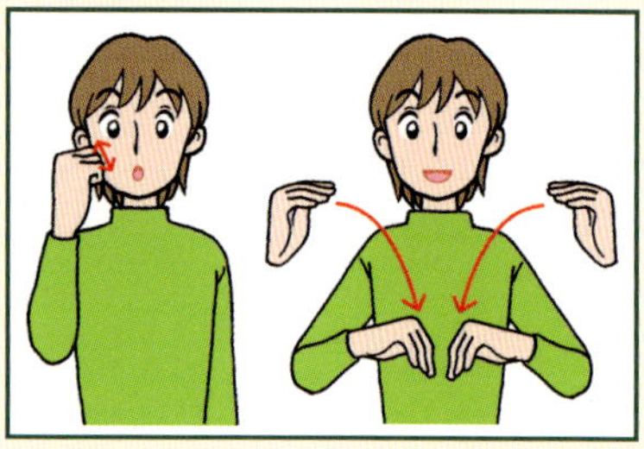

ポイント　握った手で頬をこすり、向い合せた両手指先を弧を描いて下におろす。

❼鹿角市（かづのし）

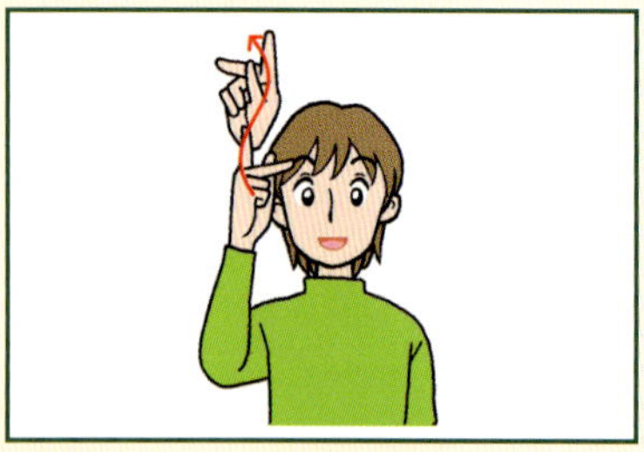

ポイント　指文字「カ」の右手を手首をひねりながら上にあげる。

❽由利本荘市（ゆりほんじょうし）

ポイント　丸めた右手首に左手人差指をつけ、右手を垂らしながら開き、両掌を開き、人差指を曲げて向い合せる。

⑨潟上市　（かたがみし）

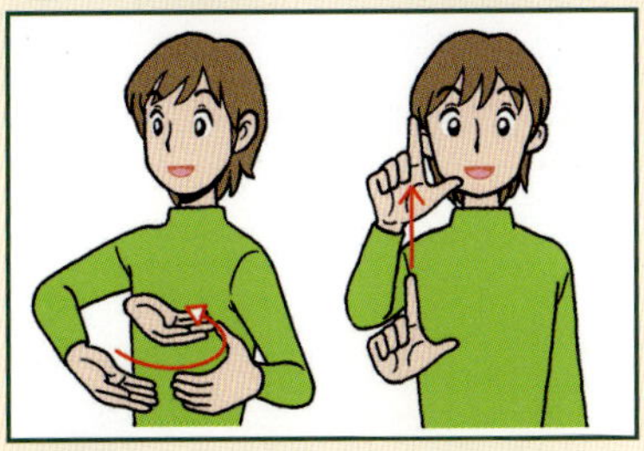

ポイント　「C」の左手の指に沿って掌を上にした右手を回し、「L」にした右手を上にあげる。

⑩大仙市　（だいせんし）

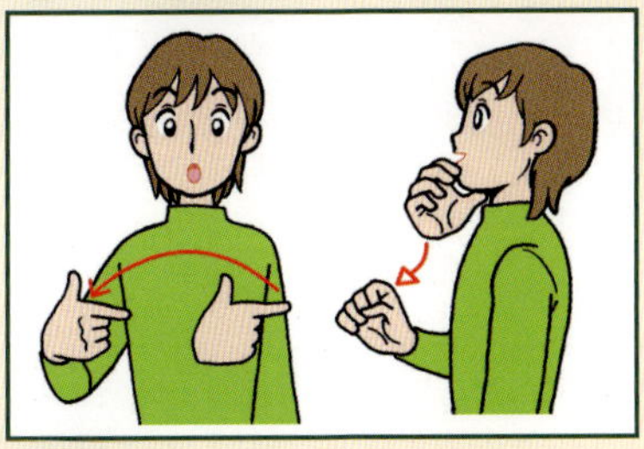

ポイント　右手2指を伸ばし左から右へ弧を描き、右手をあごから握りながら斜め下におろす。

⑪北秋田市　（きたあきたし）

ポイント　指文字「シ」の両手を交差させ、掌を上にした左手の下に右手親指をつける。

⑫にかほ市　（にかほし）

ポイント　指文字「二」、「カ」、「ホ」を表す。

⑬仙北市　（せんぼくし）

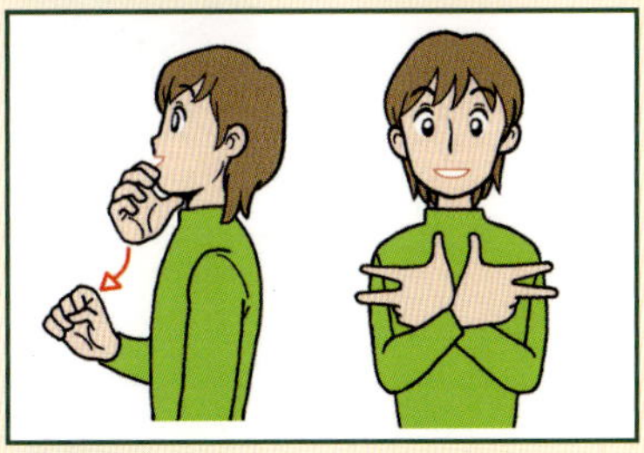

ポイント　右手をあごから握りながら斜め下におろし、指文字「シ」の両手を交差させる。

山形県 (やまがたけん)

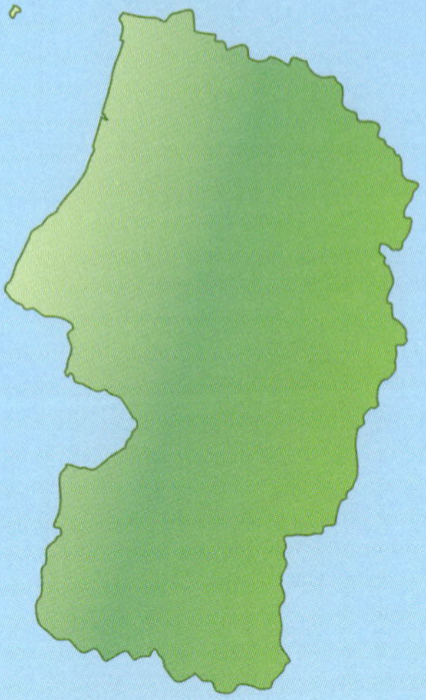

ポイント 左手２指の輪に右手人差指を２回つける。

❶山形市 (やまがたし)

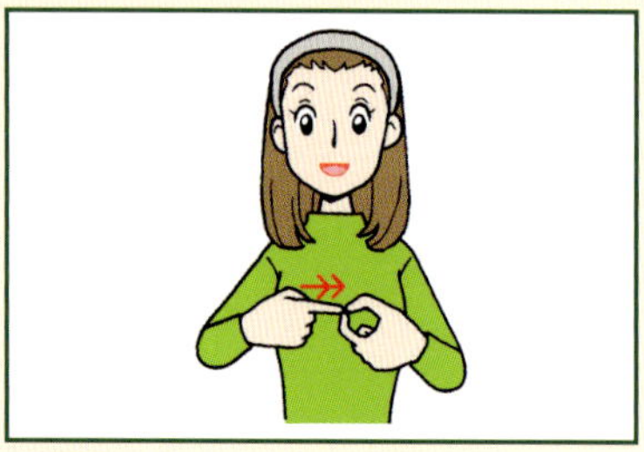

ポイント 左手２指の輪に右手人差指を２回つける。

❷米沢市 (よねざわし)

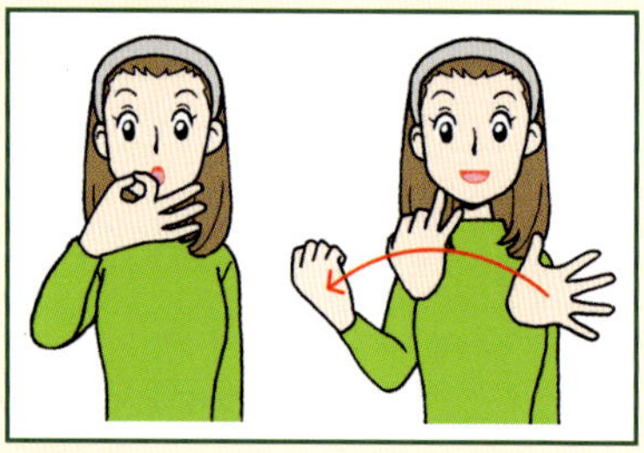

ポイント 右手２指をつまんで口の端につけ、開いて親指から順に折りながら左から右へ弧を描く。

❸鶴岡市 (つるおかし)

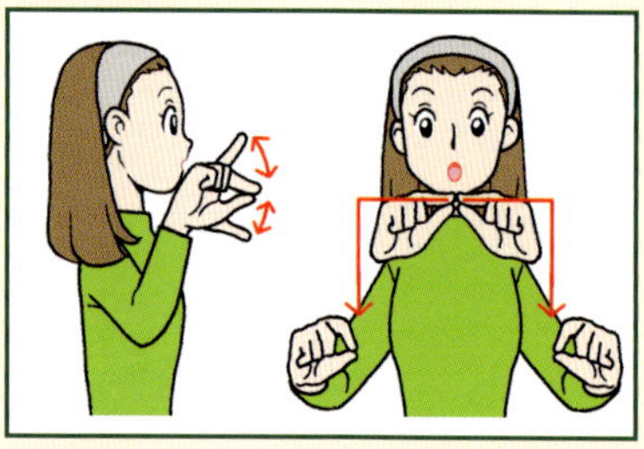

ポイント 口元で２指を開いたり閉じたりし、両手２指で左右にカギ形を描く。

❹酒田市 (さかたし)

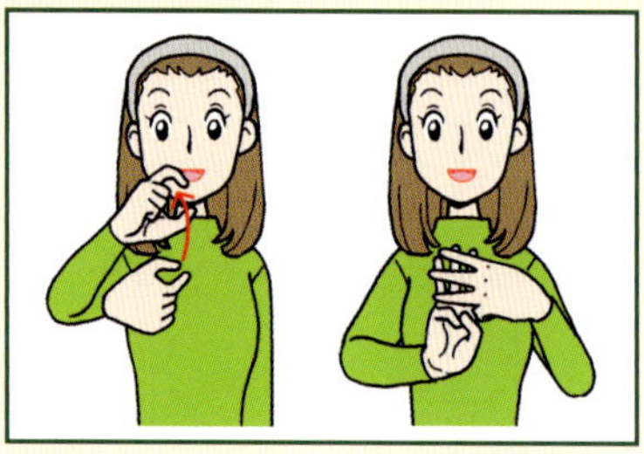

ポイント 酒を飲むしぐさをし、両手３指を、左手甲を前に向けて重ねる。

❺新庄市 (しんじょうし)

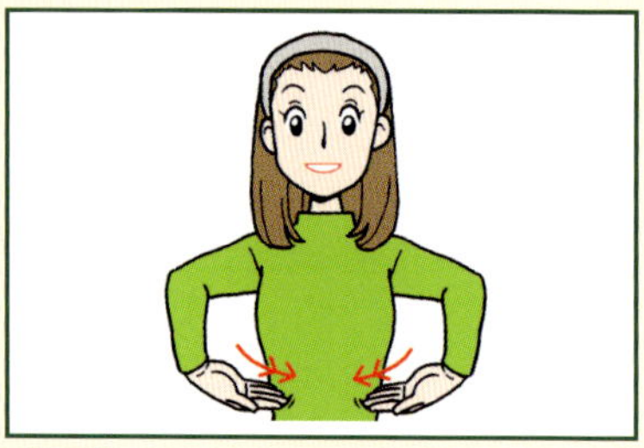

ポイント 両腹脇を両手指先でつつく。

❻寒河江市 (さがえし)

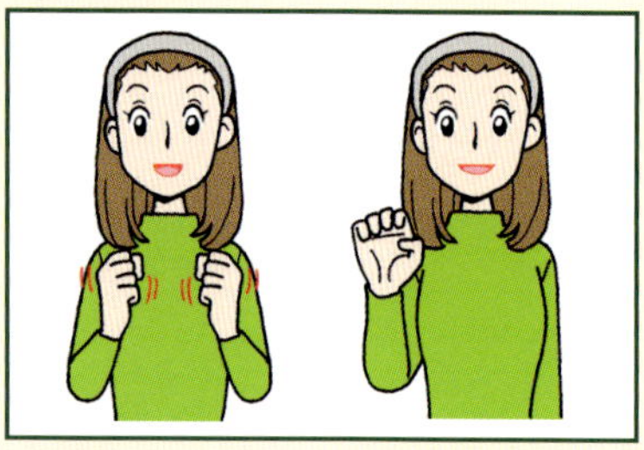

ポイント 両拳をふるわせ、指文字「エ」を表す。

❼上山市 (かみのやまし)

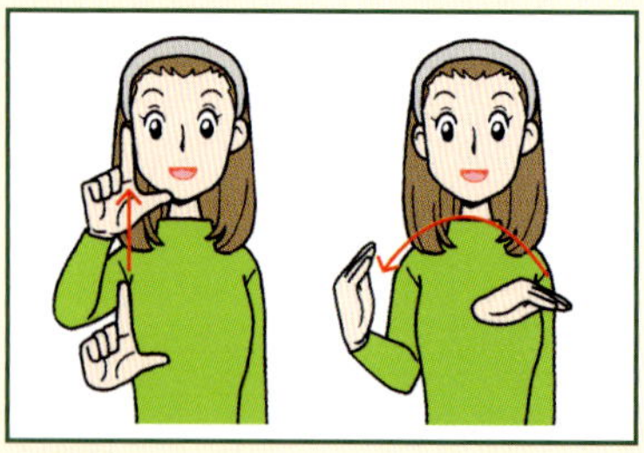

ポイント 「L」にした右手を上にあげ、左から右へ「山」を描く。

❽村山市 (むらやまし)

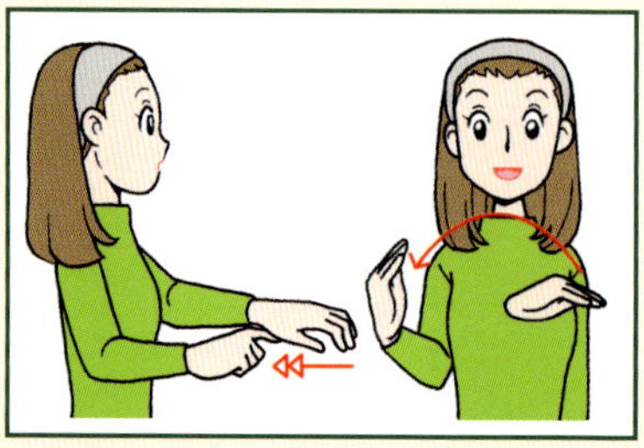

ポイント 左手首付け根に右人差指の背をあてて両手を手前に引き、右手で左から右へ「山」を描く。

❾長井市 (ながいし)

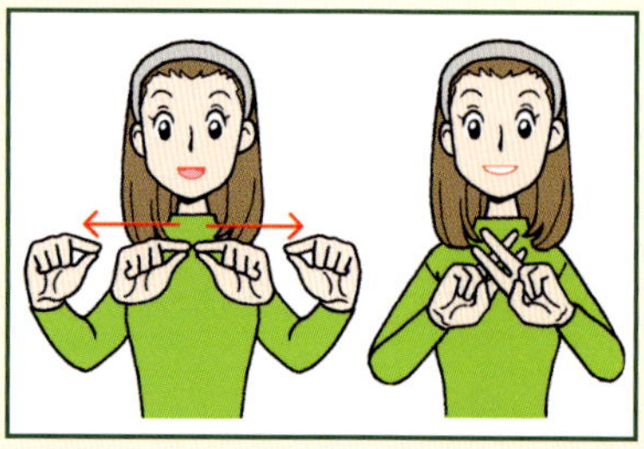

ポイント つまんだ両手２指の先をつけ左右に離し、伸ばした両手２指を掌を前に向けて重ねる。

⑩天童市 （てんどうし）

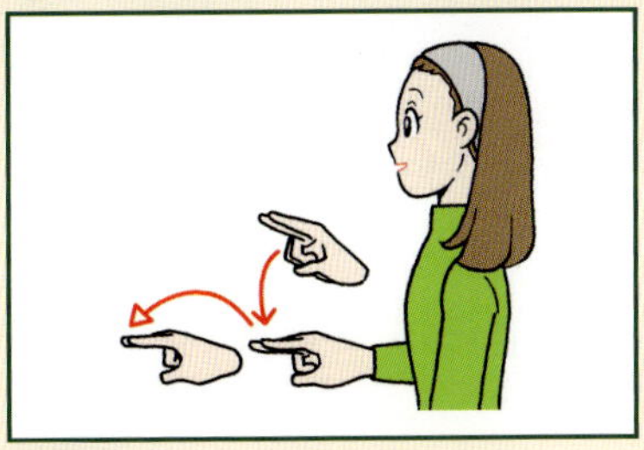

ポイント 将棋を指すしぐさをする。

⑪東根市 （ひがしねし）

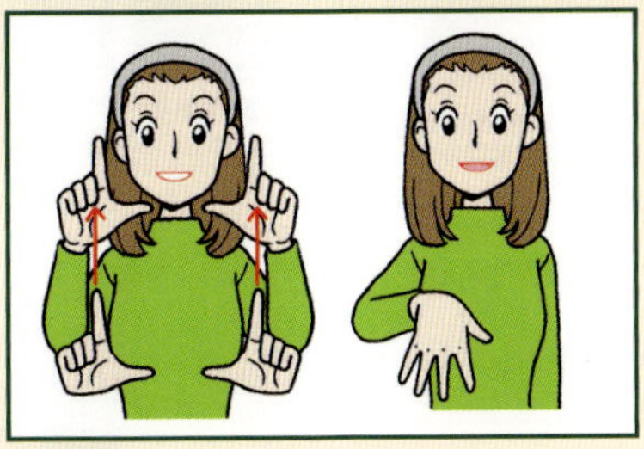

ポイント 「L」にした両手を上にあげ、指文字「ネ」を表す。

⑫南陽市 （なんようし）

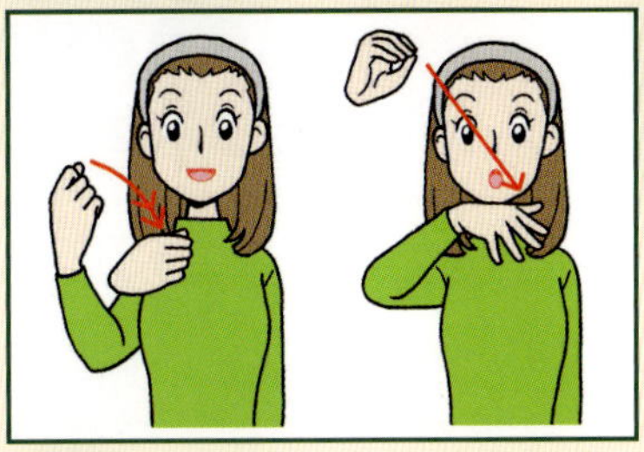

ポイント うちわであおぐしぐさをし、すぼめた右手を右上から斜めに開きながら動かす。

⑬尾花沢市 （おばなざわし）

ポイント 指文字「オ」を表し、丸めた両手をひねってつけ回しながらを開き、右手を親指から順に折りながら左から弧を描く。

福島県 （ふくしまけん）

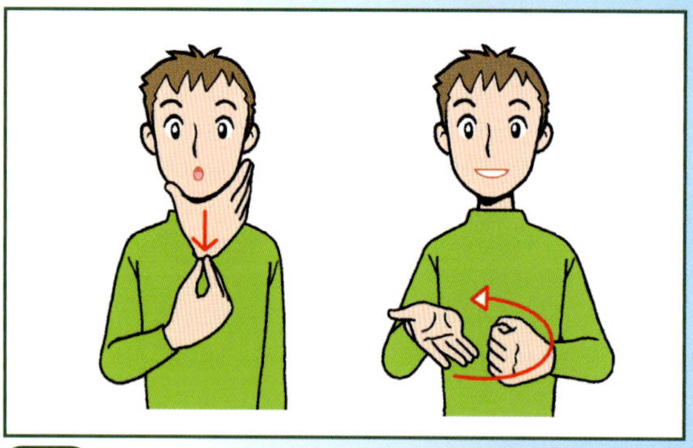

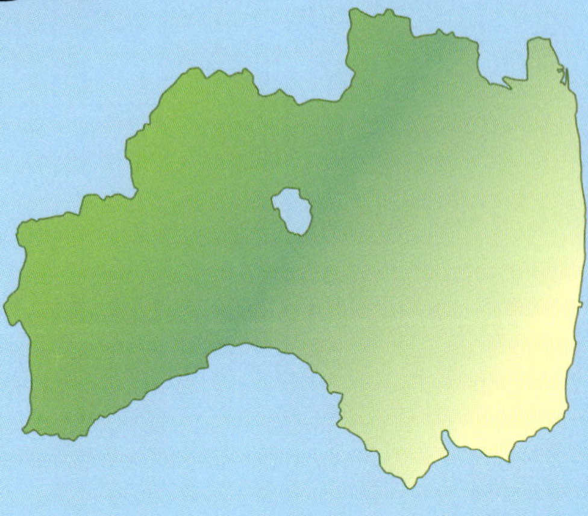

ポイント　アゴにつけた指を下に引きながら指先をつけ、握った左手の上で反時計回りに右手を回す。

❶福島市 （ふくしまし）

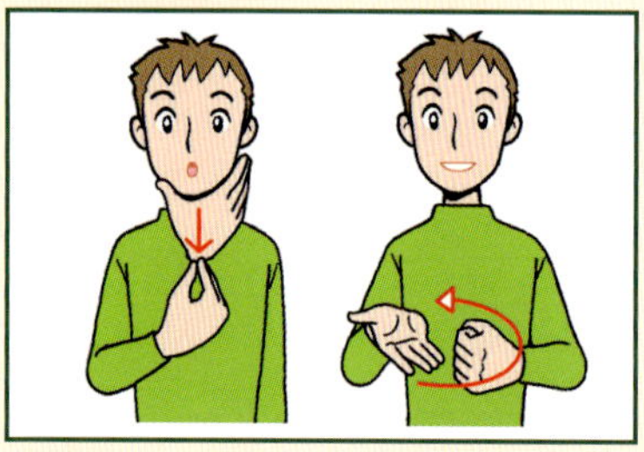

ポイント　アゴにつけた指を下に引きながら指先をつけ、握った左手の上で反時計回りに右手を回す。

❷会津若松市 （あいづわかまつし）

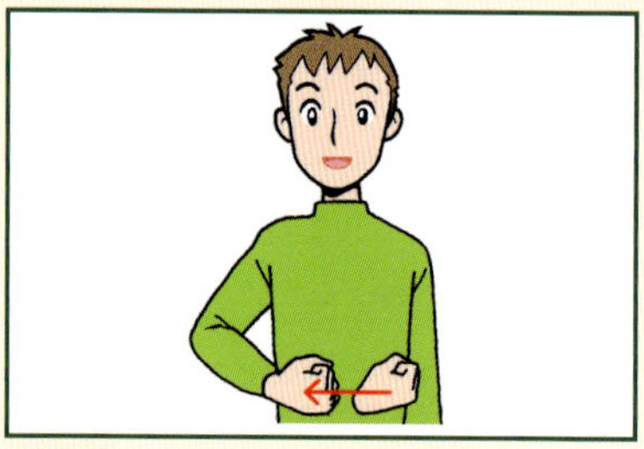

ポイント　右拳を左腹から右腹へ、切腹するように動かす。

❸郡山市 （こおりやまし）

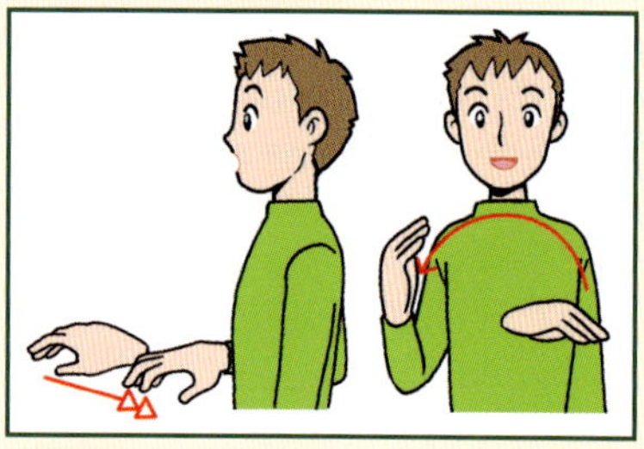

ポイント　指を丸めた右手を、斜め前から体のほうへ引き寄せる動作を繰り返し、左から右へ「山」を描く。

❹いわき市 （いわきし）

ポイント　「コ」の形にした両手を左手を少し上にして向い合せる。
※市章の形を表しています。

❺白河市 （しらかわし）

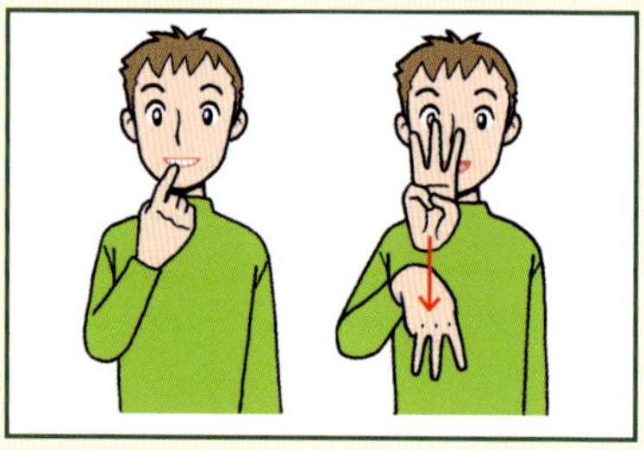

ポイント　右手人差指で歯を指し、伸ばした３指を下へおろす。

❻須賀川市 （すかがわし）

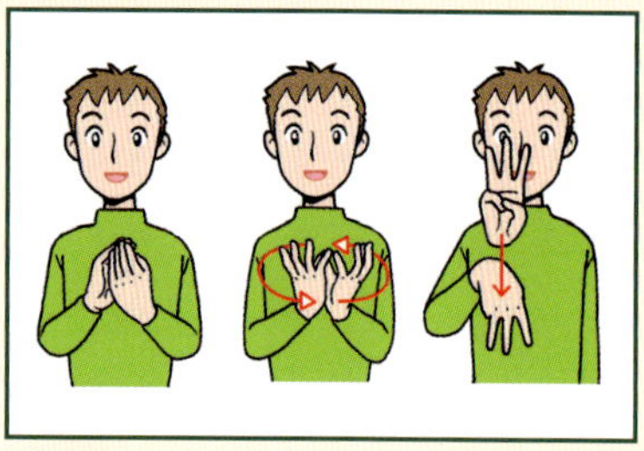

ポイント　丸めた両手をひねってつけ、回しながらを開き、伸ばした右手３指を下へおろす。

❼喜多方市 （きたかたし）

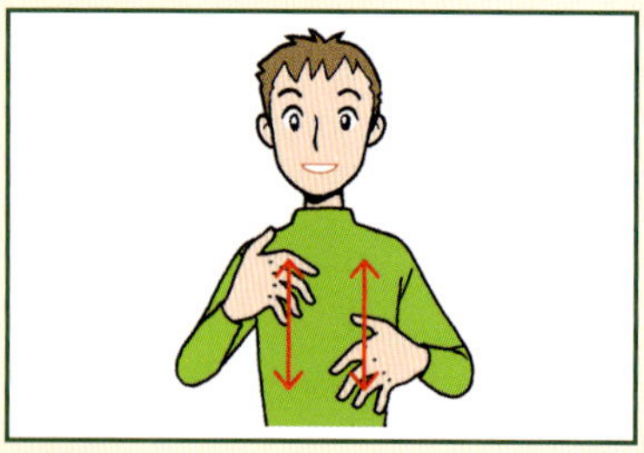

ポイント　両手を胸にあて、交互に上下する。

❽相馬市 （そうまし）

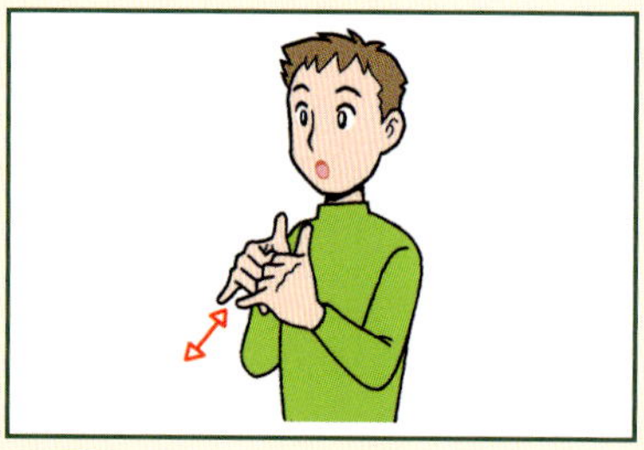

ポイント　指文字「ヤ」にした両手を向い合せて斜め下に前後させる。

❾二本松市 （にほんまつし）

ポイント　左掌に伸ばした右手２指の指先をつける。

⑩田村市 （たむらし）

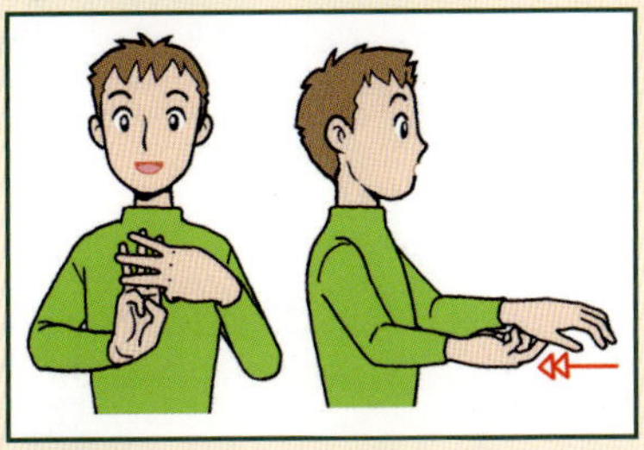

ポイント　両手３指を、左手甲を前に向けて重ね、左手首付け根に右人差指の背をあてて両手を手前に引く動作を繰り返す。

⑪南相馬市 （みなみそうまし）

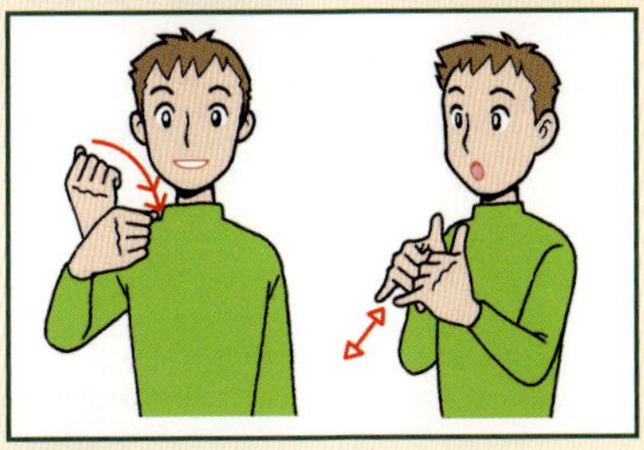

ポイント　うちわであおぐしぐさをし、指文字「ヤ」にした両手を向い合せて斜め下に前後させる。

⑫伊達市 （だてし）

ポイント　右手人差指を右目の上から斜め下へ動かす。

⑬本宮市 （もとみやし）

ポイント　横にした右手の親指側を胸に２回つける。

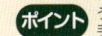

チャレンジ！

にっぽんクイズ①

●答えを手話でやってみよう！●

問題１

日本一面積の大きい市は？

a 静岡県 浜松市

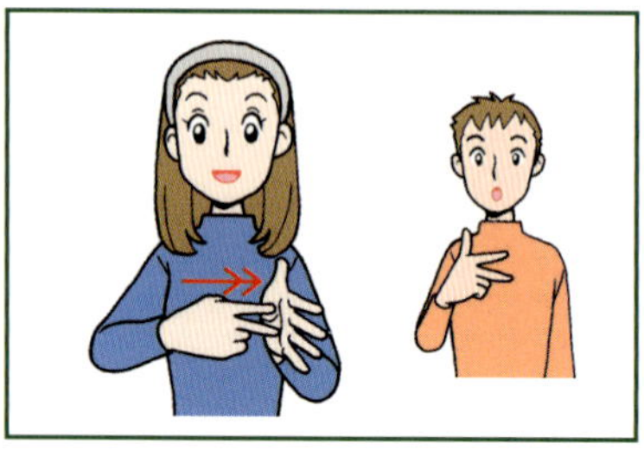

b 北海道 北見市

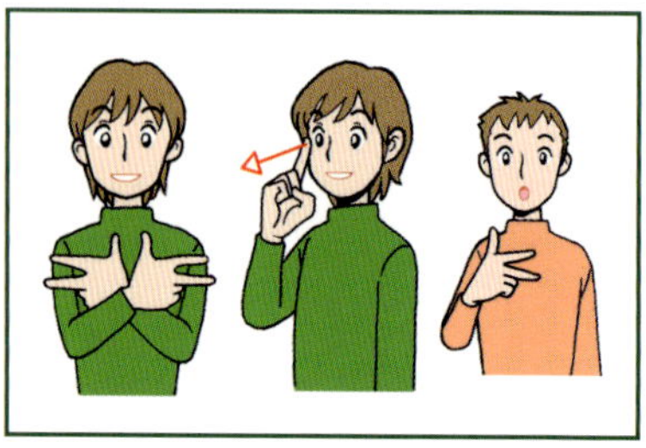

c 岐阜県 高山市

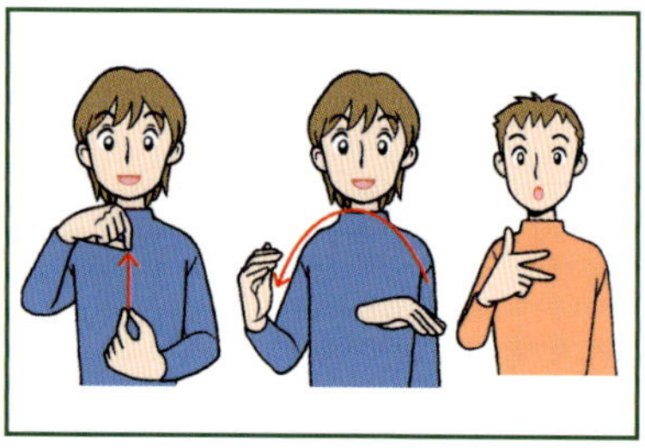

問題２

日本一面積の小さい市は？

a 埼玉県 蕨市

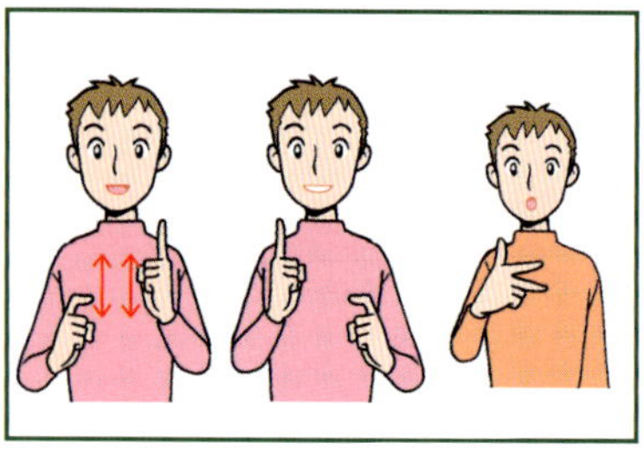

b 東京都 狛江市

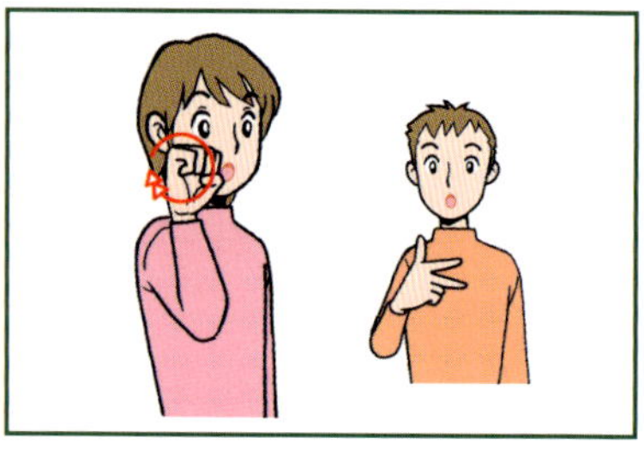

c 愛知県岩倉市

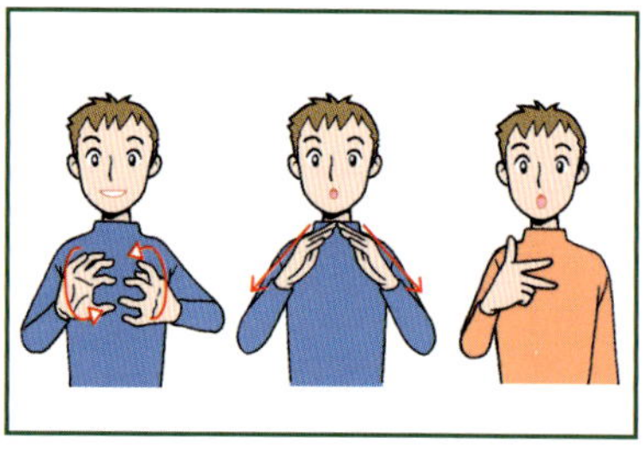

※答えは123ページを見てね！

関東ブロック

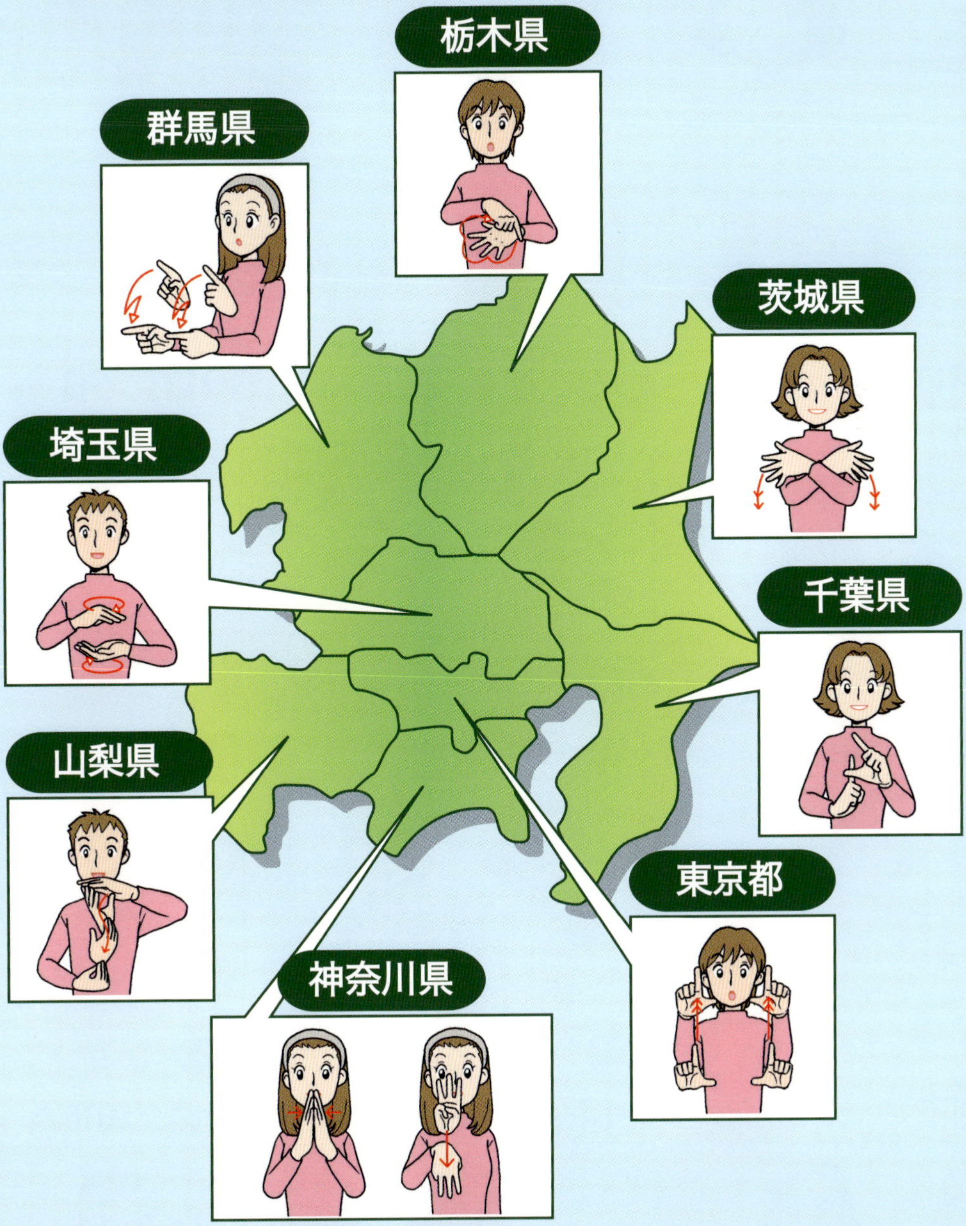

茨城県 （いばらきけん）

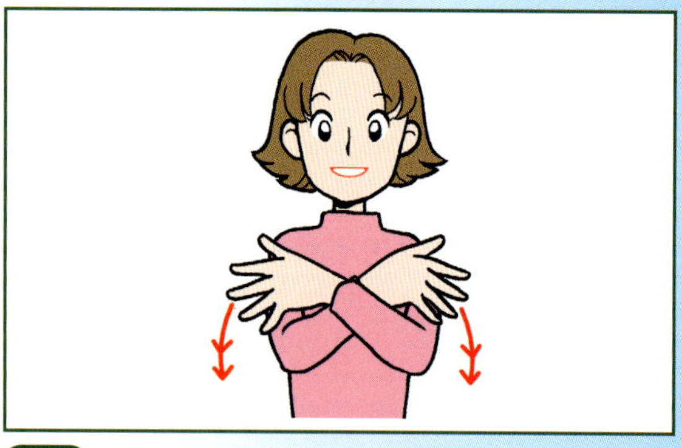

ポイント　交差させた両手を肩から下に動かす動作を繰り返す。

❶水戸市 （みとし）

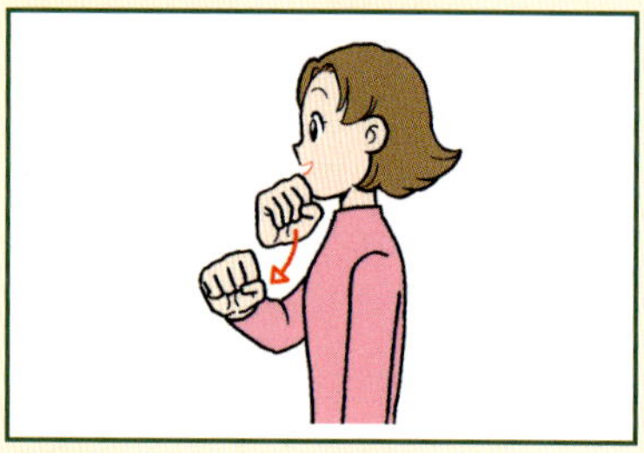

ポイント　右拳をアゴにつけ、斜め下におろす。

❷日立市A （ひたちしA）

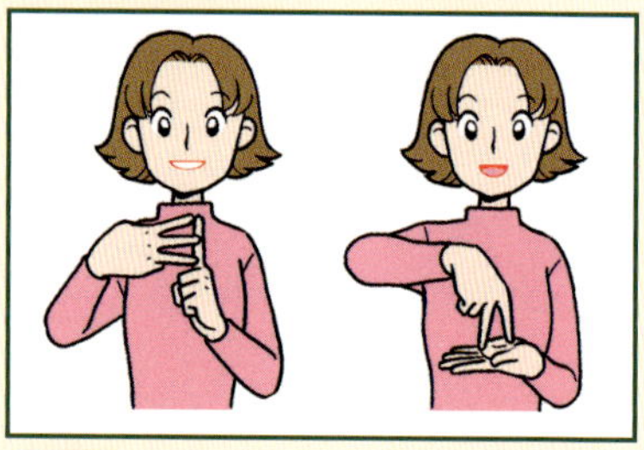

ポイント　左手人差指に右手３指の指先をつけて「日」の形を作り、左掌に右手３指を立てる。

❷日立市B （ひたちしB）

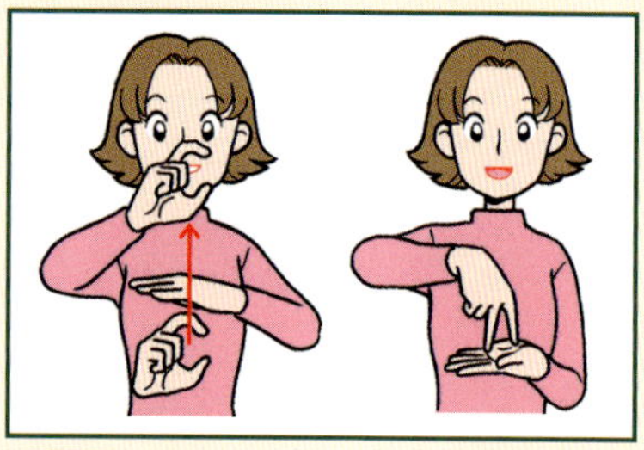

ポイント　左手の下から２指で「C」を作った右手を上にあげ、左掌に右手３指を立てる。

❸土浦市 （つちうらし）

ポイント　つまんだ親指と人差指をこすり合せる。

❹古河市 （こがし）

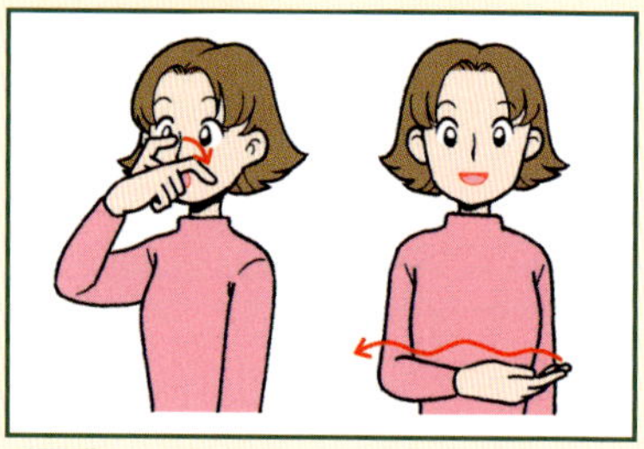

ポイント　右手人差指を曲げて鼻の前で回し、掌を上に向け、左から右へ波打たせながら動かす。

❺石岡市A （いしおかしA）

ポイント　左掌に右手２指の先をつけ、両手２指で左右にカギ形を描く。

❺石岡市B （いしおかしB）

ポイント　左掌に右手指先をつけ、両手２指で左右にカギ形を描く。

❻結城市 （ゆうきし）

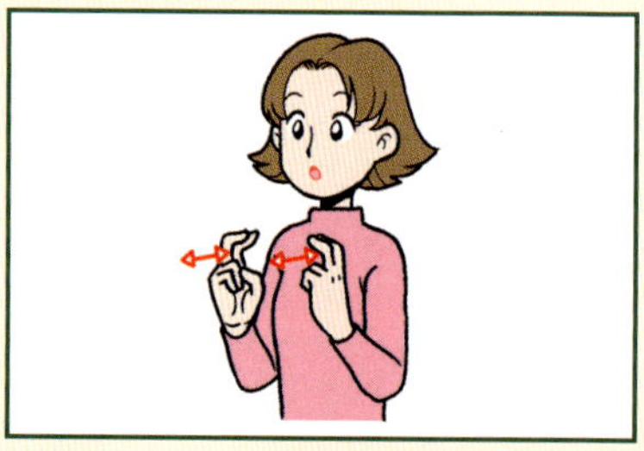

ポイント　両手２指を曲げて指先を向い合せ、同時に前後させる。

❼龍ケ崎市A （りゅうがさきしA）

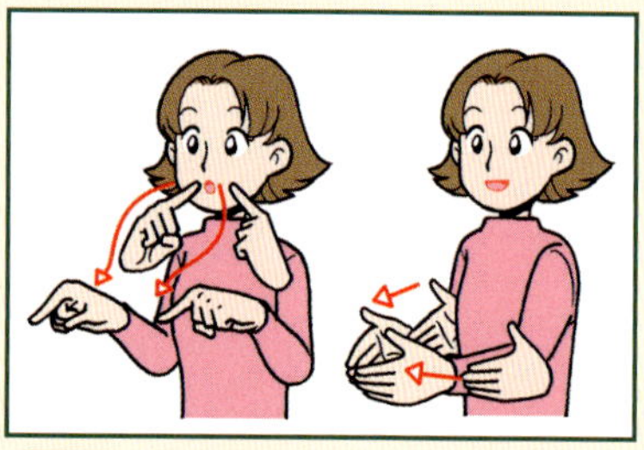

ポイント　両手人差指を口の端につけ、同時に波形に前方に出し、両手指先を前方でつける。

⑦龍ケ崎市B （りゅうがさきしB）

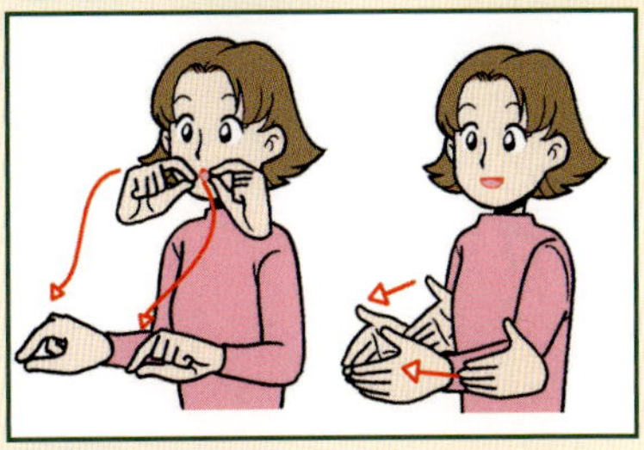

ポイント 両手２指をつまんで口の端につけ、同時に波形に前方に出し、両手指先を前方でつける。

⑧下妻市 （しもつまし）

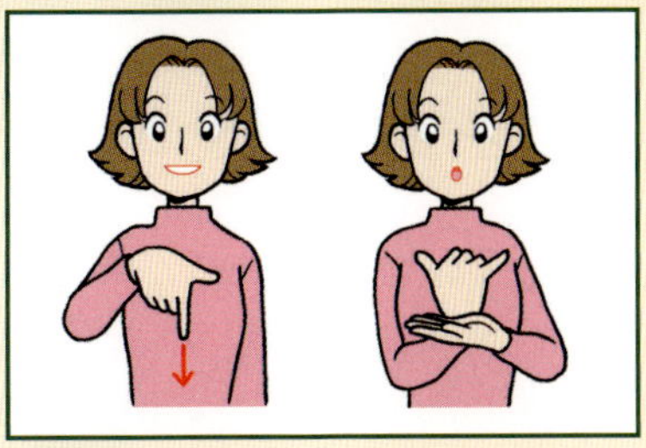

ポイント 「L」にした右手を下にさげ、左掌に２指を伸ばし右手を乗せる。

⑨常総市 （じょうそうし）

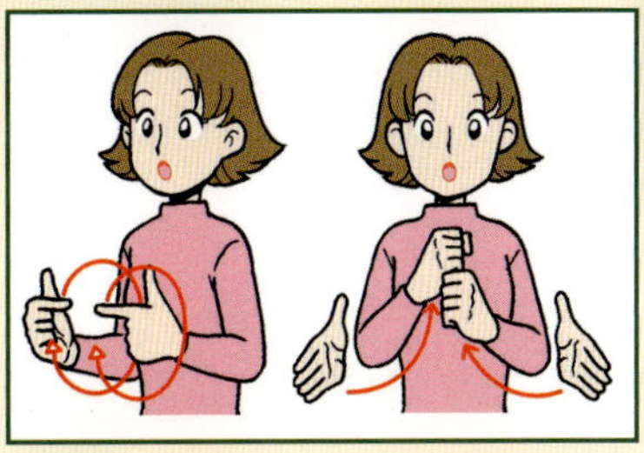

ポイント ２指を伸ばした両手を下から上へ回転させ、開いた両手を胸前に握りながら引き寄せる。

⑩常陸太田市 （ひたちおおたし）

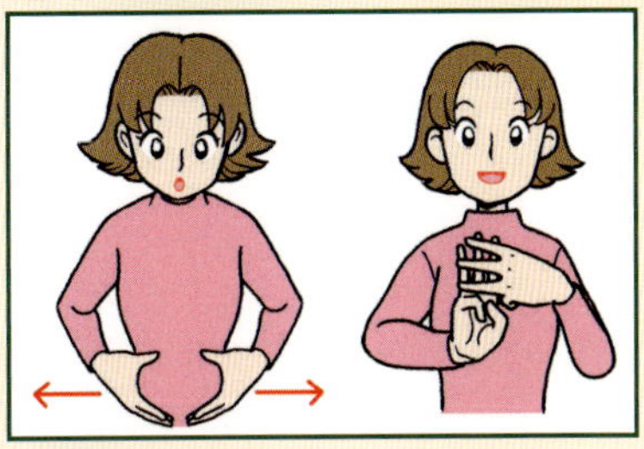

ポイント 「C」にした両手を左右に広げ、両手３指を、左手甲を前に向けて重ねる。

⑪高萩市 （たかはぎし）

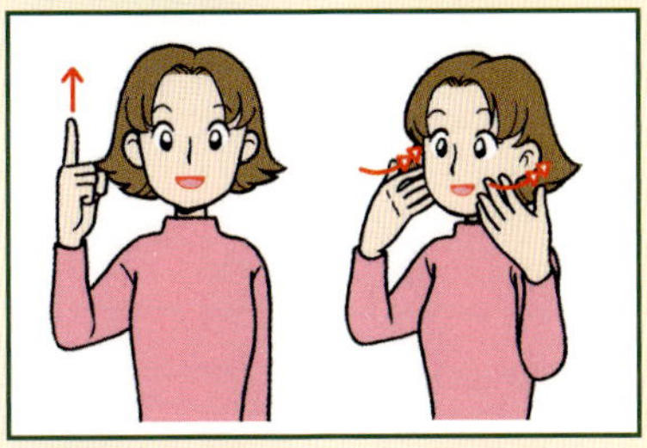

ポイント 伸ばした人差指を上にあげ、顔の横で風を送るように両手を動かす。

⑫北茨城市 （きたいばらきし）

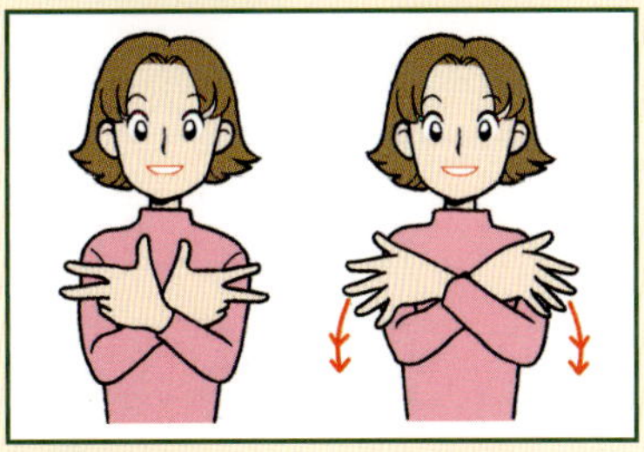

ポイント 指文字「シ」の両手を交差させ、交差させ開いた両手を肩から下に動かす動作を繰り返す。

⑬笠間市 （かさまし）

ポイント 指文字「キ」の右手を回す。
※日本三大稲荷の一つである笠間稲荷のお稲荷さんを表しています。

⑭取手市 （とりでし）

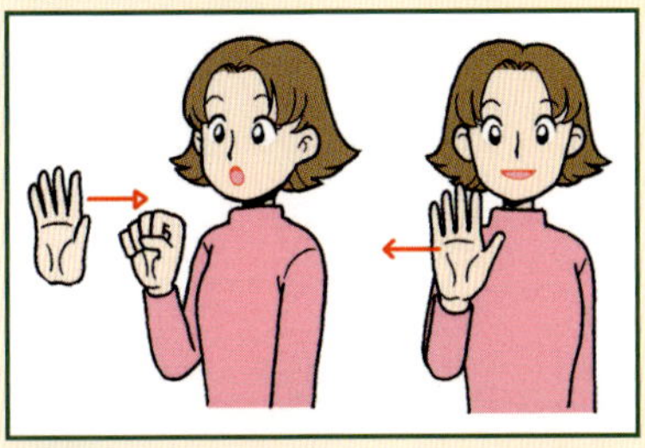

ポイント 掌を前に向けた右手をつかみ取るように引き寄せ、指文字「デ」を表す。

⑮牛久市 （うしくし）

ポイント ２指を伸ばした両手の親指をこめかみにつける。

⑯つくば市 （つくばし）

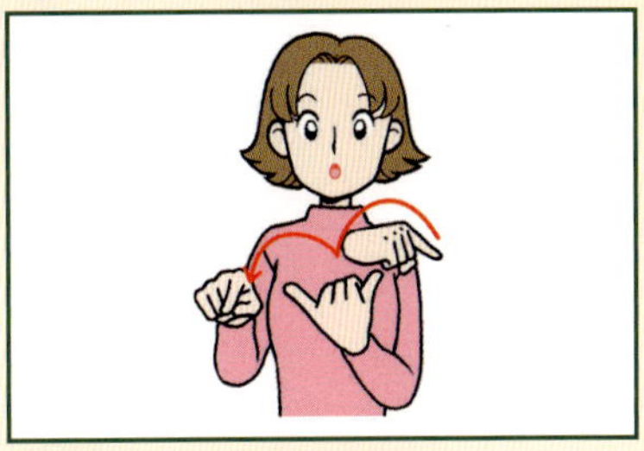

ポイント ２指を立てた左手の上に、右手人差指で２つの弧を描く。
※筑波山の男体山と女体山をあらわしています。

⑰ひたちなか市 （ひたちなかし）

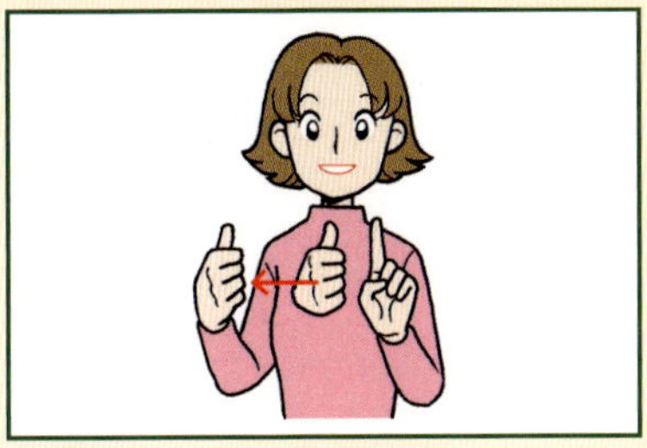

ポイント 指文字「ヒ」の左手の横で指文字「タ」の右手を右へ動かす。

⑱鹿嶋市 （かしまし）

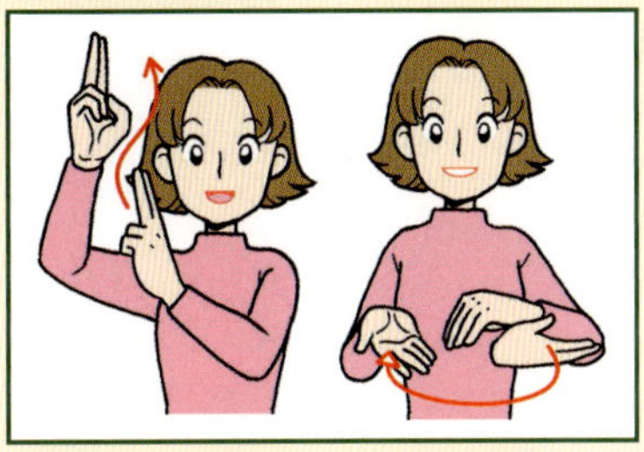

ポイント 両手２指を右手を上に向き合うように置き、両手首を回転させ、伏せた左手の小指側から掌を上にした右手を回す。

⑲潮来市 （いたこし）

ポイント 両手で舟の櫓を漕ぐしぐさをする。
※水郷めぐりの笹葉舟（さっぱふね）の櫓をこぐ様子を表しています。

⑳守谷市 （もりやし）

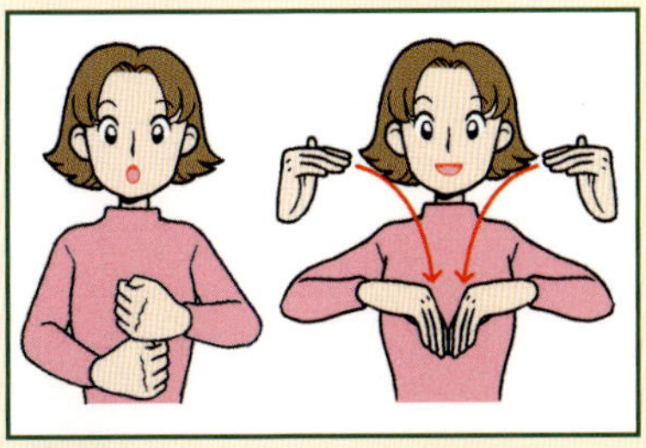

ポイント 両拳を上下に重ねて体に引き寄せ、向い合せた両手指先を胸前でつける。

㉑常陸大宮市 （ひたちおおみやし）

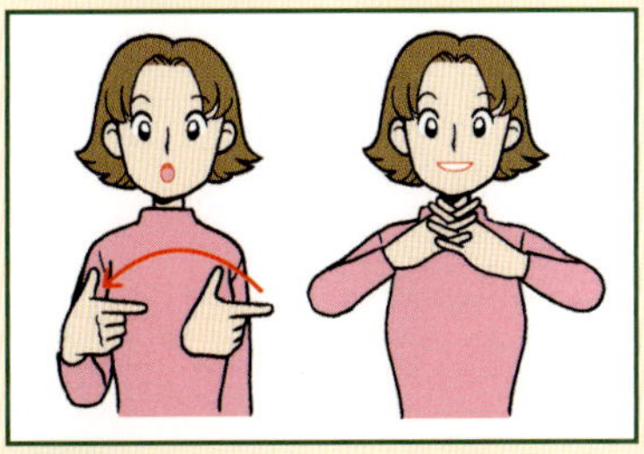

ポイント 右手２指を伸ばし左から右へ弧を描き、両手の指を組み合せる。

㉒那珂市 （なかし）

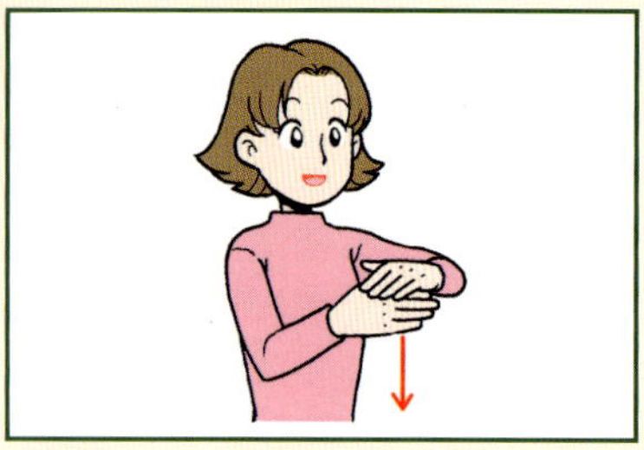

ポイント 左手の下につけた右手を下におろす。

㉓筑西市 （ちくせいし）

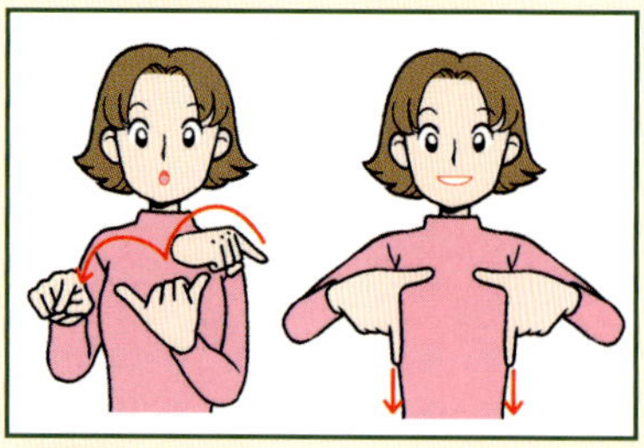

ポイント ２指を立てた左手の上に、右手人差指で２つの弧を描き、「Ｌ」にした両手を下にさげる。

㉔坂東市 （ばんどうし）

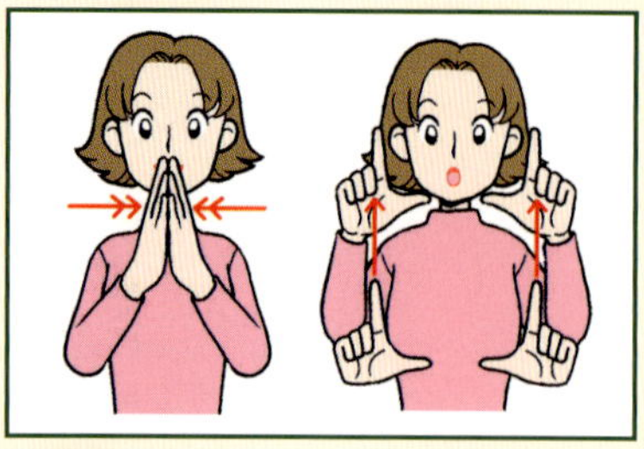

ポイント 両掌を体の前で２回合せ、「Ｌ」にした両手を上にあげる。

㉕稲敷市A （いなしきしA）

ポイント 左手の人差指先につけた右拳を開きながら稲穂のように垂らす。

㉕稲敷市B （いなしきしB）

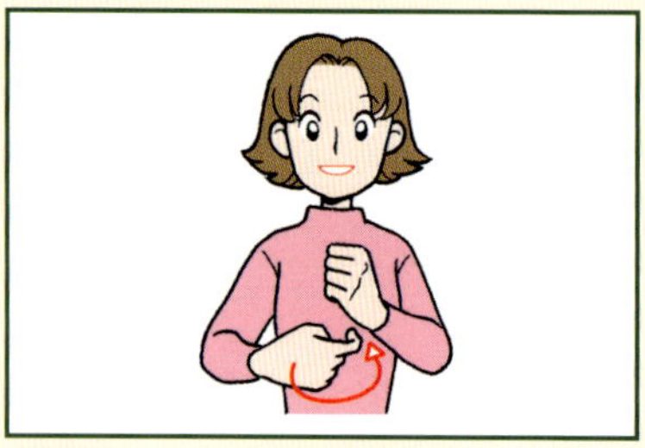

ポイント 左拳の下を、鎌で刈るように人差指を曲げた右手を回す。

㉖かすみがうら市 （かすみがうらし）

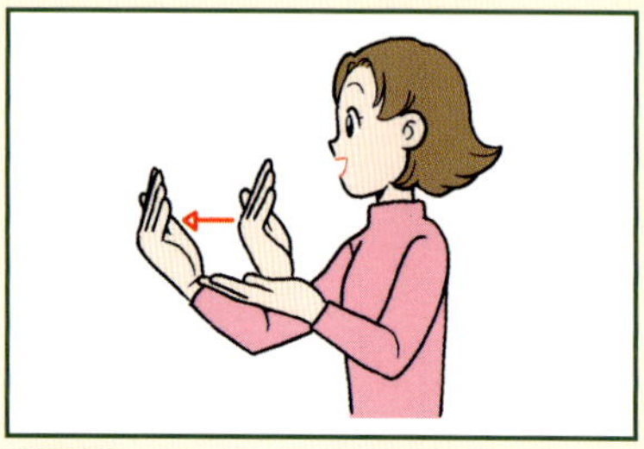

ポイント 掌を上に向けた左手の横で、甲を前に向けた右手を出す。

㉗桜川市 （さくらがわし）

ポイント 丸めた両手をひねってつけ、回しながらを開き、伸ばした右手３指を下へおろす。

㉘神栖市 （かみすし）

ポイント 両掌を体の前で２回合せ、指文字「ス」を表す。

㉙行方市 （なめがたし）

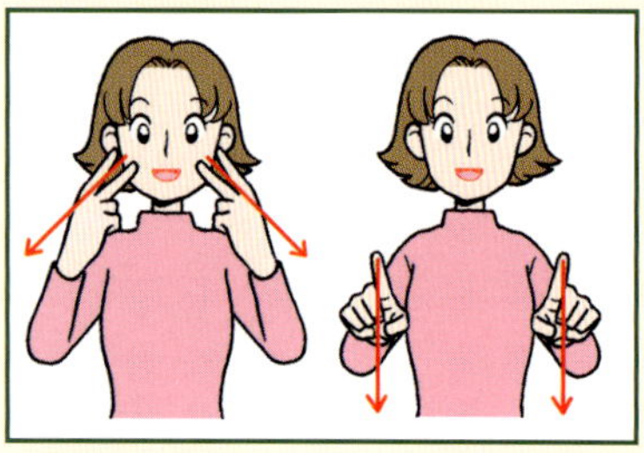

ポイント ２指を伸ばした両手を顔の前から斜め左右に広げ、両手の人差指先を前に向けて同時に下へおろす。

㉚鉾田市 （ほこたし）

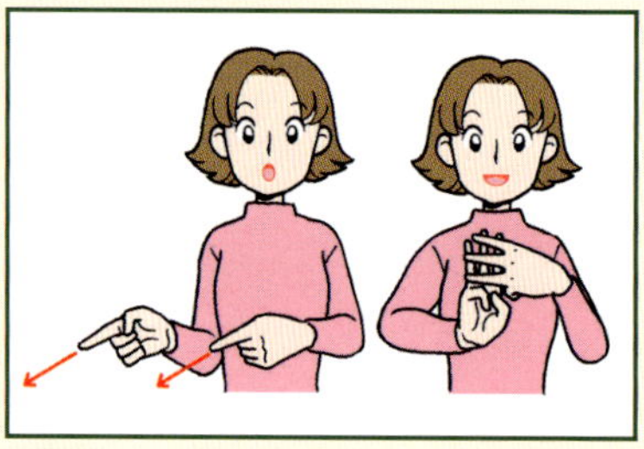

ポイント 人差指を伸ばした両手を斜めに出し、両手３指を、左手甲を前に向けて重ねる。

㉛つくばみらい市 （つくばみらいし）

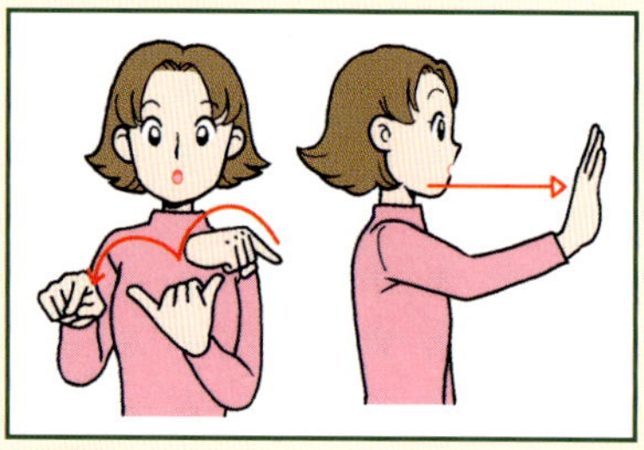

ポイント ２指を立てた左手の上に、右手人差指で２つの弧を描き、右掌を前に向けて押すように大きく出す。

㉜小美玉市 （おみたまし）

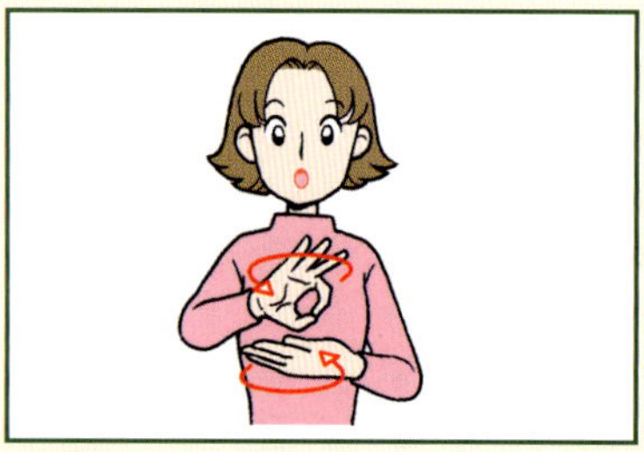

ポイント 掌を上に向けた左手の上に２指の輪の右手を置き、回転させる。

栃木県 （とちぎけん）

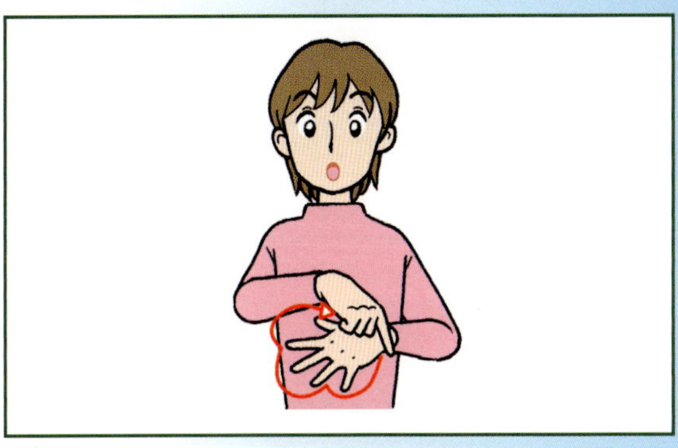

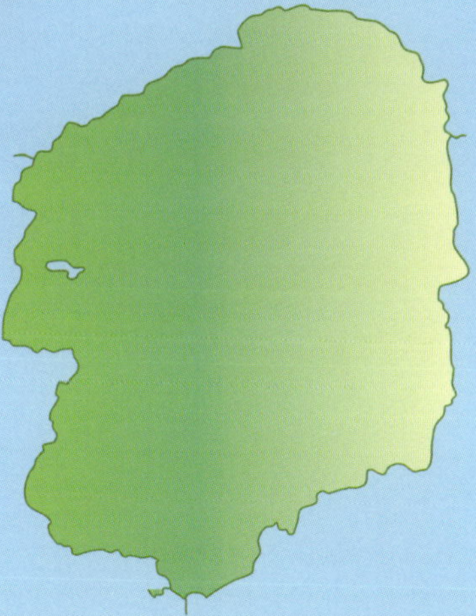

ポイント 右手人差指で、開いた左手の指にそって葉の形を描く。※栃の葉の形を表しています。

❶宇都宮市 （うつのみやし）

ポイント 「O」にした左手の中に、曲げた右手２指を入れる。

❷足利市 （あしかがし）

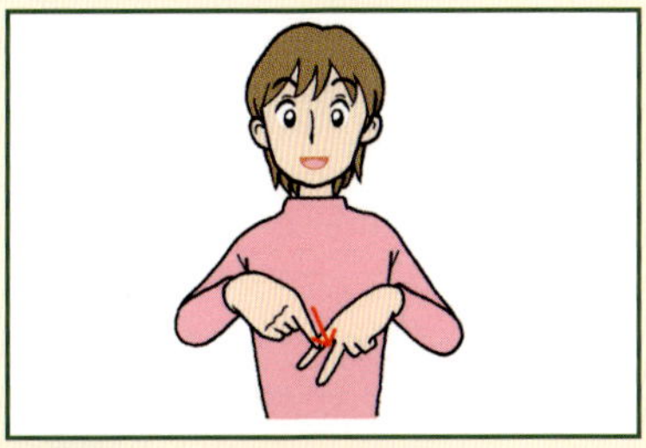

ポイント 右手人差指で２指を下に向けた左手の指を指す。

❸栃木市 （とちぎし）

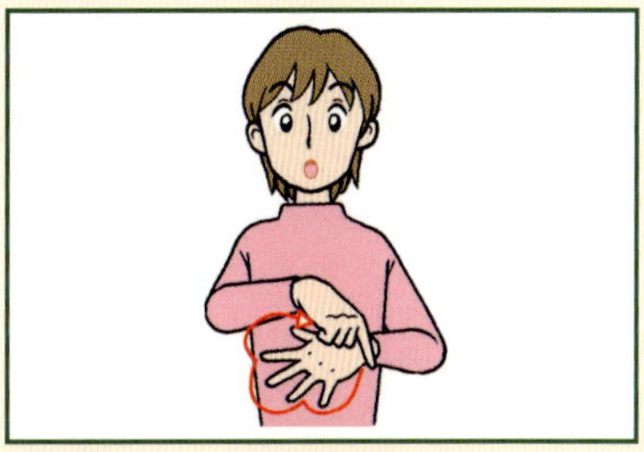

ポイント 右手人差指で、開いた左手の指にそって葉の形を描く。
※栃の葉の形を表しています。

❹佐野市 （さのし）

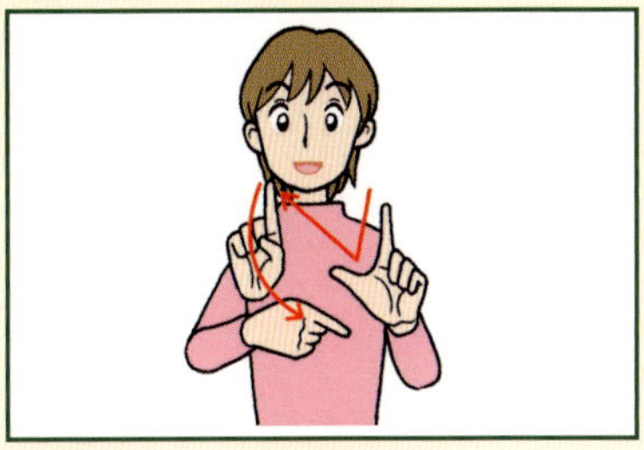

ポイント 「L」にした左手に右手人差指をそわせた後、「ノ」を描く。

❺鹿沼市 （かぬまし）

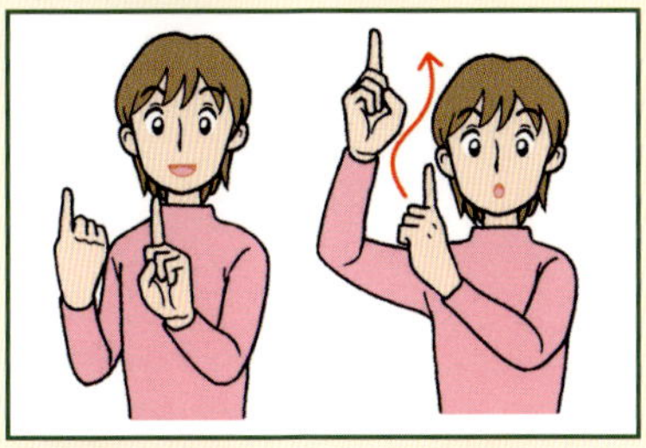

ポイント 人差指を立てた両手を向き合うように上下に置き、同時に手首をひねりながら右手を上にあげる。

❻日光市 （にっこうし）

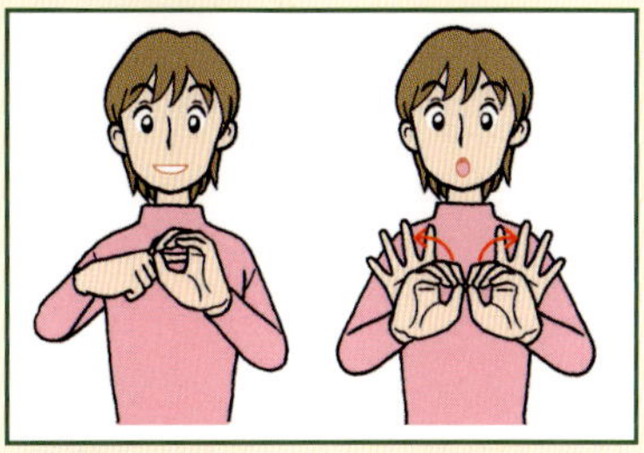

ポイント 「O」にした左手に右手人差指を横につけて「日」の形を作り、つまんでつけた両手を左右に開く。

❼小山市 （おやまし）

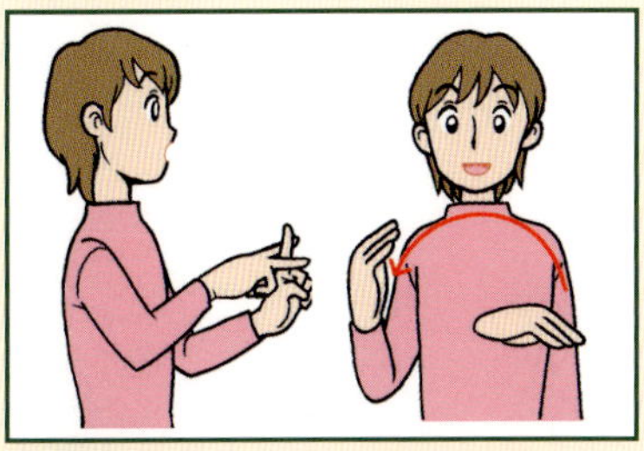

ポイント 左手人差指を右手２指ではさみ、右手で左から右へ「山」を描く。

❽真岡市 （もおかし）

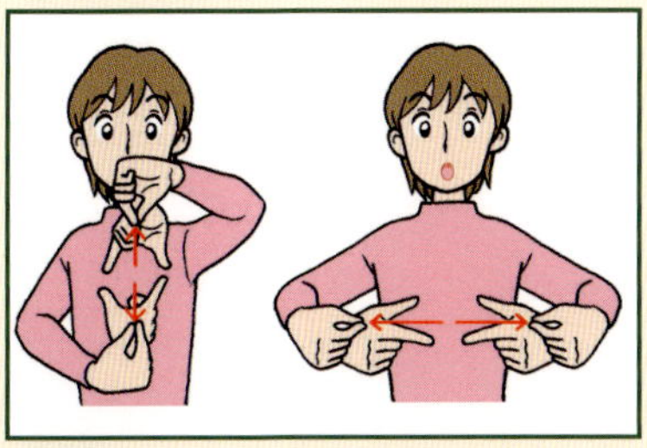

ポイント 両手２指の指先を向い合せて、上下に動かしてつまみ、位置を変えて左右に動かしてつまむ。

❾大田原市 （おおたわらし）

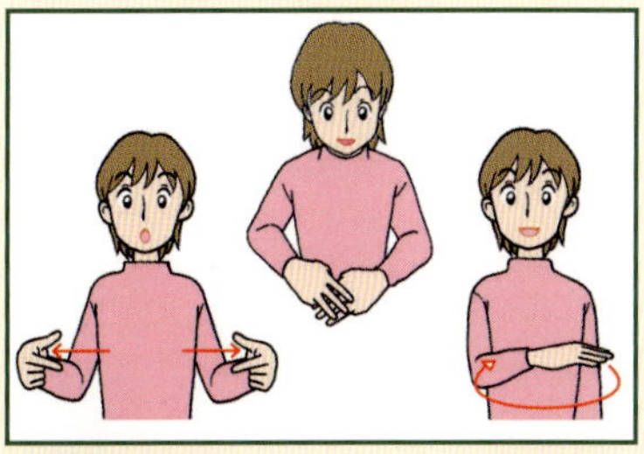

ポイント 「C」にした両手２指を左右に広げ、左手３指に右手３指を重ね、体の前で右手で半円を描く。

⑩矢板市　（やいたし）

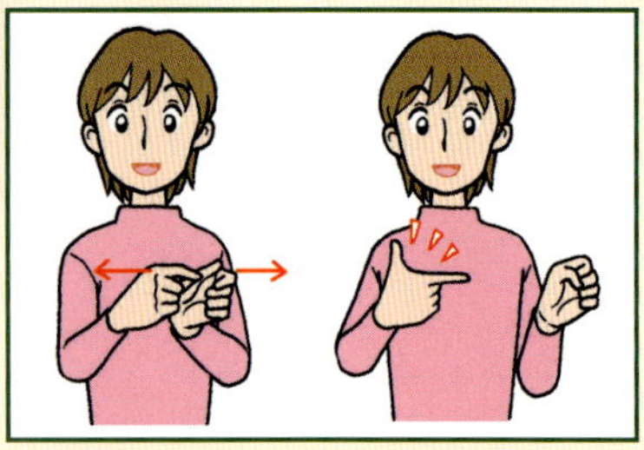

ポイント　左拳と２指をつまんだ右手をつけ、斜め前後に広げ、右手指をはじく。

⑪那須塩原市A　（なすしおばらしA）

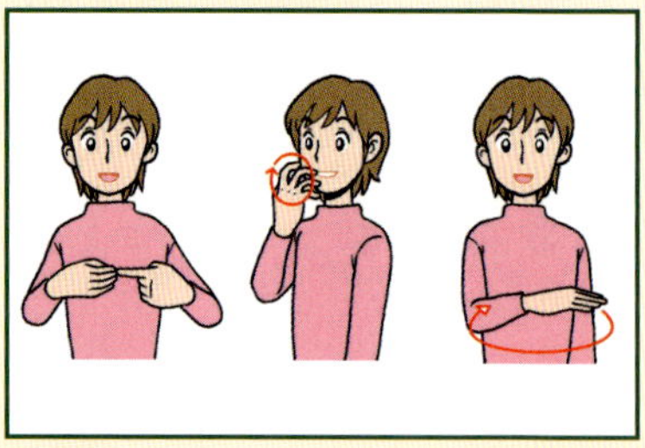

ポイント　左手人差指につまんだ右手をつけ、指を曲げた右手を口の前で回し、体の前で半円を描く。

⑪那須塩原市B　（なすしおばらしB）

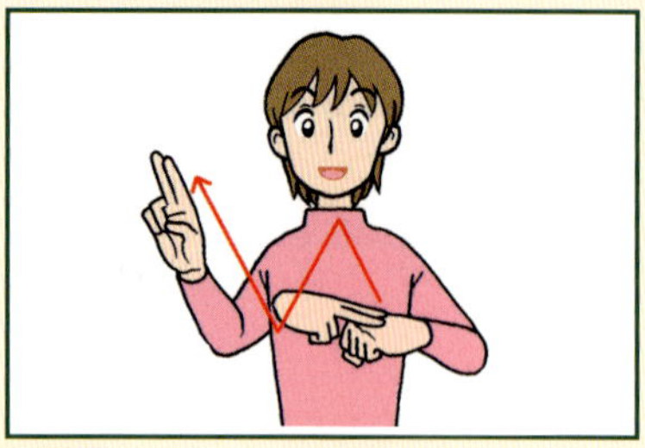

ポイント　左拳の上に伸ばした右手２指を乗せた後、「N」を描く。

⑫さくら市　（さくらし）

ポイント　左手人差指の左から右へ、すぼめた右手を開きながら動かす。

⑬那須烏山市　（なすからすやまし）

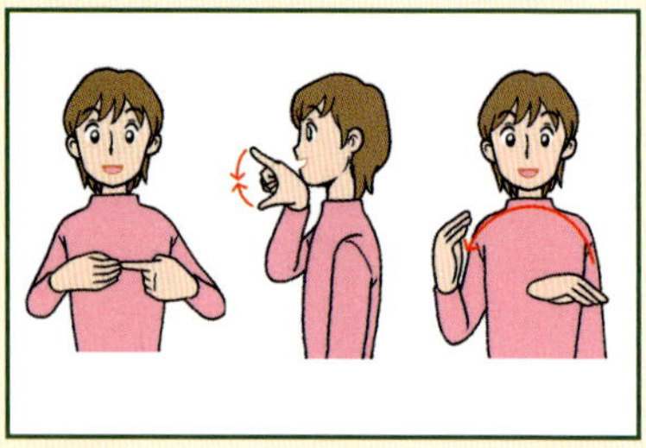

ポイント　左手人差指につまんだ右手をつけ、口元で右手２指を閉じ、左から右へ「山」を描く。

⑭下野市　（しもつけし）

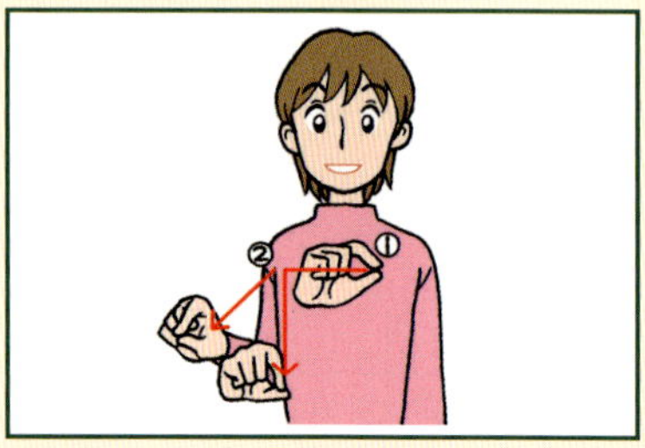

ポイント　つまんだ右手２指で「ㅏ」を描く。

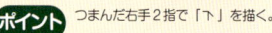

群馬県 （ぐんまけん）

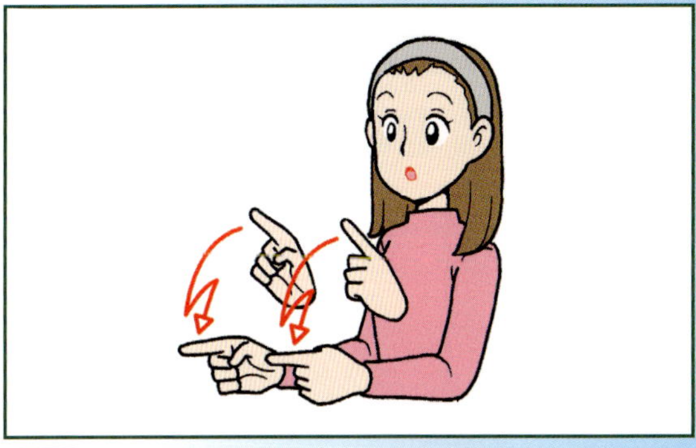

ポイント 両手人差指を打ちおろす動作を繰り返す。

❶前橋市A （まえばししA）

ポイント 丸めた右手を2回下に振る。

❶前橋市B （まえばししB）

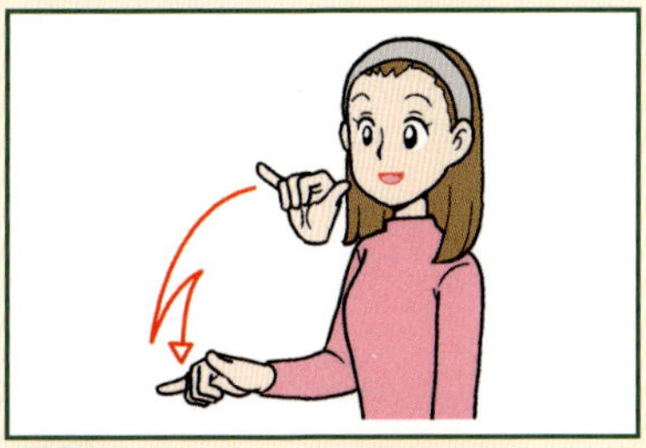

ポイント 2指を伸ばした右手を2回下に振る。

❷高崎市 （たかさきし）

ポイント 右手人差指を立てて額に2回あてる。

❸桐生市 （きりゅうし）

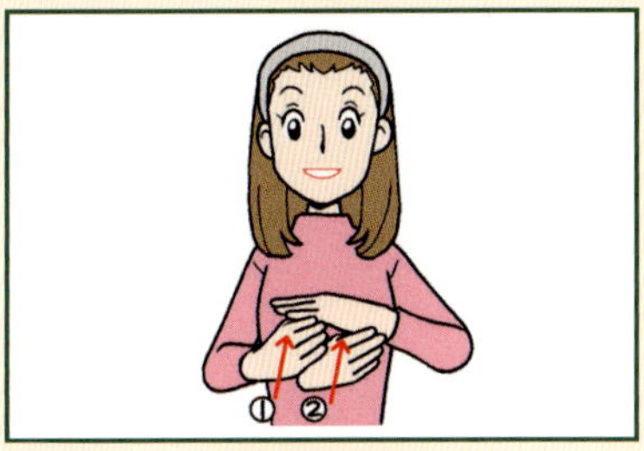

ポイント 左手の下に、右手を位置を変えて2回つける。

❹伊勢崎市 （いせさきし）

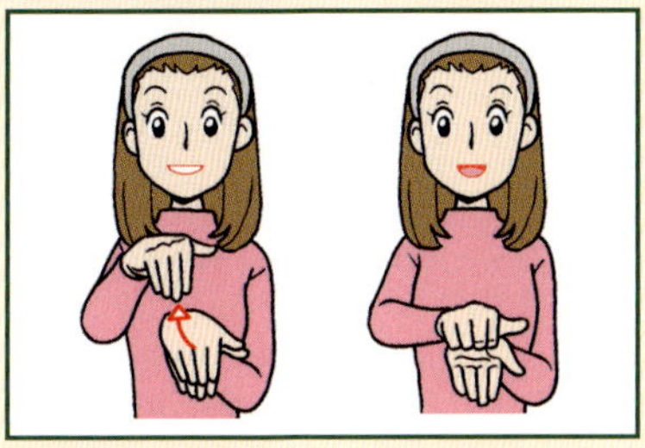

ポイント 両掌を上下に重ね、右手4指を上にあげながら折り曲げ左掌に乗せる。

❺太田市A （おおたしA）

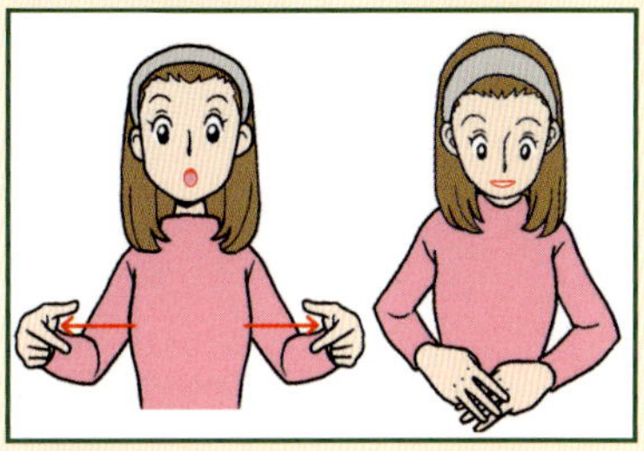

ポイント 「C」にした両手2指を左右に広げ、左手3指に右手3指を重ねる。

❺太田市B （おおたしB）

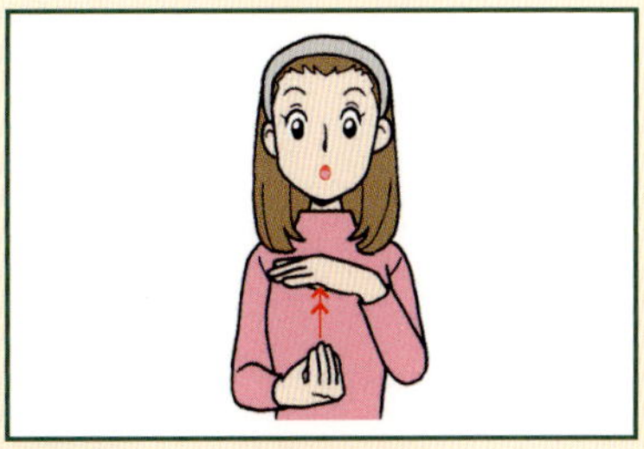

ポイント 左手の下にすぼめた右手の指先を2回つける。

❻沼田市 （ぬまたし）

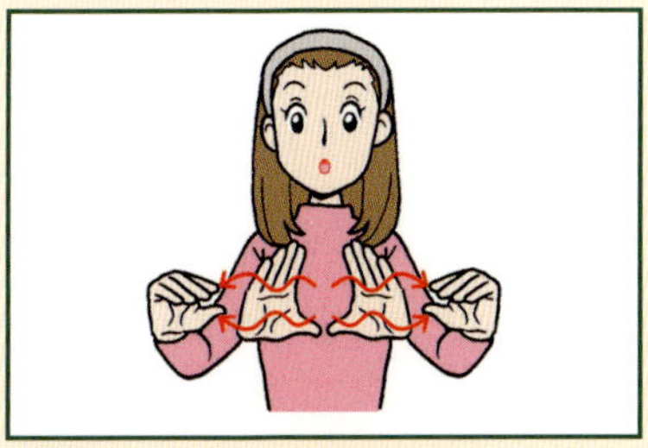

ポイント 両手の親指と4指を広げたり狭めたりしながら左右に広げ、左手3指に右手3指を重ねる。

❼館林市A （たてばやししA）

ポイント 指文字「キ」を回す。

⑦館林市B （たてばやししB）

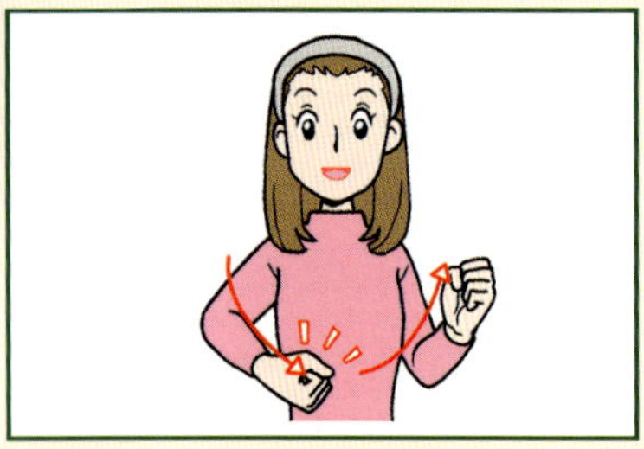

ポイント 両拳で交互にお腹を軽くたたく。

⑧渋川市 （しぶかわし）

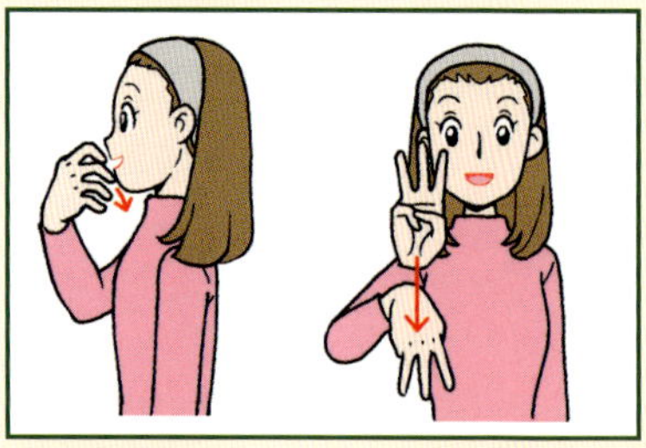

ポイント 折り曲げた右手指先を口元に向け少し下におろし伸ばした３指を下へおろす。

⑨藤岡市 （ふじおかし）

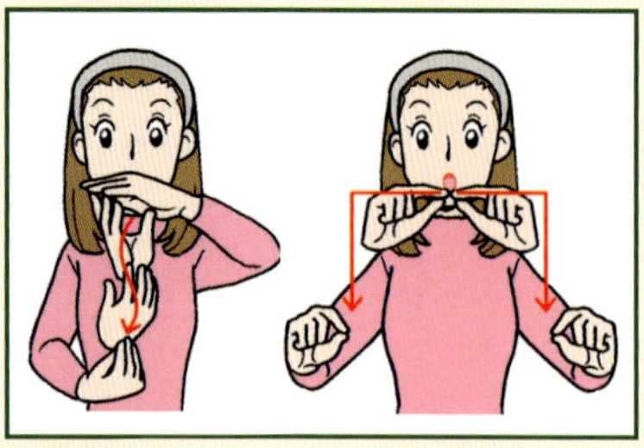

ポイント 左手の下から右手をねじりながらすぼませ、両手２指で左右にカギ形を描く。

⑩富岡市 （とみおかし）

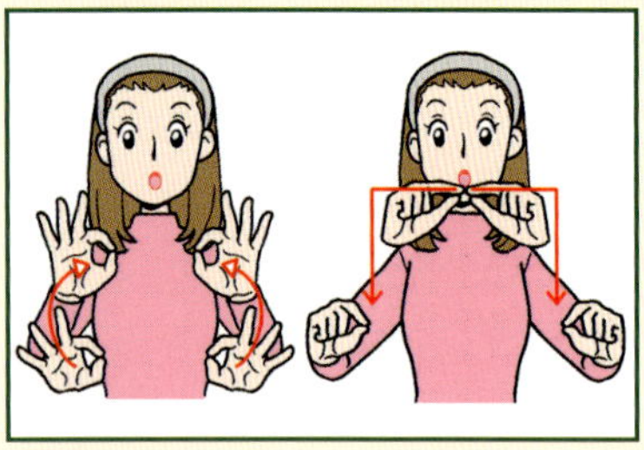

ポイント 輪にした両手２指を体の前から胸につけ、両手２指で左右にカギ形を描く。

⑪安中市 （あんなかし）

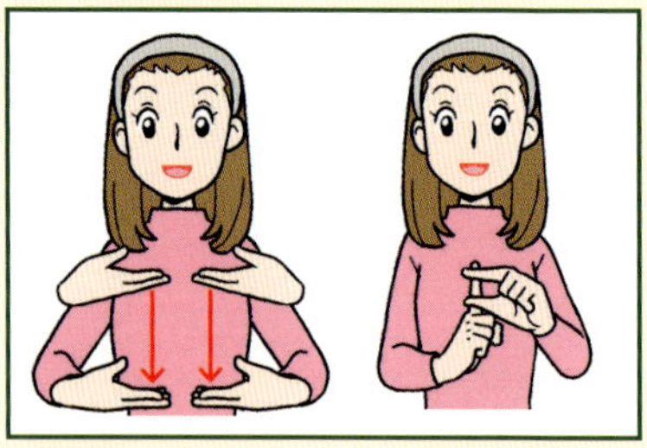

ポイント 掌を上に向け指先を向い合せた両手を胸から下へおろし、左手２指に右手人差指をあてる。

⑫みどり市 （みどりし）

ポイント 甲を前に向けた右手３指を右から左へ回す。

埼玉県 （さいたまけん）

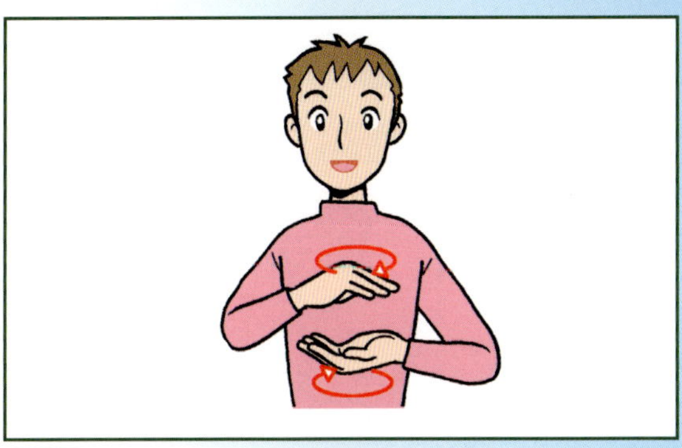

ポイント 丸めた両手を上下に向い合せ回す。

❶さいたま市 （さいたまし）

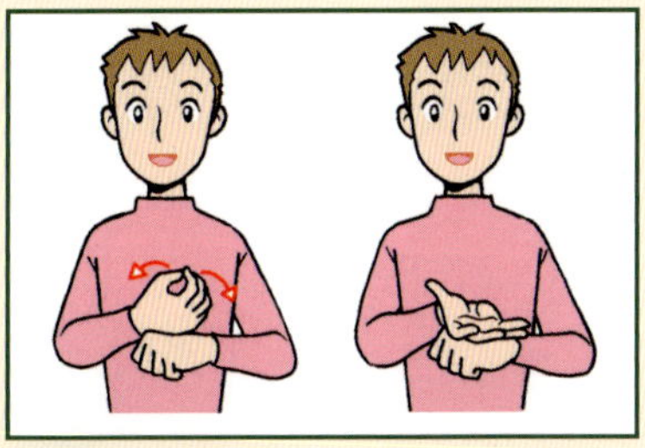

ポイント 指文字「サ」にした左手甲の上にすぼめた右手を乗せ指を開く。

❷川越市 （かわごえし）

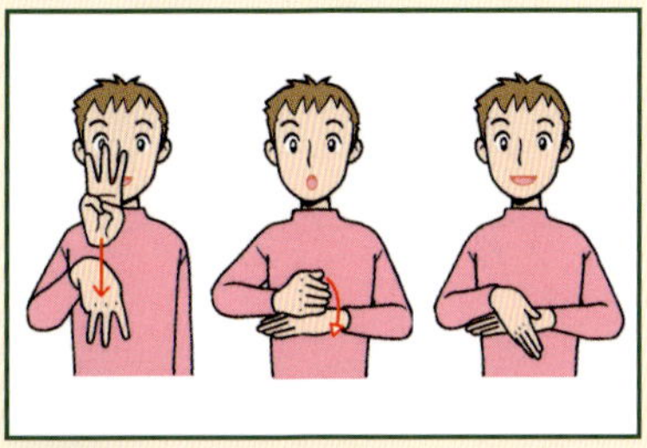

ポイント 伸ばした右手３指を下へおろし、左手甲の上を指先を前に向けた右手で越えさせる。

❸熊谷市 （くまがやし）

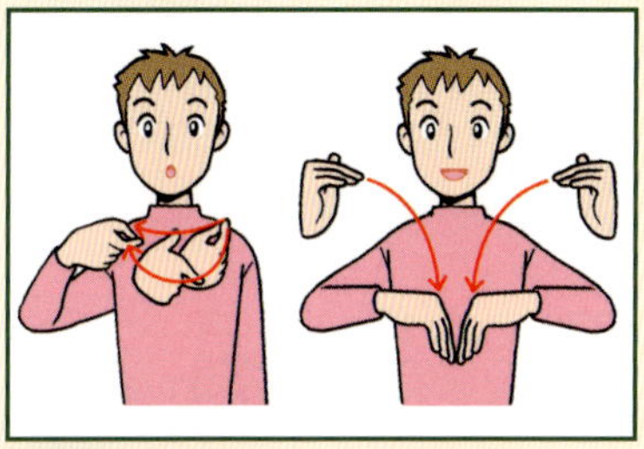

ポイント 首の下で右手２指で月の形を描き、向い合せた両手指先を胸前でつける。

❹川口市 （かわぐちし）

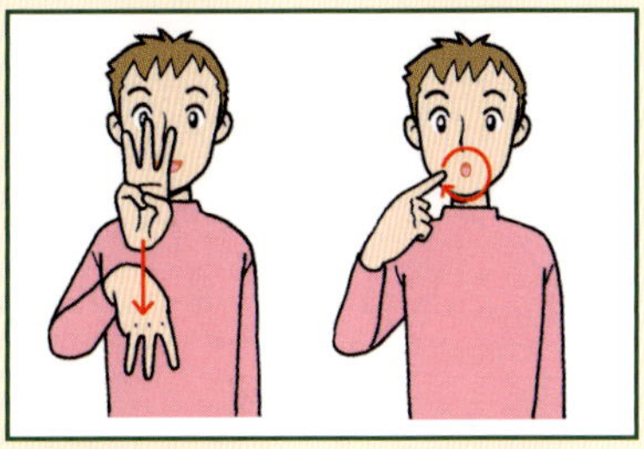

ポイント 伸ばした右手３指を下へおろし、人差指で口の周りに円を描く。

❺行田市A （ぎょうだしA）

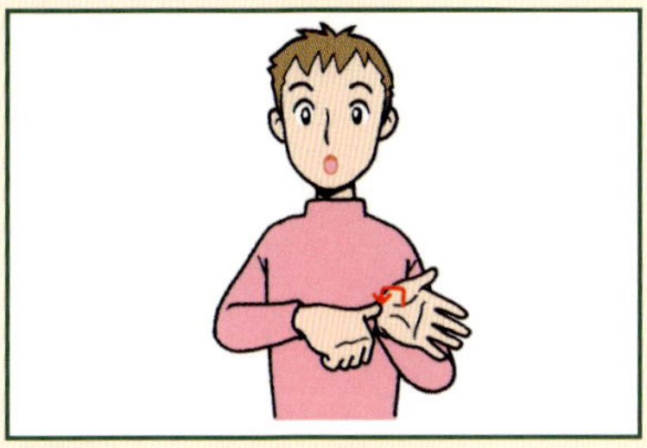

ポイント 左手首のあたりで右手親指で足袋のこはぜを留めるしぐさをする。

❺行田市B （ぎょうだしB）

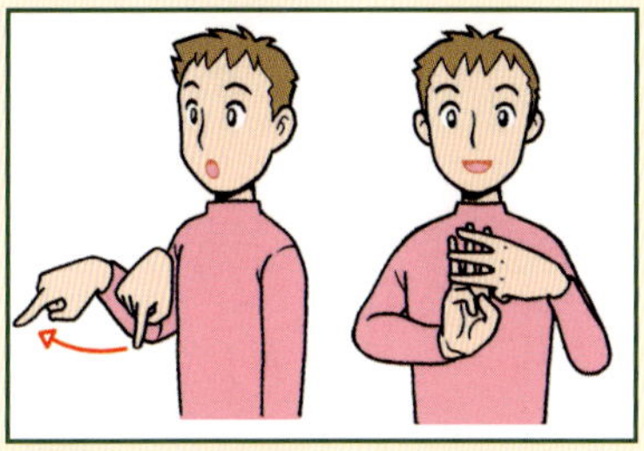

ポイント 人差指を前に向けて動かし、両手３指を、左手甲を前に向けて重ねる。

❻秩父市 （ちちぶし）

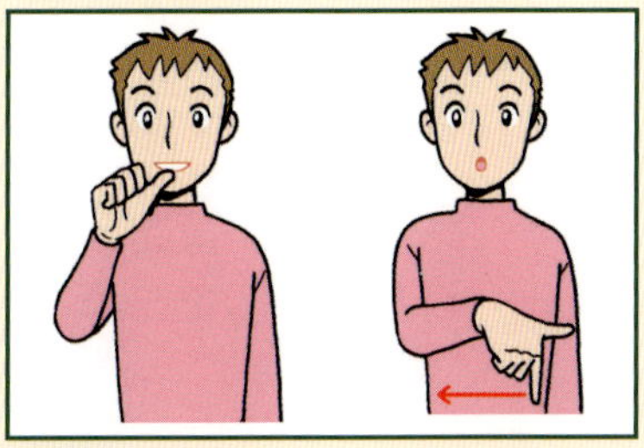

ポイント 親指を口につけ、指文字「ブ」を表す。

❼所沢市 （ところざわし）

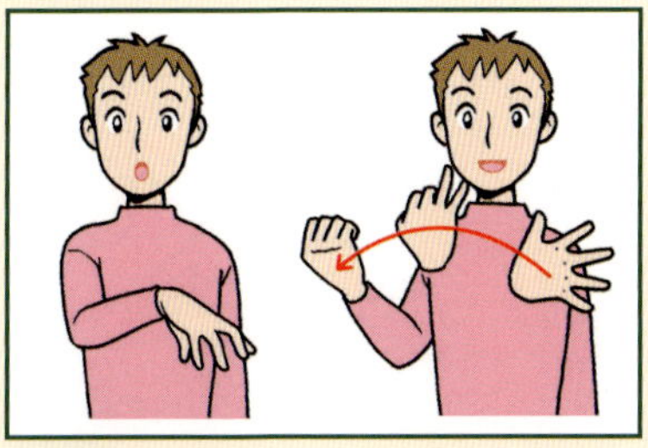

ポイント 指を折り曲げた右手を左に置き、右手を親指から順に折りながら左から右へ弧を描く。

❽飯能市 （はんのうし）

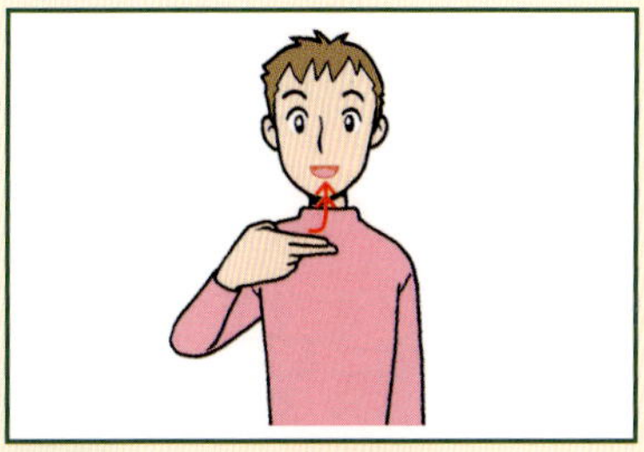

ポイント ２指で食べるしぐさをする。

⑨加須市 （かぞし）

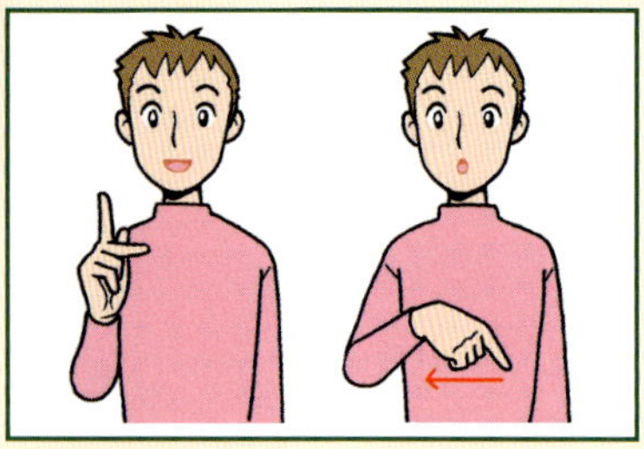

ポイント 指文字「カ」、「ゾ」を表す。

⑩本庄市 （ほんじょうし）

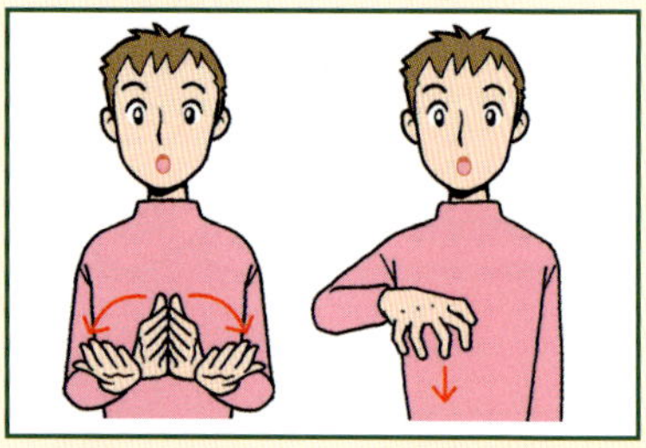

ポイント 両掌を合せて開き、指を折り曲げた右手を胸前に置く。

⑪東松山市 （ひがしまつやまし）

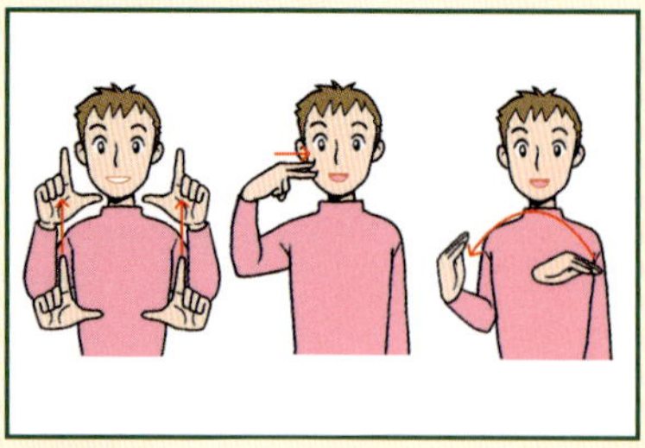

ポイント 「L」にした両手を上にあげ、右手２指の先を頬にあて、左から右へ「山」を描く。

⑫春日部市 （かすかべし）

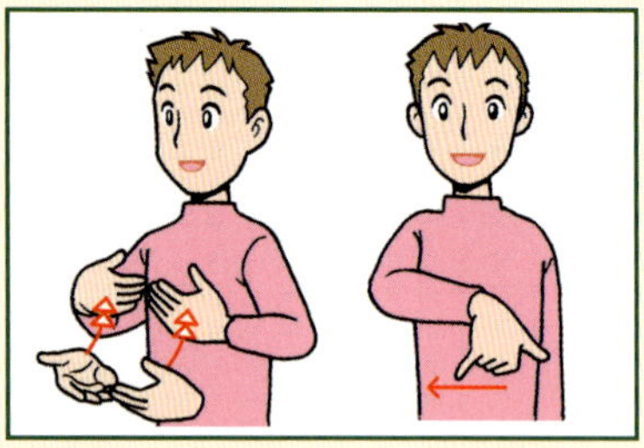

ポイント 両手で腹から上へ風を送るように動かし、指文字「べ」を表す。

⑬狭山市A （さやましA）

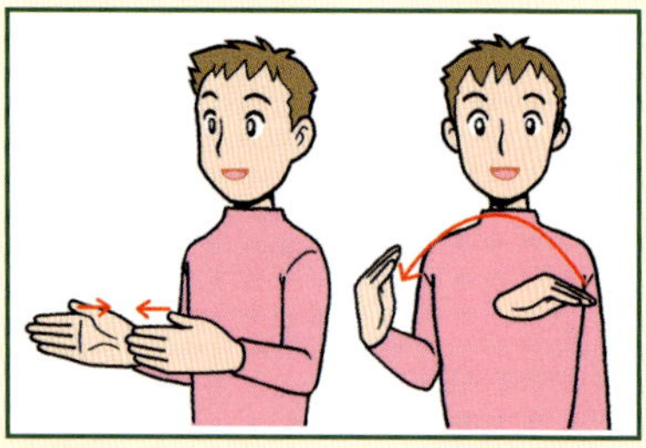

ポイント 両手を向い合せ左右から中央へ動かし、右手で左から右へ「山」を描く。

⑬狭山市B （さやましB）

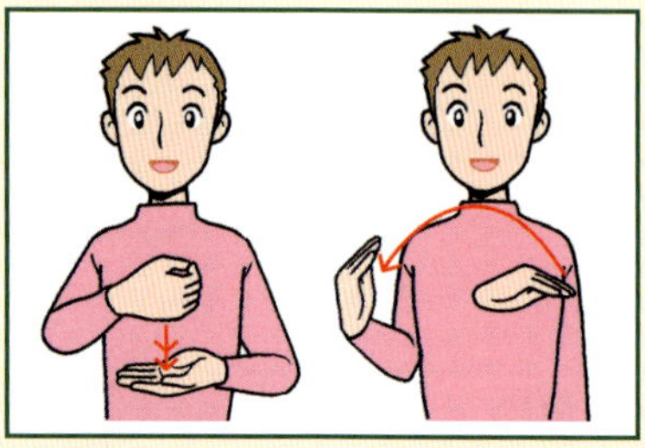

ポイント 「O」にした右手を左手掌に２回つけ、右手で左から右へ「山」を描く。

⑭羽生市 （はにゅうし）

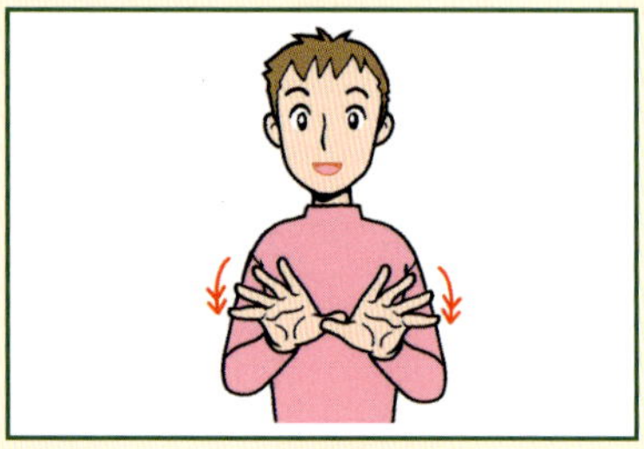

ポイント 親指を重ねた両手の４指をはばたくように上下させる。

⑮鴻巣市 （こうのすし）

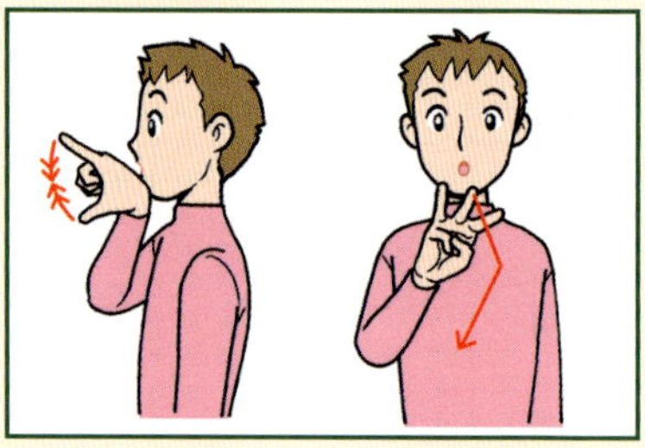

ポイント 右手２指を口元で閉じたり開いたりし、３指を伸ばした右手で「√」を描く。

⑯深谷市 （ふかやし）

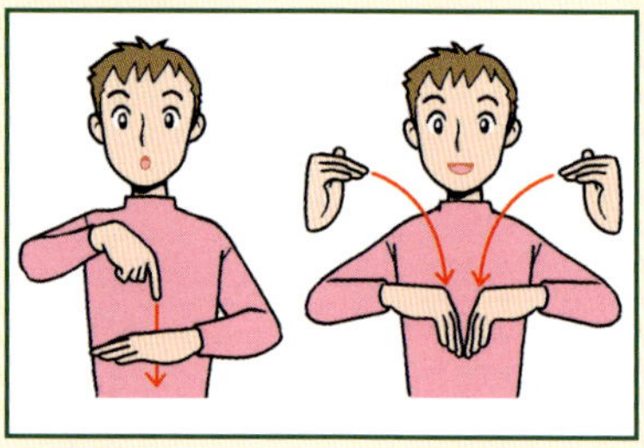

ポイント 横向きにした左手の内側で、右手人差指を下におろし、向い合せた両手指先を胸前でつける。

⑰上尾市 （あげおし）

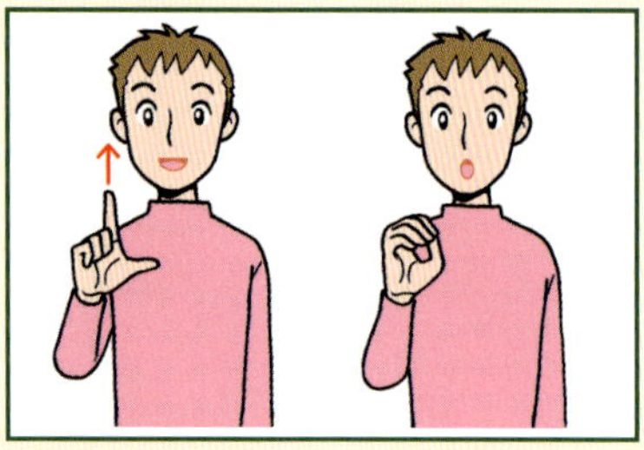

ポイント 「L」にした右手を上にあげ、指文字「オ」を表す。

⑱草加市 （そうかし）

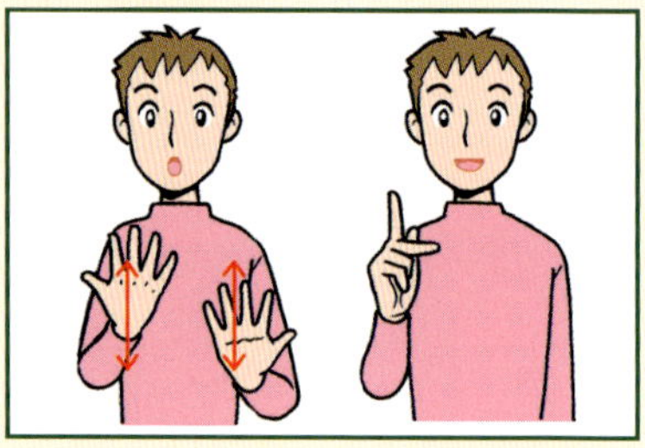

ポイント 両手を交互に上下に動かし、指文字「カ」を表す。

⑲蕨市 （わらびし）

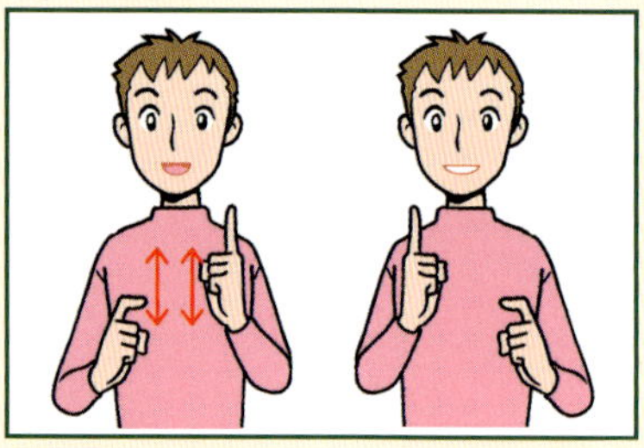

ポイント 向い合せた両手の人差指を交互に動かしながら、伸ばしたり折り曲げたりする。

⑳越谷市 （こしがやし）

ポイント 左手甲の上を指先を前に向けた右手で越えさせ、向い合せた両手指先を胸前でつける。

㉑戸田市 （とだし）

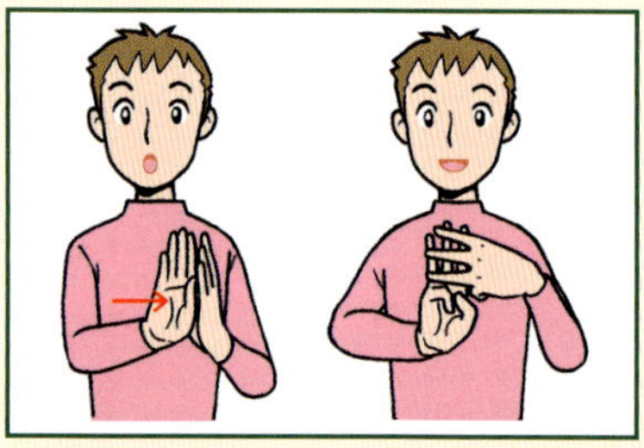

ポイント 左手掌に右手の親指側をつけ、両手３指を左手甲を前に向けて重ねる。

㉒入間市　（いるまし）

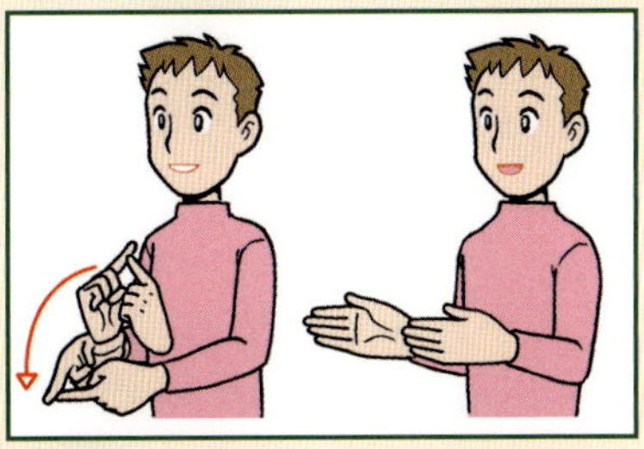

ポイント　両手人差指で「入」を作って前に倒し、両手を向い合せて置く。

㉓鳩ヶ谷市　（はとがやし）

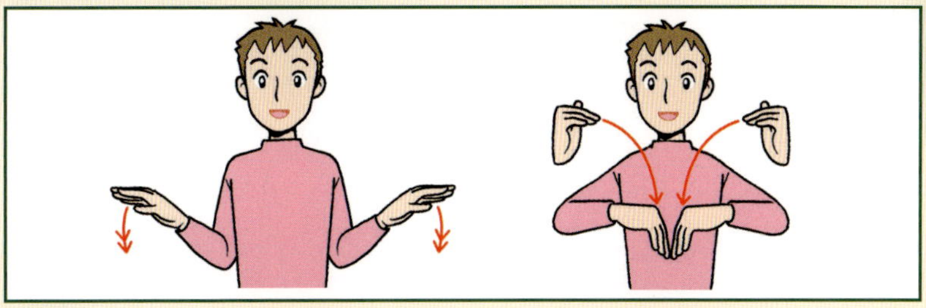

ポイント　両手で飛ぶしぐさをし、向い合せた両手指先を胸前でつける。

㉔朝霞市　（あさかし）

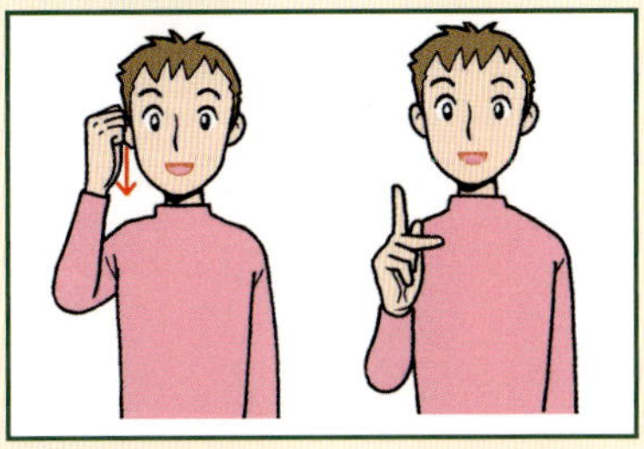

ポイント　右手拳をこめかみから下へおろし、指文字「カ」を表す。

㉕志木市　（しきし）

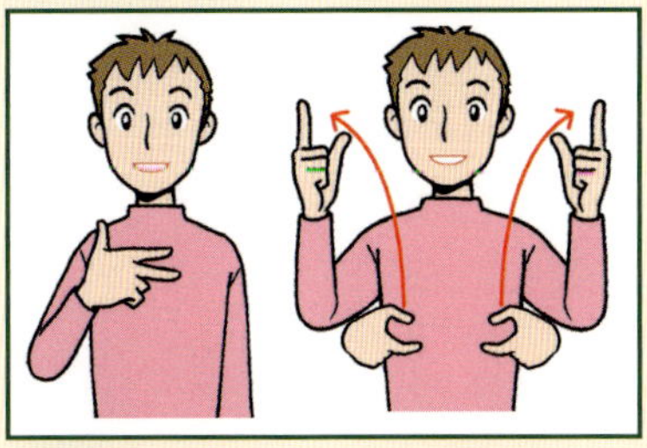

ポイント　指文字「シ」を表し、「C」にした両手２指を向い合せ、左右に広げながら指を伸ばす。

㉖和光市　（わこうし）

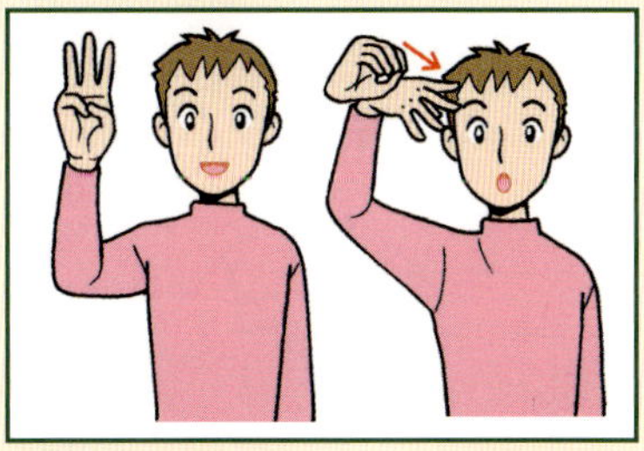

ポイント　頭の横で指文字「ワ」を表し、すぼめた右手を右上から斜めに開く。

㉗新座市　（にいざし）

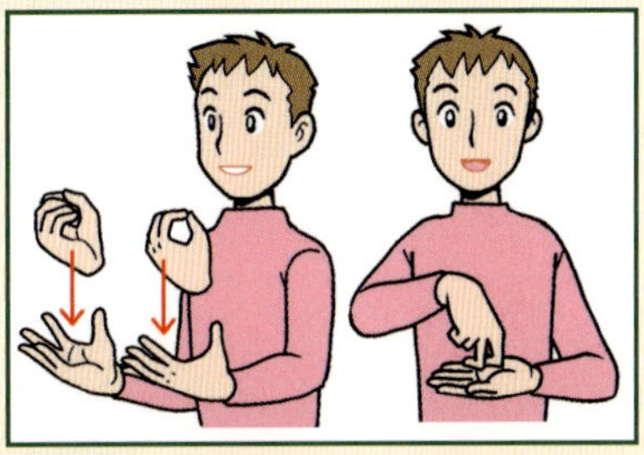

ポイント　軽く握った両手をさげながら開き、左手掌に右手２指を折り曲げて乗せる。

㉘桶川市　（おけがわし）

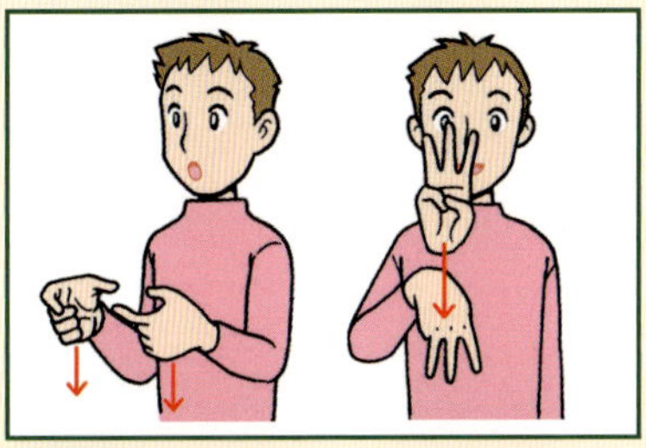

ポイント　「C」にした両手指先を向い合せて下におろし、伸ばした右手３指を下へおろす。

㉙久喜市　（くきし）

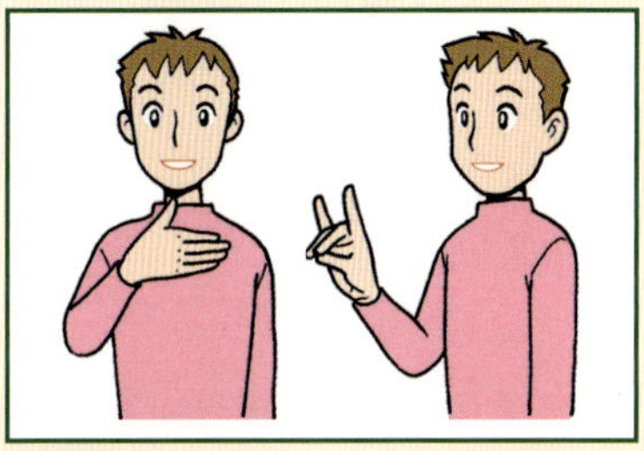

ポイント　指文字「ク」、「キ」を表す。

㉚北本市Ａ　（きたもとしＡ）

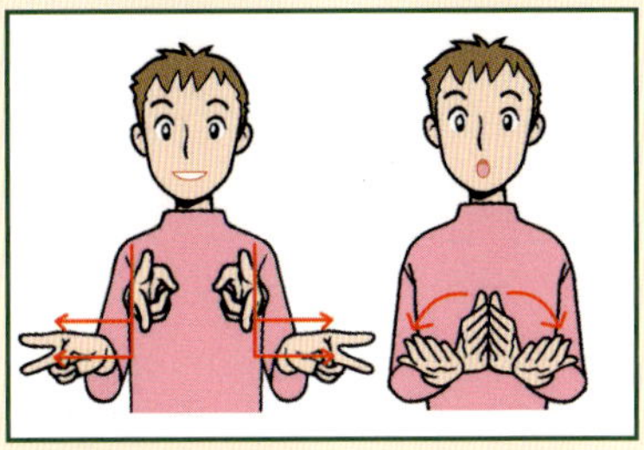

ポイント　両手２指の間を開き、下へおろして左右に広げ、両掌を合せて開く。

㉚北本市Ｂ　（きたもとしＢ）

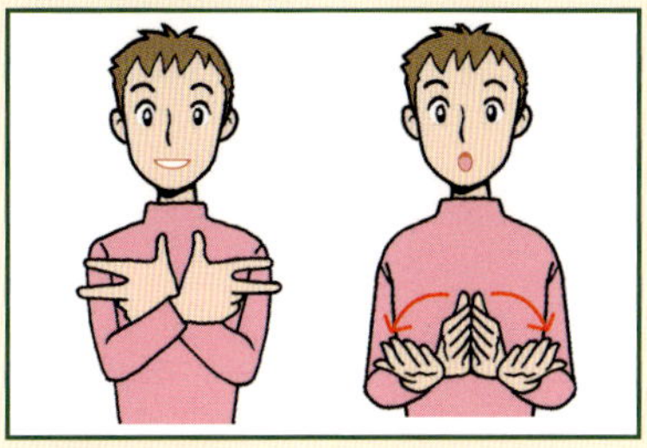

ポイント　指文字「シ」の両手を交差させ、両掌を合せて開く。

㉛八潮市　（やしおし）

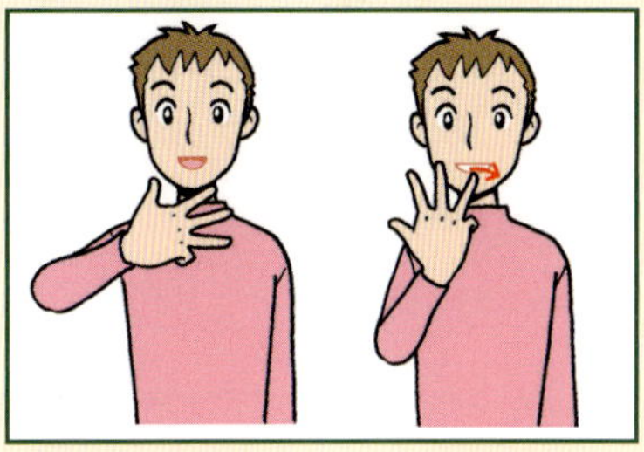

ポイント　数字「８」にした右手の薬指を口に沿って右から左へ動かす。

㉜富士見市　（ふじみし）

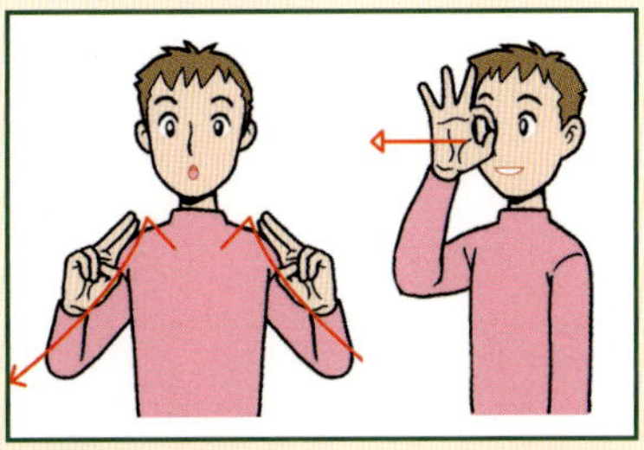

ポイント　両手２指で「富士山」を描き、２指で輪を作った右手を目から前方に出す。

㉝三郷市　（みさとし）

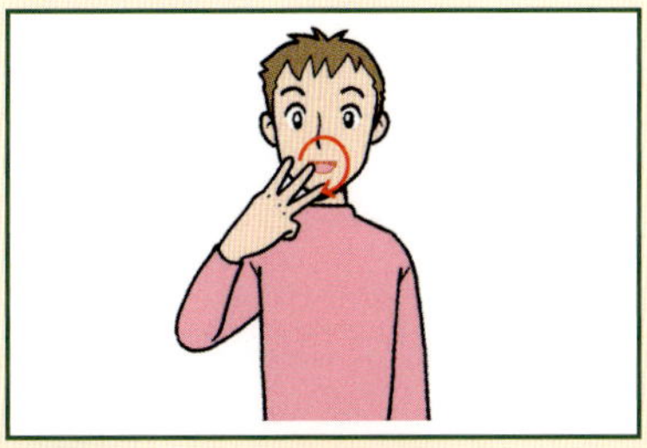

ポイント　伸ばした３指で口の周りに円を描く。

㉞蓮田市　（はすだし）

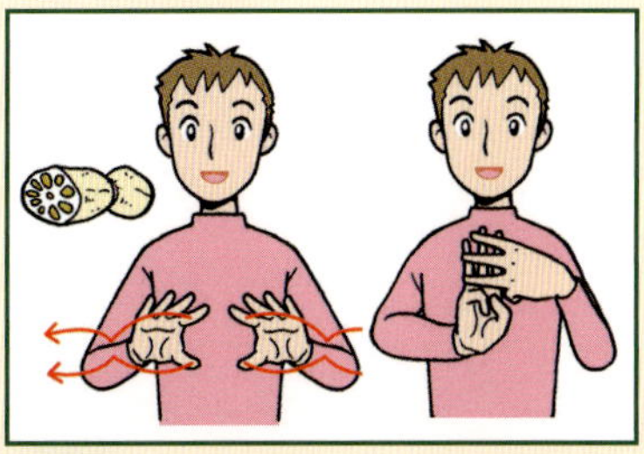

ポイント　「C」にした両手を、胸前から左右に動かしながら閉じて開き、両手３指を左手甲を前に向けて重ねる。

㉟坂戸市　（さかどし）

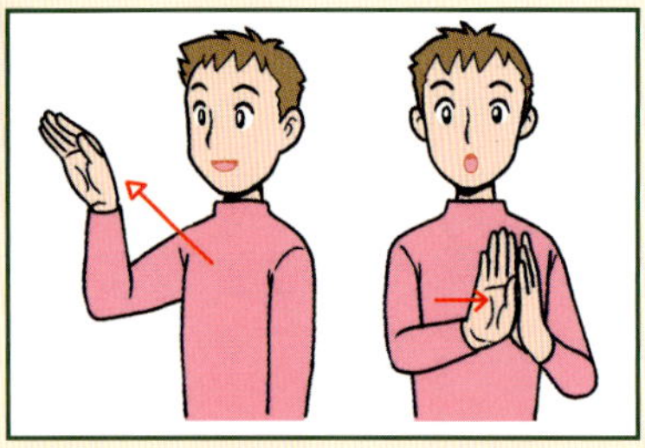

ポイント　右手を斜め上にあげ、左掌に右手の親指側をつける。

㊱幸手市　（さってし）

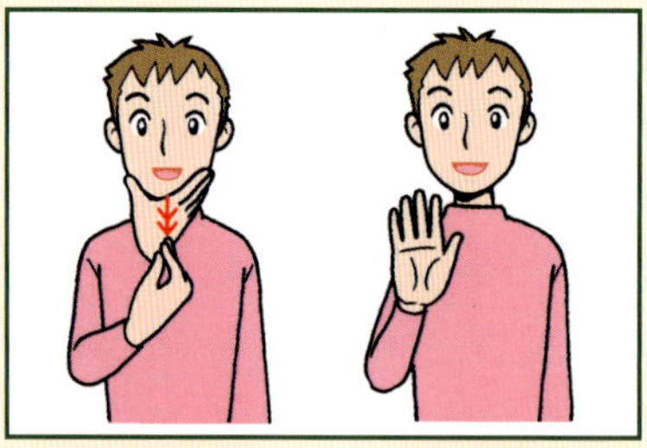

ポイント　アゴにつけた指を下に引きながら指先をつける動作を繰り返し、指文字「て」を表す。

㊲鶴ヶ島市　（つるがしまし）

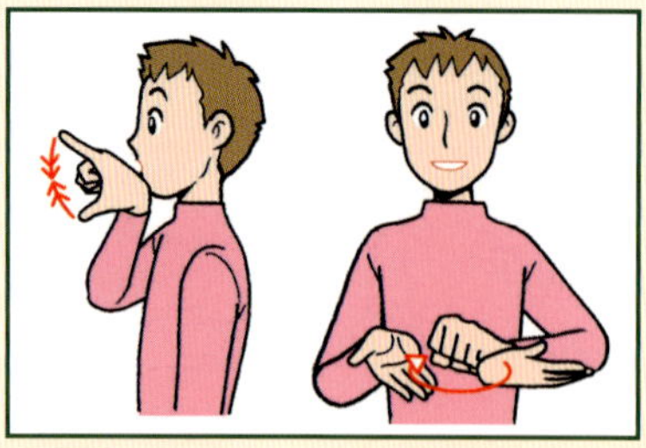

ポイント　右手２指を口元で閉じたり開いたりし、左拳の小指側から、掌を上にした右手を回す。

㊳日高市　（ひだかし）

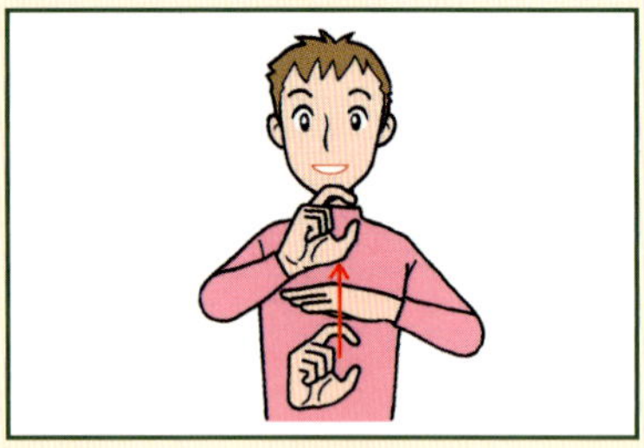

ポイント　左手の下から２指で輪を作った右手を上にあげる。

㊴吉川市　（よしかわし）

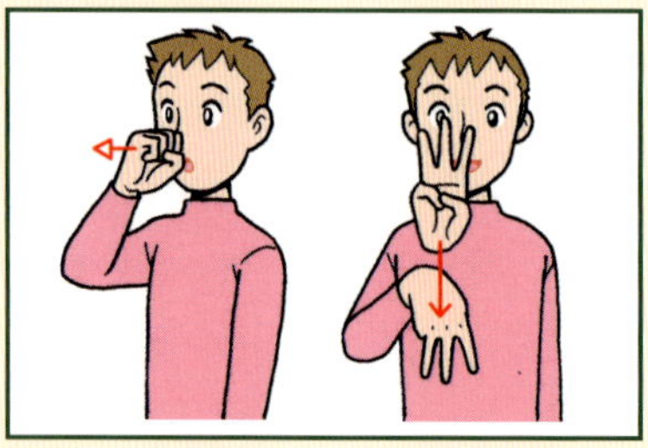

ポイント　右拳を鼻から少し前に出し、伸ばした右手３指を下へおろす。

㊵ふじみ野市　（ふじみのし）

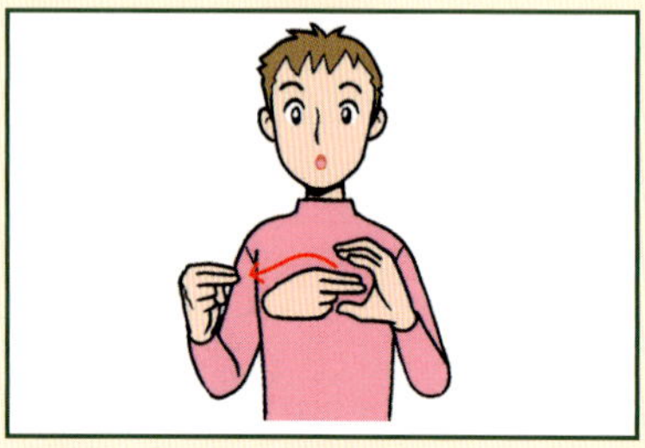

ポイント　「C」にした左手の中に、２指を伸ばした右手をいれ、波形に右へ動かす。
※市のマークを表しています。

千葉県 （ちばけん）

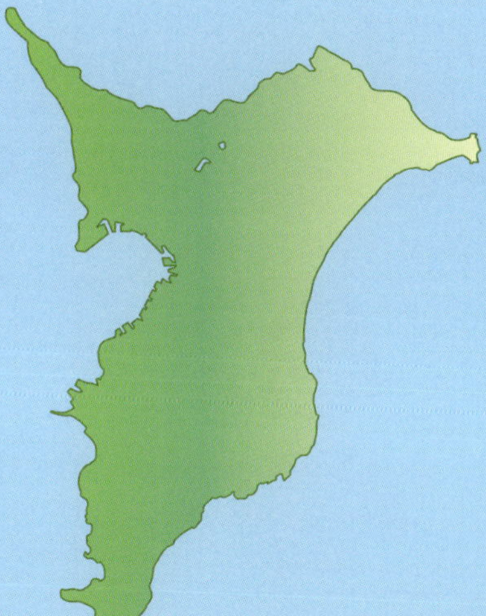

ポイント　２指を伸ばした左手に右手人差指を重ね「千」の形を作る。

❶千葉市　（ちばし）

ポイント　２指を伸ばした左手に右手人差指を重ね「千」の形を作る。

❷銚子市A　（ちょうししA）

ポイント　すぼめた両手を交差させ、同時に開く動作を繰り返す。

❷銚子市B　（ちょうししB）

ポイント　握った両手を左右前方に出しながら開く動作を繰り返す。

❷銚子市C　（ちょうししC）

ポイント　２指を口の両端につけ少し上下させる。

❸市川市　（いちかわし）

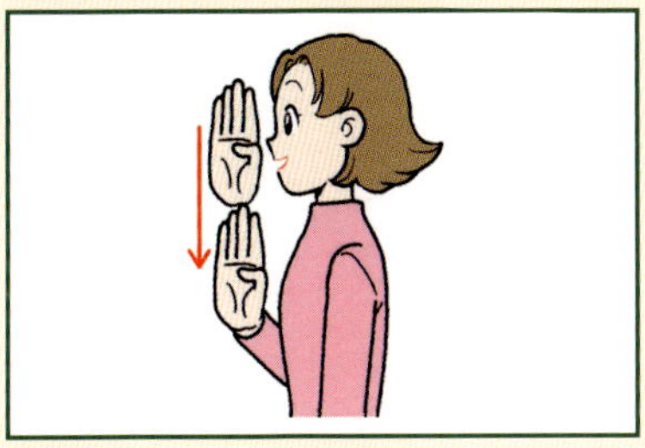

ポイント　親指を折り曲げた右手を顔の中央で上から下へおろす。

❹船橋市　（ふなばしし）

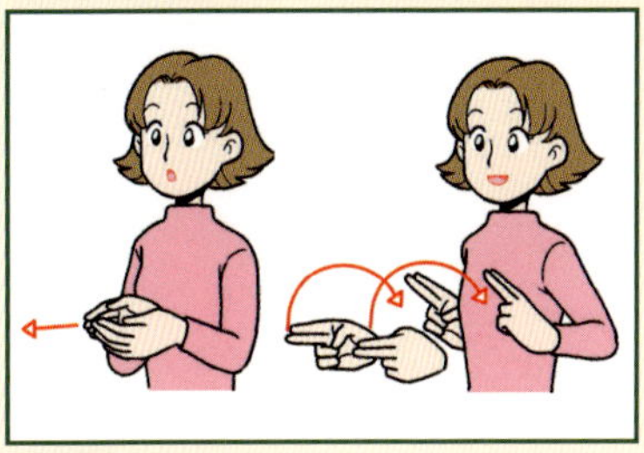

ポイント　両手で船の形を作り前へ出し、伸ばした両手２指を弧を描くように同時に手前に引く。

❺館山市　（たてやまし）

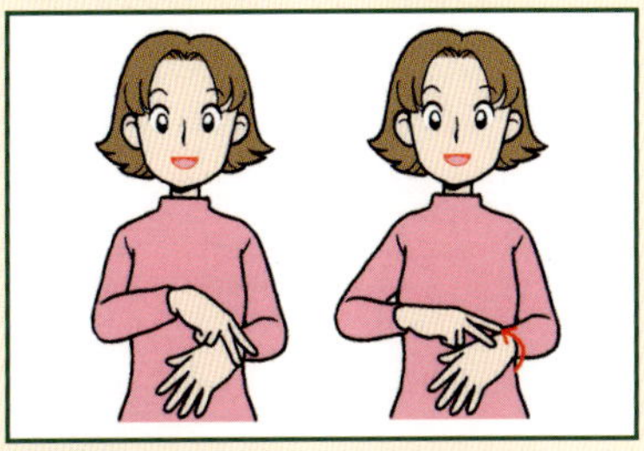

ポイント　左手の手首に沿って右手２指を手前に引く。

❻木更津市　（きさらづし）

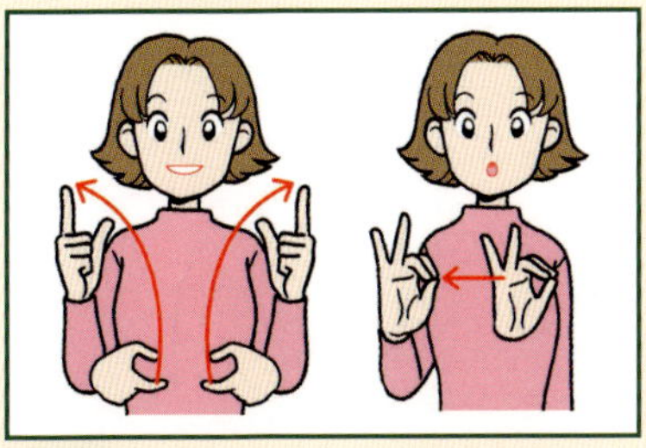

ポイント　「C」にした両手２指を向い合せ、左右に広げながら指を伸ばし、指文字「ヅ」を表す。

❼松戸市A　（まつどしA）

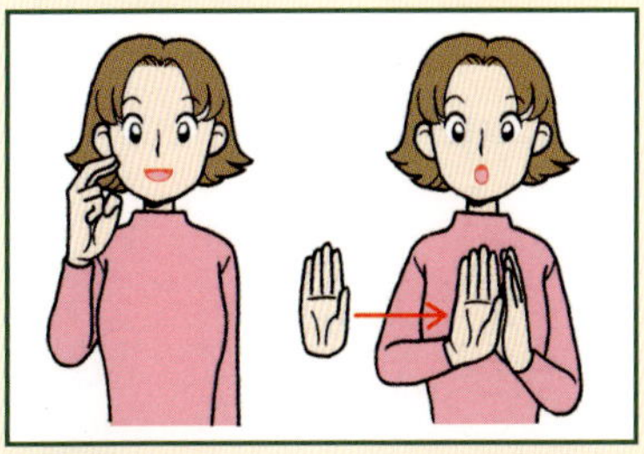

ポイント　右手２指を頬につけ、左手掌に、右手の親指側をつける。

⑦松戸市B （まつどしB）

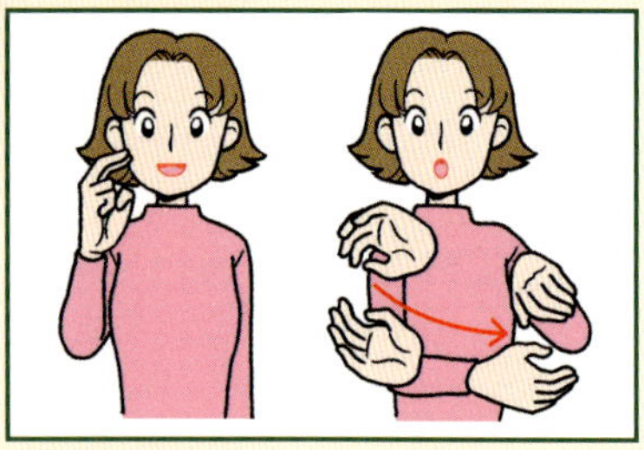

ポイント　右手２指を頬につけ、両手で戸を開けるしぐさをする。

⑧野田市 （のだし）

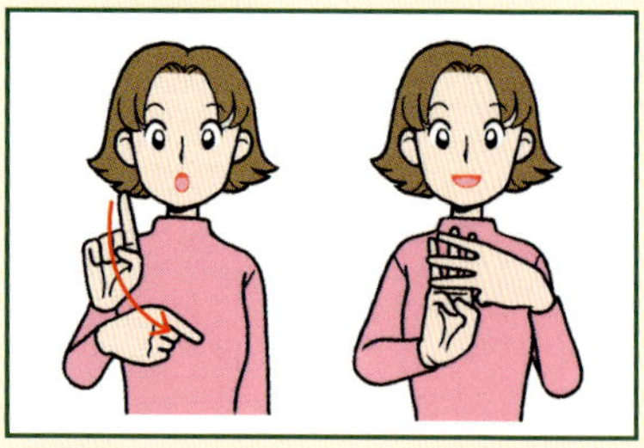

ポイント　指文字「ノ」を表し、両手３指を、左手甲を前に向けて重ねる。

⑨茂原市 （もばらし）

ポイント　右手の指先を頬に２回つける。

⑩成田市A （なりたしA）

ポイント　２指を伸ばした右手を、「C」にし指先を下に向けた左手へ近づける。

⑩成田市B （なりたしB）

ポイント　左掌の上に置いた右手をひっくり返し、両手３指を、左手甲を前に向けて重ねる。

⑪佐倉市A （さくらしA）

ポイント　すぼめた右手を２回開く。

⑪佐倉市B （さくらしB）

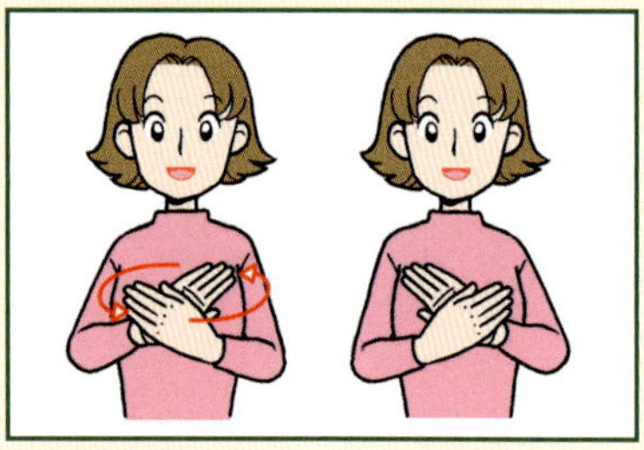

ポイント　両手を左手甲を前に向けて斜めに重ね、ひねるように向きを変える。

⑫東金市 （とうがねし）

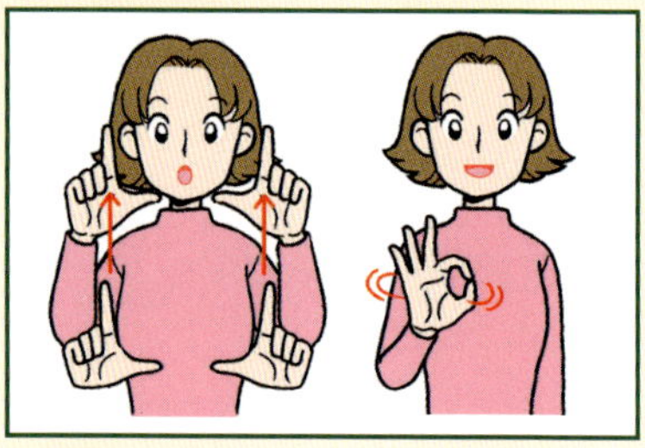

ポイント　「L」にした両手を上にあげ、２指の輪の右手を小刻みに振る。

⑬旭市 （あさひし）

ポイント　左手の下から２指の輪の右手を弧を描きながら右上にあげる。

⑭習志野市A （ならしのしA）

ポイント　左手の人差指から親指に沿って右手でなぞる。

⑭習志野市B （ならしのしB）

ポイント　「L」にした左手の間に右手人差指で「(」を描く。

⑮柏市 （かしわし）

ポイント　右手４指を２回折り曲げる。

㊱勝浦市 （かつうらし）

ポイント　右拳を胸前から右上へあげ、右手人差指を、左手甲につけた後左掌につける。

⑰市原市A （いちはらしA）

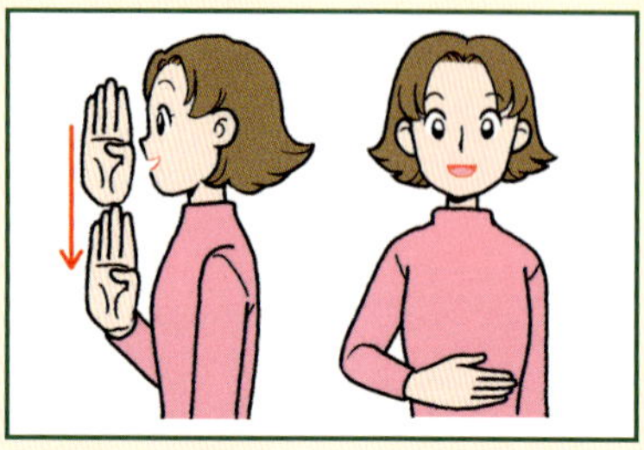

ポイント　親指を折り曲げた右手を顔の中央で上から下へおろし、右手を腹にあてる。

⑰市原市B　（いちはらしB）

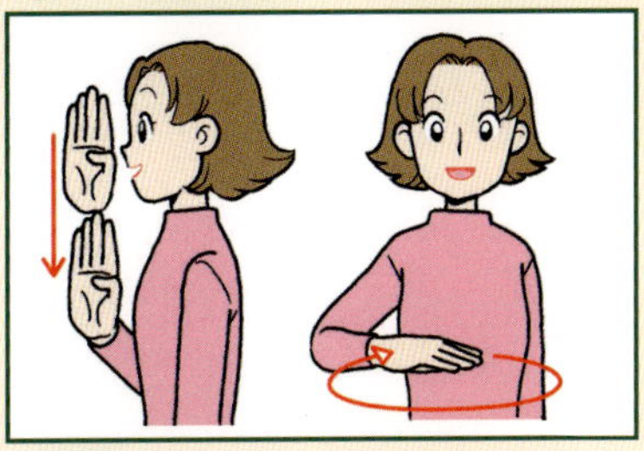

ポイント　親指を折り曲げた右手を顔の中央で上から下へおろし、体の前で半円を描く。

⑱流山市　（ながれやまし）

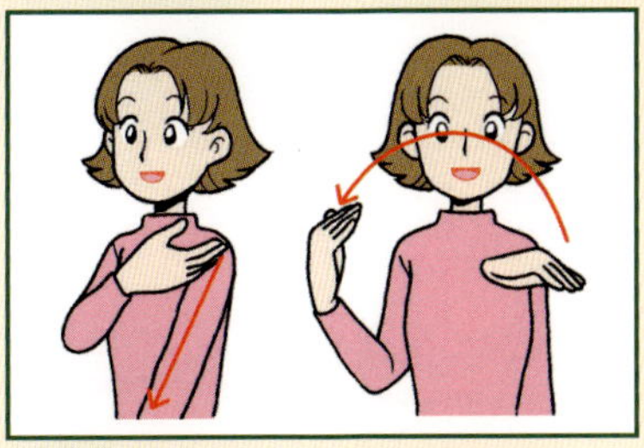

ポイント　右手を左の肩から腕に沿わせておろし、左から右へ「山」を描く。

⑲八千代市　（やちよし）

ポイント　数字「8」の右手で「千」を書く。

⑳我孫子市　（あびこし）

ポイント　指文字「ア」の右手を回しながらに下へおろす。
※市のマークを表しています。

㉑鴨川市　（かもがわし）

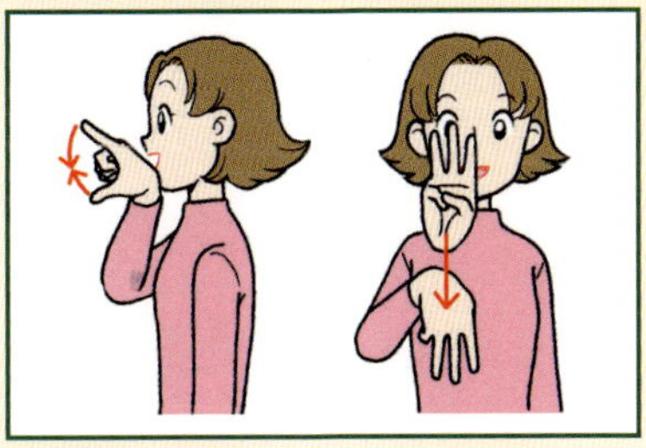

ポイント　右手２指を口元で閉じ、３指を下へおろす。

㉒鎌ケ谷市　（かまがやし）

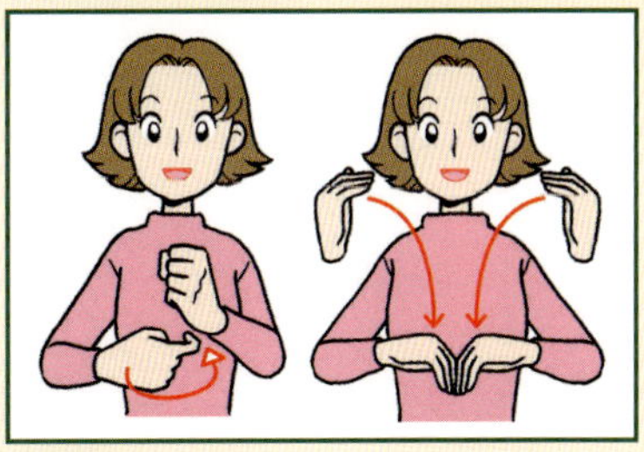

ポイント　左拳の下を、鎌で刈るように人差指を曲げた右手を回し、向い合せた両手指先を胸前でつける。

㉓君津市　（きみつし）

ポイント　両手２指を顔の両側から中央へ近づけ、半円を描いて下でつける。
※市のマークを表しています。

㉔富津市　（ふっつし）

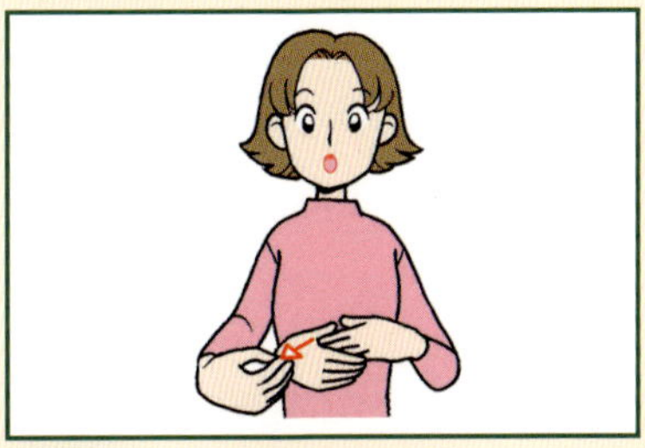

ポイント　左手の指先を右手ではさみ、前に出しながら指をすぼめる。

㉕浦安市　（うらやすし）

ポイント　両手人差指で頭の上に円を描く。

㉖四街道市　（よつかいどうし）

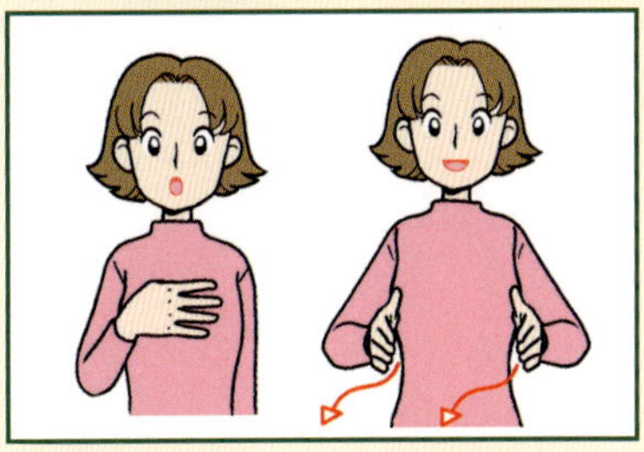

ポイント　指文字「ヨ」を表し、向かい合わせた両手を左右にカーブさせながら前に出す。

㉗袖ケ浦市　（そでがうらし）

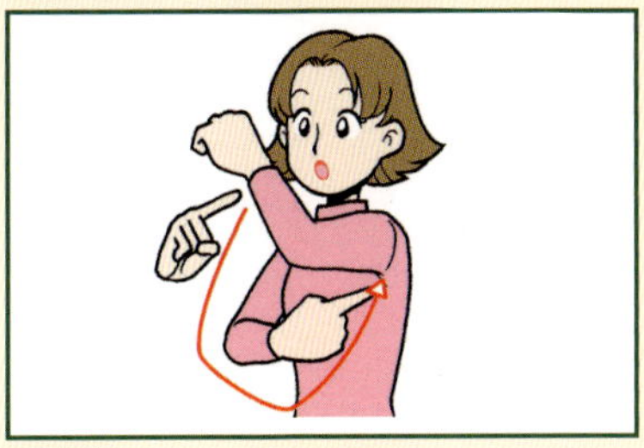

ポイント　左手首から脇の下へ右手人差指で袖の形を描く。

㉘八街市　（やちまたし）

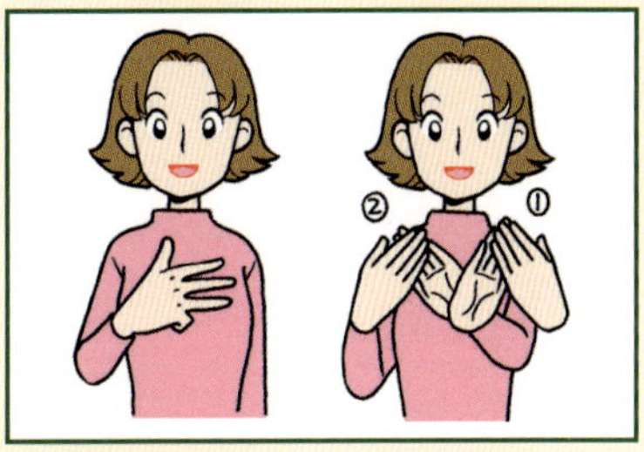

ポイント　数字「8」を表し、左手甲を前に向けて両手指先を重ね、向きを変えて再び重ねる。

㉙印西市　（いんざいし）

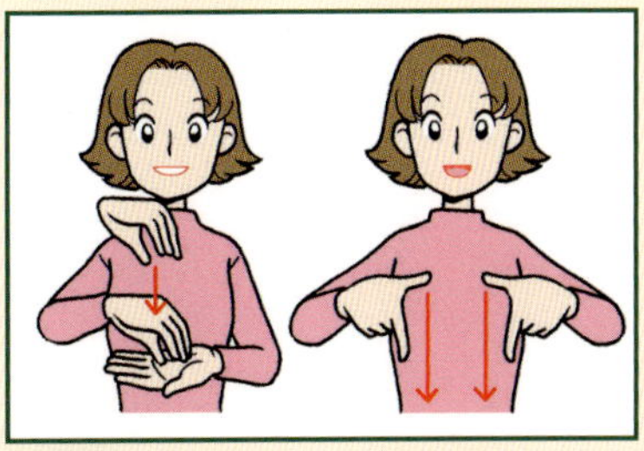

ポイント　左掌にすぼめた右手を置き、「L」にした両手を下にさげる。

㉚白井市　（しろいし）

ポイント　人差指で歯を指し左に流し、両手２指を重ねる。

㉛富里市　（とみさとし）

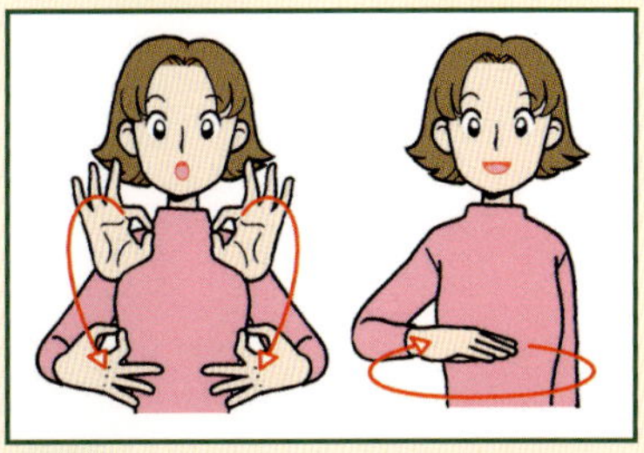

ポイント　２指の輪の両手を肩から弧を描きながら前に出し、右手で体の前で半円を描く。

㉜南房総市 （みなみぼうそうし）

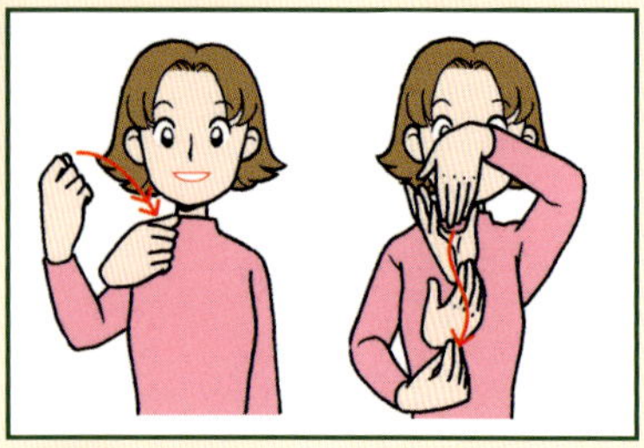

ポイント　うちわであおぐしぐさをし、下に向けた左手指先を右手で包み、下に回転させながらすぼめる。

㉝匝瑳市 （そうさし）

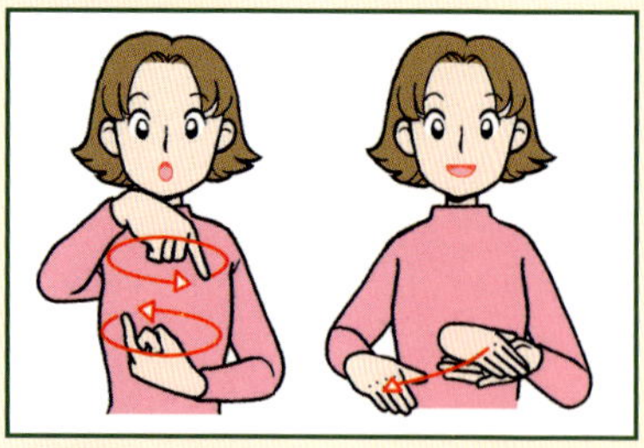

ポイント　両手人差指を回転させ、左掌を右手でなでながら動かす。

㉞香取市 （かとりし）

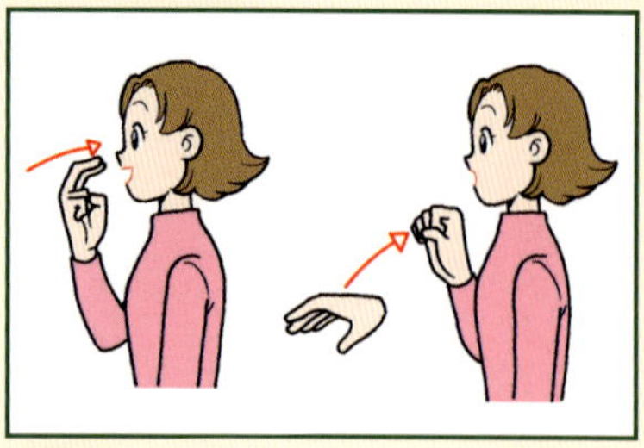

ポイント　右手２指を鼻先に近づけ、前からつかみ取るように引き寄せる。

㉟山武市A （さんむしA）

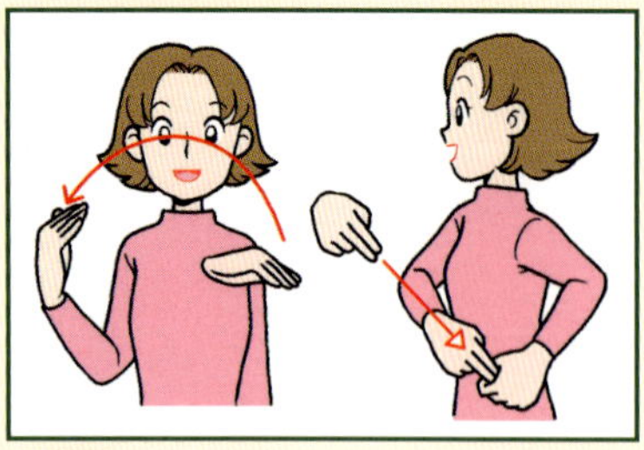

ポイント　右手で左から右へ「山」を描き、丸めて腰に置いた左手の中に右手２指を入れる。

㉟山武市B （さんむしB）

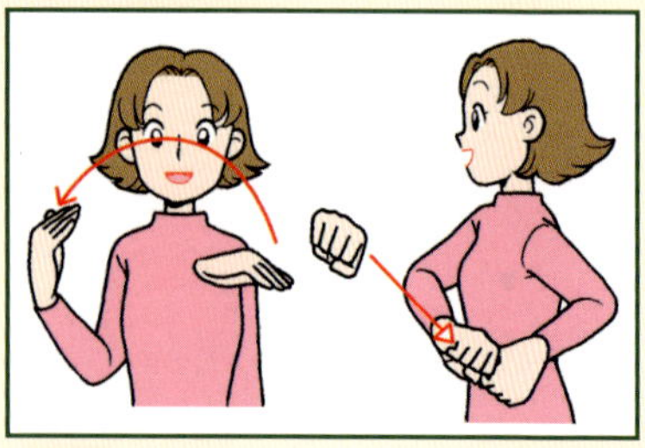

ポイント　右手で左から右へ「山」を描き、腰に置いた左拳に右拳をつける。

㊱いすみ市 （いすみし）

ポイント　重ねた両手を左右に引き離し、両手指先を前方でつける。

東京都 （とうきょうと）

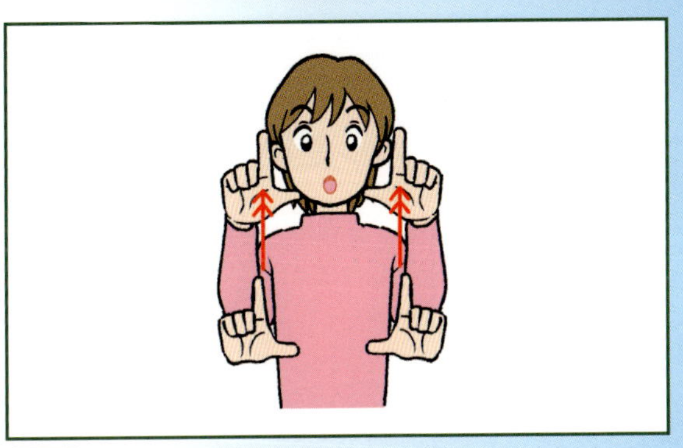

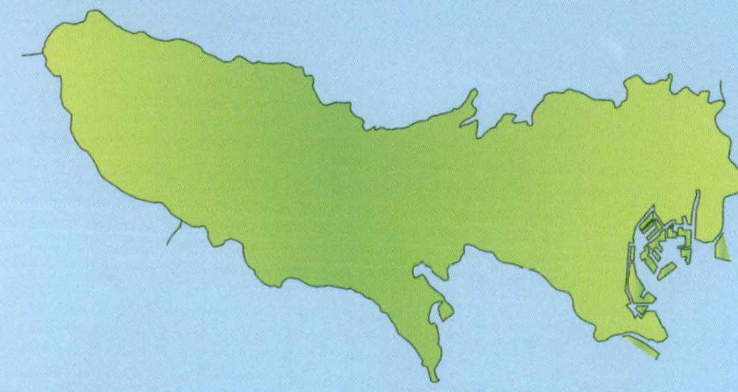

ポイント 「L」にした両手を２回上にあげる。

❶千代田区 （ちよだく）

ポイント ２指を伸ばした左手に右手人差指を重ね「千」の形を作る。

❷中央区 （ちゅうおうく）

ポイント 左手２指に右手人差指をあて下におろす。

❸港区 （みなとく）

ポイント 両手人差指を曲げて指先を向い合せる。

❹新宿区 （しんじゅくく）

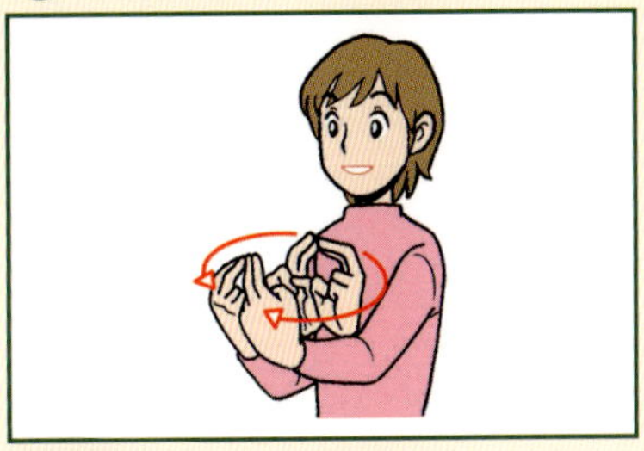

ポイント ２指を折り曲げた両手で胸から前へ半円を描く。

❺文京区 （ぶんきょうく）

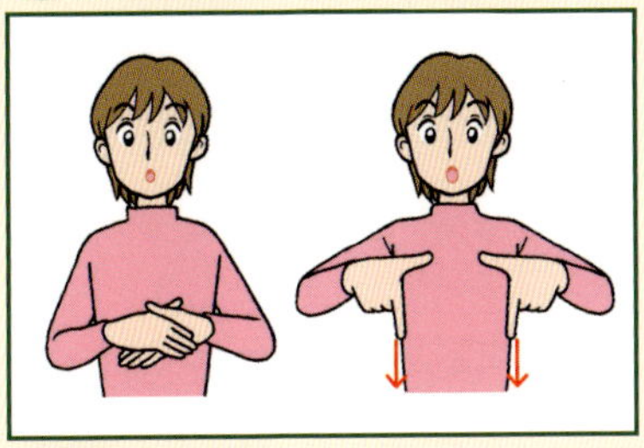

ポイント 両手を親指のつけ根で組み合せ、「L」にした両手を下にさげる。

❻台東区 （たいとうく）

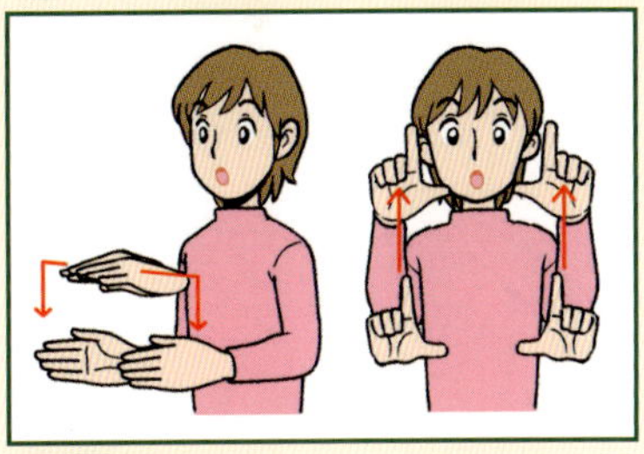

ポイント 親指側をつけた両手を左右に引き離して下におろし、「L」にした両手を上にあげる。

❼墨田区 （すみだく）

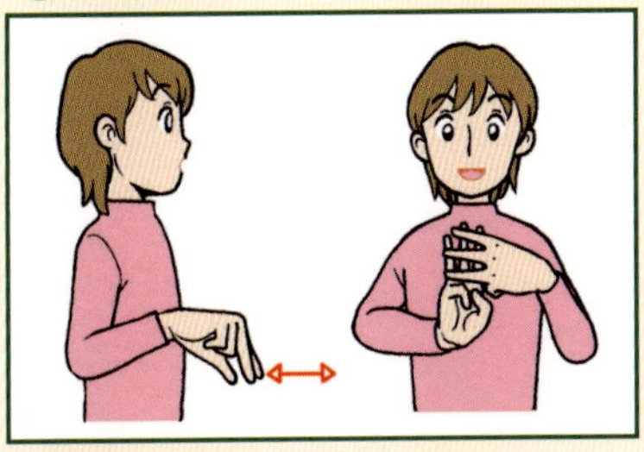

ポイント ３指をつまんだ右手を前後に動かし、両手３指を、左手甲を前に向けて重ねる。

❽江東区 （こうとうく）

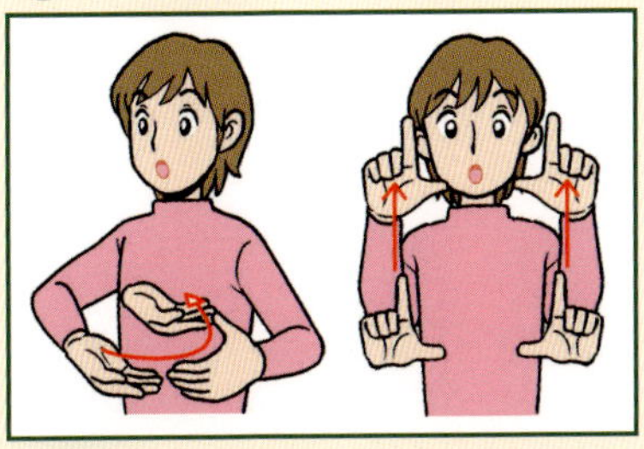

ポイント 「C」の左手の指に沿って掌を上にした右手を回し、「L」にした両手を上にあげる。

❾品川区 （しながわく）

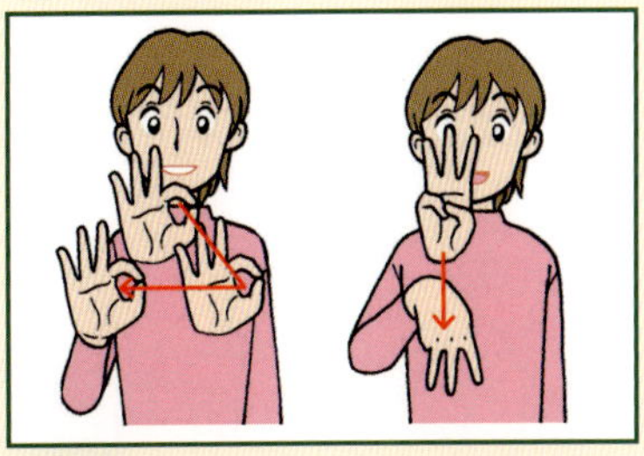

ポイント ２指の輪で「品」を作り、伸ばした３指を下へおろす。

⑩目黒区 （めぐろく）

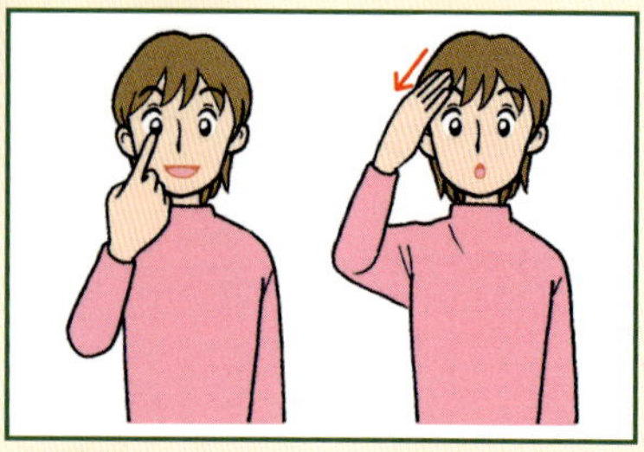

ポイント 人差指で目を指し、頭の横をなでる。

⑪大田区 （おおたく）

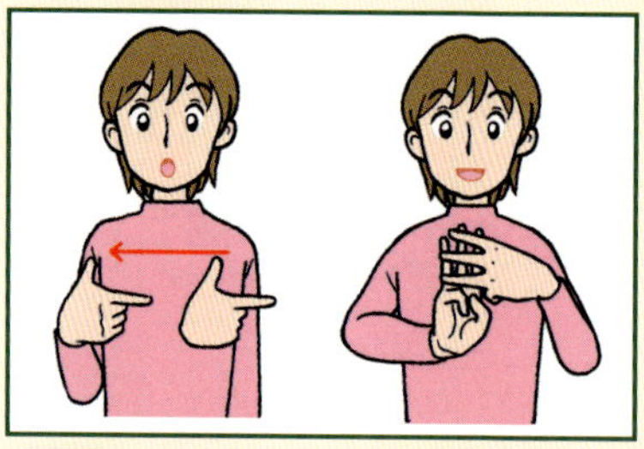

ポイント 右手２指を伸ばし左から右へ動かし、両手３指を、左手甲を前に向けて重ねる。

⑫世田谷区 （せたがやく）

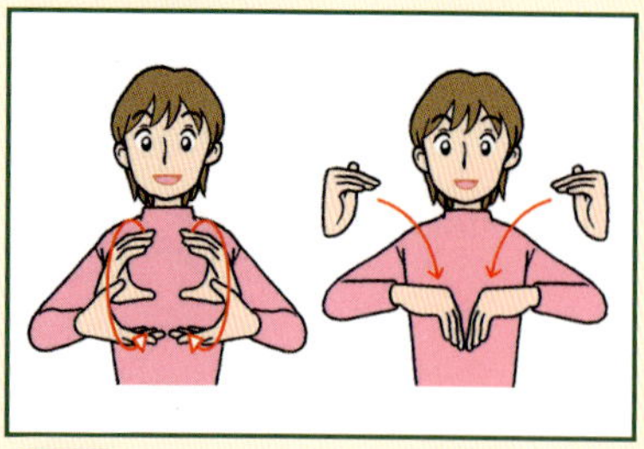

ポイント 「C」にした両手を向い合せて前方へ回し、向い合せた両手指先を胸前でつける。

⑬渋谷区 （しぶやく）

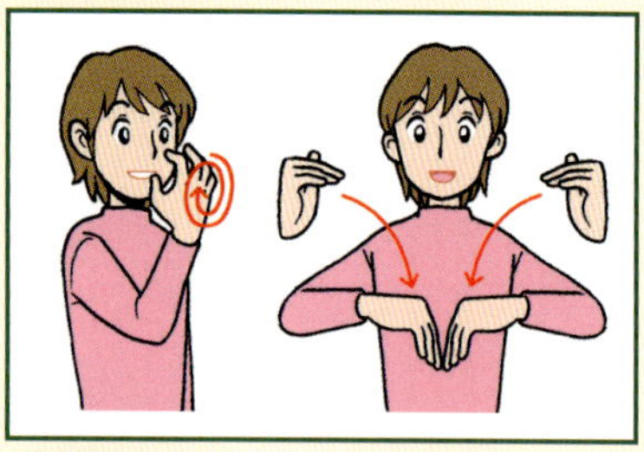

ポイント 指を折り曲げた右手指先を口元に向けて回し、向い合せた両手指先を胸前でつける。

⑭中野区 （なかのく）

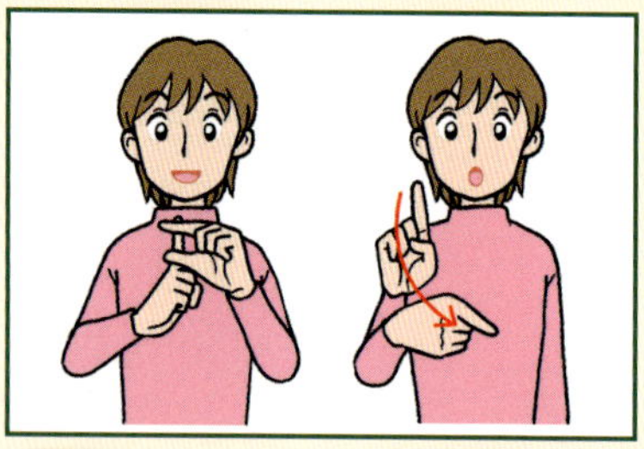

ポイント 左手２指に右手人差指をあて、指文字「ノ」を表す。

⑮杉並区 （すぎなみく）

ポイント 右手３指で２回「彡」を描く。

⑯豊島区 （としまく）

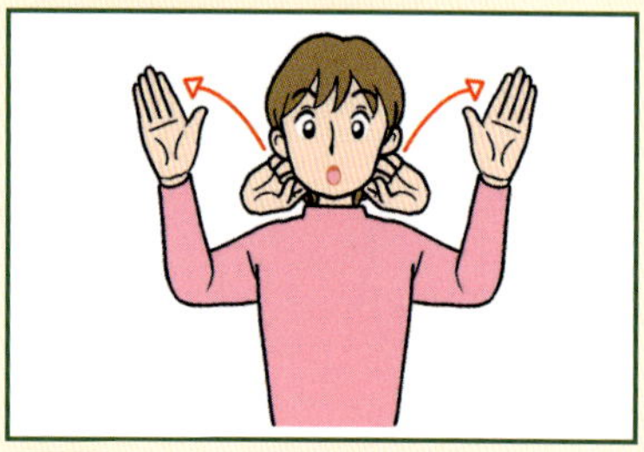

ポイント 首の後ろから両手拳を左右に広げながら開く。

⑰北区A （きたくA）

ポイント 指文字「シ」の両手を交差させる。

⑰北区B （きたくB）

ポイント 両手２指の間を開き、下へおろして左右に広げる。

⑱荒川区 （あらかわく）

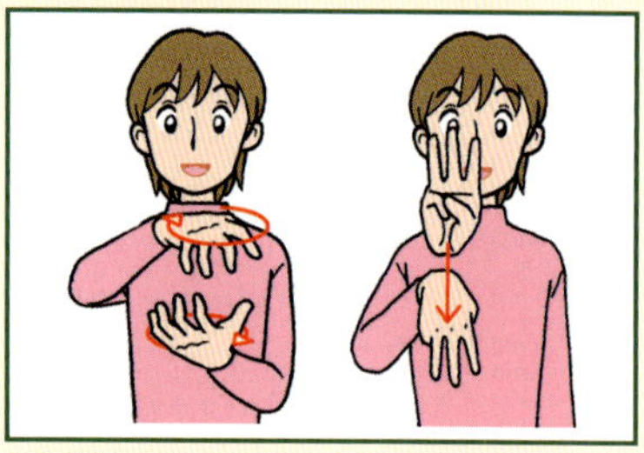

ポイント 指を折り曲げた両手を上下に向い合せて回し、伸ばした右手３指を下へおろす。

⑲板橋区 （いたばしく）

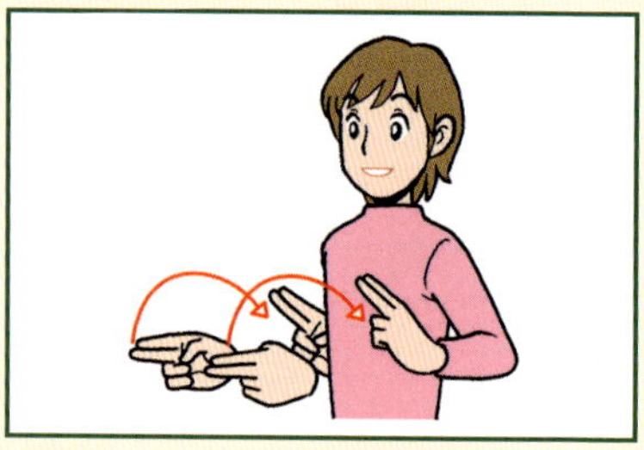

ポイント 伸ばした両手２指を弧を描くように同時に手前に引く。

⑳練馬区 （ねりまく）

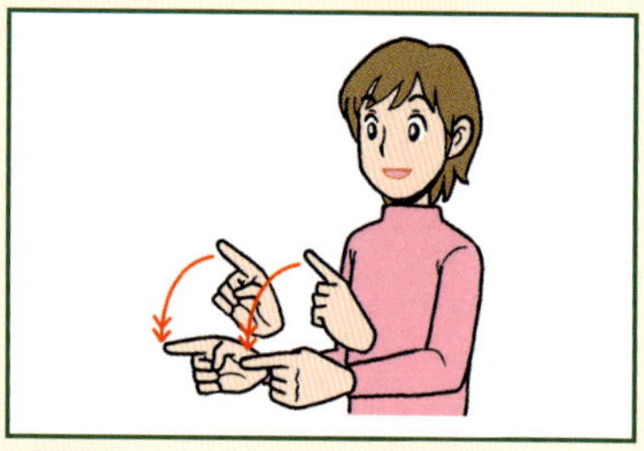

ポイント 両手人差指を打ちおろす動作を繰り返す。

㉑足立区 （あだちく）

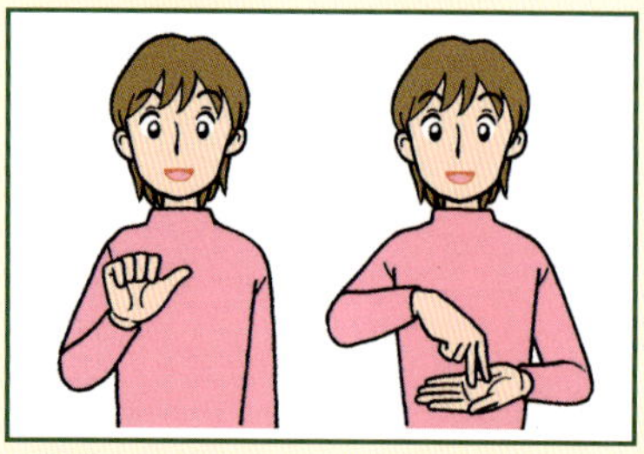

ポイント 指文字の「ア」を表し、左掌に右手２指を立てる。

㉒葛飾区 （かつしかく）

ポイント 指文字「カ」を表す。

㉓江戸川区 （えどがわく）

ポイント 右手２指でもみあげを描く。

㉔八王子市　（はちおうじし）

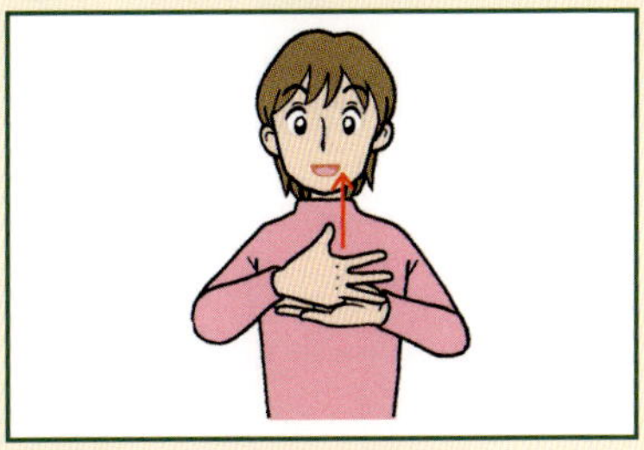

ポイント　左掌の上に数字「8」の右手を乗せ、両手を一緒に上にあげる。

㉕立川市　（たちかわし）

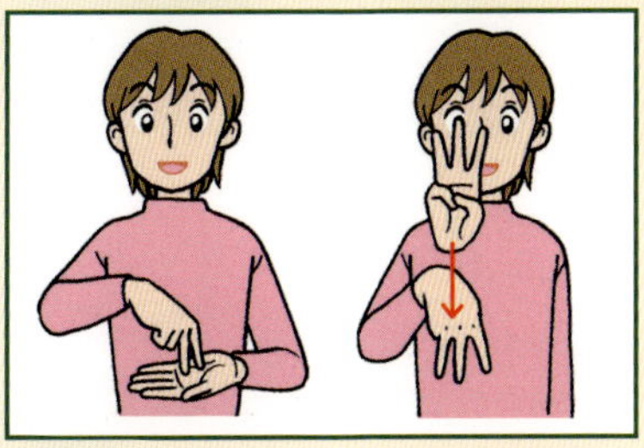

ポイント　左掌に右手2指を立て、伸ばした右手3指を下へおろす。

㉖武蔵野市　（むさしのし）

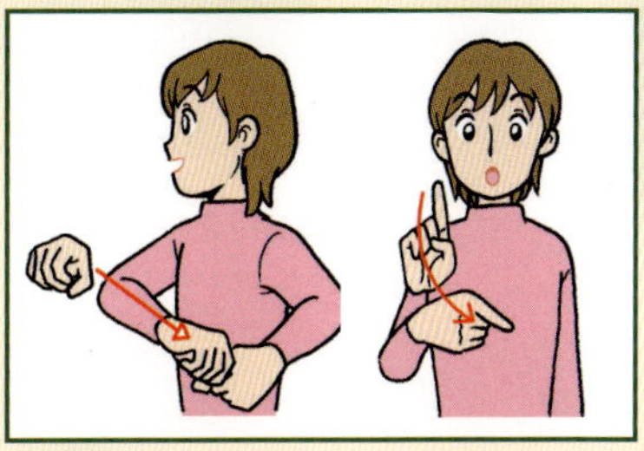

ポイント　腰に置いた左拳に右拳をつけ、指文字「ノ」を表す。

㉗三鷹市　（みたかし）

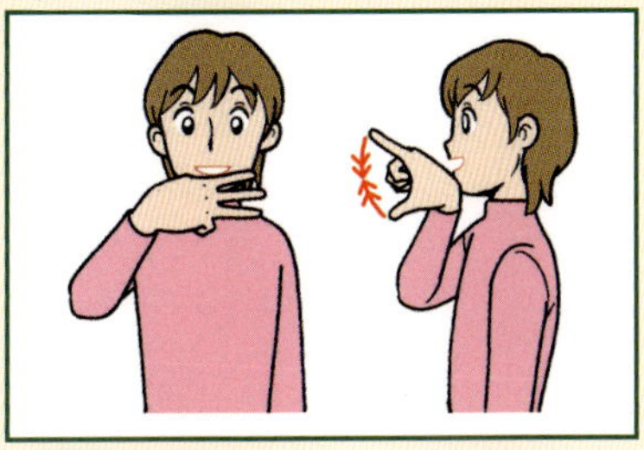

ポイント　指文字「ミ」を表し、右手2指を口元で閉じたり開いたりする。

㉘青梅市　（おうめし）

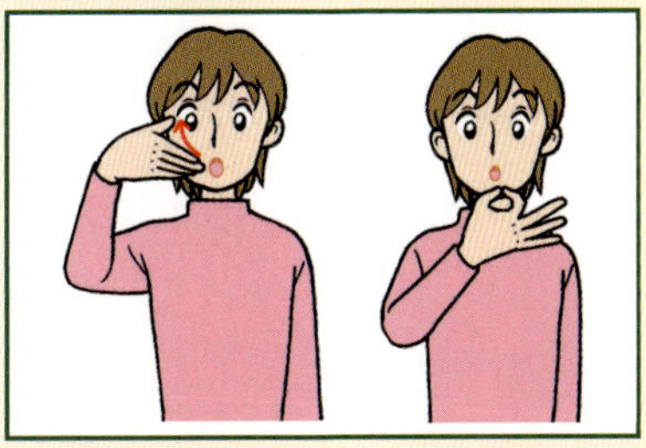

ポイント　指先で口の脇から頬になであげ、2指の輪の右手をアゴにつける。

㉙府中市　（ふちゅうし）

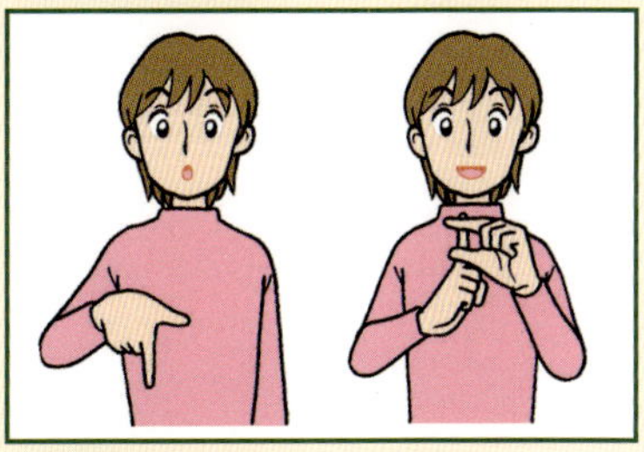

ポイント　指文字「フ」を表し、左手2指に右手人差指をあてる。

㉚昭島市　（あきしまし）

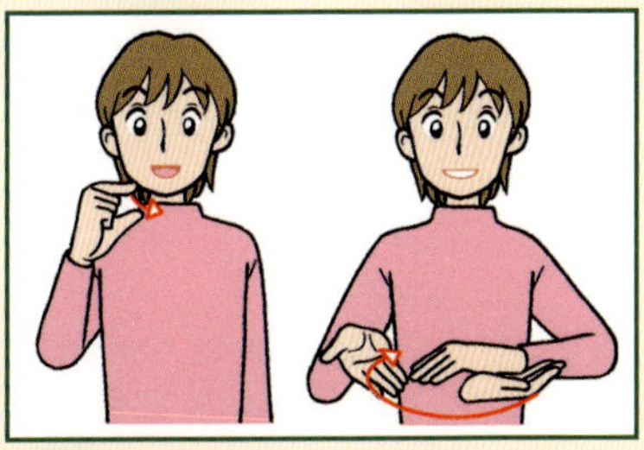

ポイント　右手2指を首の横につけて少し前に出し、丸めて伏せた左手の小指側から、掌を上にした右手を回す。

㉛調布市　（ちょうふし）

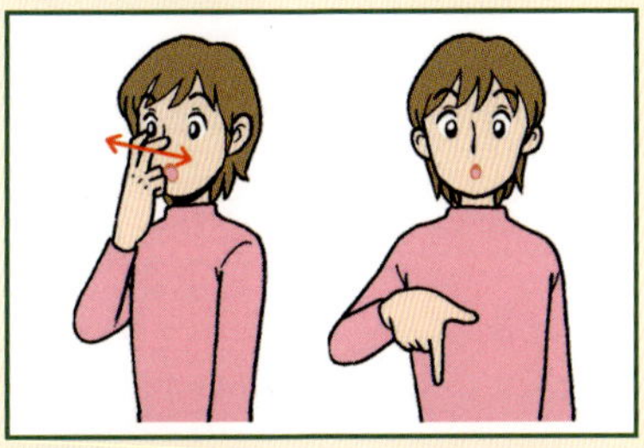

ポイント　折り曲げた右手2指を目に向け左右に動かし、指文字「フ」を表す。

㉜町田市　（まちだし）

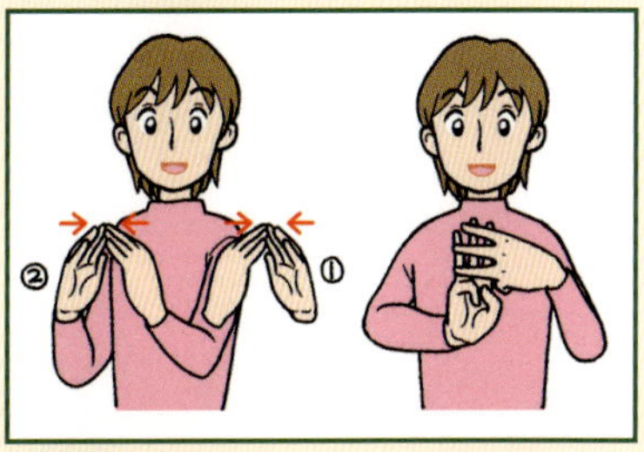

ポイント　左右に両手で屋根の形を作り、両手3指を、左手甲を前に向けて重ねる。

㉝小金井市　（こがねいし）

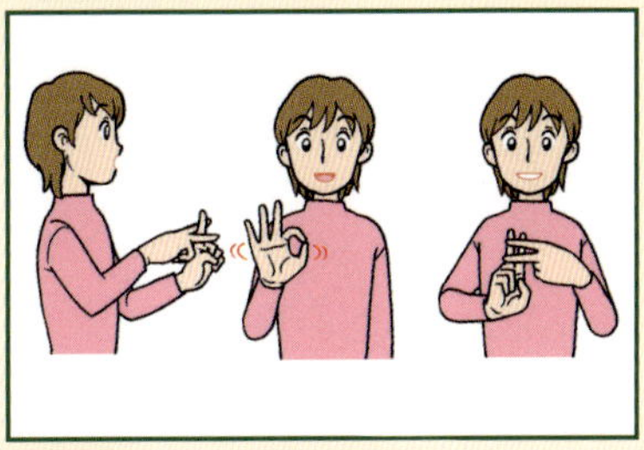

ポイント　左手人差指を右手2指ではさみ、2指を輪にした右手を少し揺らし、両手2指を重ねる。

㉞小平市　（こだいらし）

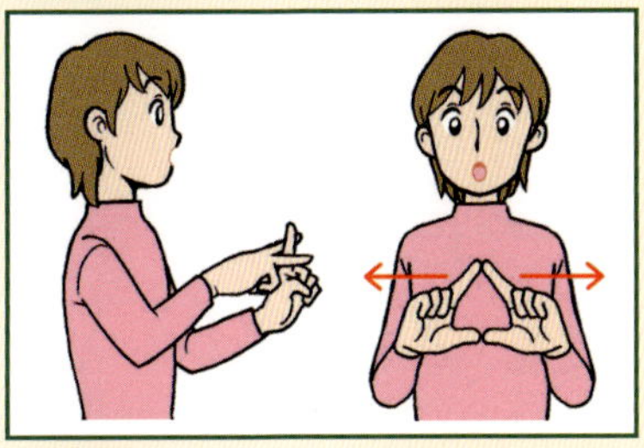

ポイント　左手人差指を右手2指ではさみ、伸ばした両手2指を左右に引き離す。

㉟日野市　（ひのし）

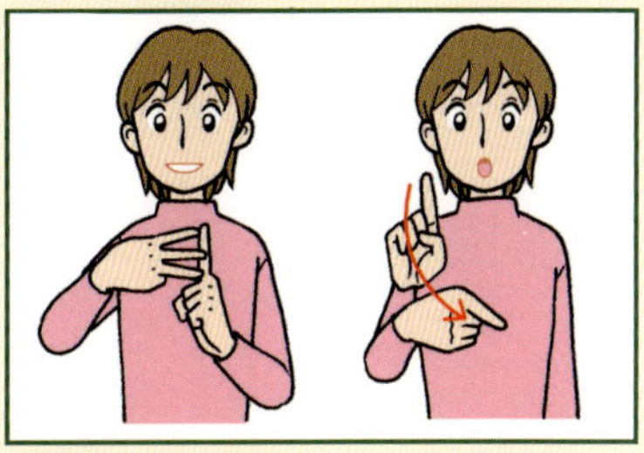

ポイント　左手人差指に右手3指をつけて「日」の形を作り、指文字「ノ」を表す。

㊱東村山市　（ひがしむらやまし）

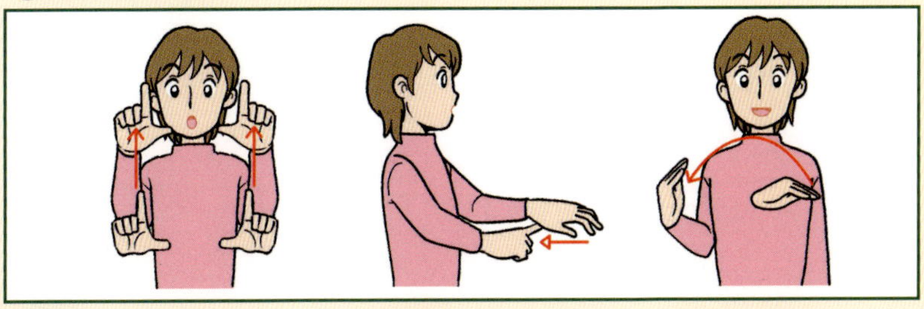

ポイント　「L」にした両手を上にあげ、左手首に右手人差指の背をあてて両手を手前に引き、右手で「山」を描く。

㊲国分寺市　（こくぶんじし）

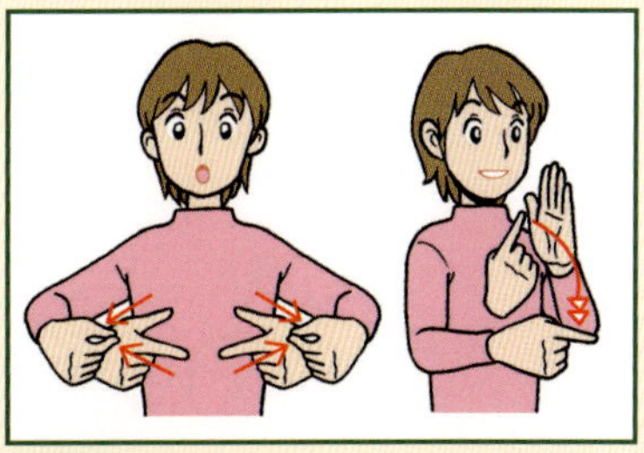

ポイント　両手2指を左右に引きながら閉じ、左手の横で右手人差指を打ちおろす動作を繰り返す。

㊳国立市 (くにたちし)

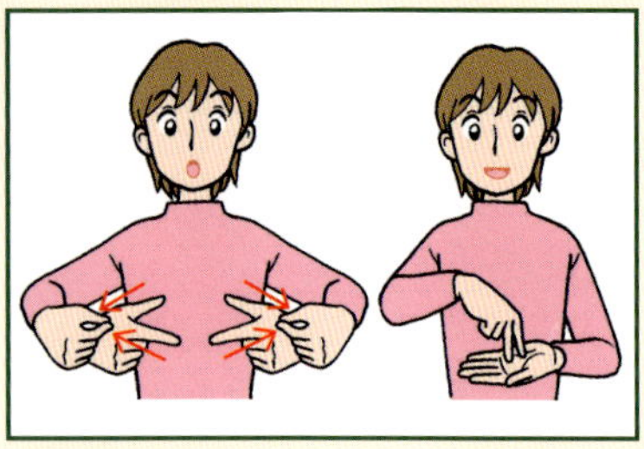

ポイント 両手２指を左右に引きながら閉じ、左掌に右手２指を立てる。

㊴福生市 (ふっさし)

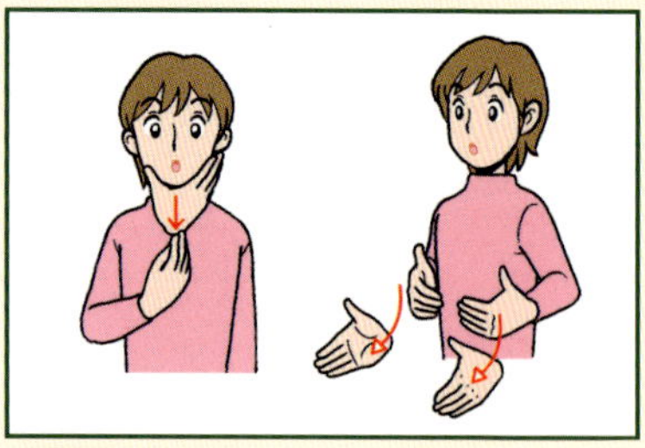

ポイント アゴにつけた指を下に引きながら指先をつけ、両手を腹に沿って斜め前へ出す。

㊵狛江市 (こまえし)

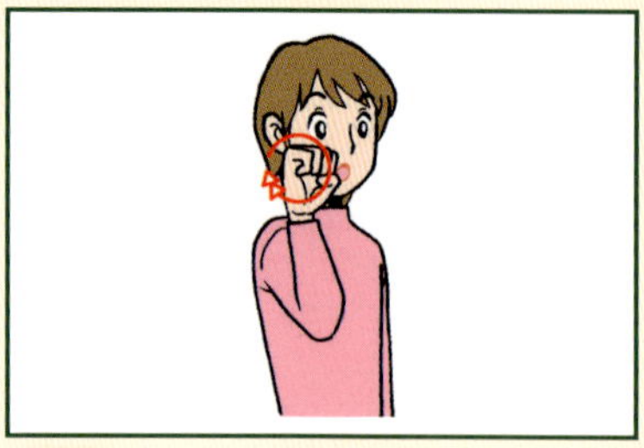

ポイント 拳で頬をなでるように回す。

㊶東大和市 (ひがしやまとし)

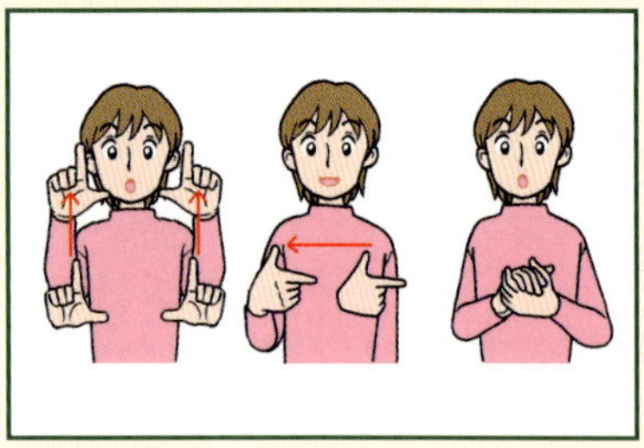

ポイント 「L」にした両手を上にあげ、右手２指を伸ばし左から右へ動かし、両手を握る。

㊷清瀬市 (きよせし)

ポイント 左掌を右手でなでながら動かし、指文字「セ」を表す。

㊸東久留米市 (ひがしくるめし)

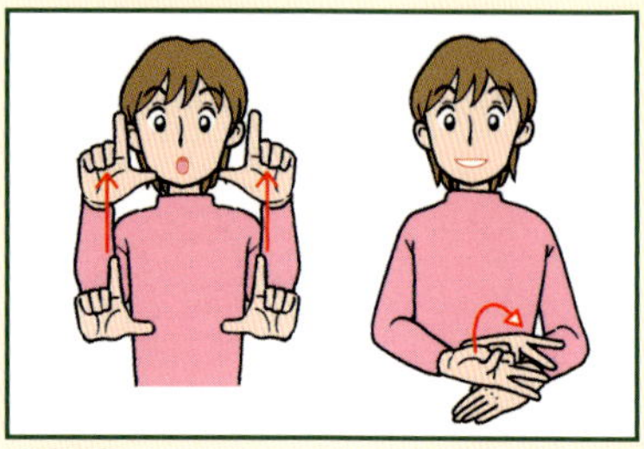

ポイント 「L」にした両手を上にあげ、左手首の上に乗せた右手２指をひっくり返す。

㊹武蔵村山市 (むさしむらやまし)

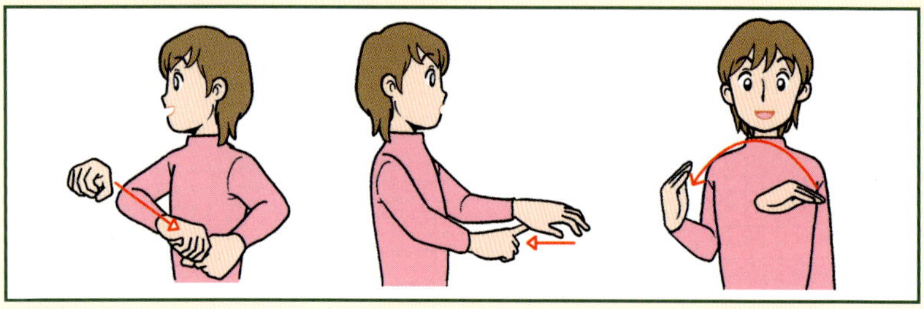

ポイント 腰に置いた左拳に右拳をつけ、左手首に右手人差指の背をあてて両手を手前に引き、「山」を描く。

㊺多摩市 (たまし)

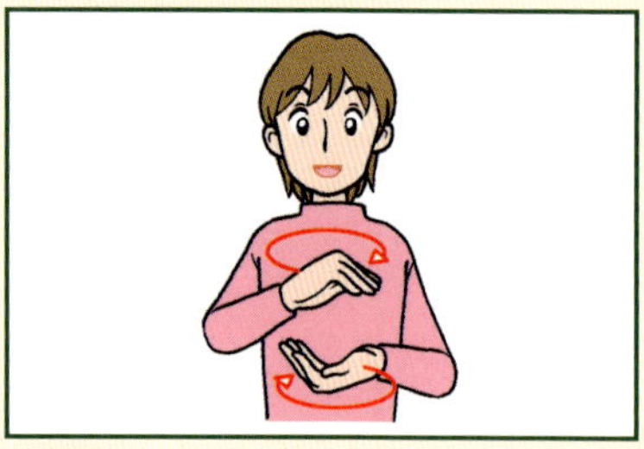

ポイント 丸めた両手を上下に向い合せて回す。

㊻稲城市Ａ (いなぎしA)

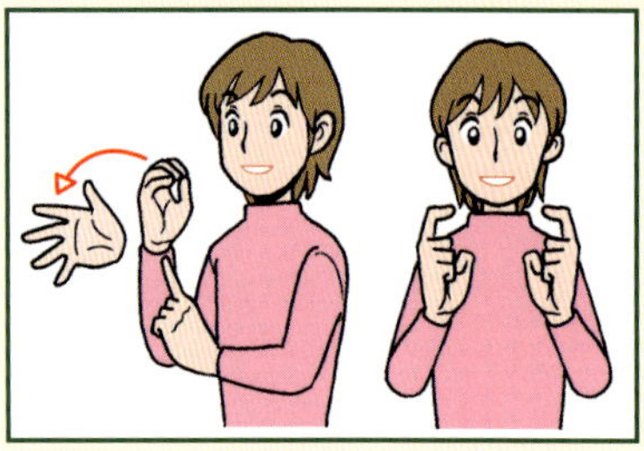

ポイント 左手人差指に軽く握った右手首をつけ、指を開きながら前に出し、両手人差指を曲げて向い合せる。

㊻稲城市Ｂ (いなぎしB)

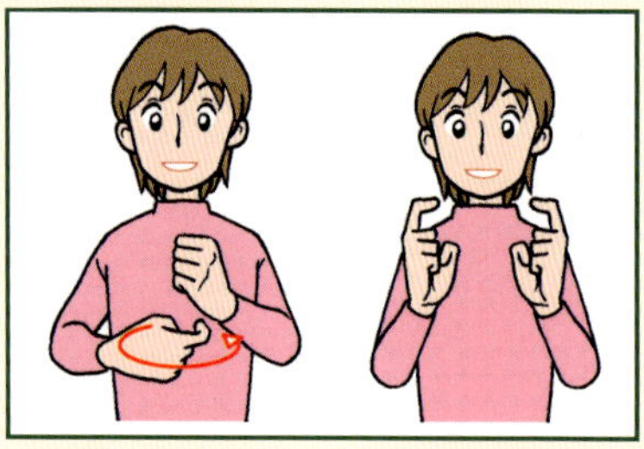

ポイント 左拳の下を、鎌で刈るように人差指を曲げた右手を回し、両手人差指を曲げて向い合せる。

㊼羽村市 (はむらし)

ポイント 人差指を曲げた両手を向かい合わせて半回転させる。

㊽あきる野市 (あきるのし)

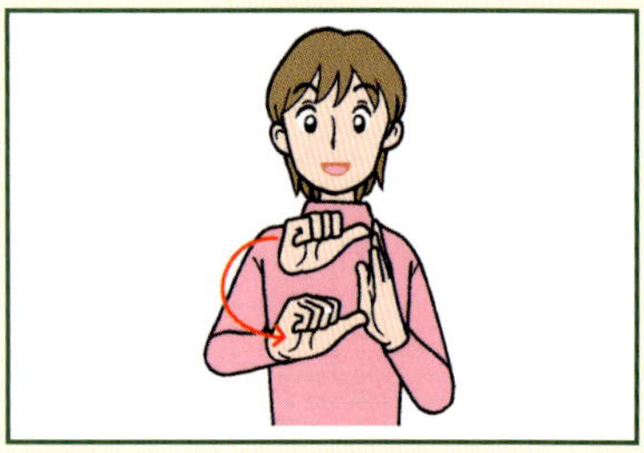

ポイント 左掌に指文字「ア」にした右手の親指を半円を描くように２回つける。

㊾西東京市 (にしとうきょうし)

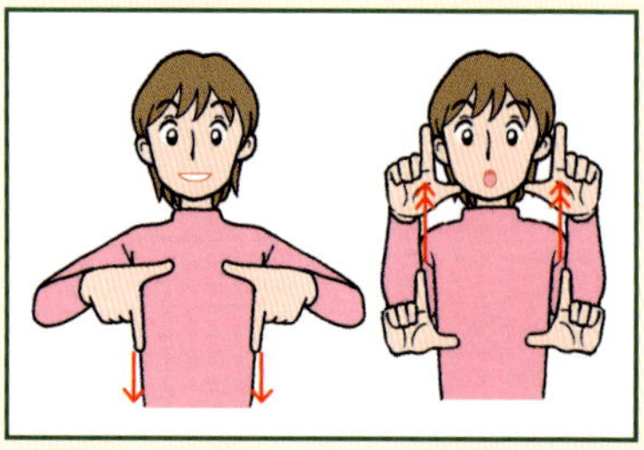

ポイント 「L」にした両手を下にさげ、その両手を指先を上に向けて２回あげる。

神奈川県 （かながわけん）

ポイント　両掌を合せ、伸ばした右手３指を下へおろす。

❶横浜市 （よこはまし）

ポイント　２指で頬を２回なでる。

❷川崎市 （かわさきし）

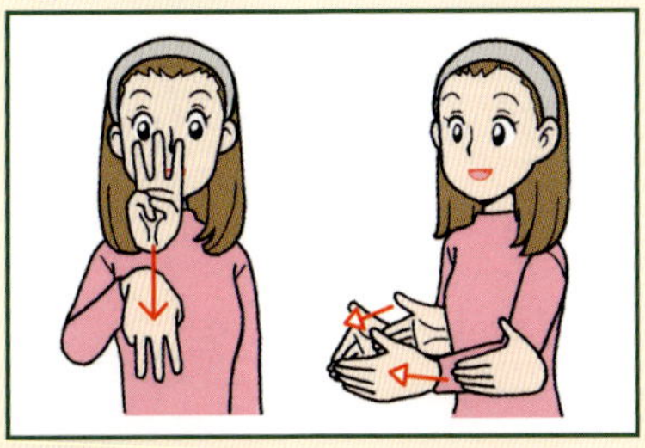

ポイント　右手３指を下へおろし、両手指先を前方でつける。

❸横須賀市 （よこすかし）

ポイント　右手２指を頭の後方で上からさげる。

❹平塚市 （ひらつかし）

ポイント　伸ばした両手２指を左右に２回引き離す。

❺鎌倉市 （かまくらし）

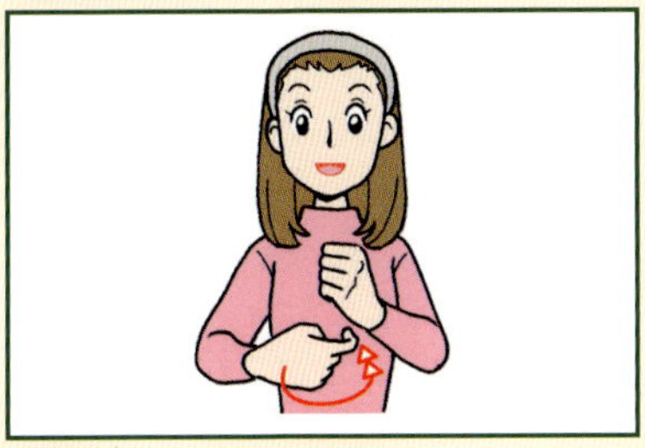

ポイント　左拳の下を、鎌で刈るように人差指を曲げた右手を２回回す。

❻藤沢市 （ふじさわし）

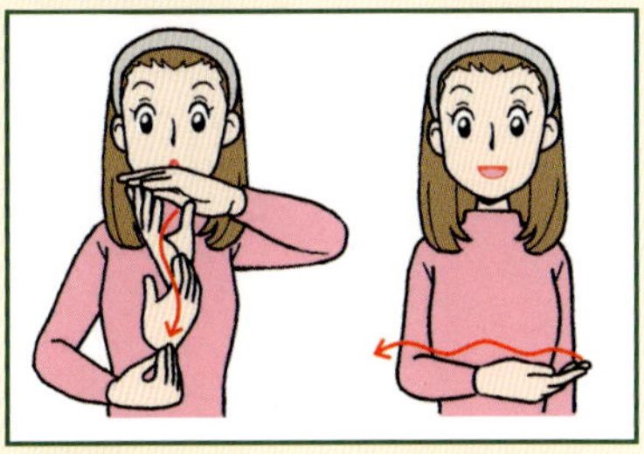

ポイント　左掌につけた右手指先きを下に回転させながらすぼめ、掌を上にした右手を波打たせながら右に動かす。

❼小田原市 （おだわらし）

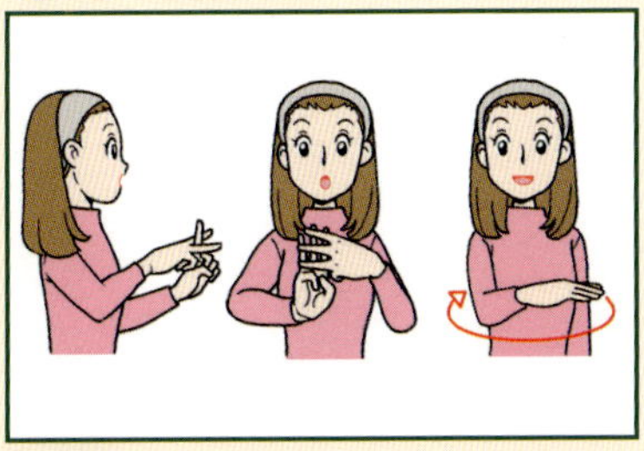

ポイント　左手人差指を右手２指ではさみ、両手３指を左手甲を前に向けて重ね、体の前で半円を描く。

❽茅ヶ崎市 （ちがさきし）

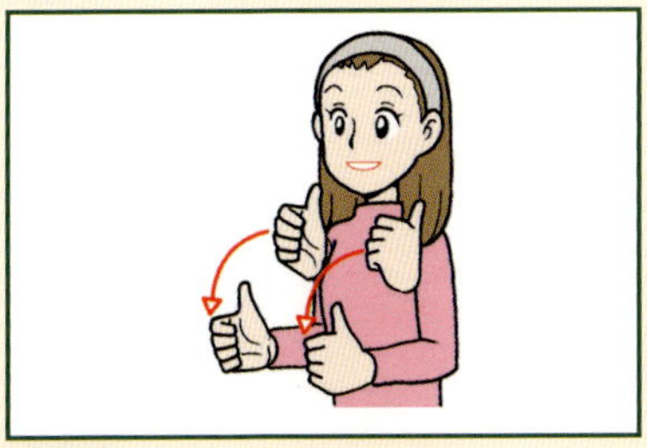

ポイント　親指を立てた両手を弧を描くようにから下におろす。

❾逗子市 （ずしし）

ポイント　２指の輪にした両手を交互に上下させる。

⑩相模原市 （さがみはらし）

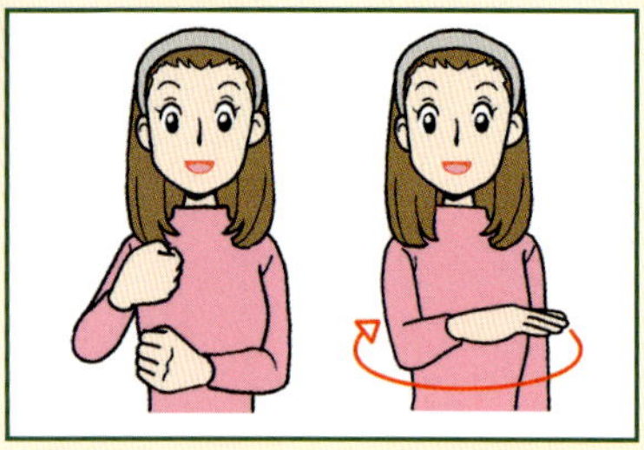

ポイント 両手拳を上下にして右に置き、体の前で半円を描く。

⑪三浦市 （みうらし）

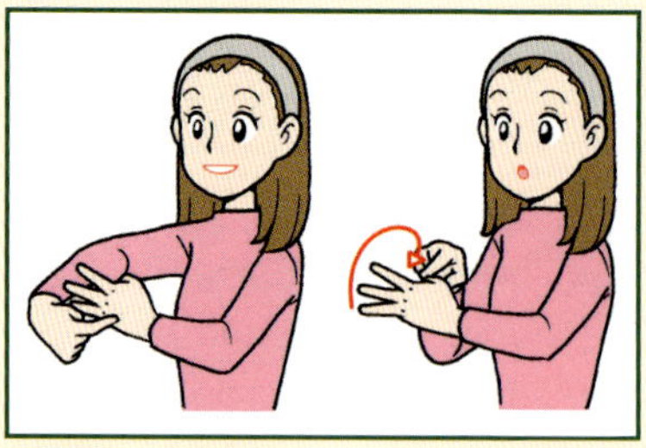

ポイント 右手人差指を、３指を伸ばした左手甲につけた後左掌につける。

⑫秦野市 （はだのし）

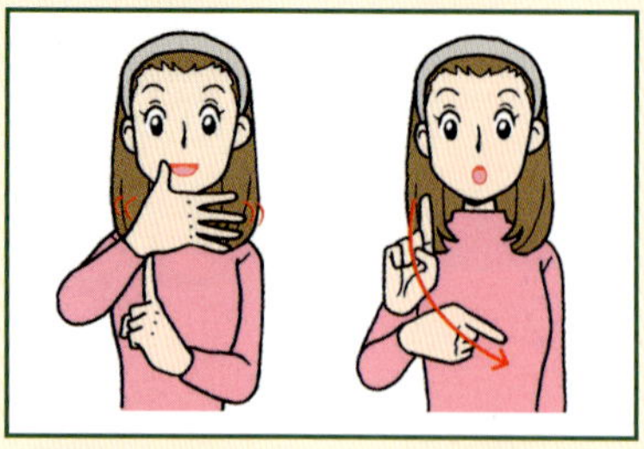

ポイント 右手首に左手人差指をつけ、右手を振り、指文字「ノ」を表す。

⑬厚木市 （あつぎし）

ポイント 「コ」を作った親指と４本指の間を開き、「C」にした両手２指を向い合せ、左右に広げながら指を伸ばす。

⑭大和市 （やまとし）

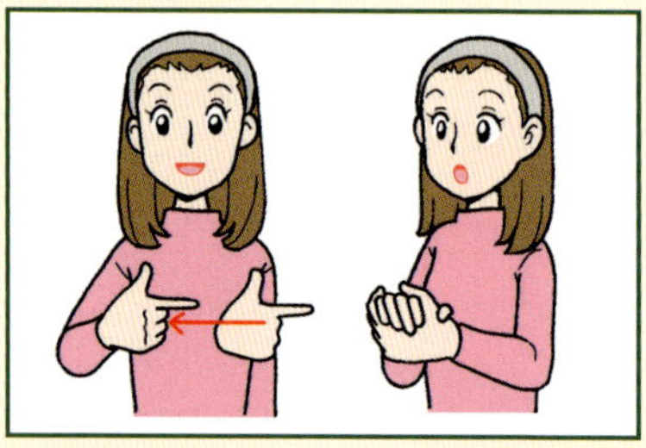

ポイント 右手２指を伸ばし左から右へ動かし、両手を握る。

⑮伊勢原市 （いせはらし）

ポイント 両手の指を組み合せ、体の前で半円を描く。

⑯海老名市 （えびなし）

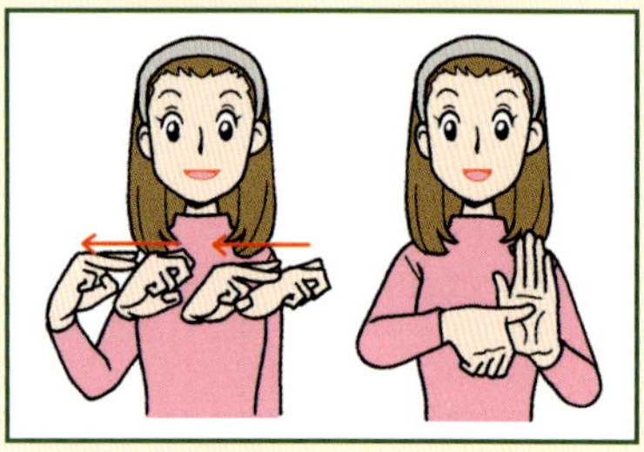

ポイント ２指を曲げたり伸ばしたりしながら横に引き、左掌に右手の親指をつける。

⑰座間市 （ざまし）

ポイント 左掌に右手２指を折り曲げて乗せ、両掌を向い合せて胸前に置く。

⑱南足柄市 （みなみあしがらし）

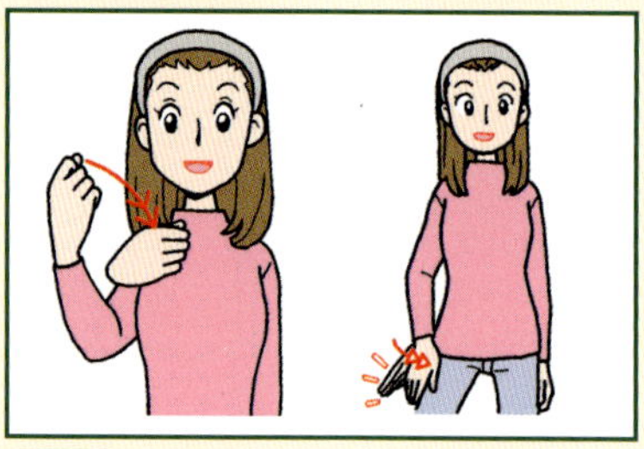

ポイント 右手でうちわをあおぐしぐさをし、右腿をたたく。

⑲綾瀬市 （あやせし）

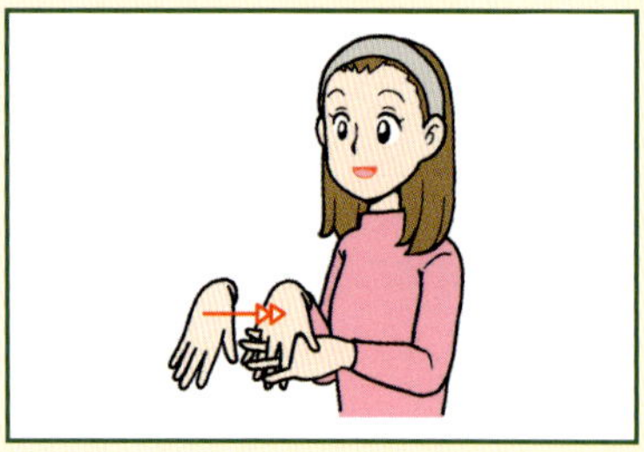

ポイント 左手の指の間に、指を下に向けた右手の指を差し込む動作を繰り返す。

山梨県 (やまなしけん)

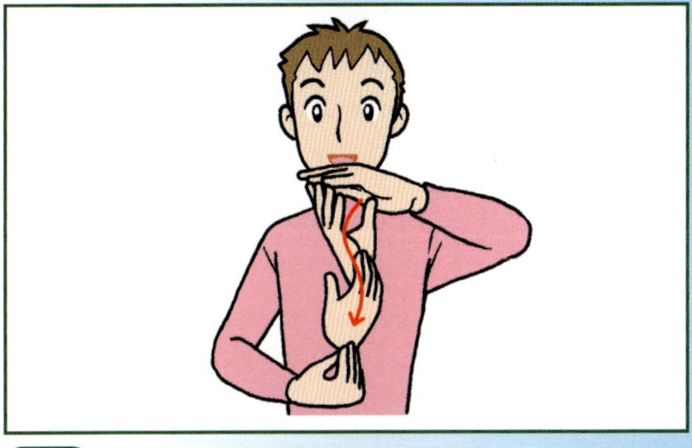

ポイント 左掌につけた右手指先きを下に回転させながらすぼめる。

❶甲府市 (こうふし)

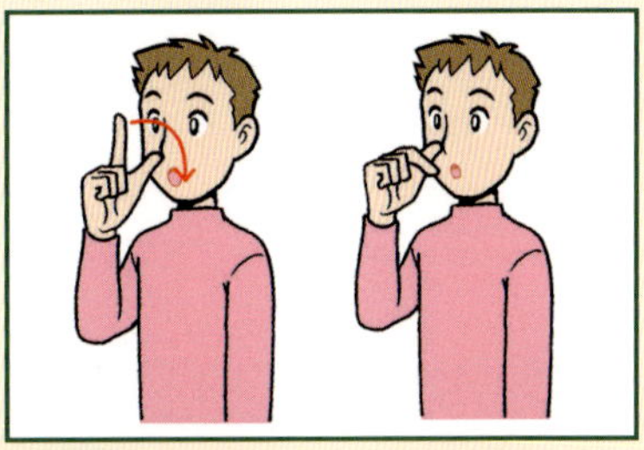

ポイント 「L」にした右手の親指を鼻につけ、人差指を横に倒す。

❷富士吉田市 (ふじよしだし)

ポイント 両手で「富士山」を描き、右拳を鼻につけ、両手3指を左手甲を前に向けて重ねる。

❸都留市 (つるし)

ポイント 右手2指を口元で閉じる。

❹山梨市 (やまなしし)

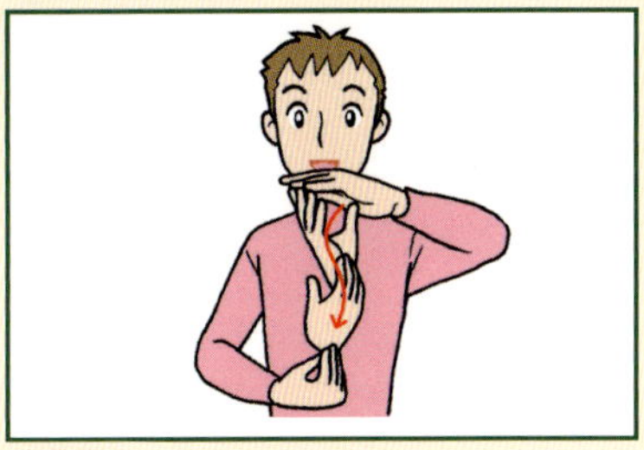

ポイント 左掌につけた右手指先きを下に回転させながらすぼめる。

❺大月市 (おおつきし)

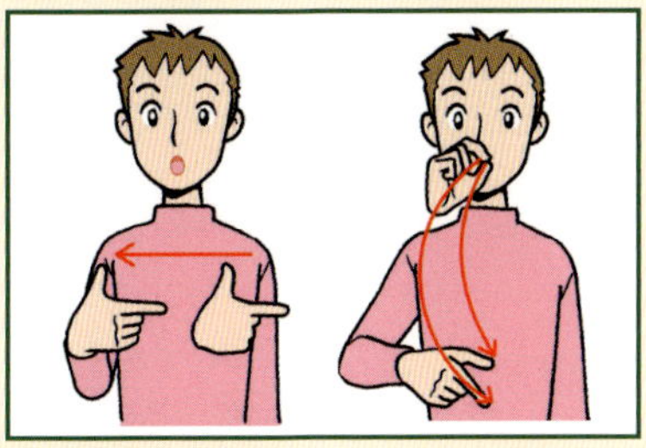

ポイント 右手2指を伸ばし左から右へ動かし、指先をつけた親指と人差指を開きながら下におろす。

❻韮崎市 (にらさきし)

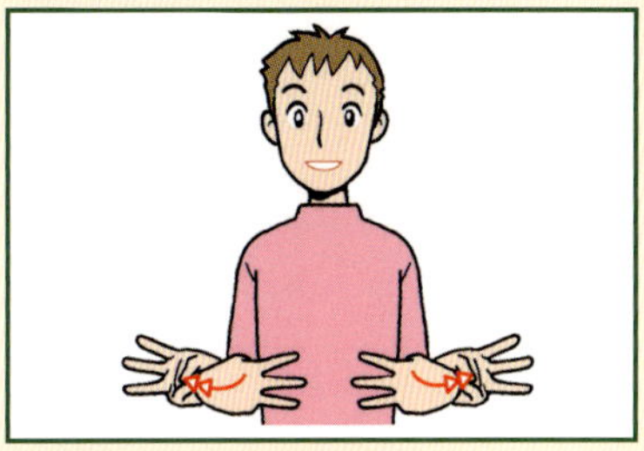

ポイント 両手3指を前方へ2回開く。

❼南アルプス市 (みなみあるぷすし)

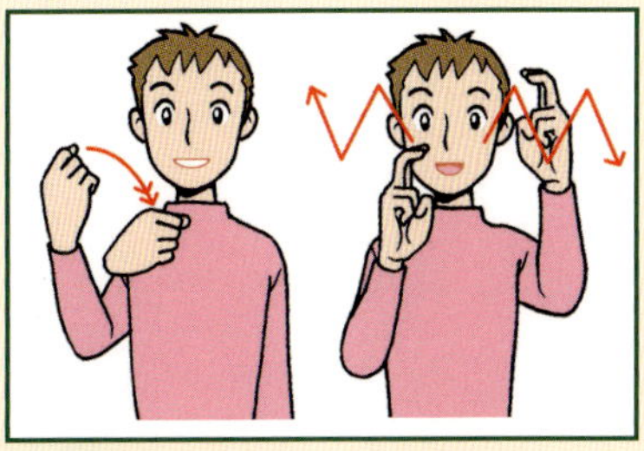

ポイント うちわであおぐしぐさをし、少し曲げた両手2指を交互に上下させながら左右へ広げる。

❽北杜市 (ほくとし)

ポイント 指文字「シ」の両手を交差させ、指文字「ト」を表す。

❾甲斐市 (かいし)

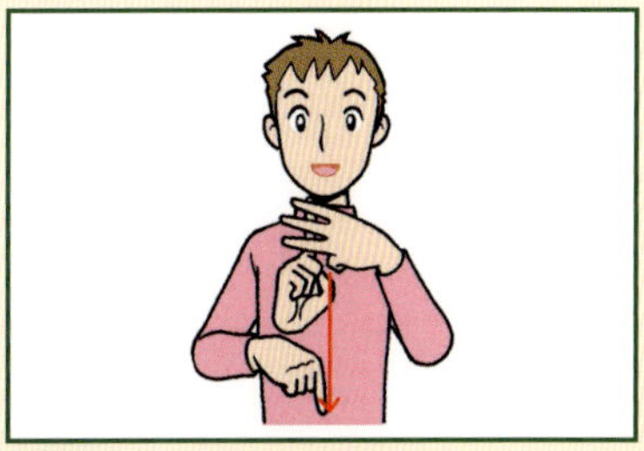

ポイント 左手3指に右手人差指をあて、下へおろす。

⑩笛吹市　（ふえふきし）

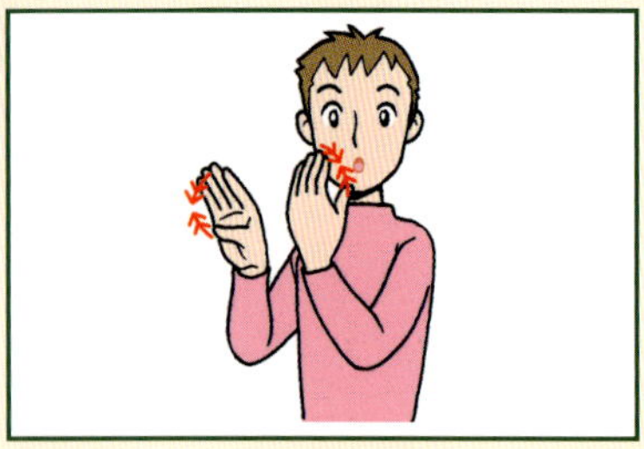

ポイント　両手で横笛を吹くしぐさをする。

⑪上野原市　（うえのはらし）

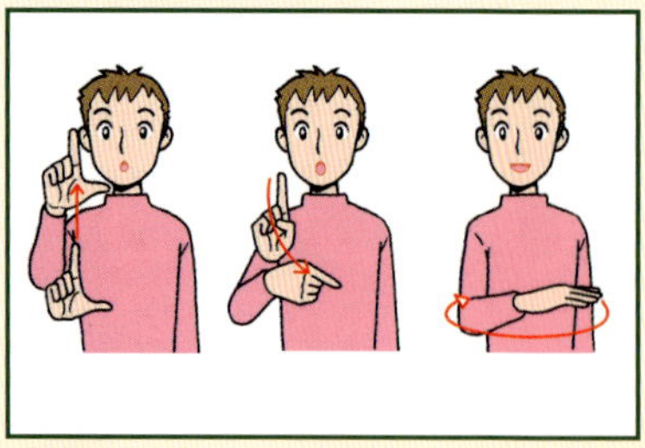

ポイント　「L」にした右手を上にあげ、指文字「ノ」を表し、体の前で半円を描く。

⑫甲州市　（こうしゅうし）

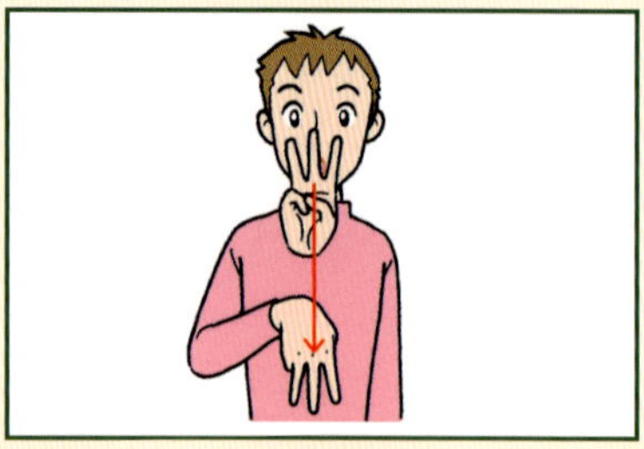

ポイント　3指を下へおろす。

⑬中央市　（ちゅうおうし）

ポイント　左手2指に右手人差指をあて下へおろす。

北信越ブロック

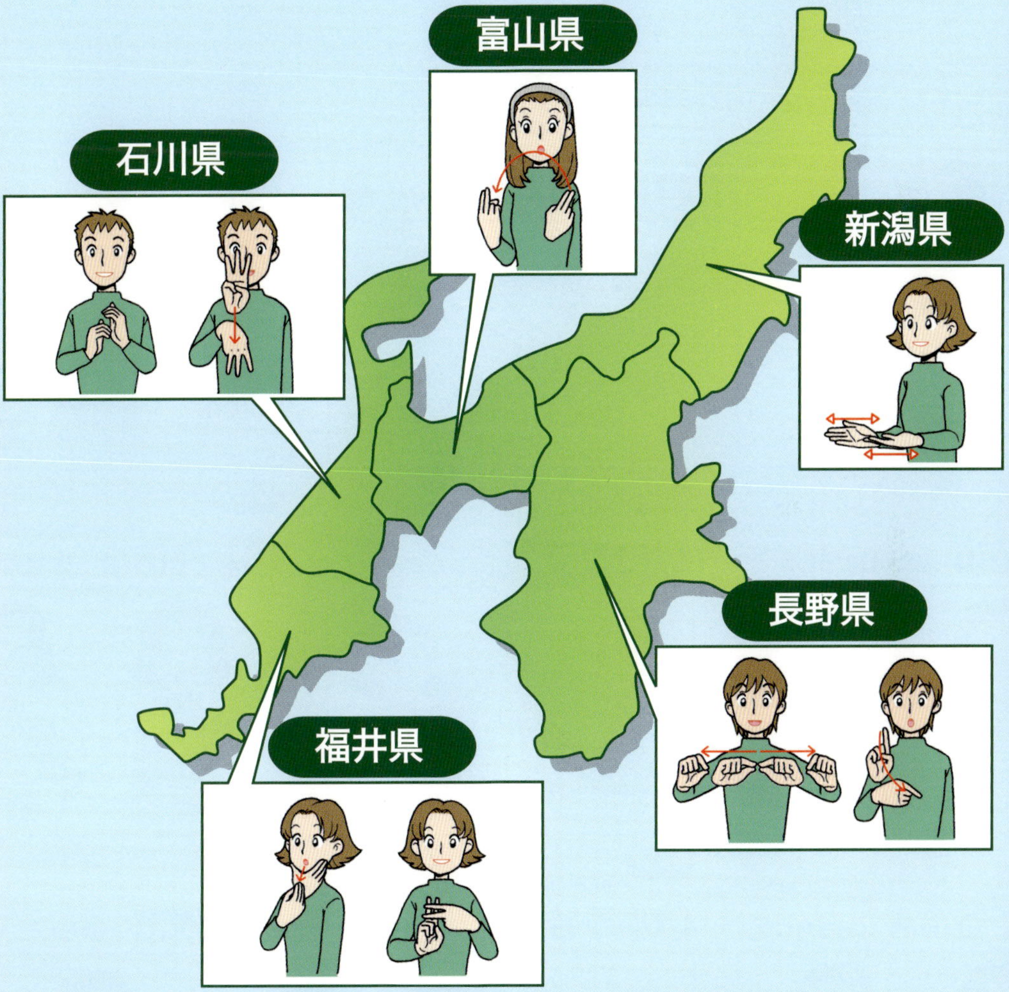

新潟県 （にいがたけん）

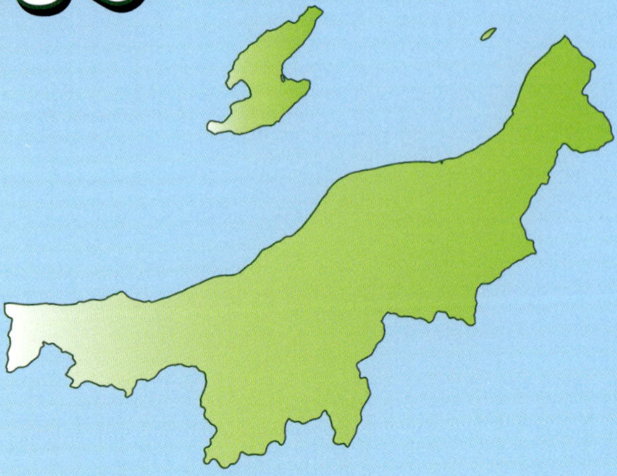

ポイント 掌を上にした両手の小指側をつけ交互に前後に動かす。

①新潟市 （にいがたし）

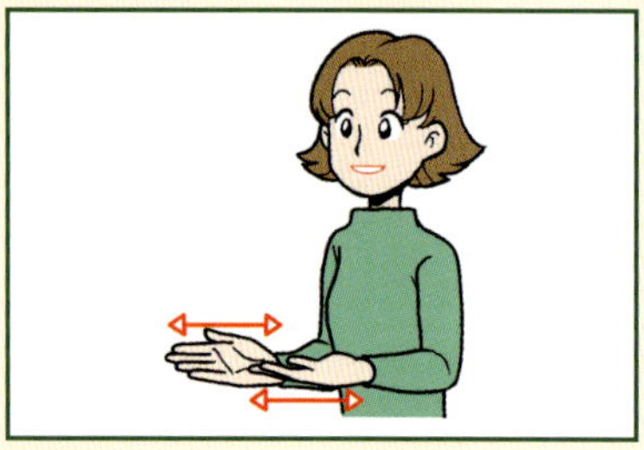

ポイント 掌を上にした両手の小指側をつけ交互に前後に動かす。

②長岡市A （ながおかしA）

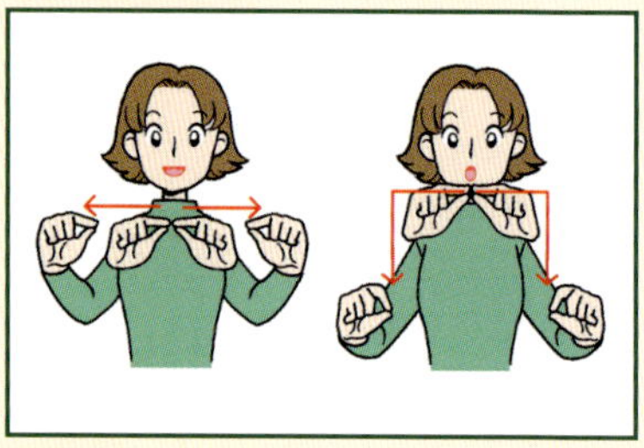

ポイント つまんだ両手２指の先をつけ左右に離し、両手２指で左右にカギ形を描く。

②長岡市B （ながおかしB）

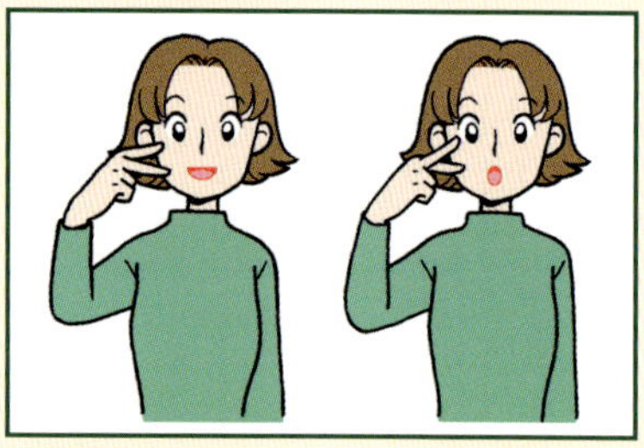

ポイント 右目の下のところで右手２指を交互に動かす。

③三条市 （さんじょうし）

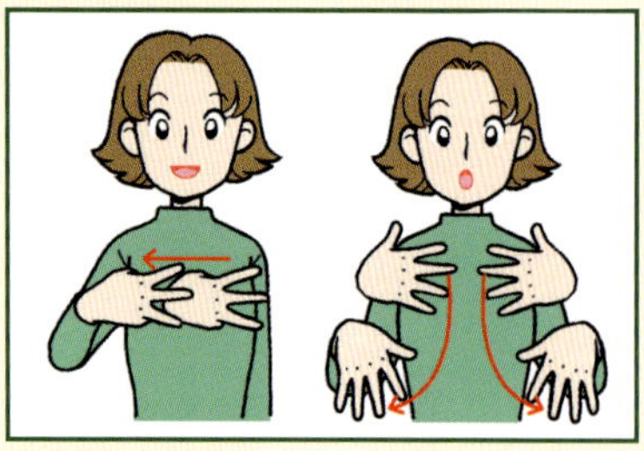

ポイント 指文字「ミ」の右手を右へ動かし、両手の指先を向かい合わせて指先をさげながら下へおろす。

④柏崎市 （かしわざきし）

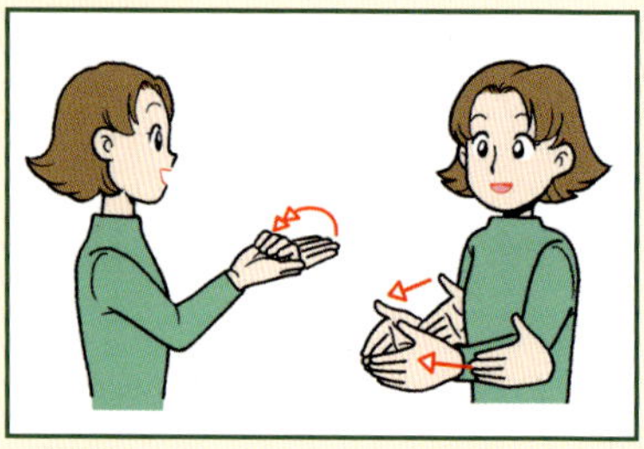

ポイント 右手４指を２回折り曲げ、両手指先を前方でつける。

⑤新発田市 （しばたし）

ポイント 数字「１０」と「6」を表す。

⑥小千谷市A （おぢやしA）

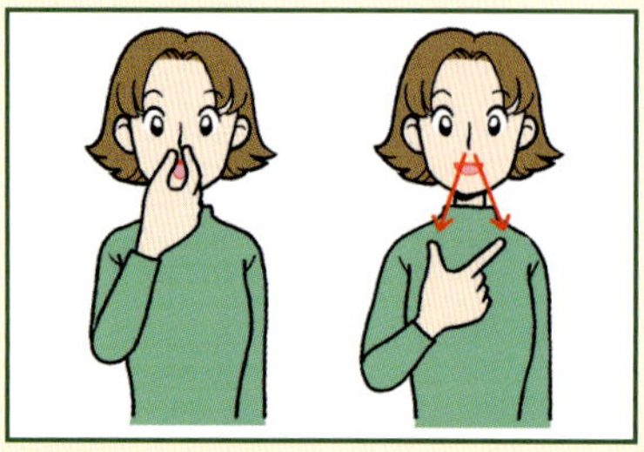

ポイント ２指を鼻の下から広げながら下へおろす。

⑥小千谷市B （おぢやしB）

ポイント 左手人差指を右手２指ではさみ、両手で「千」の形を作り、向い合せた両手指先を胸前でつける。

⑦加茂市 （かもし）

ポイント 「コ」の形にした右手２指を首下から跳ねあげるように上にあげる。

⑧十日町市　（とおかまちし）

ポイント　数字「１０」を表し、両手指先を３回合わせながら右へ移動させる。

⑨見附市　（みつけし）

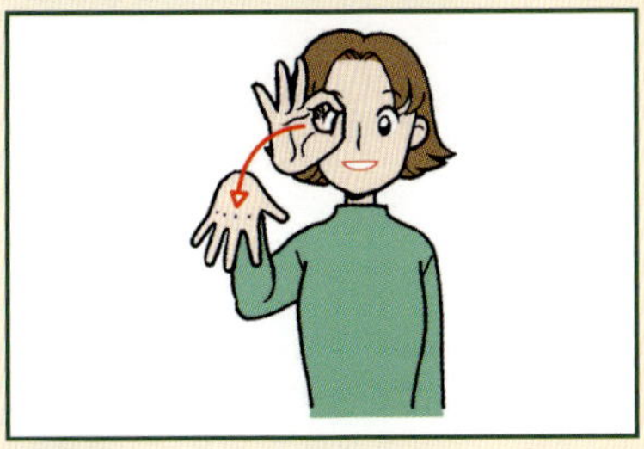

ポイント　右目の前に２指の輪の右手を置き、２指をパッと開きながら下におろす。

⑩村上市　（むらかみし）

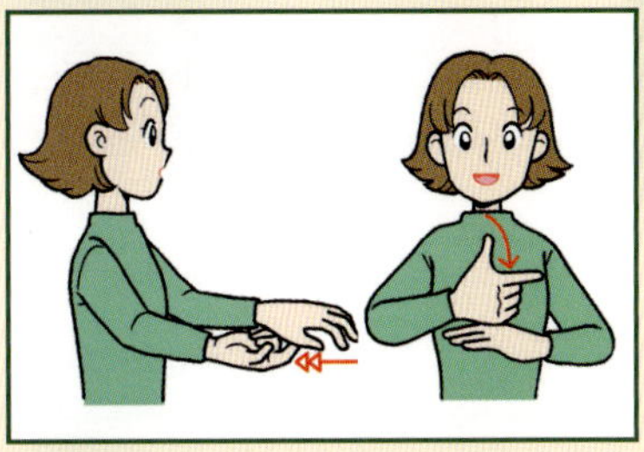

ポイント　左掌に右人差指の先をあてて両手を手前に２回引き、左手甲の上に「L」にした右手を乗せる。

⑪燕市　（つばめし）

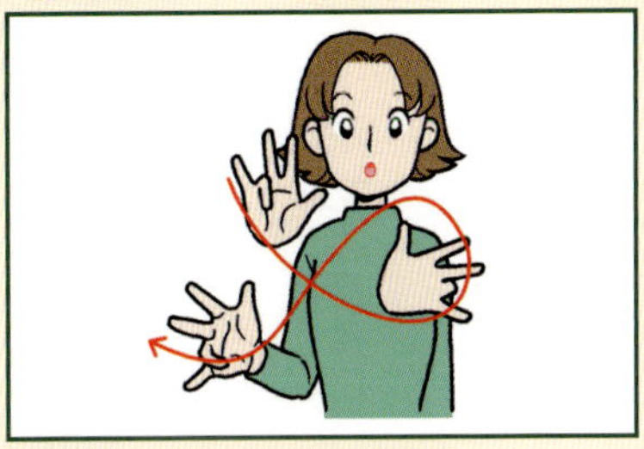

ポイント　薬指を折り曲げた右手をすばやく左へ動かし右へ折り返す。

⑫糸魚川市　（いといがわし）

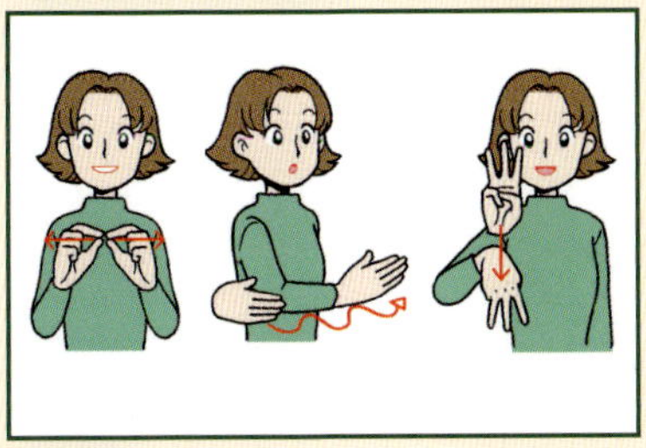

ポイント　つまんだ両手２指の先をつけ左右に離し、右手を振りながら斜め前に出し、伸ばした３指を下へおろす。

⑬妙高市　（みょうこうし）

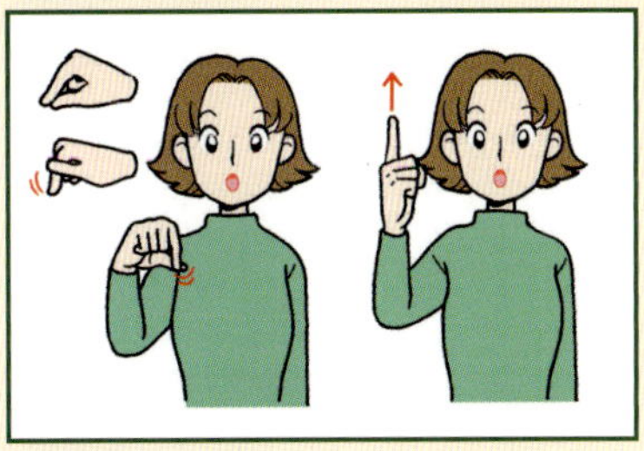

ポイント　２指をこすり合せて砂を落とすしぐさをし、立てた人差指を上にあげる。

⑭五泉市　（ごせんし）

ポイント　数字「５」を表し、指文字「ユ」にした右手を左手ではさむ。

⑮上越市　（じょうえつし）

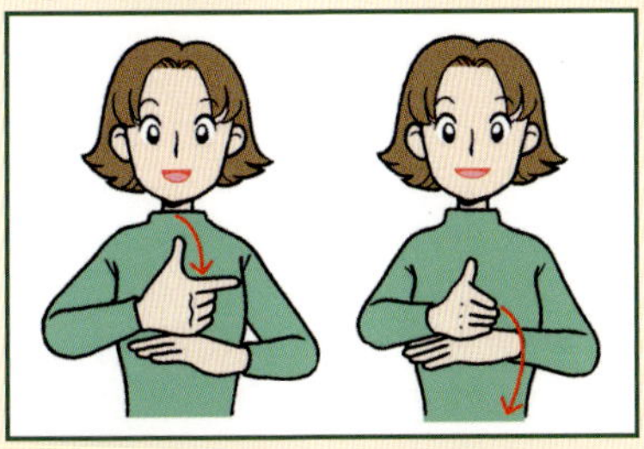

ポイント　左手甲の上に「L」にした右手を乗せ、左手甲の上を指先を前に向けた右手で越えさせる。

⑯阿賀野市　（あがのし）

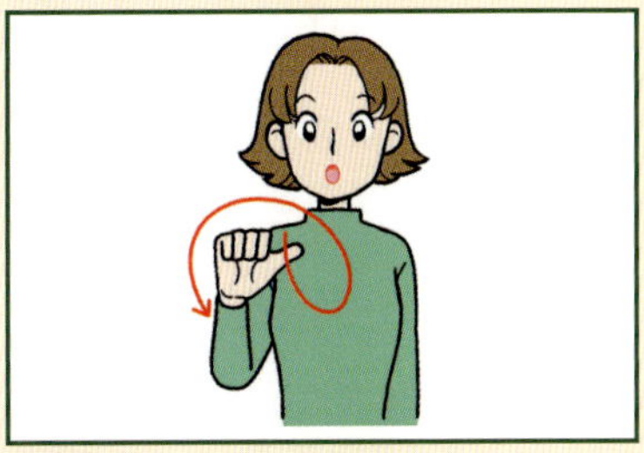

ポイント　指文字「ア」の右手で「の」を書く。

⑰佐渡市　（さどし）

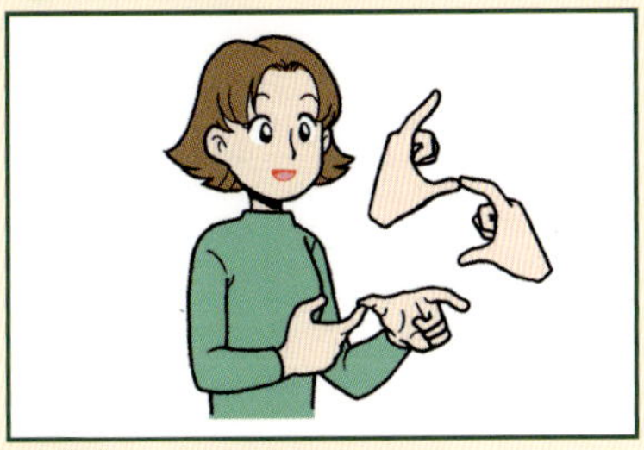

ポイント　「C」にした両手の２指の親指と左手人差指をつけて前後に置く。

⑱魚沼市　（うおぬまし）

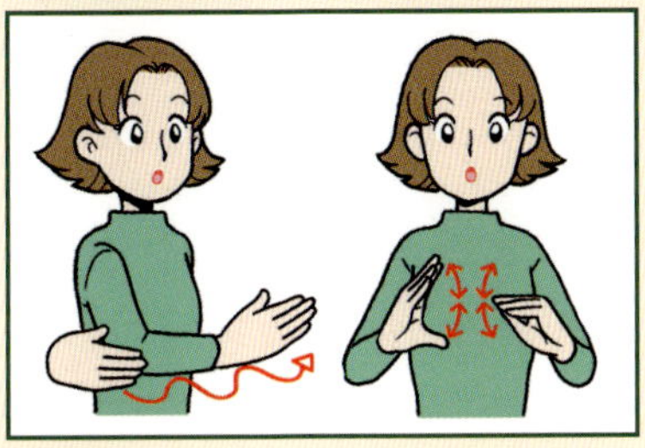

ポイント　右手を振りながら斜め前に出し、両手を交互に閉じたり開いたりする。

⑲南魚沼市　（みなみうおぬまし）

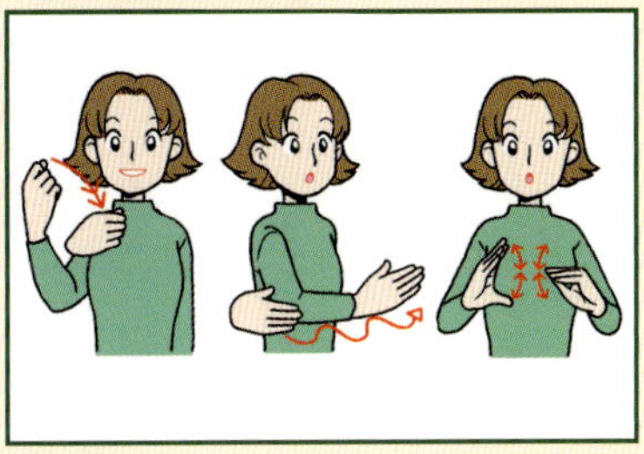

ポイント　うちわであおぐしぐさをし、右手を振りながら斜め前に出し、両手を交互に閉じたり開いたりする。

⑳胎内市　（たいないし）

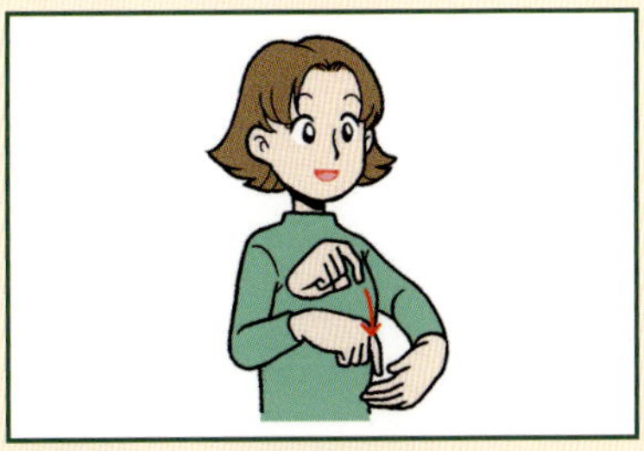

ポイント　左手を腹の前に置き、その間を右手人差指で示す。

長野県 （ながのけん）

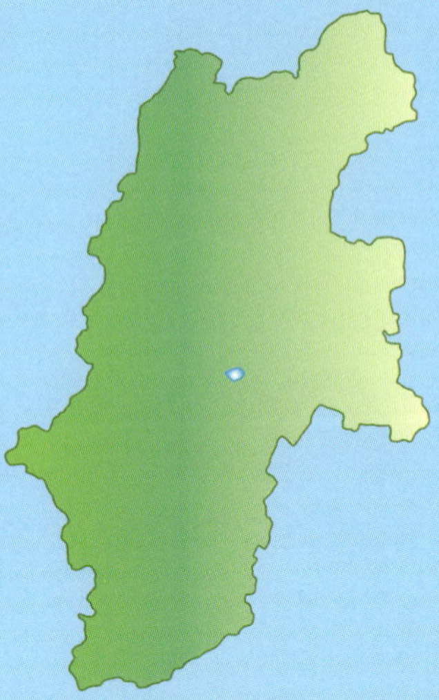

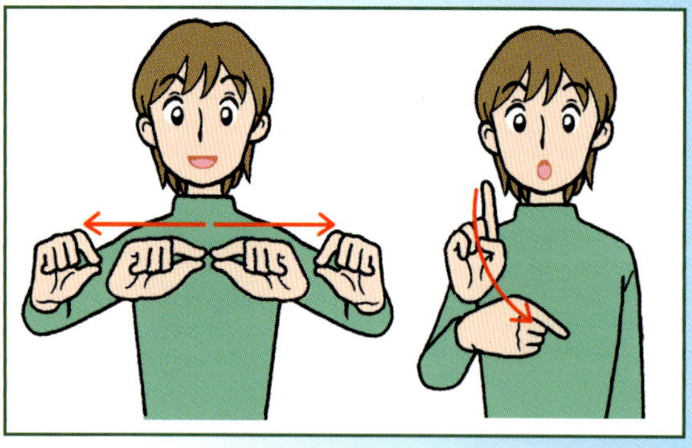

ポイント つまんだ両手２指の先をつけ左右に離し、指文字「ノ」を表す。

❶長野市 （ながのし）

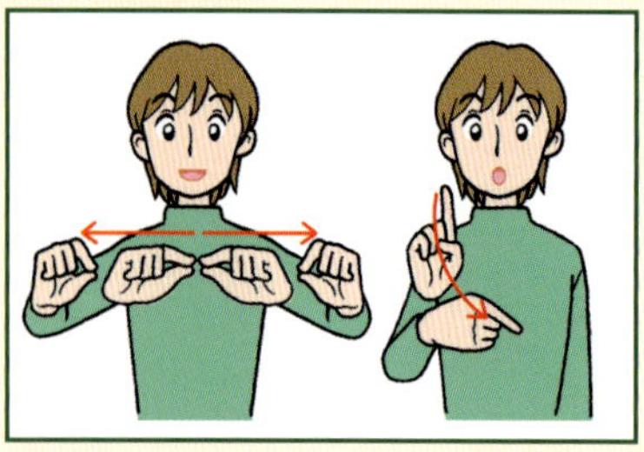

ポイント つまんだ両手２指の先をつけ左右に離し、指文字「ノ」を表す。

❷松本市 （まつもとし）

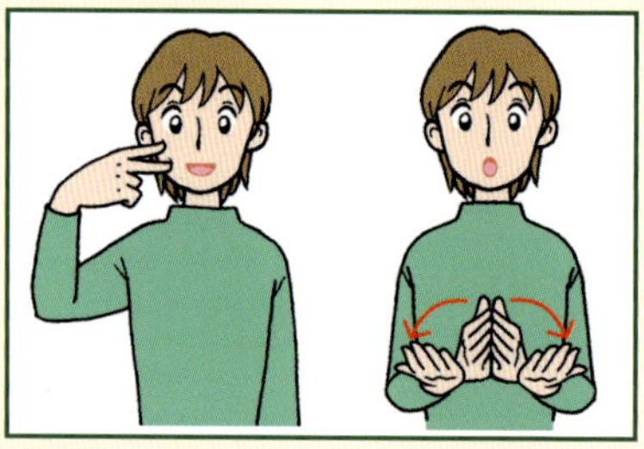

ポイント 右手２指を頬にあて、両手を合わせて開く。

❸上田市 （うえだし）

ポイント 「L」にした右手を上にあげ、両手３指を、左手甲を前に向けて重ねる。

❹岡谷市 （おかやし）

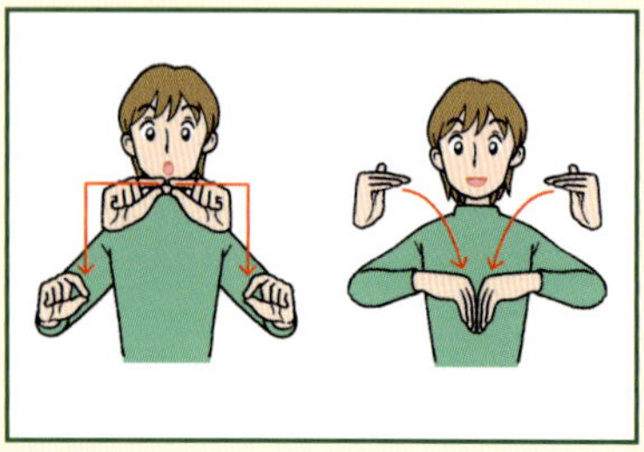

ポイント 両手２指で左右にカギ形を描き、向い合せた両手指先を胸前でつける。

❺飯田市 （いいだし）

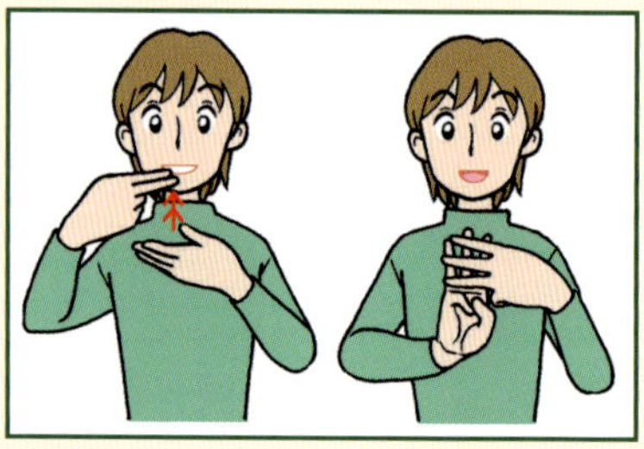

ポイント 左掌から右手２指で食べるしぐさをし、左手甲を前に向けて重ねる。

❻諏訪市 （すわし）

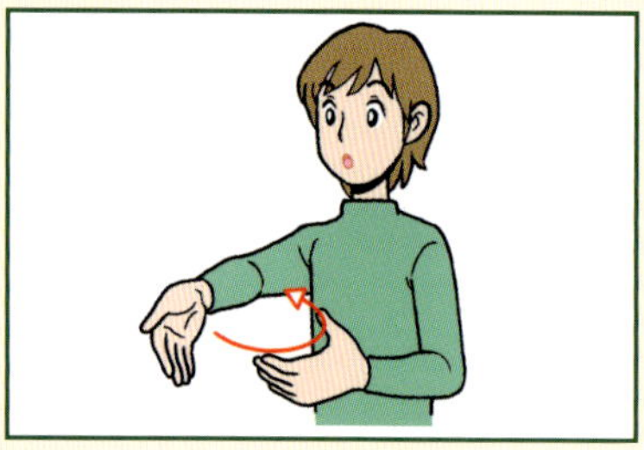

ポイント 「C」の左手の指に沿って掌を上にした右手を回す。

❼須坂市 （すざかし）

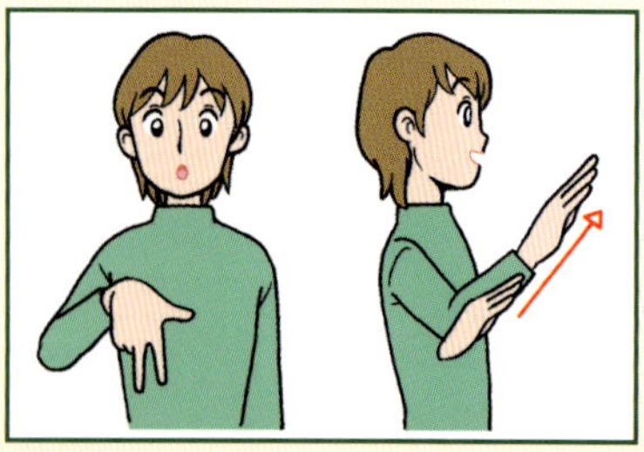

ポイント 指文字「ス」を表し、斜め上にあげる。

❽小諸市 （こもろし）

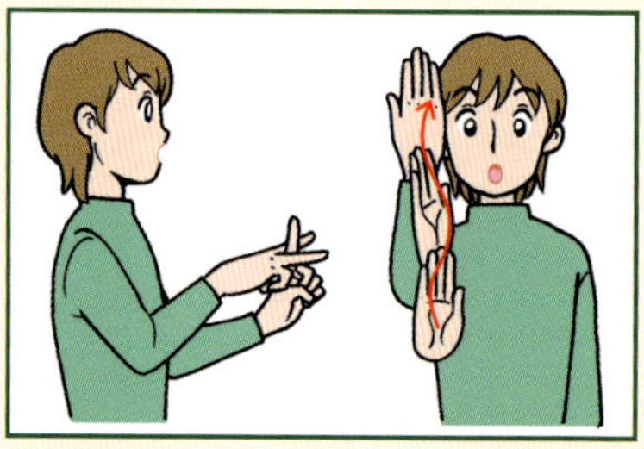

ポイント 左手人差指を右手２指ではさみ、右手を半回転しながらあげる。

❾伊那市 （いなし）

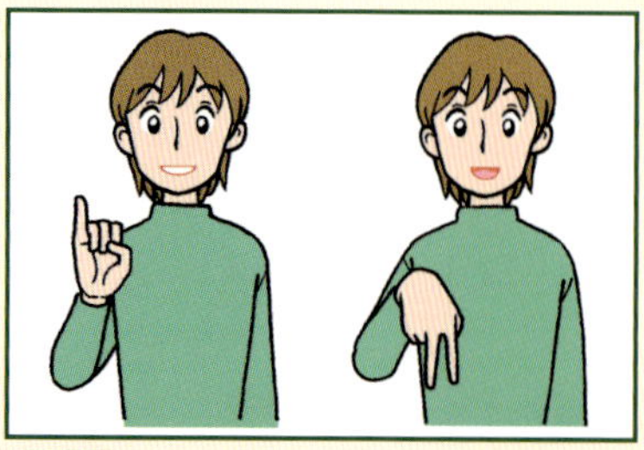

ポイント 指文字「イ」、「ナ」を表す。

⑩駒ヶ根市　（こまがねし）

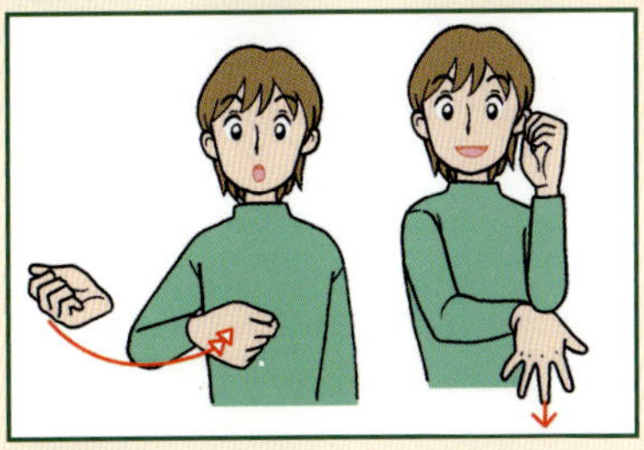

ポイント　右手で鞭打つしぐさをし、左肘に指文字「ネ」の右手をつけ、おろす。

⑪中野市　（なかのし）

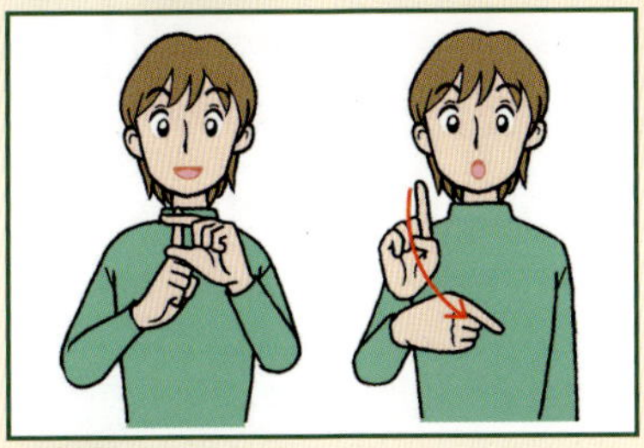

ポイント　左手２指に右手人差指をあて、指文字「ノ」を表す。

⑫大町市　（おおまちし）

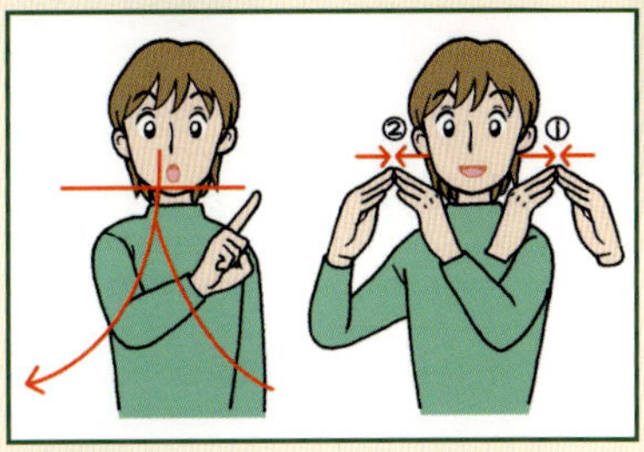

ポイント　「大」を書き、左右に両手で屋根の形を作る。

⑬飯山市　（いいやましし）

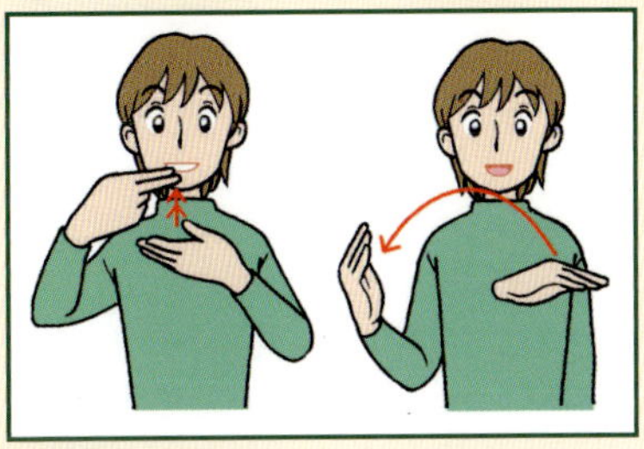

ポイント　左掌から右手２指で食べるしぐさをし、左から右へ「山」を描く。

⑭茅野市　（ちのし）

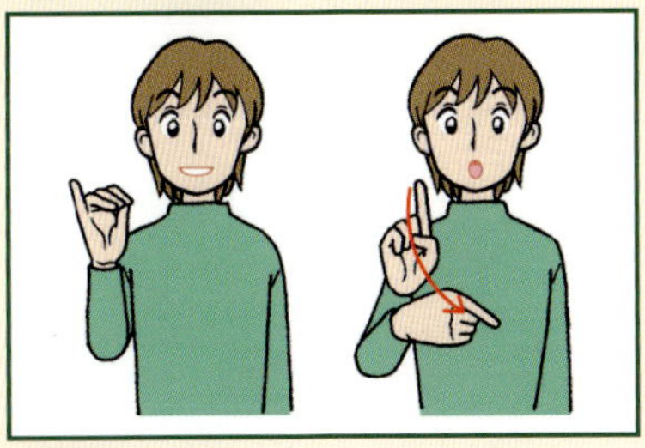

ポイント　指文字「チ」、「ノ」を表す。

⑮塩尻市　（しおじりし）

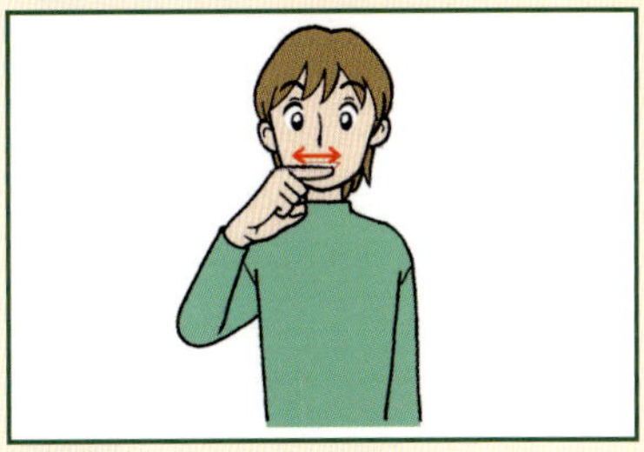

ポイント　人差指で歯の前を往復させる。

⑯佐久市　（さくし）

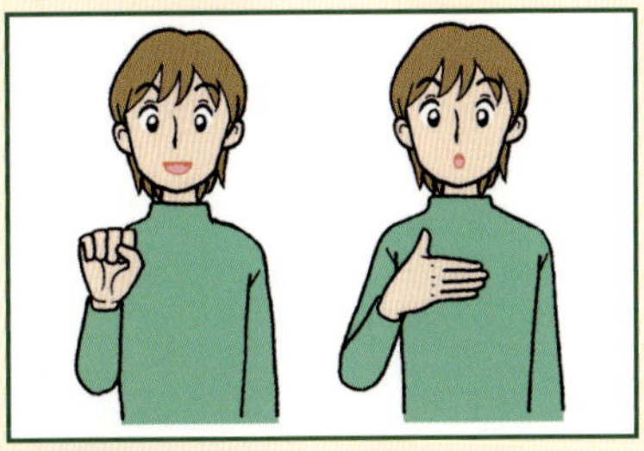

ポイント　指文字「サ」、「ク」を表す。

⑰千曲市　（ちくまし）

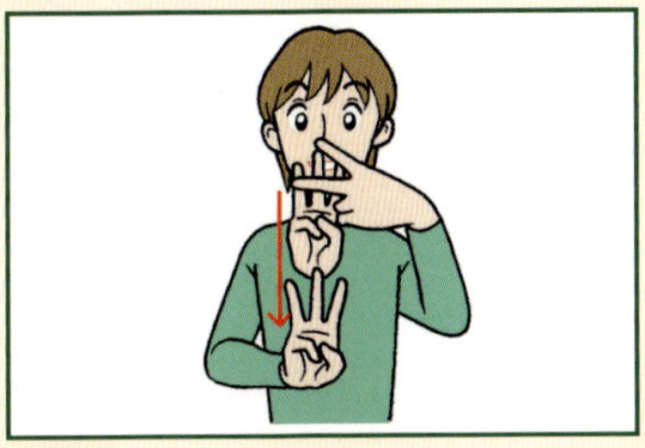

ポイント　開いた左手２指の中指に右手３指をあてて下におろす。

⑱東御市　（とうみし）

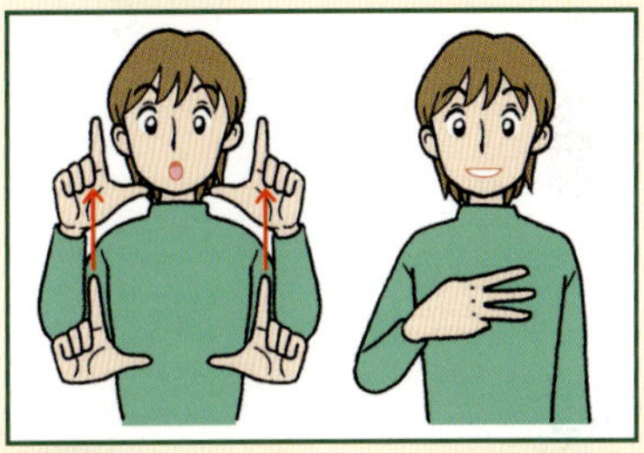

ポイント　「L」にした両手を上にあげ、指文字「ミ」を表す。

⑲安曇野市　（あづみのし）

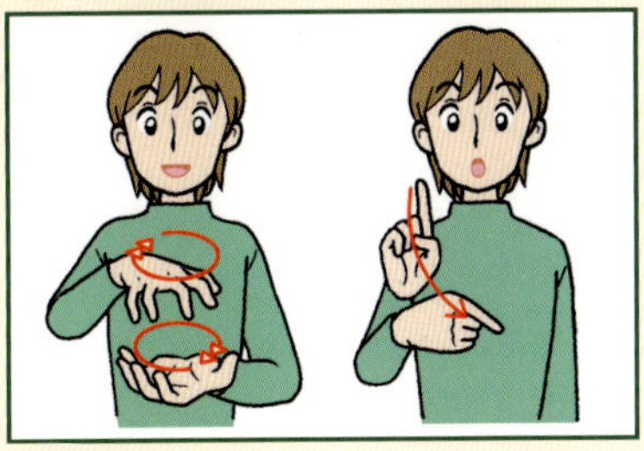

ポイント　指を曲げた両手を上下に向い合せて回転させ、指文字「ノ」を表す。

富山県 （とやまけん）

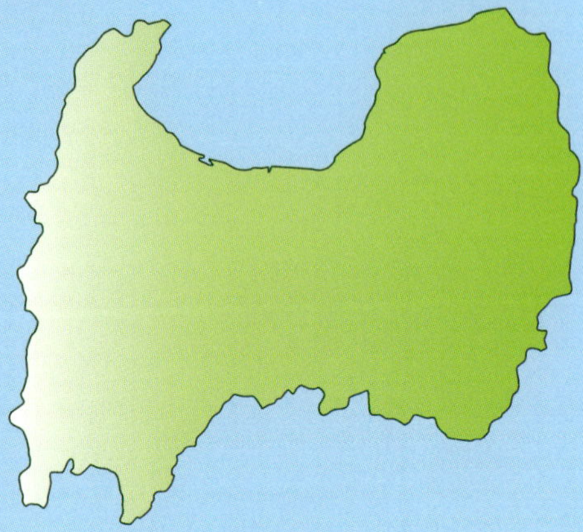

ポイント 指文字「ト」の右手で左から右へ「山」を描く。

❶富山市 （とやまし）

ポイント 指文字「ト」の右手で左から右へ「山」を描く。

❷高岡市 （たかおかし）

ポイント 指文字「コ」の右手を上にあげ、両手２指で左右にカギ形を描く。

❸魚津市 （うおづし）

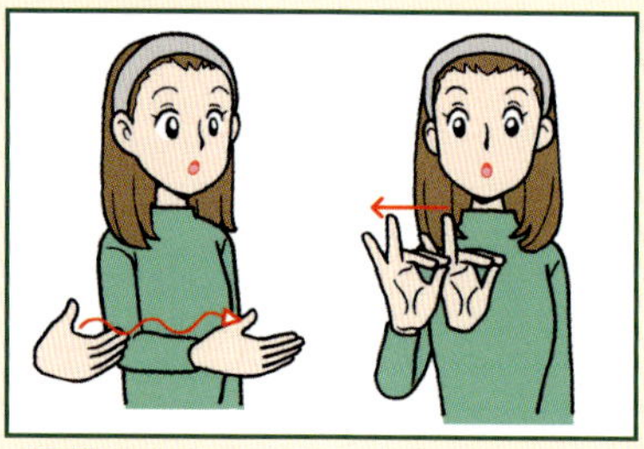

ポイント 右手を振りながら斜め前に出し、指文字「ツ」を表す。

❹氷見市 （ひみし）

ポイント 右手２指を口の左から右へ小さく波を描きながら動かす。

❺滑川市 （なめりかわし）

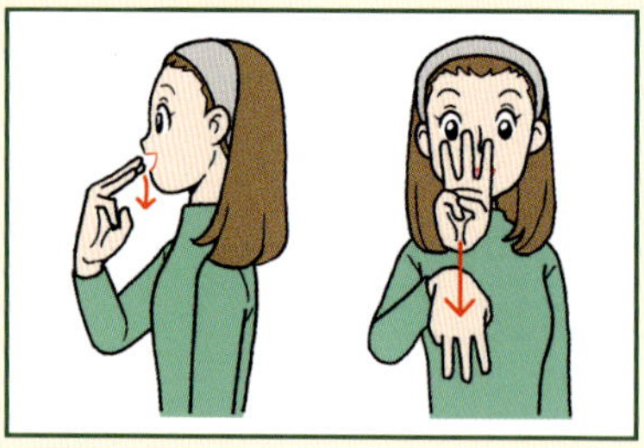

ポイント 右手３指を伸ばして口から下へさげ、指先を前に向けて下へおろす。

❻黒部市 （くろべし）

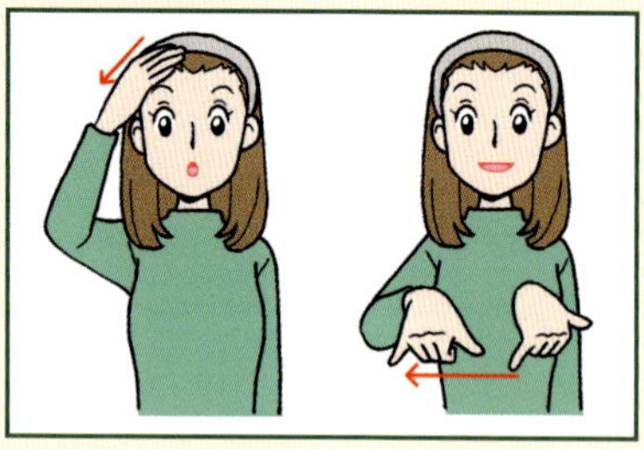

ポイント 右手で頭をなで、指文字「ベ」を表す。

❼砺波市 （となみし）

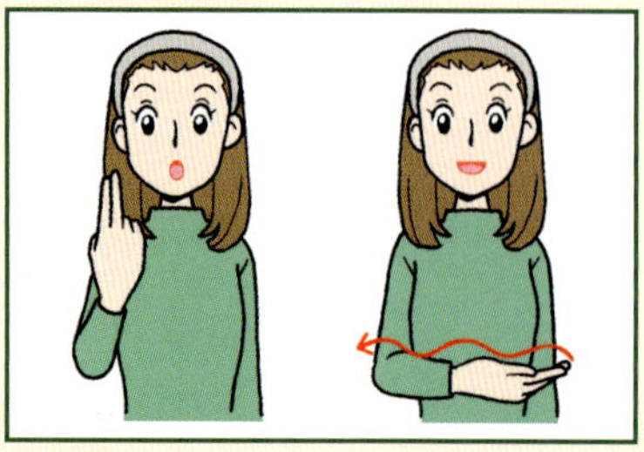

ポイント 指文字「ト」を表し、掌を上に向け、左から右へ波打たせながら動かす。

❽小矢部市 （おやべし）

ポイント 左手の立てた人差指の後ろで、指文字「ベ」を表す。

❾南砺市 （なんとし）

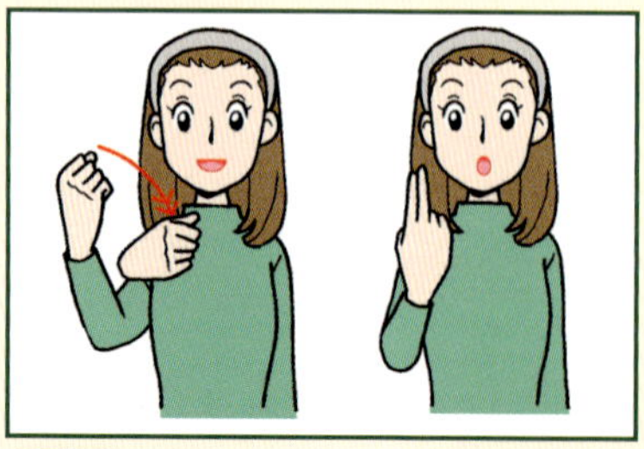

ポイント うちわであおぐしぐさをし、指文字「ト」を表す。

⑩射水市　（いみずし）

ポイント 指文字「イ」の左手の下から、掌を上に向けた右手を波打たせながら右に動かす。

石川県（いしかわけん）

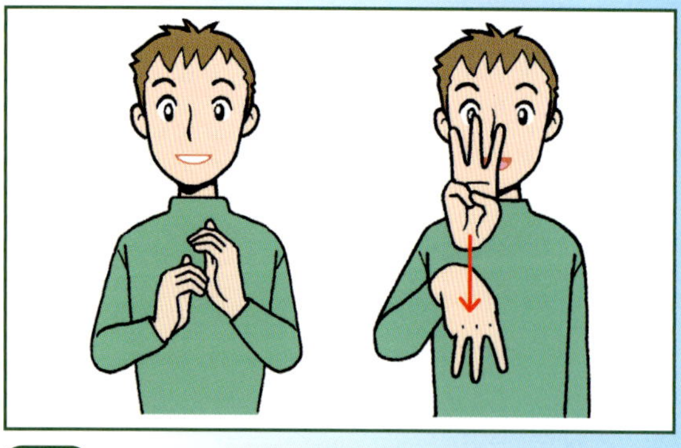

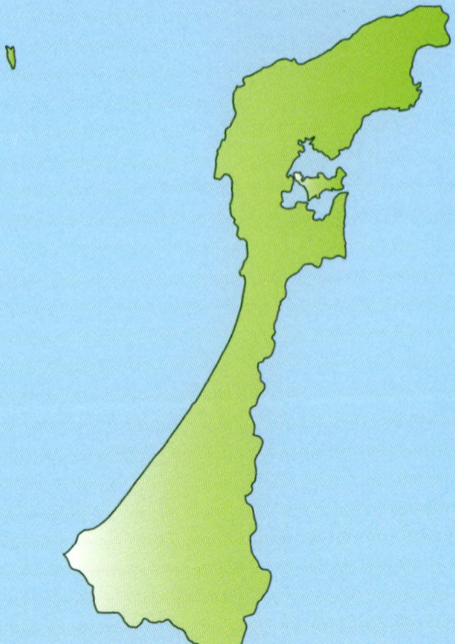

ポイント　折り曲げた左掌に右手４指の指先をつけ、伸ばした右手３指を下へおろす。

❶金沢市（かなざわし）

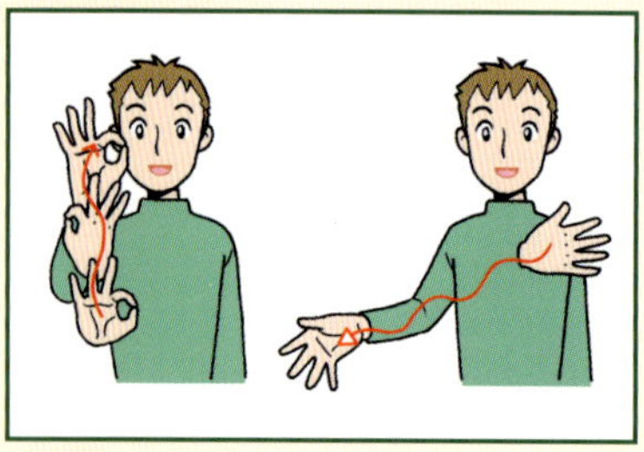

ポイント　2指の輪の右手を半回転させながら上にあげ、右手を振りながら左から斜め右へ動かす。

❷七尾市（ななおし）

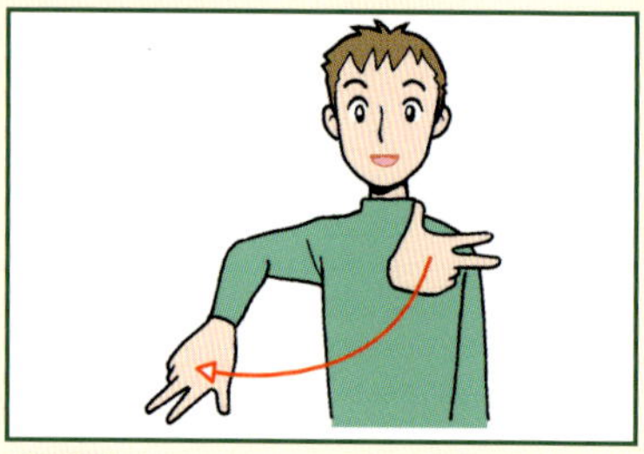

ポイント　数字「7」の右手を左肩から斜め右へ振るように動かす。

❸小松市（こまつし）

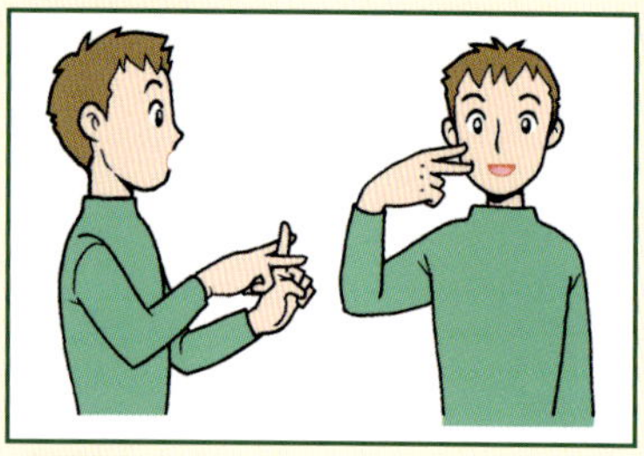

ポイント　左手人差指を右手2指ではさみ、右手2指を頬にあてる。

❹輪島市（わじまし）

ポイント　右掌を額につける。

❺珠洲市（すずし）

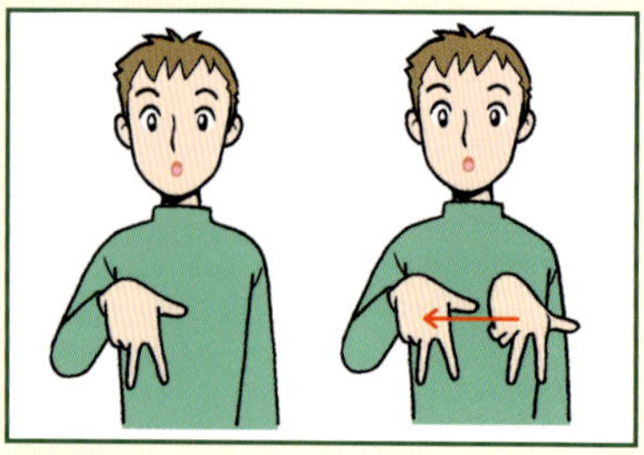

ポイント　指文字「ス」、「ズ」を表す。

❻加賀市（かがし）

ポイント　指文字「ガ」を表す。

❼羽咋市（はくいし）

ポイント　両手で羽ばたくしぐさをする。

❽かほく市（かほくし）

ポイント　指文字「カ」の右手を弧を描きながらおろす。

❾白山市（はくさんし）

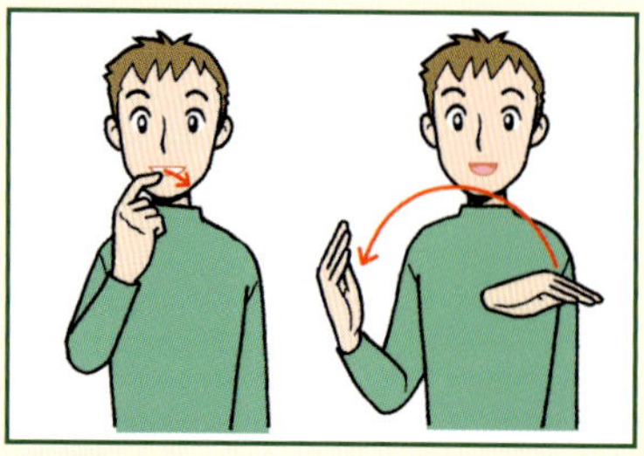

ポイント　歯を指した右手人差指を左へ少し動かし、左から右へ「山」を描く。

⑩能美市 （のみし）

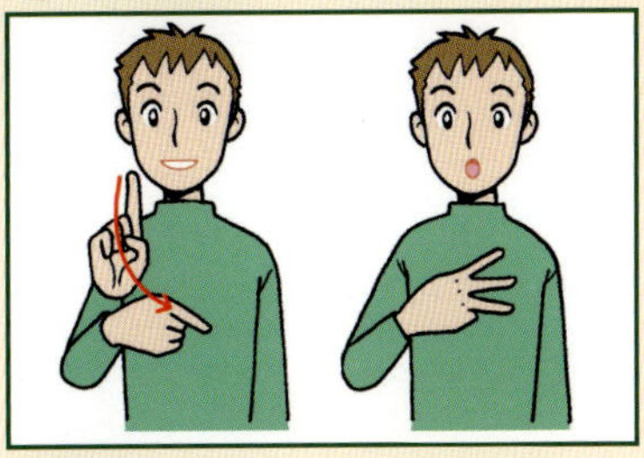

ポイント 指文字「ノ」、「ミ」を表す。

福井県（ふくいけん）

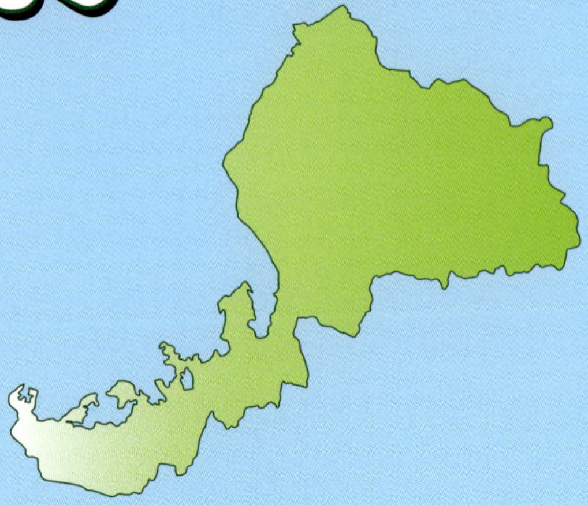

ポイント　アゴにつけた指を下に引きながら指先をつけ、両手２指を重ねる。

❶福井市　（ふくいし）

ポイント　アゴにつけた指を下に引きながら指先をつけ、両手２指を重ねる。

❷敦賀市　（つるがし）

ポイント　右手２指を口元で閉じ、指文字「ガ」を表す。

❸小浜市A　（おばましA）

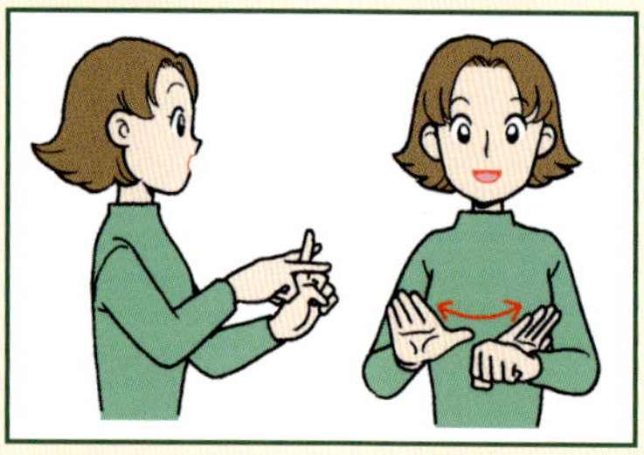

ポイント　左手人差指を右手２指ではさみ、左拳に右手を波打たせる動作を繰り返す。

❸小浜市B　（おばましB）

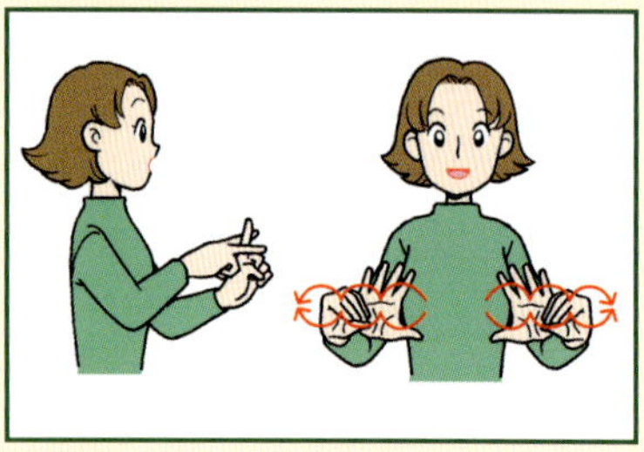

ポイント　左手人差指を右手２指ではさみ、両手の親指と４指をつけたり離したりしながら左右へ広げる。

❹大野市　（おおのし）

ポイント　指文字「オ」、「オ」、「ノ」を表す。

❺勝山市　（かつやまし）

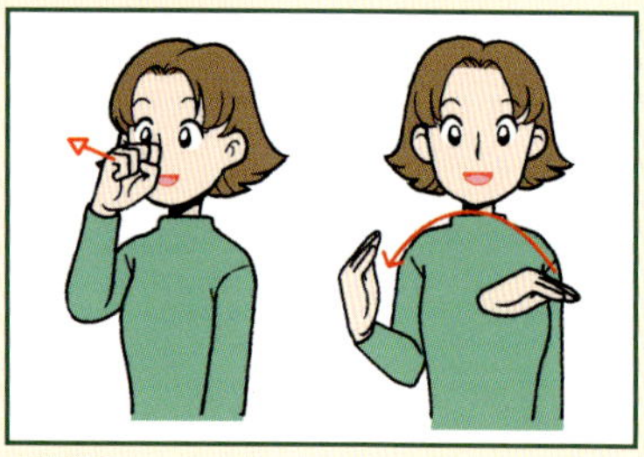

ポイント　右拳を鼻から上にあげ、左から右へ「山」を描く。

❻鯖江市　（さばえし）

ポイント　胸に親指をつけた両手の４指を上下に動かす。

❼あわら市A　（あわらしA）

ポイント　指文字「ユ」の指をゆらゆらさせた右手を左手でつかむ。

❼あわら市B　（あわらしB）

ポイント　指文字「ユ」にした右手を「C」にした左手に２回入れる。

❽越前市 （えちぜんし）

ポイント 右拳をアゴに２回つける。

❾坂井市 （さかいし）

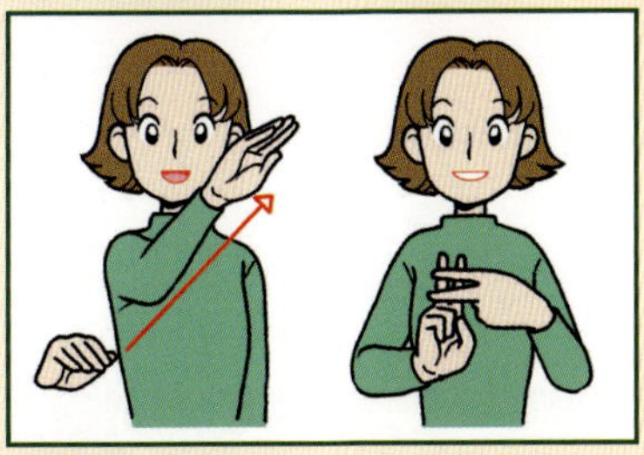

ポイント 右手を右から左へ斜めにあげ、両手２指を重ねる。

チャレンジ！

にっぽんクイズ②

●答えを手話でやってみよう！●

問題3

海に面していない県はどれとどれ？

a 栃木県

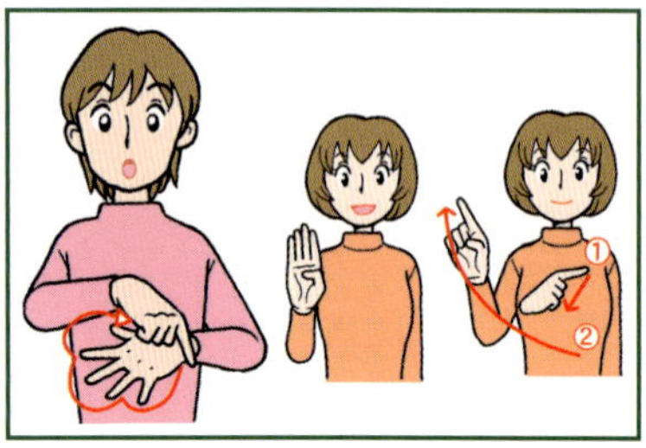

b 群馬県

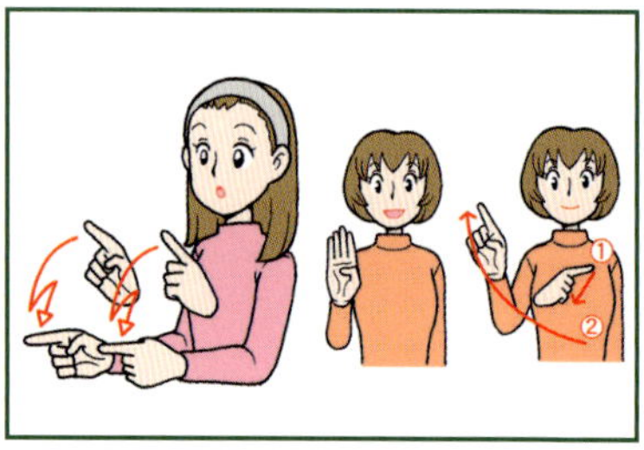

c 岐阜県

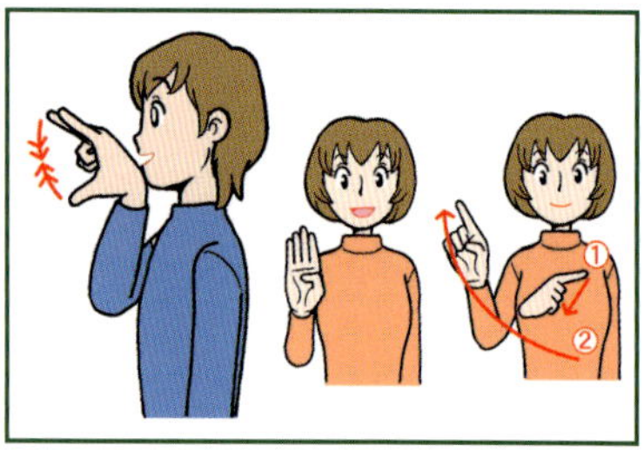

d 埼玉県

e 奈良県

f 長野県

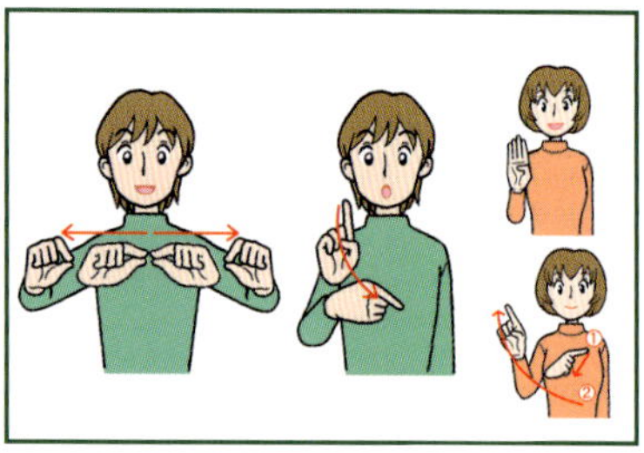

g 滋賀県

h 山梨県

i 大阪府

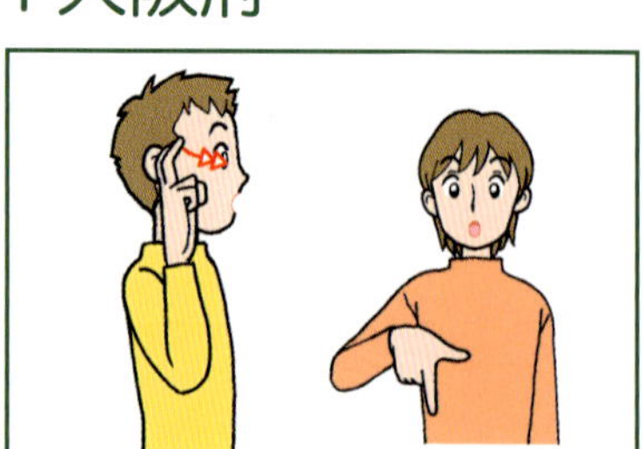

※答えは123ページを見てね！

東海ブロック

岐阜県 （ぎふけん）

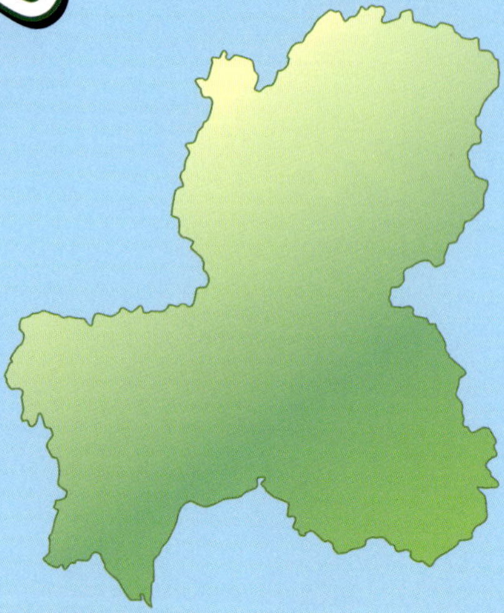

ポイント　右手３指を口元で閉じたり開いたりする。

❶岐阜市 （ぎふし）

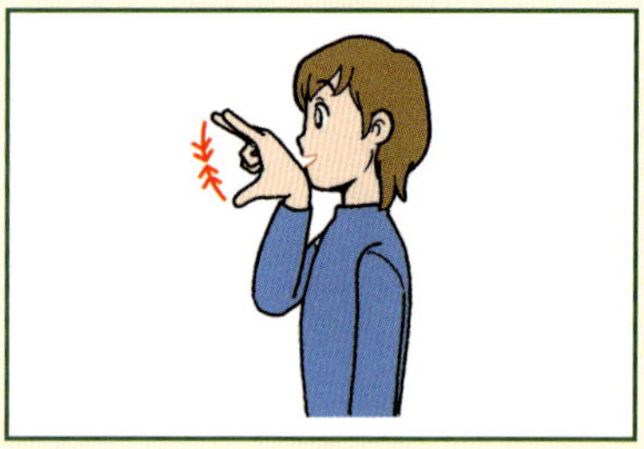

ポイント　右手３指を口元で閉じたり開いたりする。

❷大垣市 （おおがきし）

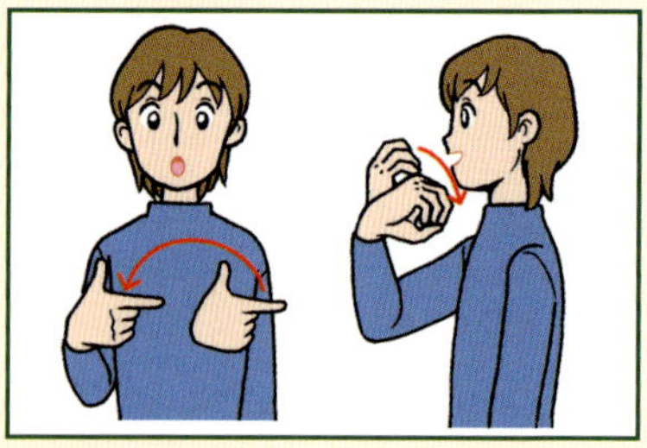

ポイント　右手２指を伸ばし左から右へ弧を描き、右拳を口元から下へおろす。

❸高山市 （たかやまし）

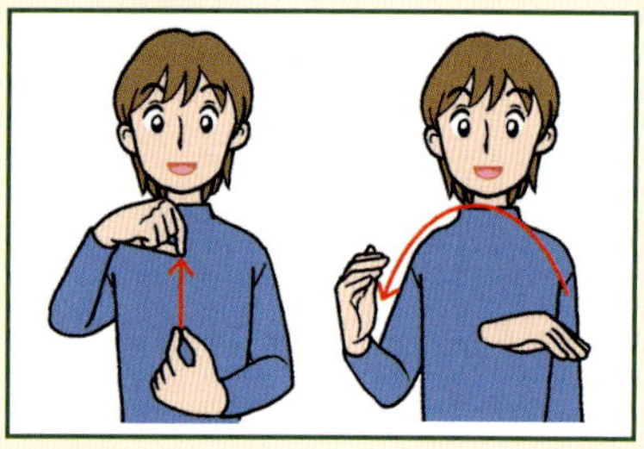

ポイント　両手２指の先を上下につけ、右手を上にあげ、右手で左から右へ「山」を描く。

❹多治見市 （たじみし）

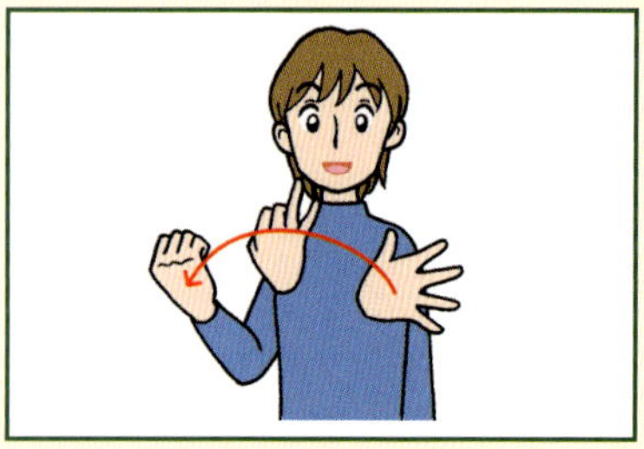

ポイント　右手を親指から順に折りながら左から右へ弧を描く。

❺関市 （せきし）

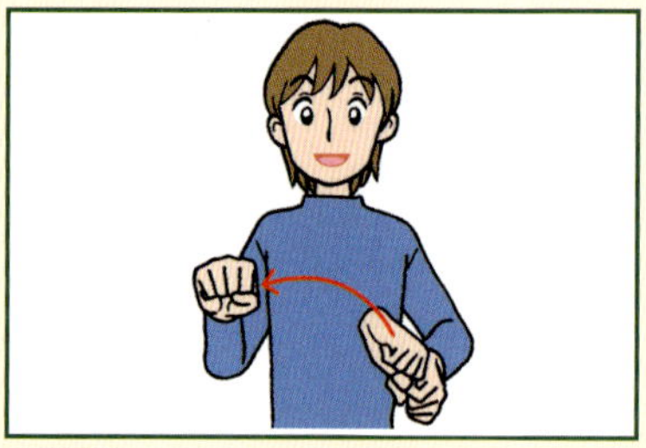

ポイント　左腰で両手拳をつけ、右手で刀を抜くしぐさをする。

❻中津川市 （なかつがわし）

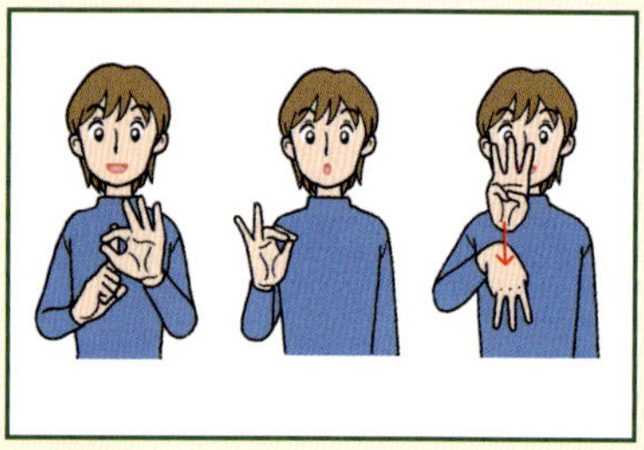

ポイント　指先をつけた左手２指に右手人差指をつけ、指文字「ツ」を表し、伸ばした３指を下へおろす。

❼美濃市 （みのし）

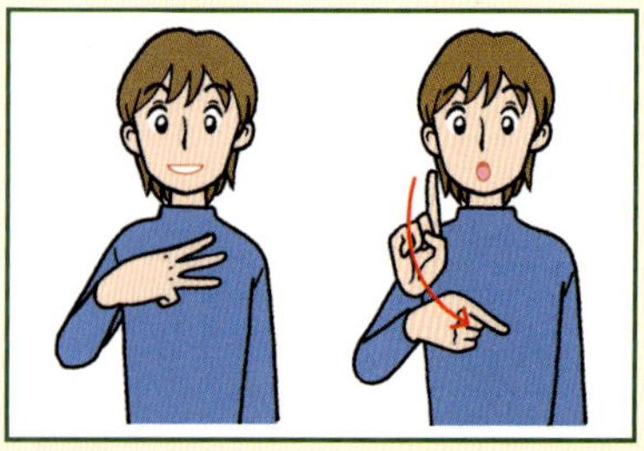

ポイント　指文字「ミ」、「ノ」を表す。

❽瑞浪市 （みずなみし）

ポイント　伸ばした右手３指を右回りに回す。

❾羽島市 （はしまし）

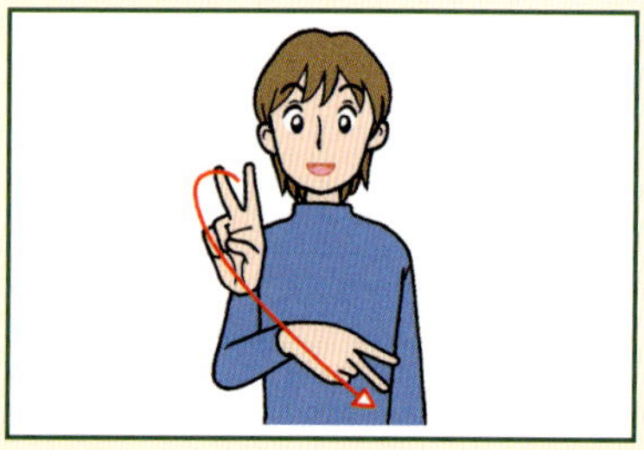

ポイント　伸ばした右手２指を前に出した後左斜め下へおろす。

⑩恵那市 （えなし）

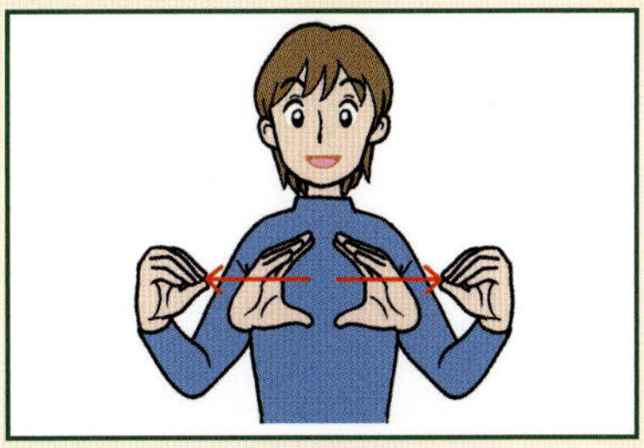

ポイント 両手を向い合せ、左右に広げながら閉じる。

⑪美濃加茂市 （みのかもし）

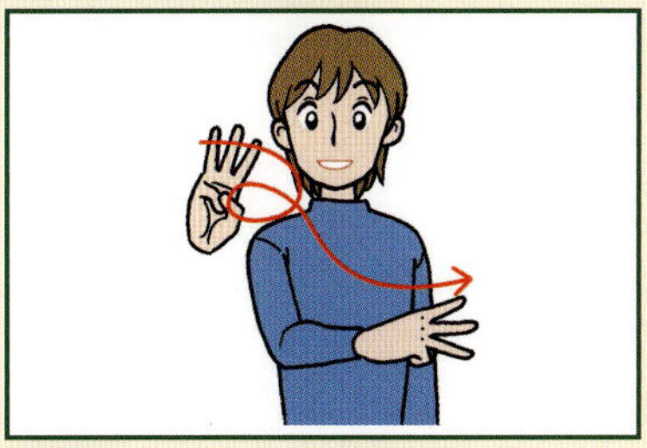

ポイント 伸ばした右手３指を右側で１回左回りした後左側へ動かす。

⑫土岐市 （ときし）

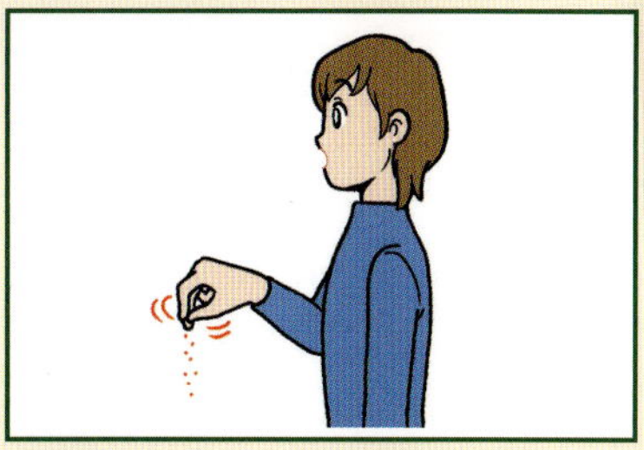

ポイント 指をこすり合せて砂をおとすしぐさをする。

⑬各務原市 （かかみがはらし）

ポイント 右掌を顔に向けて、小刻みに手首を回す。

⑭可児市 （かにし）

ポイント 両手２指を立てて、閉じたり開いたりする。

⑮山県市 （やまがたし）

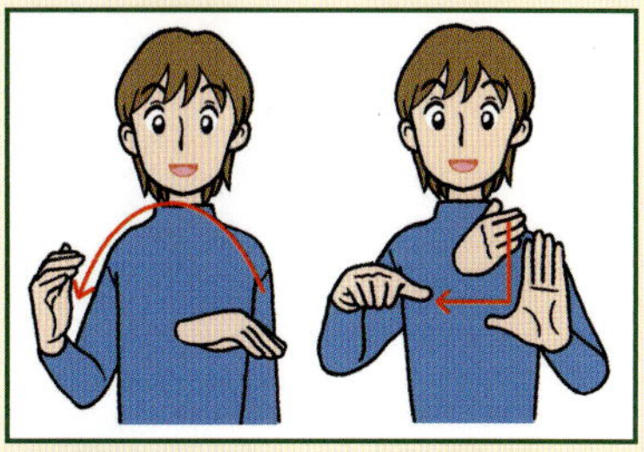

ポイント 右手で左から右へ「山」を描き、右手を左手４指から親指に沿わせて動かす。

⑯瑞穂市 （みずほし）

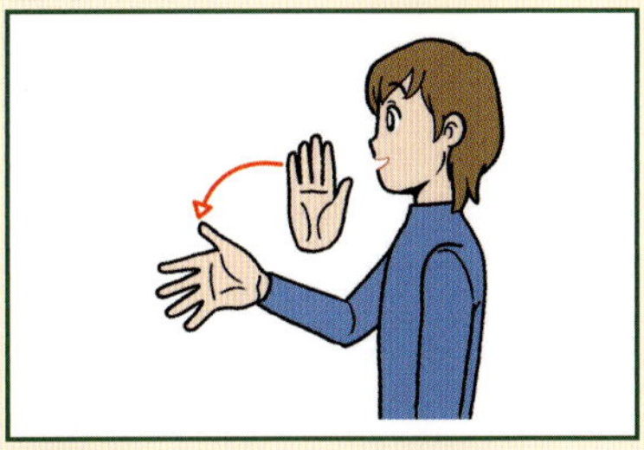

ポイント 右手を前に倒しながら指を開く。

⑰飛騨市 （ひだし）

ポイント 指文字「ヨ」の右手を左から右へ下に弧を描きながら動かす。

⑱本巣市 （もとすし）

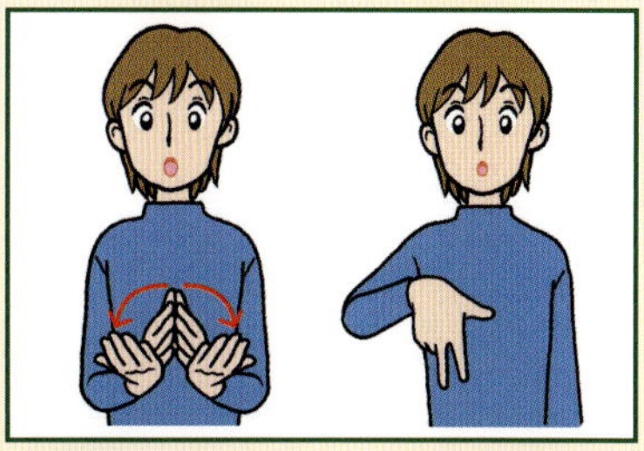

ポイント 両掌を合わせて開き、指文字「ス」を表す。

⑲郡上市 （ぐじょうし）

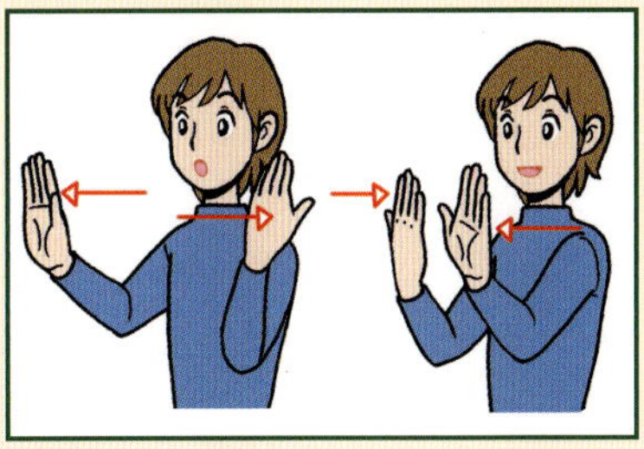

ポイント 両手で踊るしぐさをする。

⑳下呂市 （げろし）

ポイント 指文字「ユ」にした右手を左手でつかむ。

㉑海津市 （かいづし）

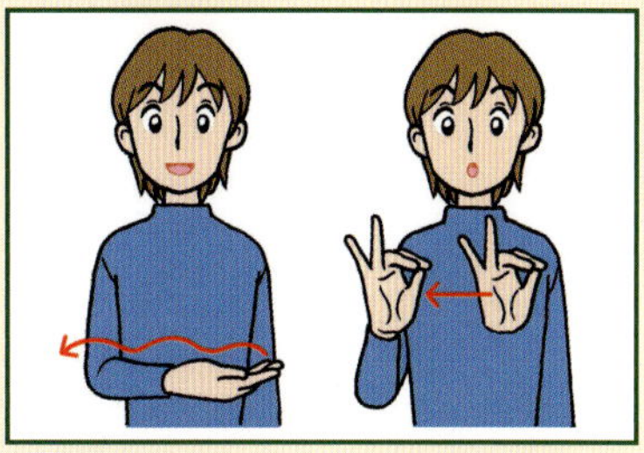

ポイント 右掌を上に向け左から右へ波打たせながら動かし、指文字「ヅ」を表す。

静岡県 （しずおかけん）

ポイント 両手２指で「富士山」を描く。

❶静岡市 （しずおかし）

ポイント 両手２指で「富士山」を描く。

❷浜松市 （はままつし）

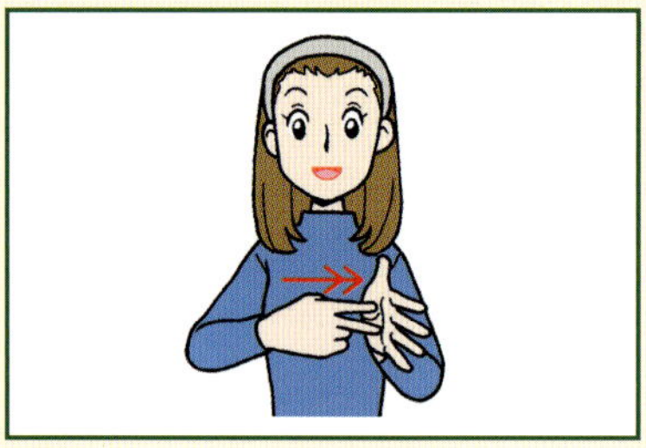

ポイント 右手２指を左掌に２回あてる。

❸沼津市 （ぬまづし）

ポイント 両手指先を交互に閉じたり開いたりする。

❹熱海市 （あたみし）

ポイント 指文字「ユ」の指をゆらゆらさせた右手を左手でつかむ。

❺三島市 （みしまし）

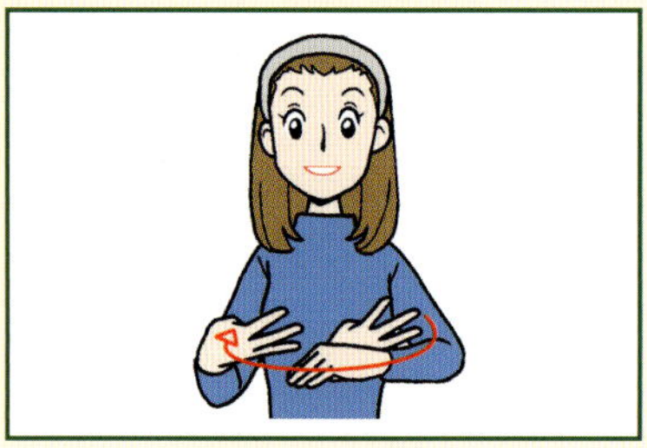

ポイント 丸めて伏せた左手の小指側から、掌を上にし伸ばした右手３指を回す。

❻富士宮市 （ふじのみやし）

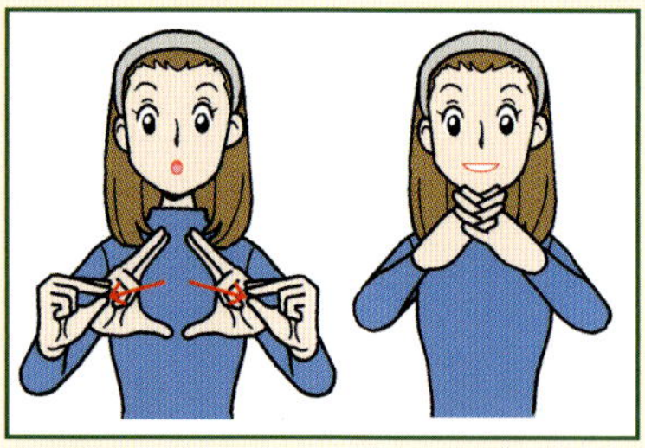

ポイント 両手３指を伸ばして向い合せ、左右に広げながら閉じ、両手の指を組み合せる。

❼伊東市 （いとうし）

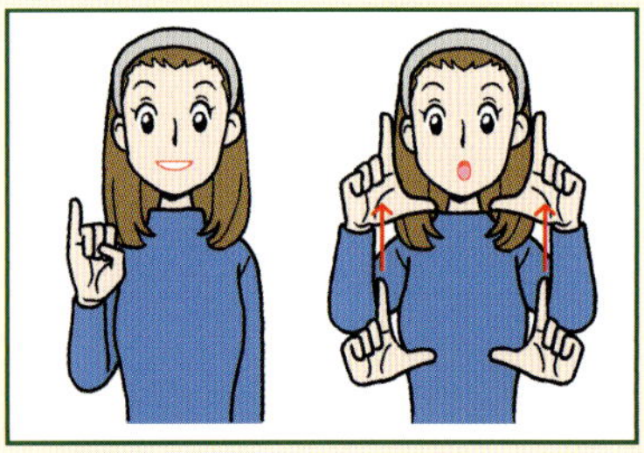

ポイント 指文字の「イ」を表し、「L」にした両手を上にあげる。

❽島田市 （しまだし）

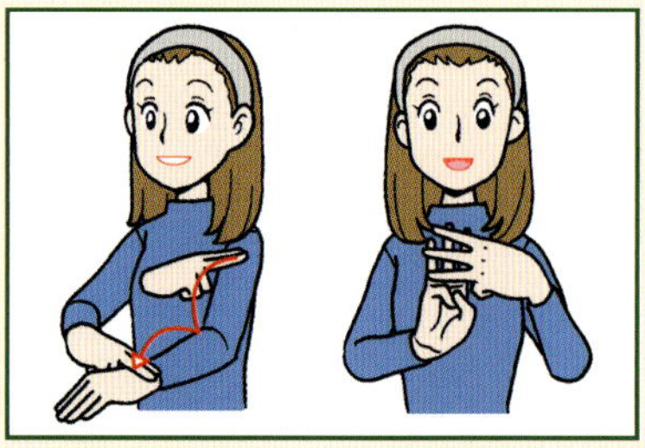

ポイント 左肩から右手２指を２つ弧を描いておろし、両手３指を重ねる。
※大井川鉄橋を表しています。

❾富士市 （ふじし）

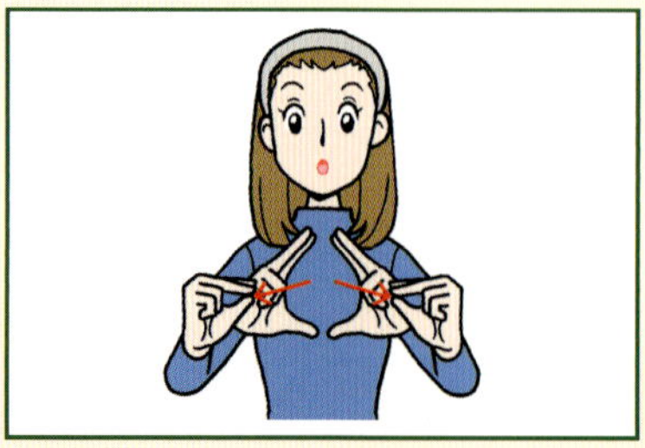

ポイント 両手の３指を伸ばして向い合せ、左右に広げながら閉じる。

⑩磐田市 （いわたし）

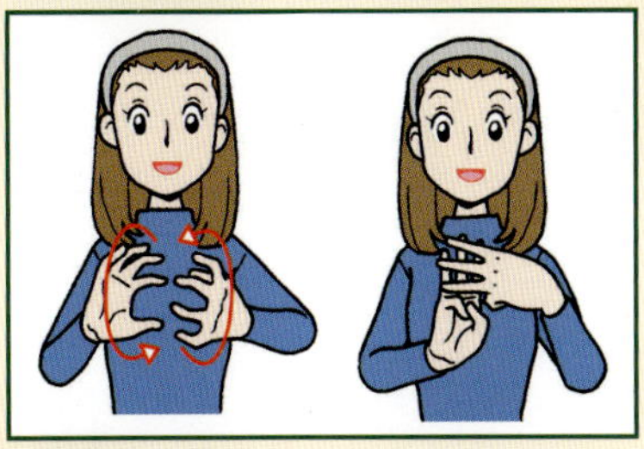

ポイント　両手を折り曲げて向い合せ互いに逆方向に回し、両手３指を左手甲を前に向けて重ねる。

⑪焼津市 （やいづし）

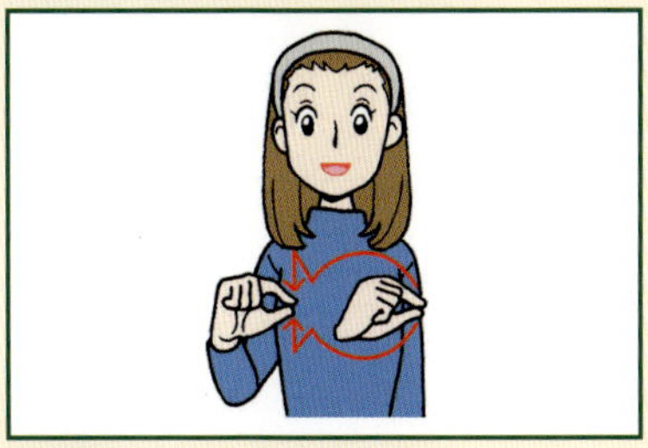

ポイント　右手２指で魚の形を描く。

⑫掛川市 （かけがわし）

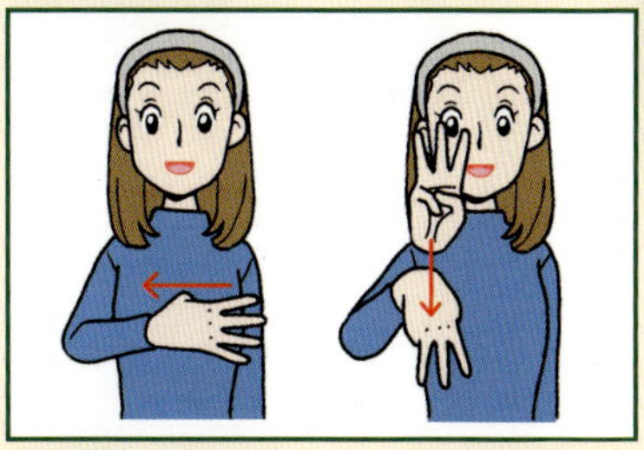

ポイント　４指を伸ばした右手を左から右へ動かし、３指を下へおろす。

⑬藤枝市 （ふじえだし）

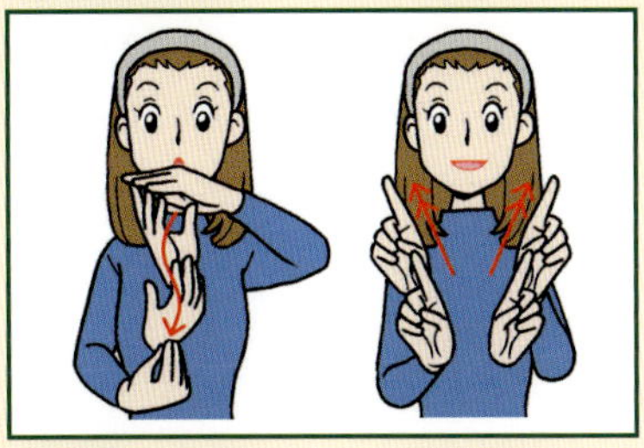

ポイント　左掌につけた右手指先を下に回転させながらすぼめ、両手人差指を交互に斜め上にあげていく。

⑭御殿場市 （ごてんばし）

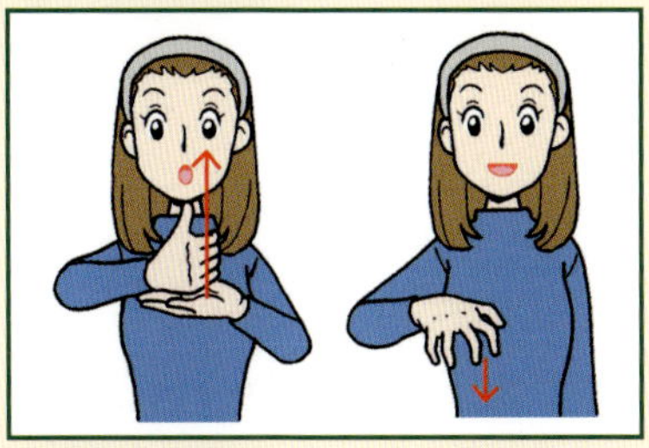

ポイント　左掌に親指を立てた右手を乗せて両手一緒にあげ、全指を曲げ体の前に置く。

⑮袋井市 （ふくろいし）

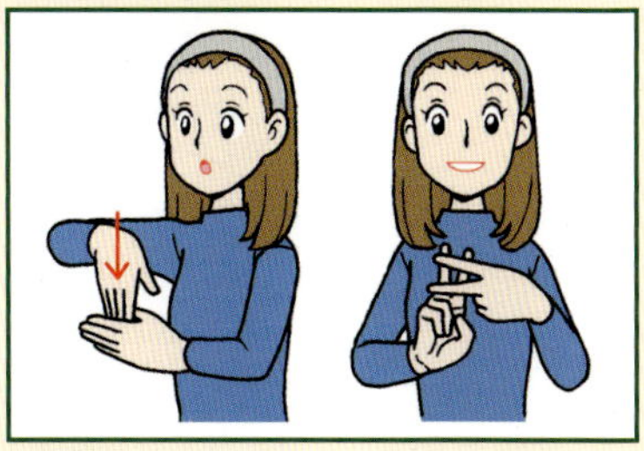

ポイント　左手の中に右手を入れ、両手２指を重ねる。

⑯下田市 （しもだし）

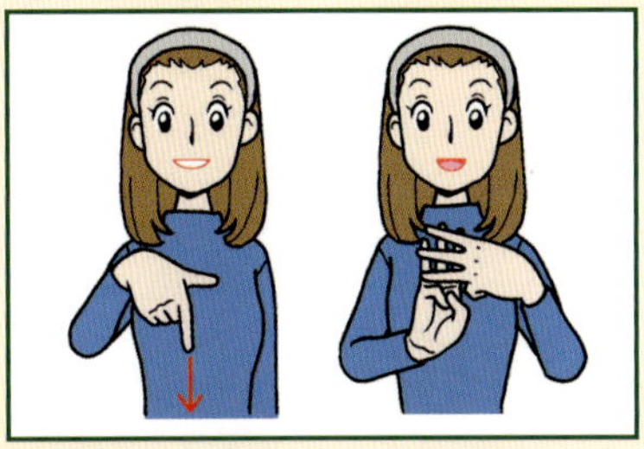

ポイント　「L」にした右手を下にさげ、両手３指を左手甲を前に向けて重ねる。

⑰裾野市 （すそのし）

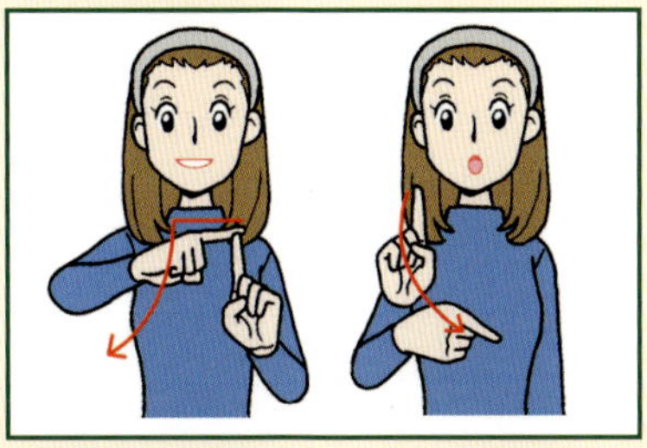

ポイント　左手人差指の先から右手人差指で「富士山」の形を描き、指文字「ノ」を表す。

⑱湖西市 （こさいし）

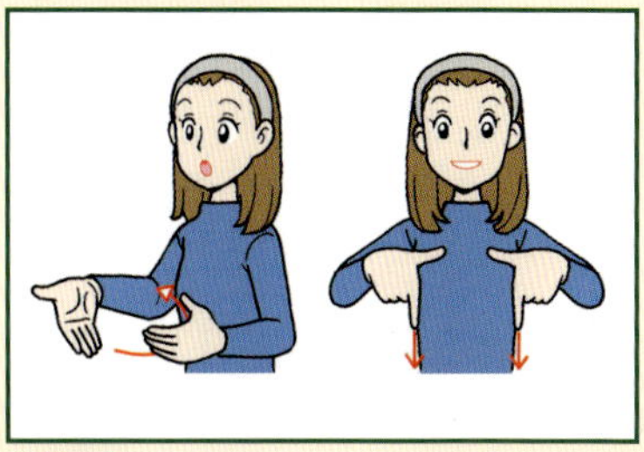

ポイント　「C」の左手の指に沿って掌を上にした右手を回し、「L」にした両手を下にさげる。

⑲伊豆市 （いずし）

ポイント　指文字「イ」にした両手で伊豆半島の形を描く。

⑳御前崎市 （おまえざきし）

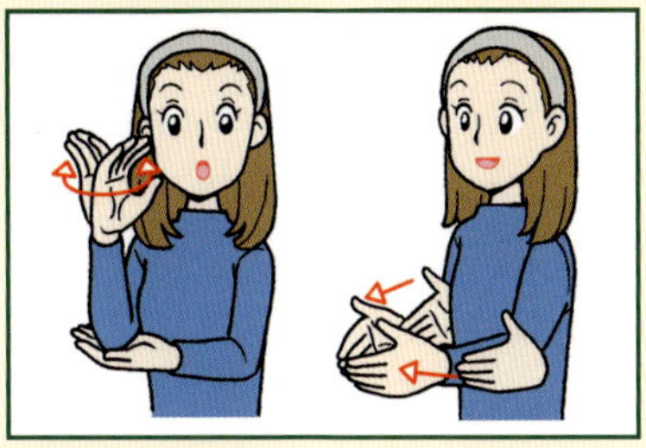

ポイント　左掌に右肘を乗せて「C」にした右手を左右に振り、両手指先を前方でつける。

㉑菊川市 （きくがわし）

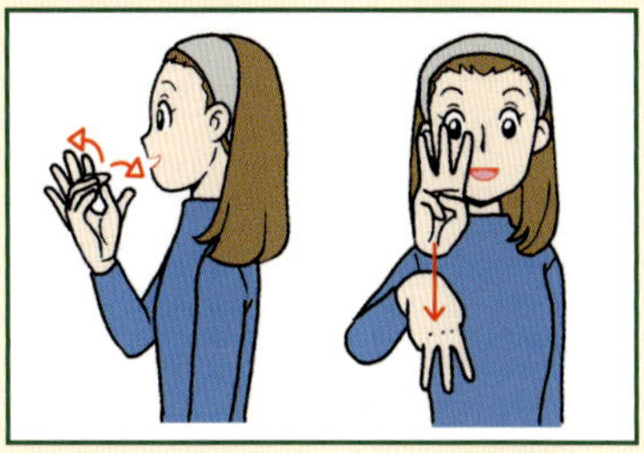

ポイント　すぼめた右手を開き、３指を下へおろす。

㉒伊豆の国市 （いずのくにし）

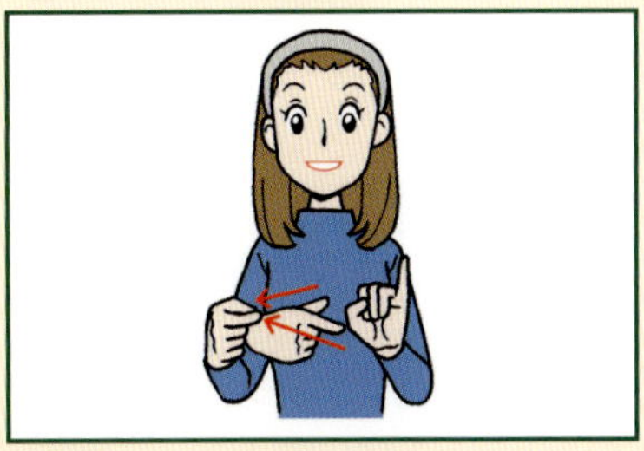

ポイント　指文字「イ」の左手の横で右手の２指を右へ動かしながら閉じる。

㉓牧之原市 （まきのはらし）

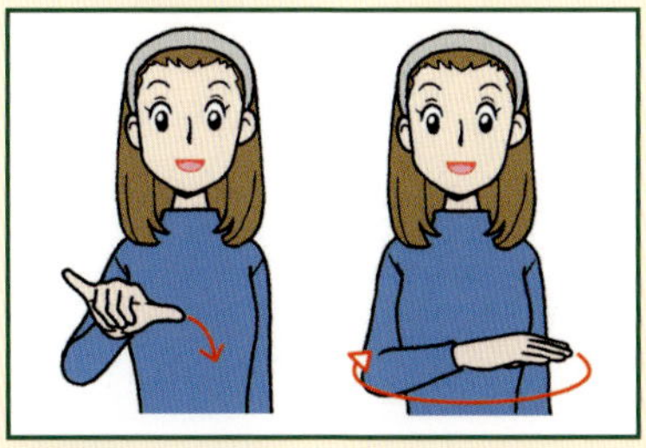

ポイント　２指を伸ばした右手の親指を左にさげ、体の前で半円を描く。

愛知県 （あいちけん）

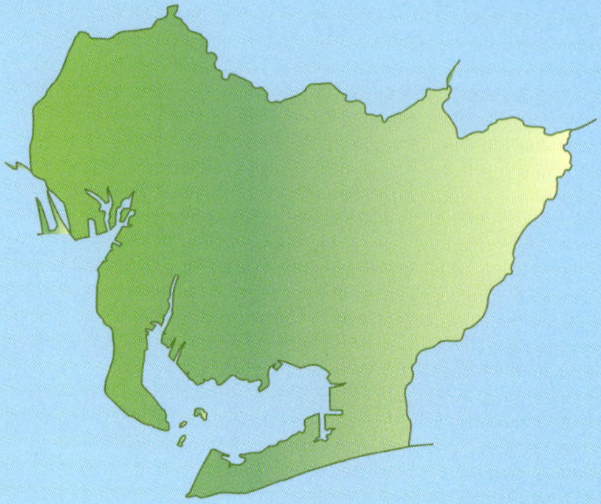

ポイント 左手親指の上で右手を回す。

❶名古屋市 （なごやし）

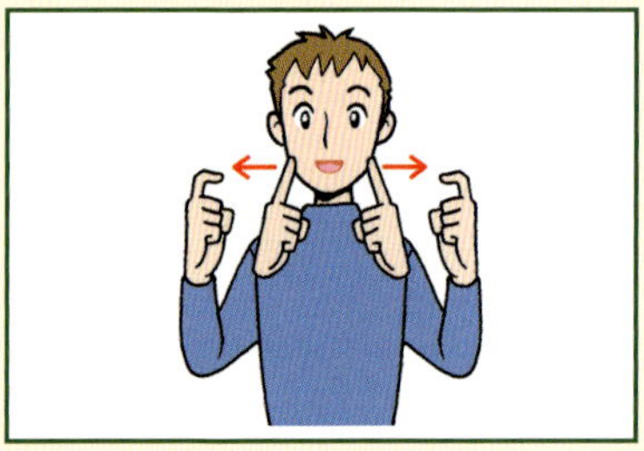

ポイント 両手の人差指を向い合せて左右に引きながら曲げる。

❷豊橋市 （とよはしし）

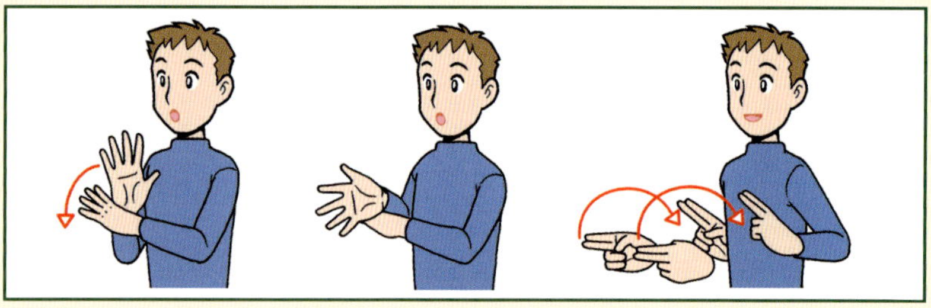

ポイント 左手の上を指を開いた右手で越えさせ、伸ばした両手２指を弧を描くように同時に手前に引く。

❸岡崎市 （おかざきし）

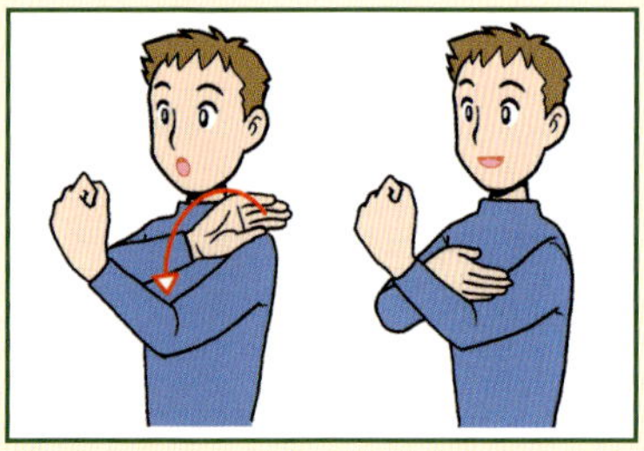

ポイント 拳にした左腕を曲げ、上腕に右手で半円を描く。

❹一宮市 （いちのみやし）

ポイント 右手人差指を横向きに置き、両手の指を組み合せる。

❺瀬戸市 （せとし）

ポイント 両手を、陶器を作るように左右に引き離しながら指をすぼめる。

❻半田市 （はんだし）

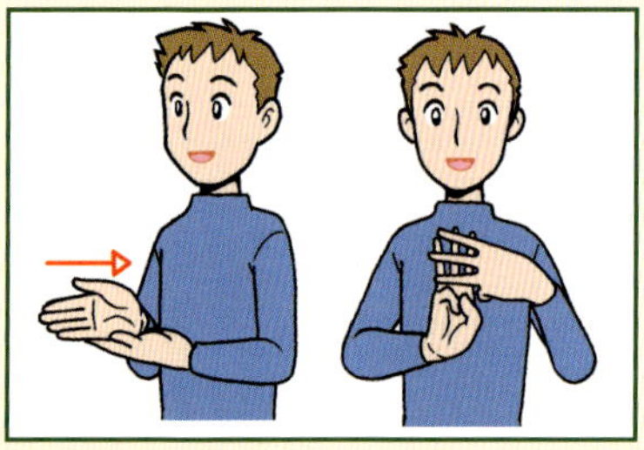

ポイント 左掌を右手小指側で切るしぐさをし、両手３指を左手甲を前に向けて重ねる。

❼春日井市 （かすがいし）

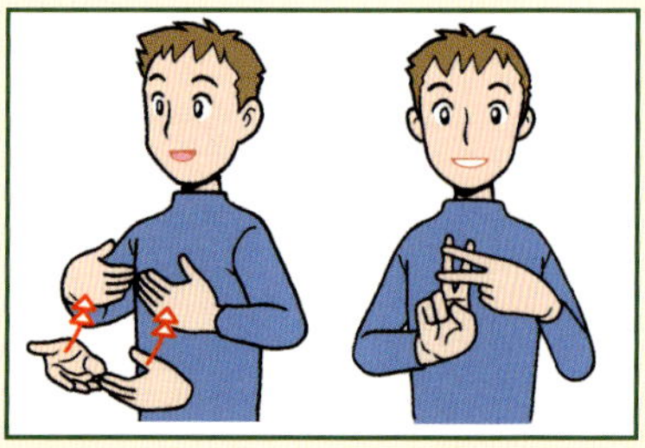

ポイント 両手で腹から上へ風を送るように動かし、両手２指を重ねる。

❽豊川市 （とよかわし）

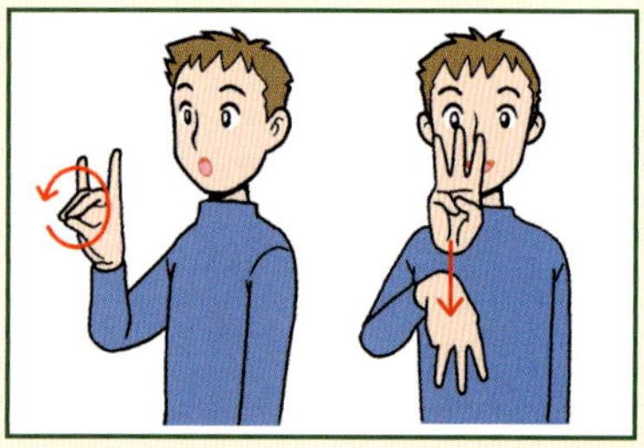

ポイント 指文字「キ」の右手を小さく回し、３指を伸ばして下へおろす。

⑨津島市（つしまし）

ポイント 左手人差指に右手２指の輪を上にあげながら３回あてる。

⑩碧南市（へきなんし）

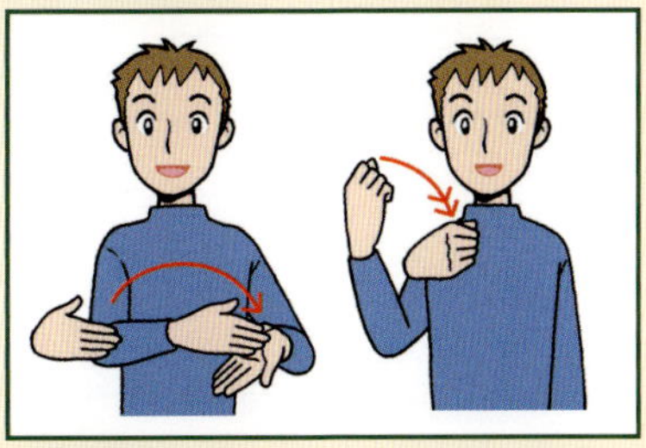

ポイント 右手を右から左手掌の上へ弧を描きながら動かし、うちわであおぐしぐさをする。

⑪刈谷市（かりやし）

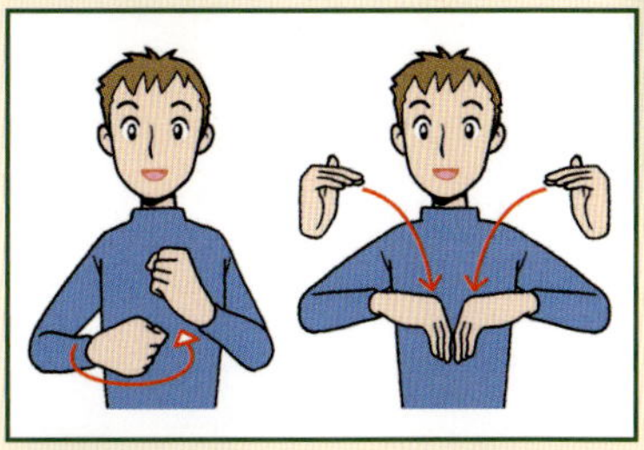

ポイント 左拳の下を、鎌で刈るように右手を回し、向い合せた両手指先を胸前でつける。

⑫豊田市（とよたし）

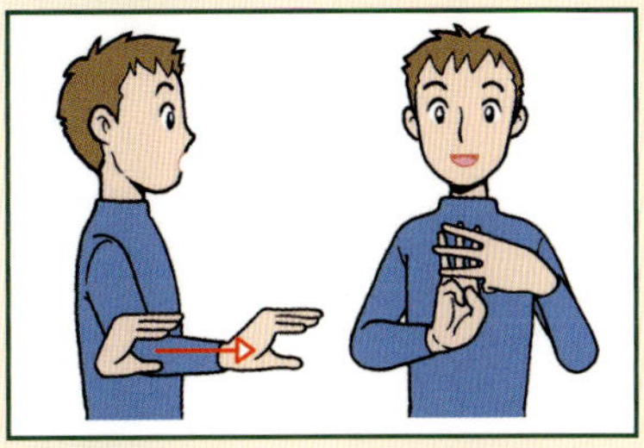

ポイント 「コ」の形の右手を前へ出し、両手３指を左手甲を前に向けて重ねる。

⑬安城市（あんじょうし）

ポイント 両掌を上に向けて胸から下へおろし、両手人差指を曲げて指先を向い合せる。

⑭西尾市（にしおし）

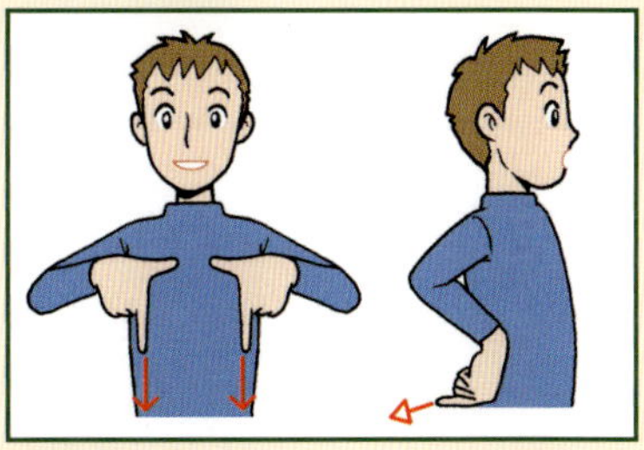

ポイント 「L」にした両手を下にさげ、右手人差指を腰から後ろへ出す。

⑮蒲郡市（がまごおりし）

ポイント 丸めた両手を上下に合せ、両手首をつけたまま指先を開閉させる。

⑯犬山市（いぬやまし）

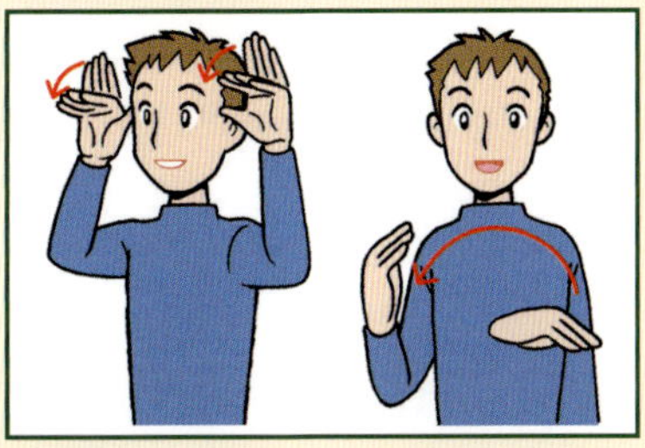

ポイント 両手の親指をこめかみにつけ残りの４指を垂らし、右手で左から右へ「山」を描く。

⑰常滑市（とこなめし）

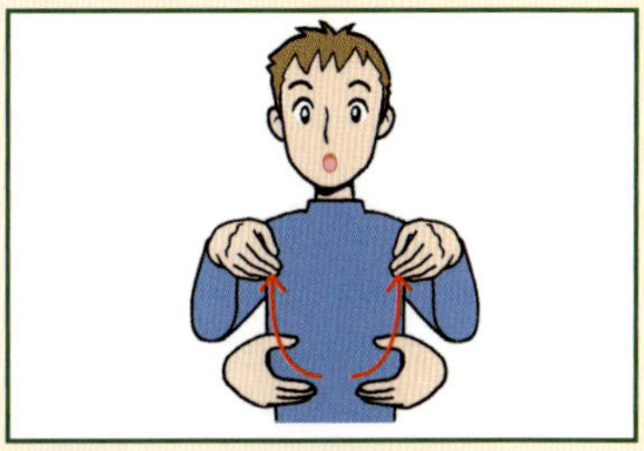

ポイント 両手を、壷を作るように上にあげながら指をすぼめる。

⑱江南市（こうなんし）

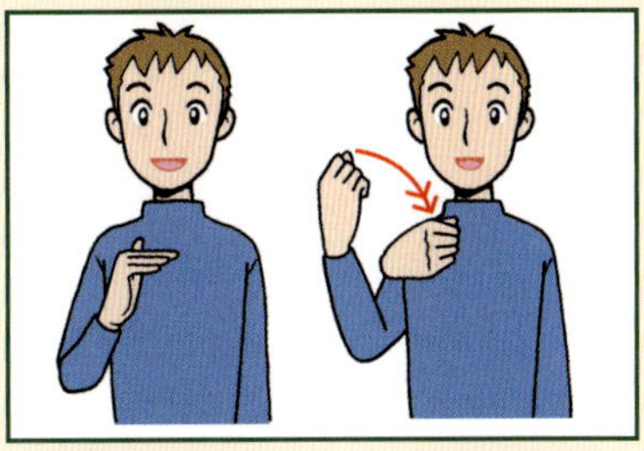

ポイント 指文字「コ」を表し、うちわであおぐしぐさをする。

⑲小牧市（こまきし）

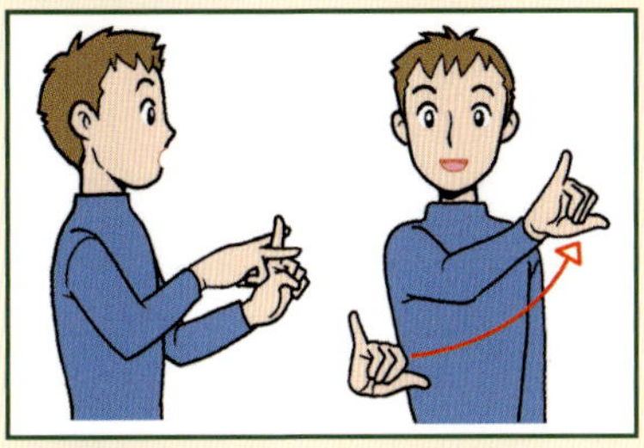

ポイント 左手人差指を右手２指ではさみ、２指を伸ばした右手を右から左上へあげていく。

⑳稲沢市（いなざわし）

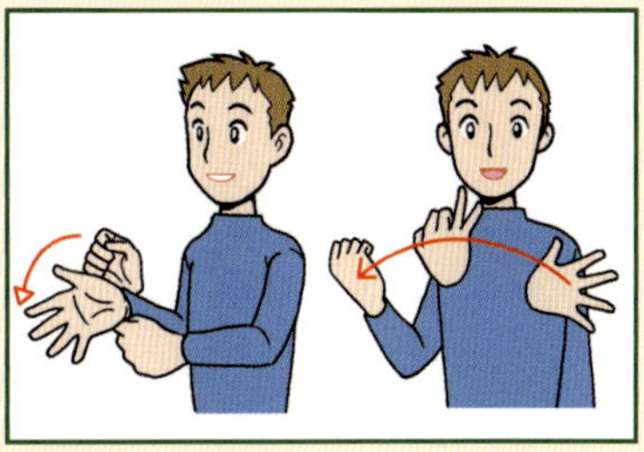

ポイント 左拳の上に握った右手を乗せて下に向けて開き、右手を親指から順に折りながら左から右へ弧を描く。

㉑新城市（しんしろし）

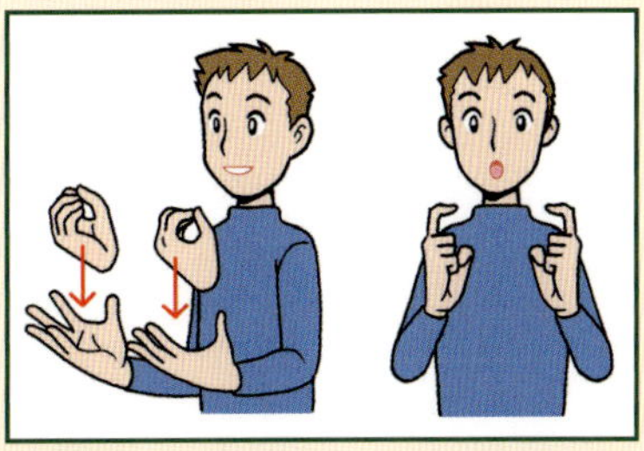

ポイント 軽く握った両手をさげながら開き、両手人差指を曲げて指先を向い合せる。

㉒東海市（とうかいし）

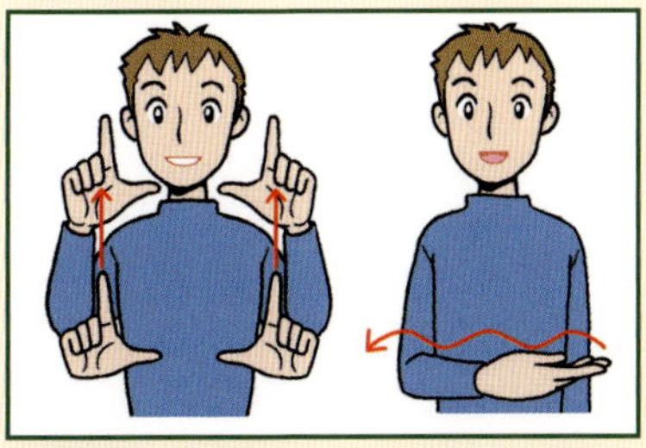

ポイント 「L」にした両手を上にあげ、右掌を上に向け左から右へ波打たせながら動かす。

㉓大府市（おおぶし）

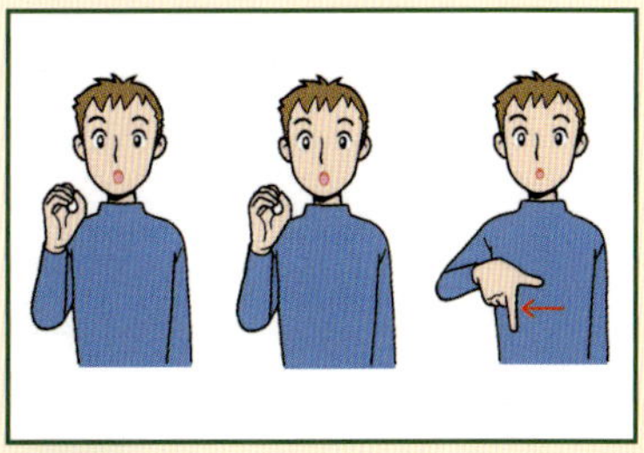

ポイント 指文字「オ」、「オ」、「ブ」を表す。

㉔知多市 （ちたし）

ポイント 右腕を少し曲げて右前に置く。

㉕知立市 （ちりゅうし）

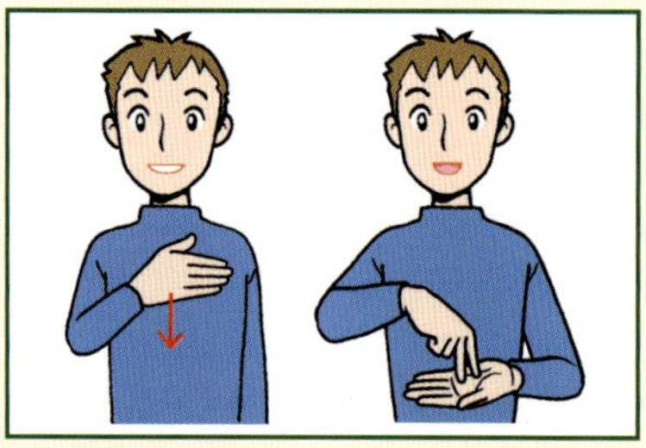

ポイント 胸にあてた右手を下におろし、左掌に右手２指を立てる。

㉖尾張旭市 （おわりあさひし）

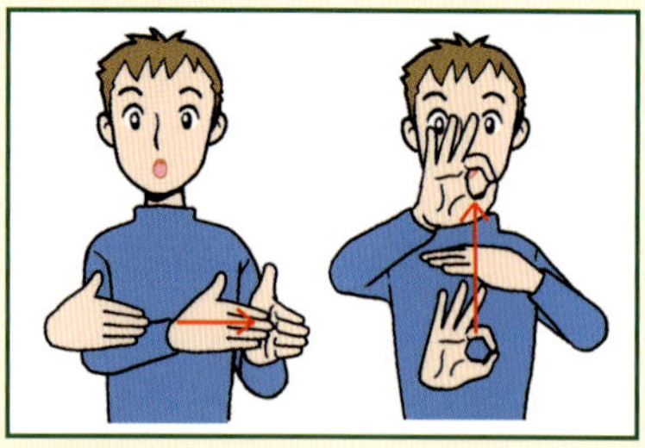

ポイント 左掌に右手指先をあて、左手の下から２指で輪を作った右手を上にあげる。

㉗高浜市 （たかはまし）

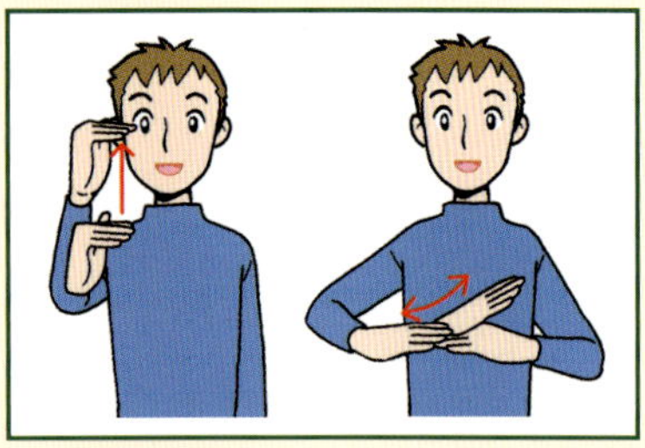

ポイント 指文字「コ」の右手を上にあげ、左手に右手を波打たせるように動かす。

㉘岩倉市 （いわくらし）

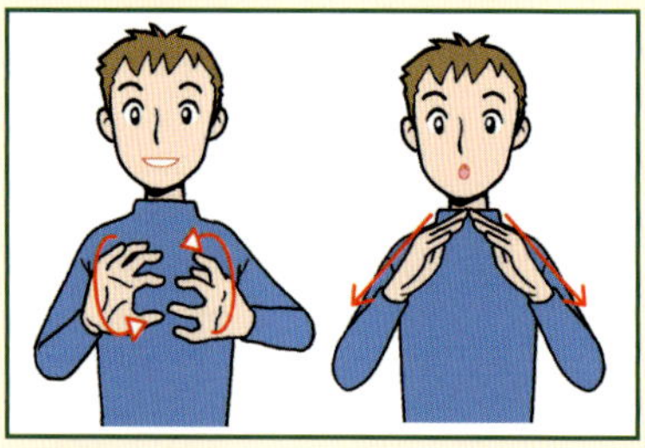

ポイント 両手を折り曲げて向い合せ互いに逆方向に回し、屋根の形にした両手を斜め下へおろす。

㉙豊明市 （とよあけし）

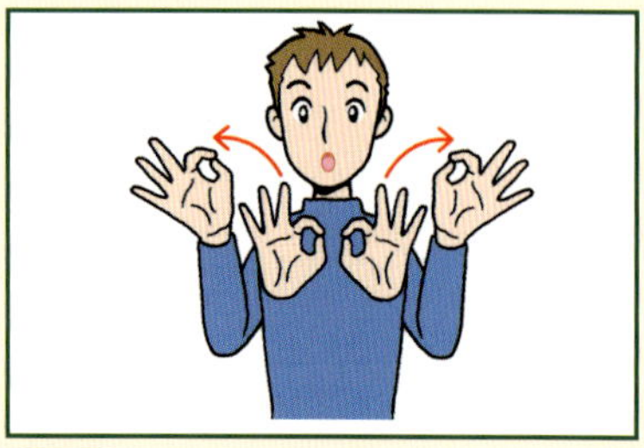

ポイント ２指の輪の両手を胸前から左右に開く。

㉚日進市 （にっしんし）

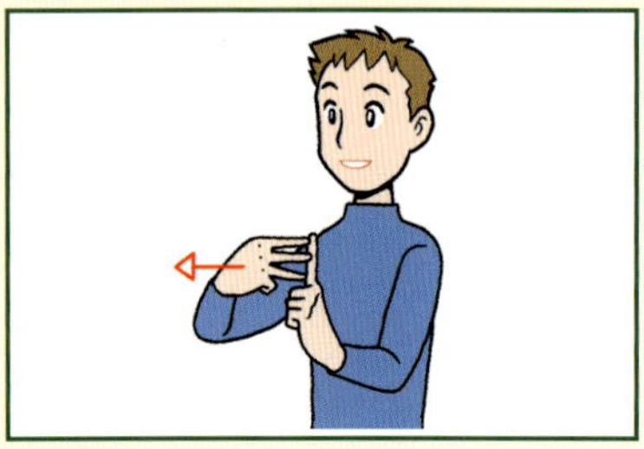

ポイント 左手人差指に右手３指をつけて「日」の形を作り、前に出す。

㉛田原市 （たはらし）

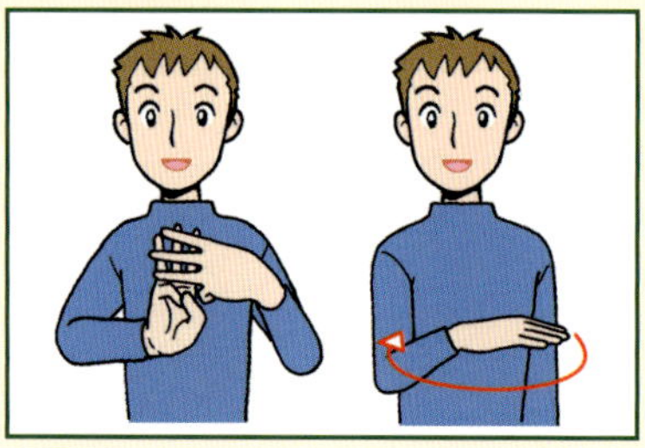

ポイント 両手３指を左手甲を前に向けて重ね、体の前で右手で半円を描く。

㉜愛西市 （あいさいし）

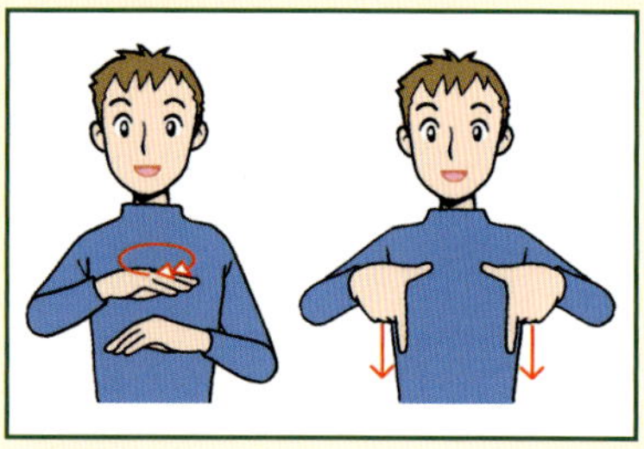

ポイント 左手を右手でなでるように回し、「L」にした両手を下にさげる。

㉝清須市 （きよすし）

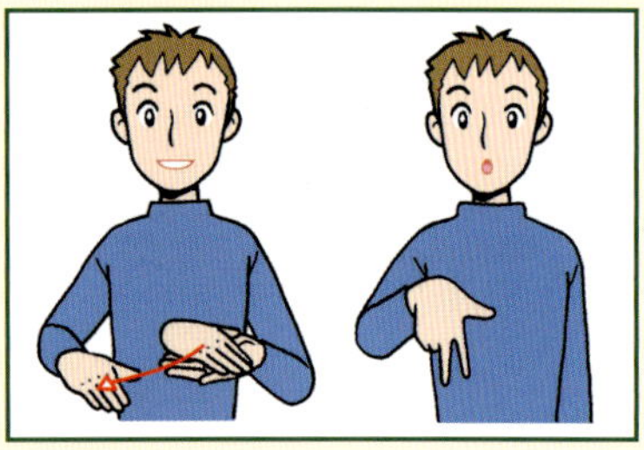

ポイント 左掌を右手でなでながら右へ動かし、指文字「ス」を表す。

㉞北名古屋市 （きたなごやし）

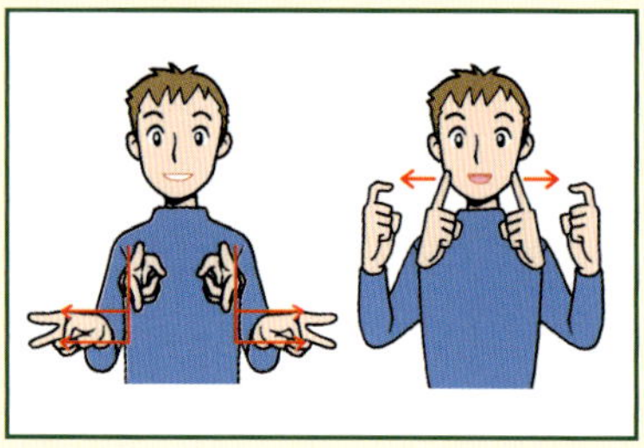

ポイント 両手２指の間を開き下へおろして左右に広げ、両手の人差指を向い合せて左右に引きながら曲げる。

㉟弥富市 （やとみし）

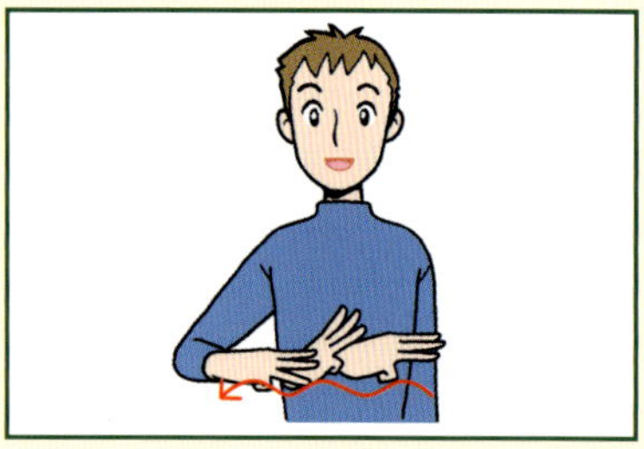

ポイント 甲を上にした右手３指を揺らしながら右へ動かす。※金魚の名産地なので金魚を表します。

三重県 (みえけん)

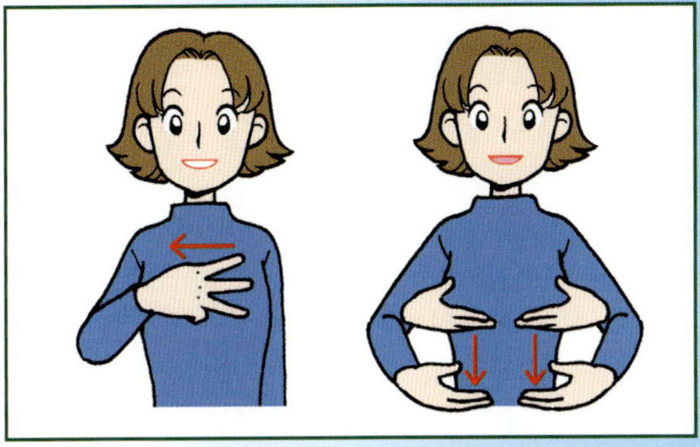

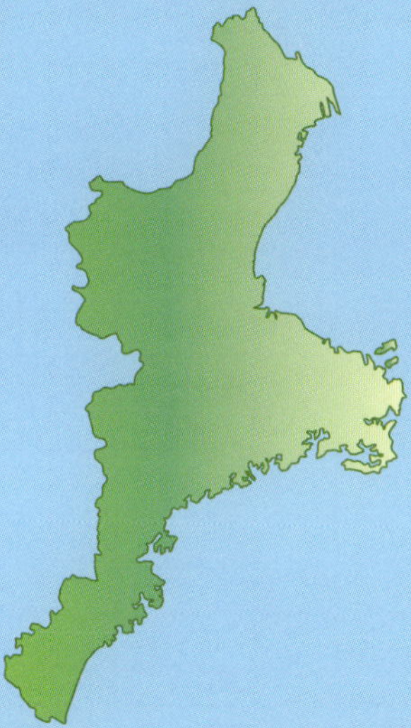

ポイント 指文字「ミ」を表し、掌を上にし向い合せた両手をゆっくり下におろす。

❶津市 (つし)

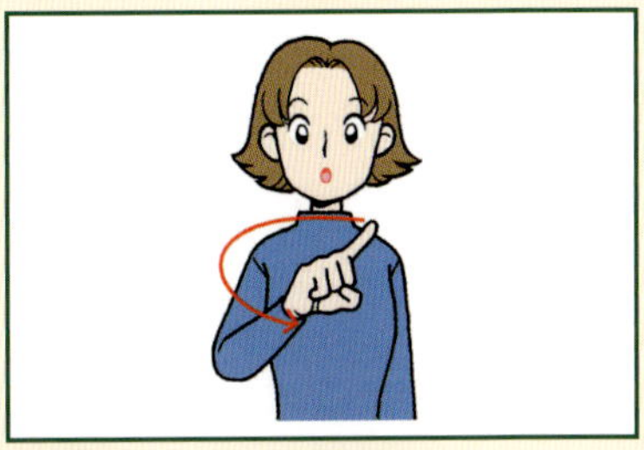

ポイント 人差指で「つ」を書く。

❷四日市市 (よっかいちし)

ポイント 右手４指を横にし左から右へ動かす。

❸伊勢市 (いせし)

ポイント 両手の指を組み合せる。

❹松阪市Ａ (まつさかしA)

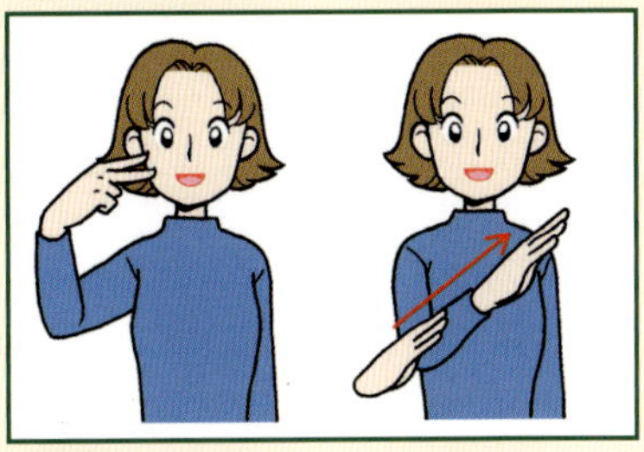

ポイント 右手２指を頬につけ、斜め上にあげる。

❹松阪市Ｂ (まつさかしB)

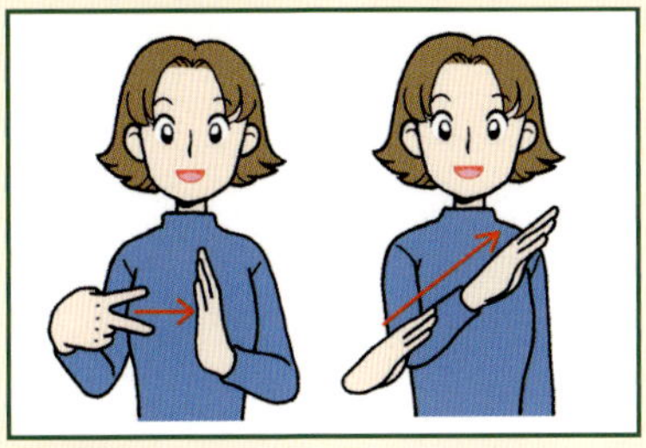

ポイント 右手２指を左掌にあて、斜め上にあげる。

❺桑名市 (くわなし)

ポイント ２指を伸ばした両手を交互に前後に動かす。

❻鈴鹿市 (すずかし)

ポイント 指を曲げ下に向けた右手を顔の横で振る。

❼名張市 (なばりし)

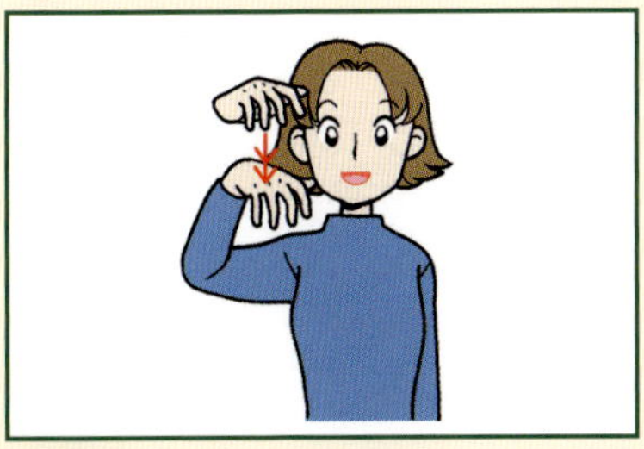

ポイント 指を曲げ下に向けた右手をこめかみの横から下へ２回おろす。

❽尾鷲市 (おわせし)

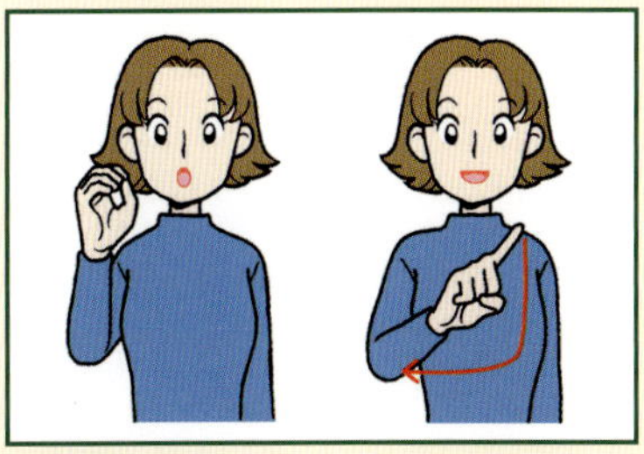

ポイント 指文字「オ」を表し、ひらがな「せ」の最後の線を描く。

⑨亀山市 （かめやまし）

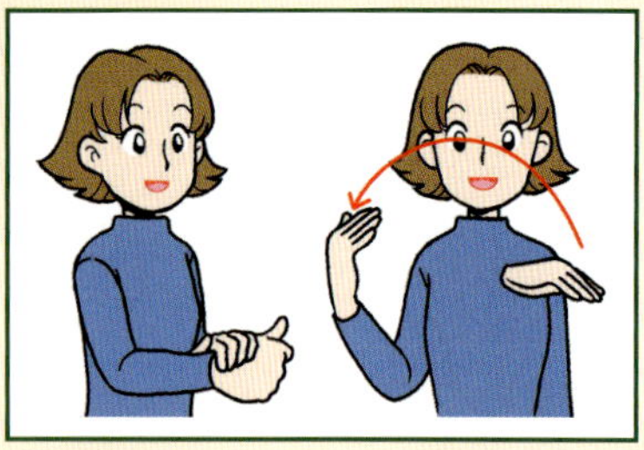

ポイント　親指を伸ばした右手の上に左手を置き、右手で左から右へ「山」を描く。

⑩鳥羽市 （とばし）

ポイント　右手２指を口元で閉じる。

⑪熊野市 （くまのし）

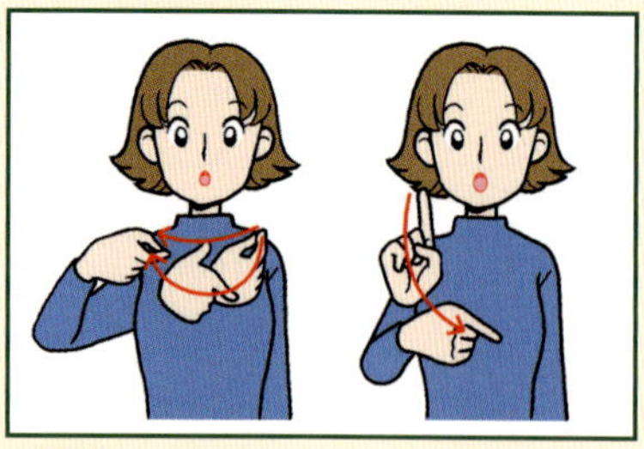

ポイント　首の下で右手２指で月の形を描き、指文字「ノ」を表す。

⑫いなべ市 （いなべし）

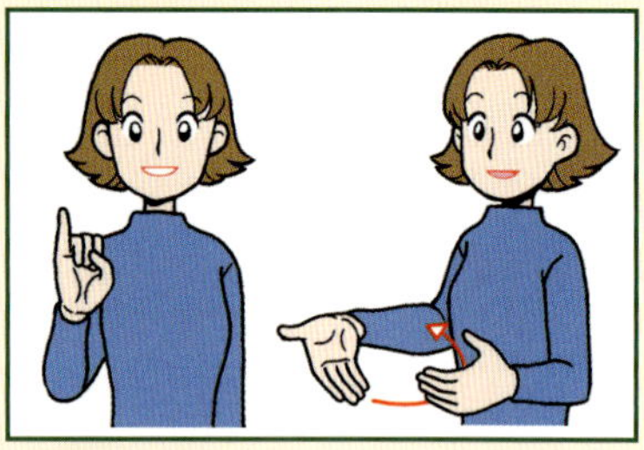

ポイント　指文字「イ」を表し、「C」の左手の指に沿って掌を上にした右手を回す。

⑬志摩市A （しましA）

ポイント　左手の小指側を右手でつかみ、斜め前に出しながら右手５指を閉じる。

⑬志摩市B （しましB）

ポイント　左拳の小指側を右手でつかみ、斜め前に出しながら右手５指を閉じる。

⑭伊賀市 （いがし）

ポイント　３指を伸ばした右手を甲を前に向けて額につける。

近畿ブロック

滋賀県 （しがけん）

ポイント 琵琶を弾くしぐさをする。

❶大津市 （おおつし）

ポイント 両手を顔の横で揺らしながら上にあげる。

❷彦根市A （ひこねしA）

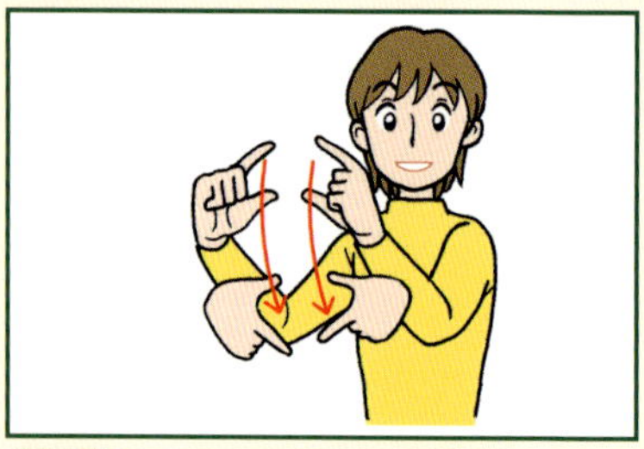

ポイント 顔横に「C」にした２指の両手を置き、手首を返すように下へおろす。

❷彦根市B （ひこねしB）

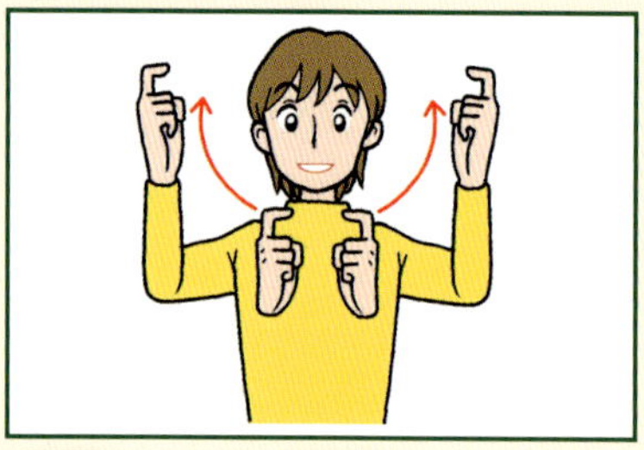

ポイント 人差指を曲げて指先を向い合せた両手を弧を描きながら上へあげる。
※彦根城の屋根を表しています。

❸長浜市 （ながはまし）

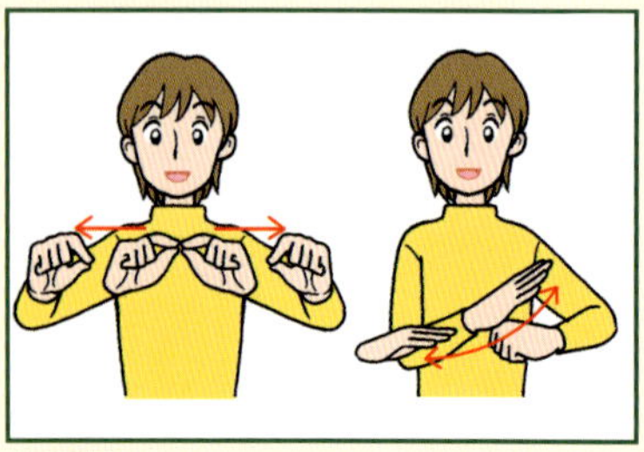

ポイント つまんだ両手２指の先をつけ左右に離し、左拳に右手で波打たせる動作を繰り返す。

❹近江八幡市 （おうみはちまんし）

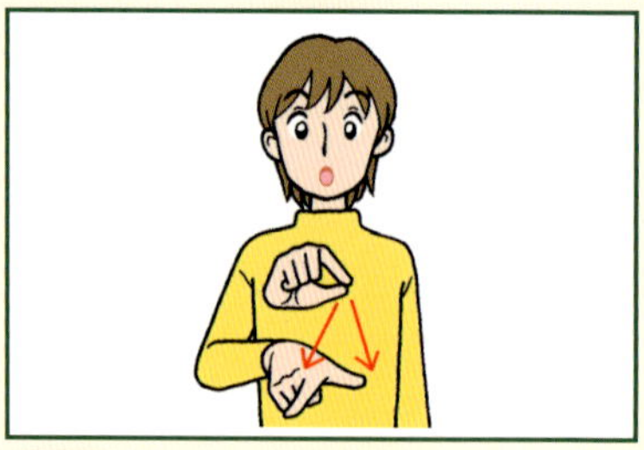

ポイント ２指をつまんで下へ広げ「八」の形を描く。

❺草津市 （くさつし）

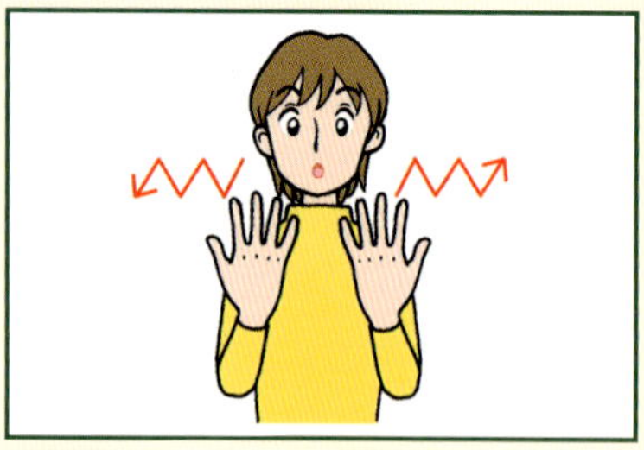

ポイント 甲を前に向けた両手を小さく上下させながら左右に広げる。

❻守山市 （もりやまし）

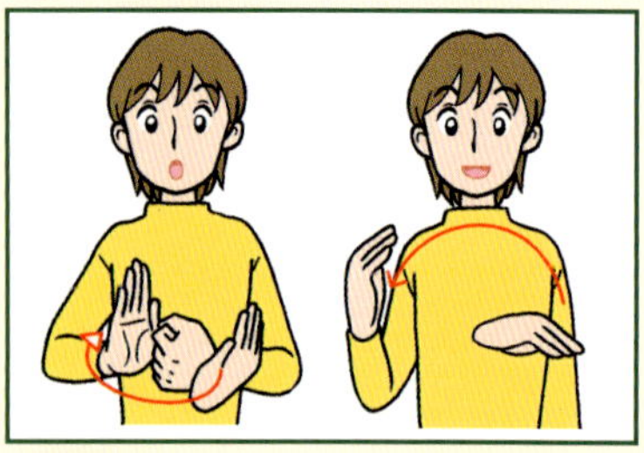

ポイント 左拳に沿って右手を回し、右手で左から右へ「山」を描く。

❼栗東市 （りっとうし）

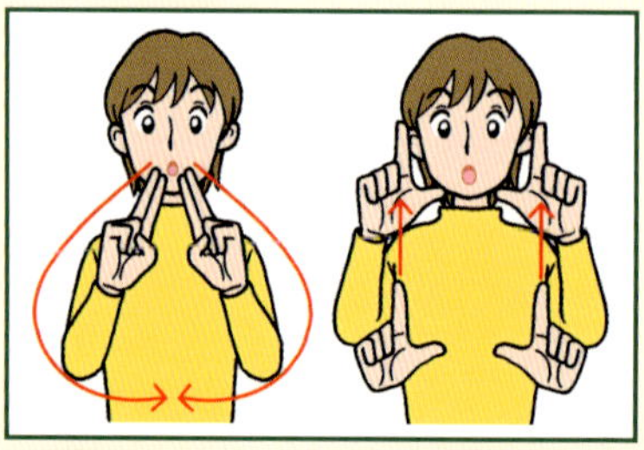

ポイント 指文字「リ」にした両手で栗の形を描き、「L」にした両手を上にあげる。

❽甲賀市 （こうかし）

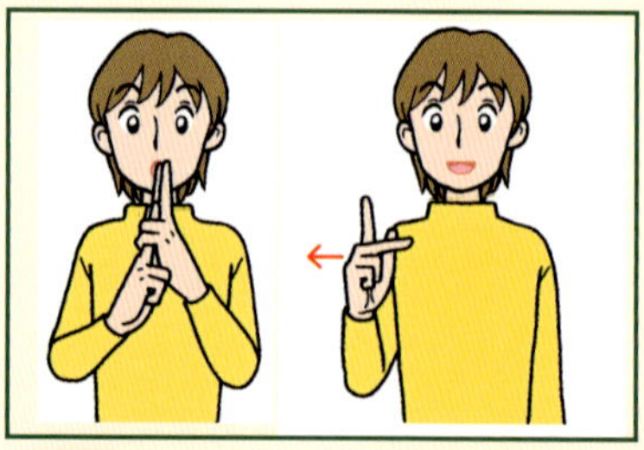

ポイント 右手２指を２指を立てた左手で握り、指文字「ガ」を表す。

⑨野洲市 (やすし)

ポイント 折り曲げて伏せた右手を軽く揺らす。

⑩湖南市 (こなんし)

ポイント やや曲げた左手の親指の下に「O」にした右手をつける。

⑪高島市 (たかしまし)

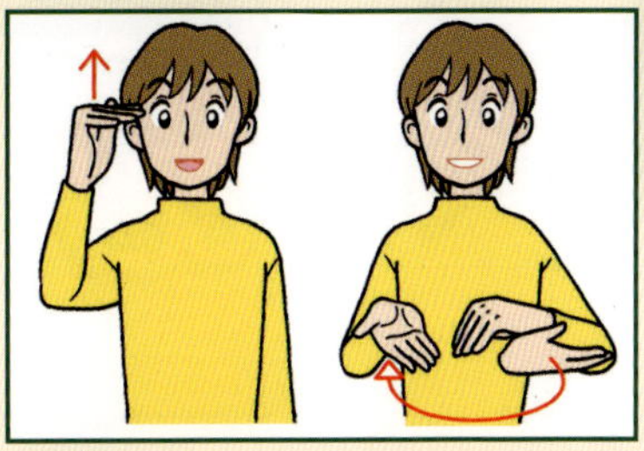

ポイント 指文字「コ」の右手を上にあげ、丸めて伏せた左手の小指側から、掌を上にした右手を回す。

⑫東近江市 (ひがしおうみし)

ポイント「L」にした左手2指の間で「O」にした右手を回す。

⑬米原市 (まいばらし)

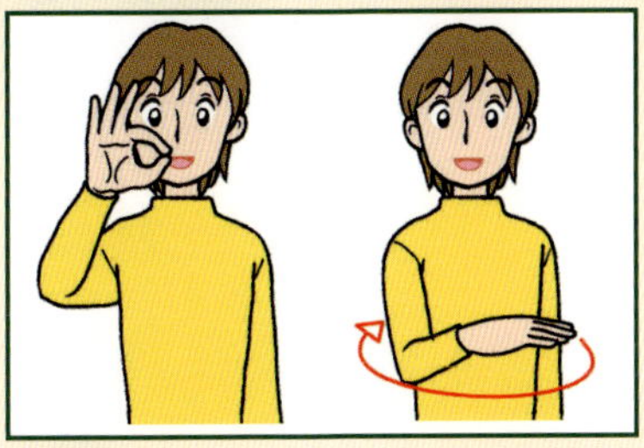

ポイント 2指をつまんで口の端につけ、体の前で半円を描く。

京都府（きょうとふ）

ポイント 「L」にした両手を２回下にさげる。

❶京都市 （きょうとし）

ポイント 「L」にした両手を２回下にさげる。

❷福知山市 （ふくちやまし）

ポイント 右拳を上下に振るように動かし、左から右へ「山」を描く。※神社本殿前で巫女が福鈴を持ちあげて踊るようす。打出の小槌との説もある。

❸舞鶴市 （まいづるし）

ポイント 両手で踊るしぐさをし、右手２指を口元で閉じる。

❹綾部市 （あやべし）

ポイント 右手２指を２指を立てた左手で握る。

❺宇治市 （うじし）

ポイント 左手甲の前で右手２指の輪を２回下へさげる。

❻宮津市 （みやづし）

ポイント 両手の指を組み合せ、指文字「ヅ」を表わす。

❼亀岡市 （かめおかし）

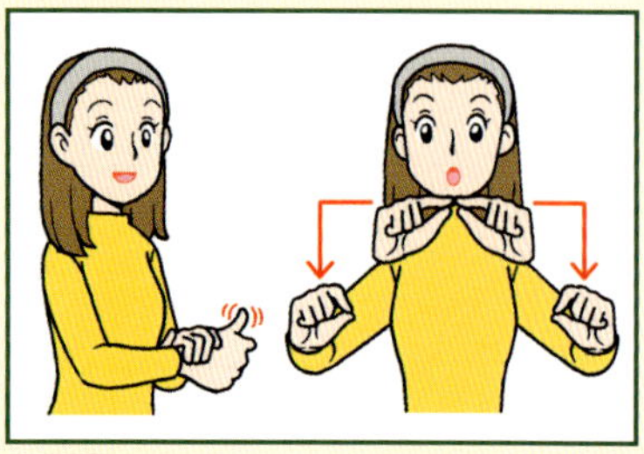

ポイント 親指を伸ばした右手の上に左手を置き、右手親指を小刻みに動かし、両手２指で左右にカギ形を描く。

❽城陽市 （じょうようし）

ポイント 両手人差指を曲げて指先を向い合せ、すぼめた右手を右上から斜めに開きながら動かす。

❾向日市Ａ （むこうしＡ）

ポイント 右手２指を伸ばし山なりに前に出す。

⑨向日市B （むこうしB）

ポイント　2指の輪を、アゴの下に2回つける。

⑩長岡京市 （ながおかきょうし）

ポイント　つまんだ両手2指の先をつけ左右に離し、両手2指で左右にカギ形を描き、「L」にした両手を下にさげる。

⑪八幡市A （やわたしA）

ポイント　左手を軽く握って伸ばし、弓をはじくように右手親指と人差指を動かす。

⑪八幡市B （やわたしB）

ポイント　2指を伸ばした右手の小指から、2指をつまんだ左手を斜め上へあげる。

⑫京田辺市 （きょうたなべし）

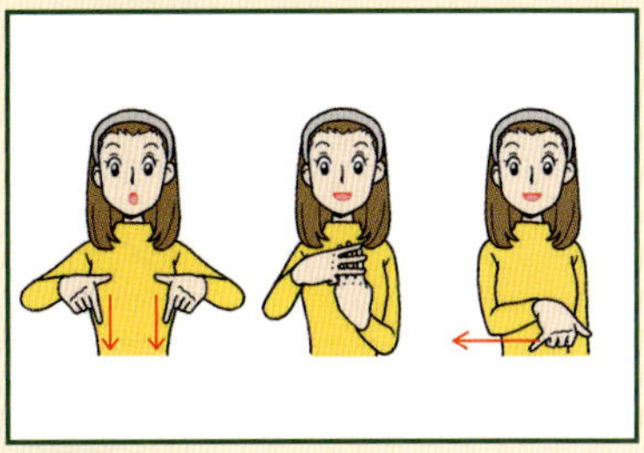

ポイント　「L」にした両手を下にさげ、両手3指を甲を前に向けて重ね、指文字「べ」を表す。

⑬京丹後市 （きょうたんごし）

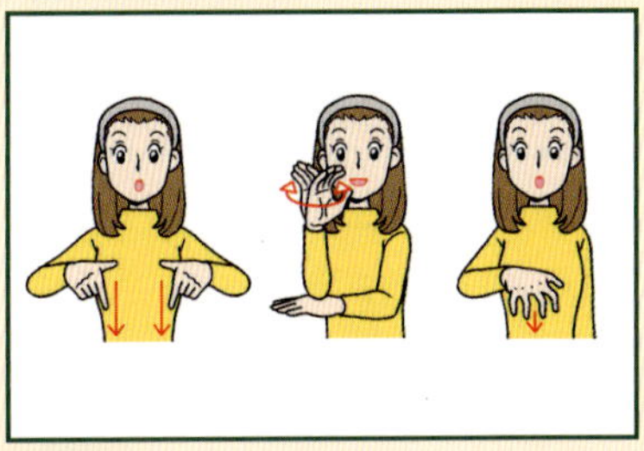

ポイント　「L」にした両手を下にさげ、左手に右肘を乗せて「C」にした右手を左右に振り、全指を曲げ体の前に置く。

⑭南丹市 （なんたんし）

ポイント　うちわであおぐしぐさをし、指を開いた両手を左右に振る。

⑮木津川市 （きづがわし）

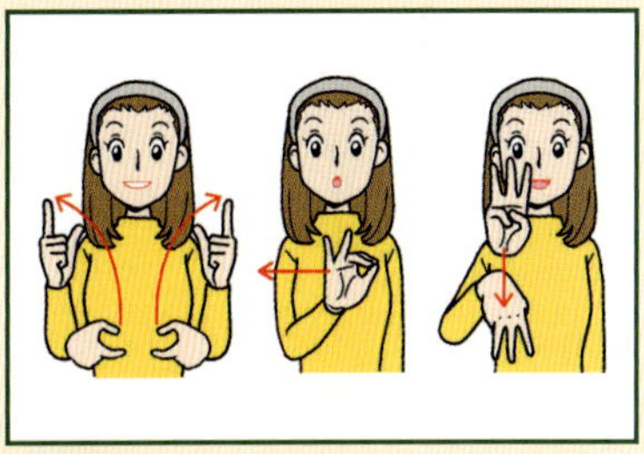

ポイント　「C」にした両手2指を向い合せ左右に広げながら指を伸ばし、右手で指文字「ヅ」を表わし、3指を下へおろす。

大阪府 (おおさかふ)

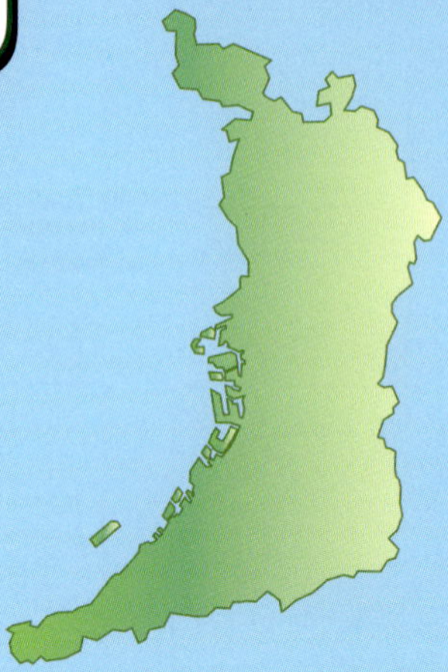

ポイント 2指を頭の横から前に2回出す。

①大阪市 (おおさかし)

ポイント 2指を頭の横から前に2回出す。
※豊臣秀吉のかんむりの形を表しています。

②堺市 (さかいし)

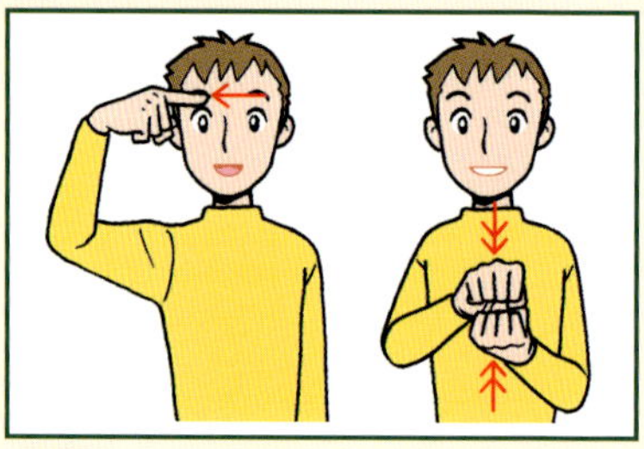

ポイント 額に人差指で横線を引き、両拳を上下に2回合せる。

③岸和田市 (きしわだし)

ポイント 左拳に沿って右拳を斜め上にあげながら開く。

④豊中市 (とよなかし)

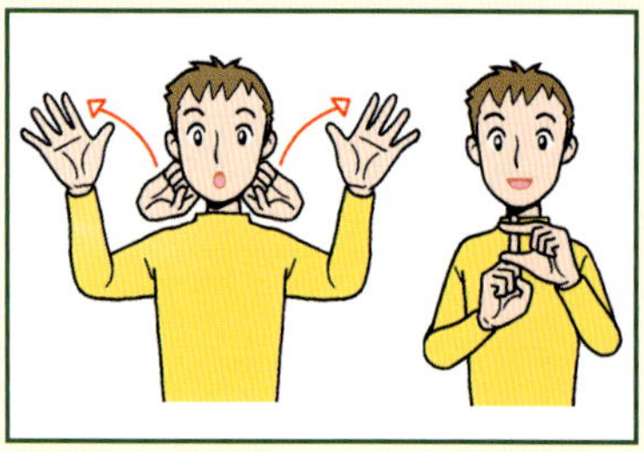

ポイント 両拳を首の横から前に出しながら開き、左手2指に右手人差指をあてる。

⑤池田市 (いけだし)

ポイント 「C」の左手の指に沿って掌を上にした右手を回し、両手3指を左手甲を前に向けて重ねる。

⑥吹田市 (すいたし)

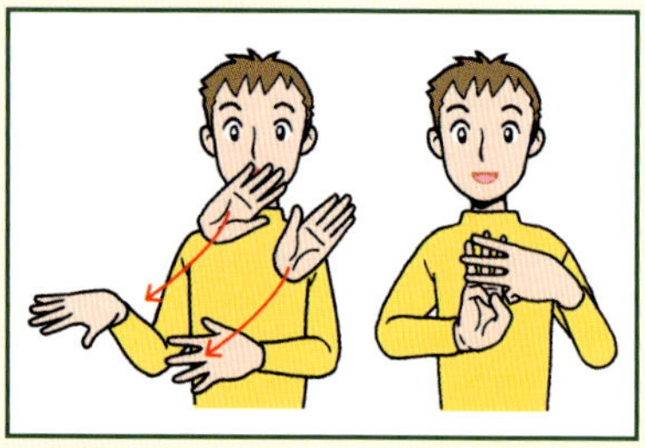

ポイント 両手を風を送るように横に動かし、両手3指を左手甲を前に向けて重ねる。

⑦泉大津市 (いずみおおつし)

ポイント 指文字「ワ」を回し、指文字「オ」を2回表し、指文字「ツ」を表す。

⑧高槻市 (たかつきし)

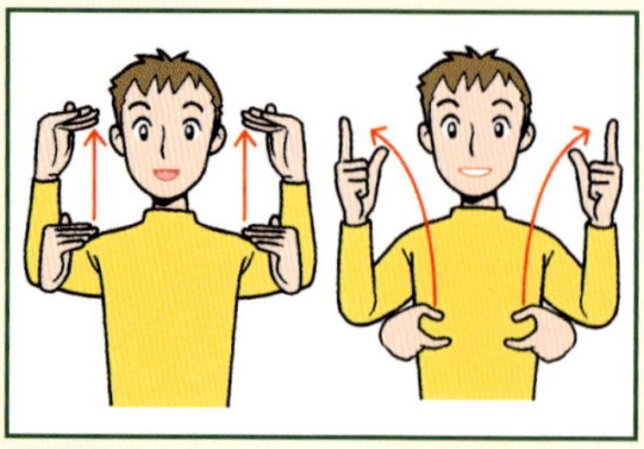

ポイント 指文字「コ」の両手を上にあげ、「C」にした両手2指を向い合せ、左右に広げながら指を伸ばす。

⑨貝塚市 （かいづかし）

ポイント　丸めた両手を上下に合わせ、両手首をつけたまま指先を開閉させる。

⑩守口市 （もりぐちし）

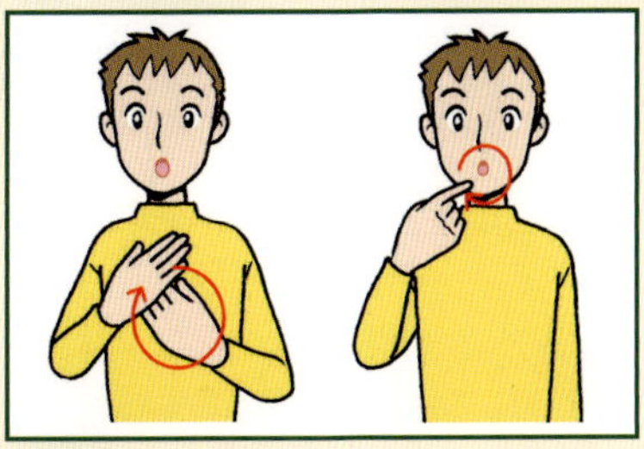

ポイント　左手甲を右掌でなでるように回し、人差指で口の周りに円を描く。

⑪枚方市 （ひらかたし）

ポイント　左腕に沿って右手を指を閉じたり開いたりしながらおろす。

⑫茨木市 （いばらきし）

ポイント　両手２指を交互に上につまみあげる。

⑬八尾市A （やおしA）

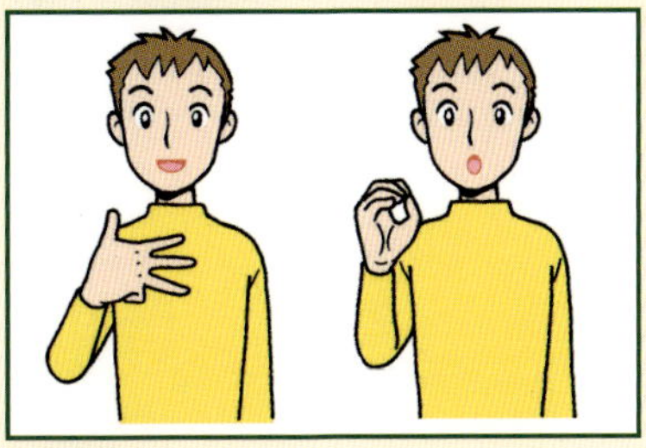

ポイント　数字「８」を表し、指文字「オ」を表す。

⑬八尾市B （やおしB）

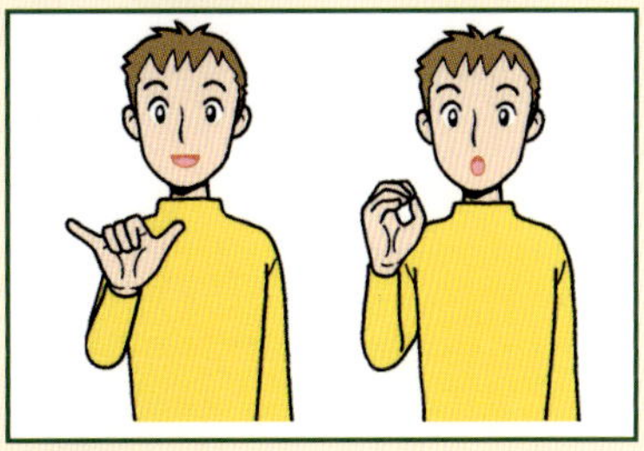

ポイント　指文字「ヤ」、「オ」を表す。

⑭泉佐野市 （いずみさのし）

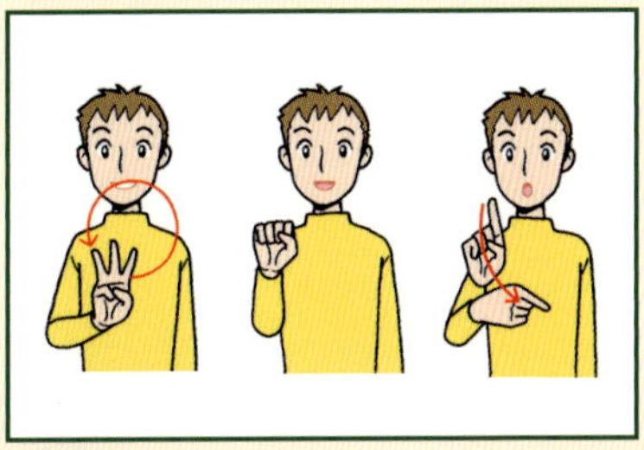

ポイント　指文字「ワ」を回し、指文字「サ」、「ノ」を表す。

⑮富田林市 （とんだばやしし）

ポイント　２指の輪の両手を胸から弧を描いて腹につけ、両手３指を重ね、両掌を向い合せて交互に上下させる。

⑯寝屋川市 （ねやがわし）

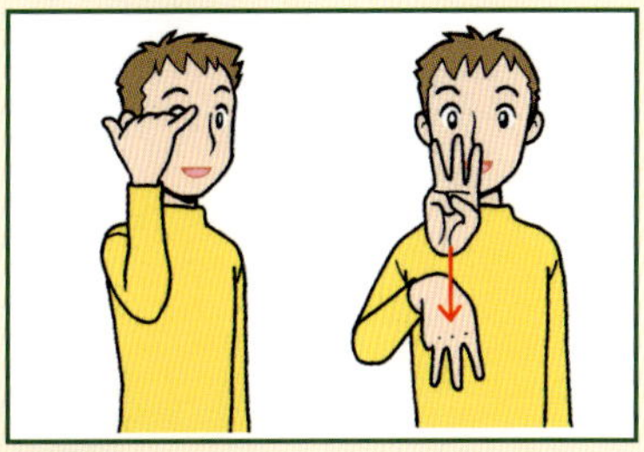

ポイント　指文字「ヤ」を側頭部にあて、３指を下におろす。

⑰河内長野市 （かわちながのし）

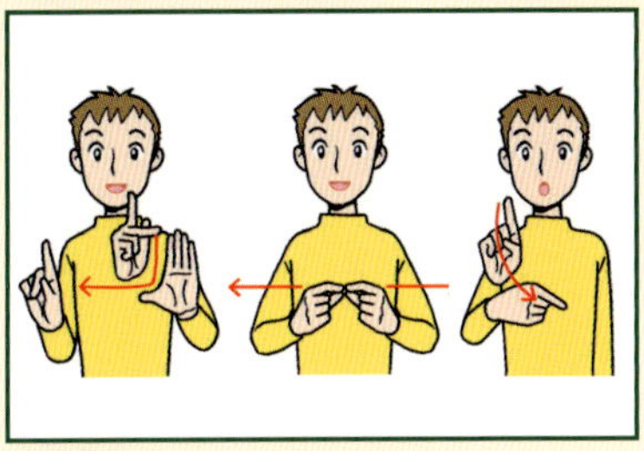

ポイント　右手指文字「カ」で、左手指に沿ってなぞり、つまんでつけた両手２指を左右に離し、指文字「ノ」を表す。

⑱松原市 （まつばらし）

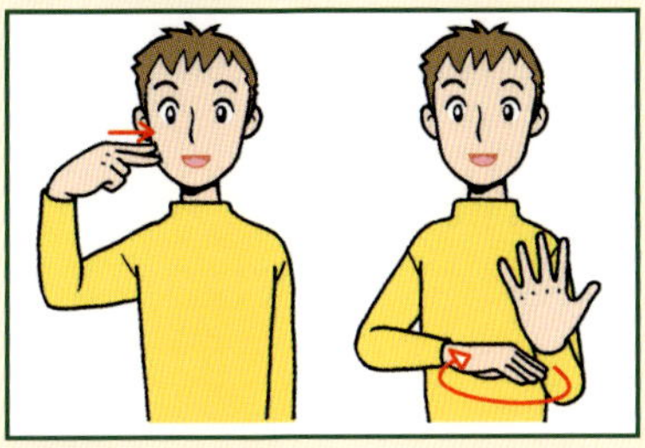

ポイント　右手２指を頬につけ、甲を前に向けた左手の前で、右手で半円を描く。

⑲大東市 （だいとうし）

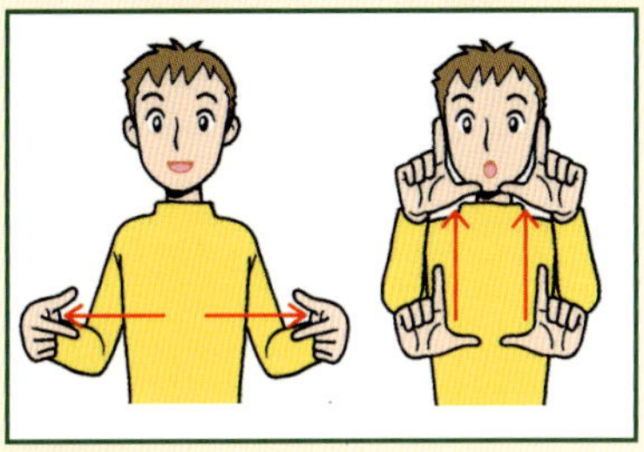

ポイント　２指を広げた両手を左右に広げ、「L」にした両手を上にあげる。

⑳和泉市 （いずみし）

ポイント　指文字「ワ」を回す。

㉑箕面市 （みのおし）

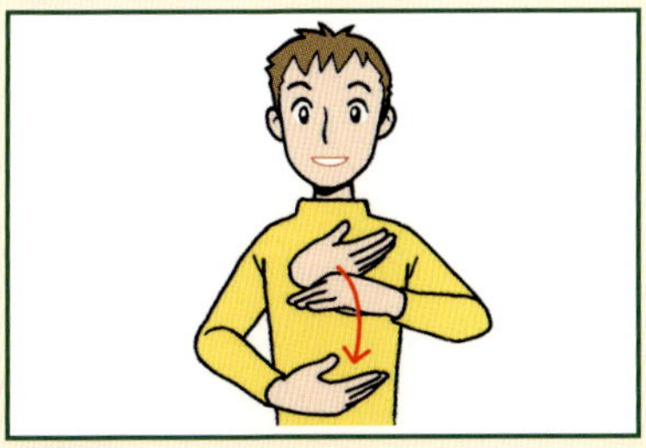

ポイント　左手甲に右手甲を乗せ流れるように落とす。
※紅葉と滝の名所。

㉒柏原市 （かしわらし）

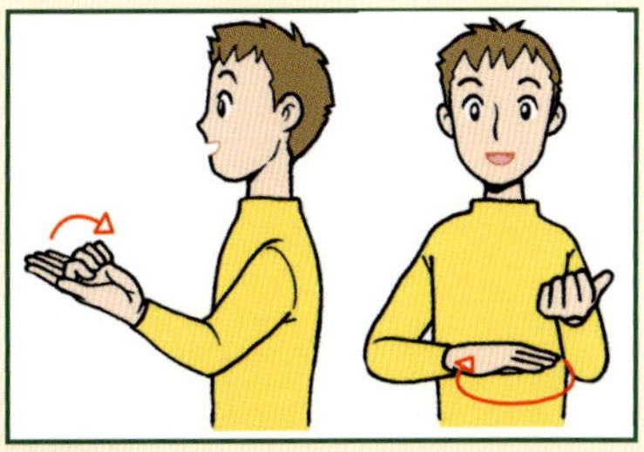

ポイント　４指を折り曲げた左手の前で、右手で半円を描く。

㉓羽曳野市 （はびきのし）

ポイント 両手親指を交差し４指で羽ばたくしぐさをする。

㉔門真市 （かどまし）

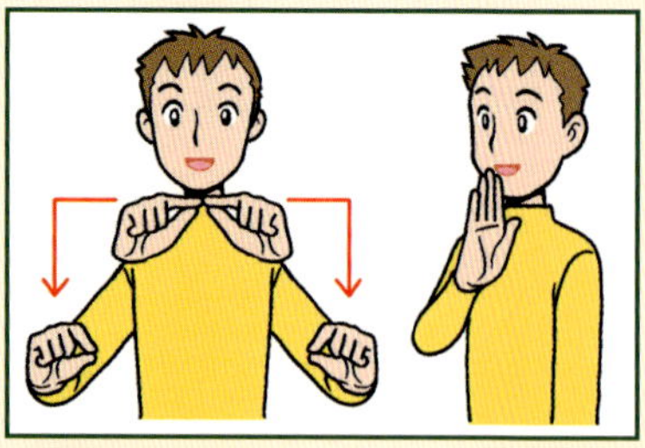

ポイント 両手２指で左右にカギ形を描き、右手をアゴにあてる。

㉕摂津市 （せっつし）

ポイント 右手３指を口元で閉じたり開いたりする。

㉖高石市 （たかいしし）

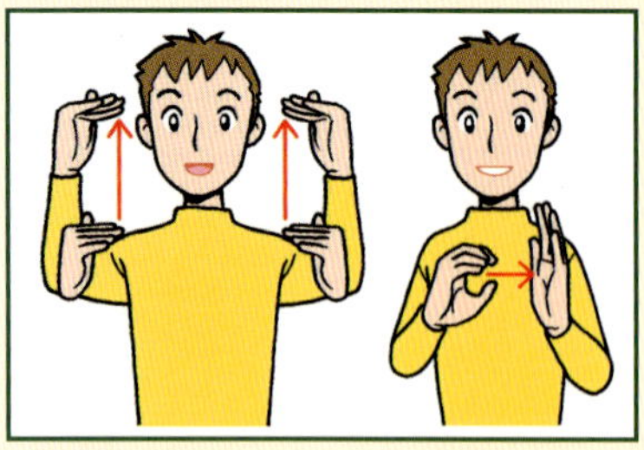

ポイント 指文字「コ」の両手をあげ、左掌に右手５指をつける。

㉗藤井寺市 （ふじいでらし）

ポイント 左掌につけた右手指先を下に回転させながらすぼめ、左手の横で右手人差指を打ちおろす動作を繰り返す。

㉘東大阪市 （ひがしおおさかし）

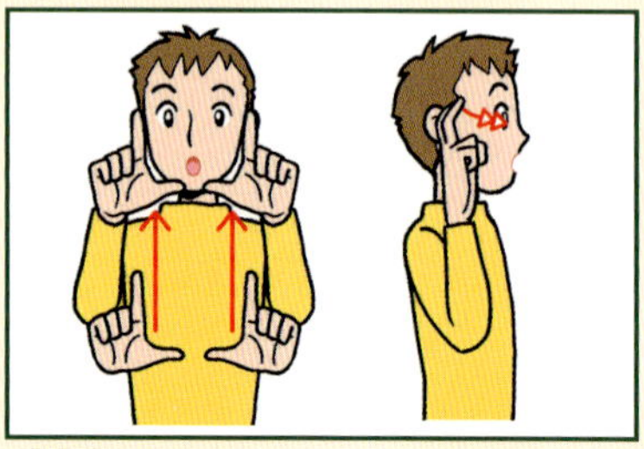

ポイント 「L」にした両手を上にあげ、２指を頭の横から前に２回出す。

㉙泉南市 （せんなんし）

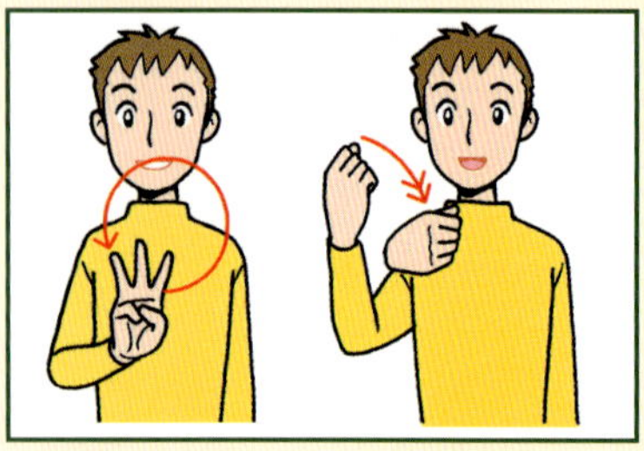

ポイント 指文字「ワ」を回し、うちわであおぐしぐさをする。

㉚四條畷市 （しじょうなわてし）

ポイント 左手４指の下で右手４指の掌を返す。

㉛交野市 （かたのし）

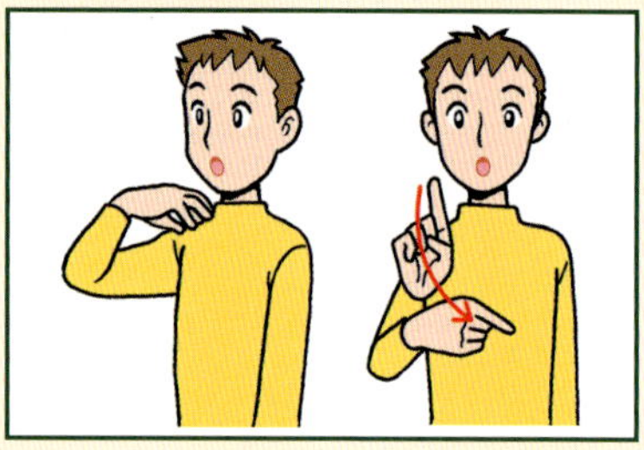

ポイント 右手を右肩に乗せ、指文字「ノ」を表す。

㉜大阪狭山市 （おおさかさやまし）

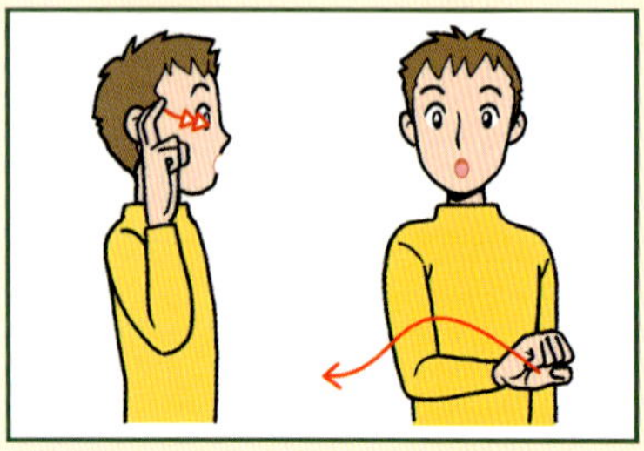

ポイント ２指を頭の横から前に２回出し、指文字「サ」で山の形を描く。

㉝阪南市 （はんなんし）

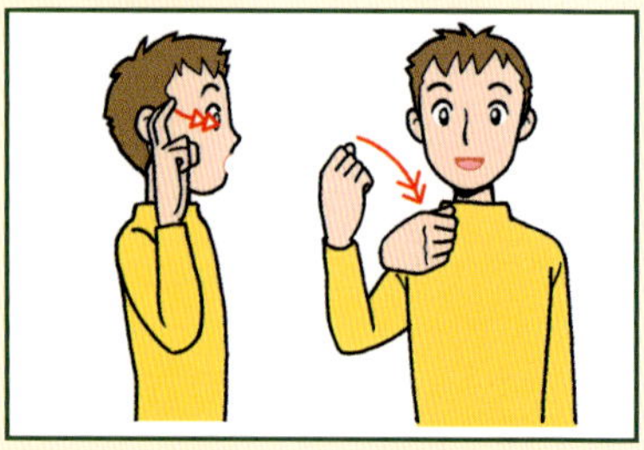

ポイント ２指を頭の横から前に２回出し、うちわであおぐしぐさをする。

兵庫県 (ひょうごけん)

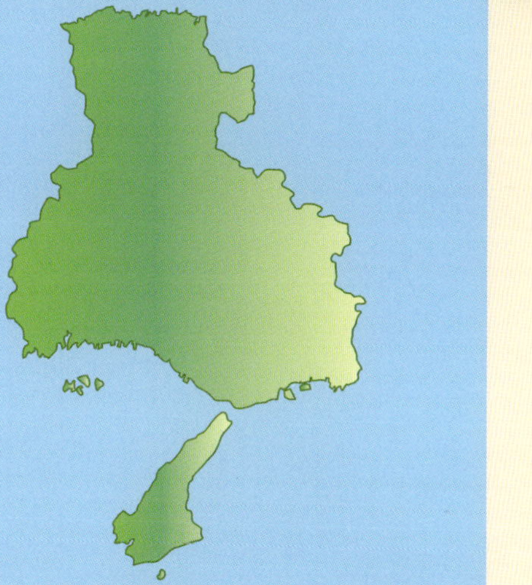

ポイント 両手拳を上下にして右に置く。

❶神戸市 (こうべし)

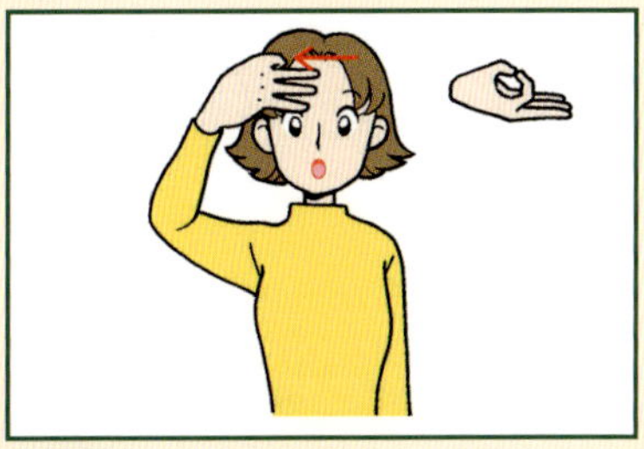

ポイント 甲を前に向け２指を輪にした右手を額の左から右へ動かす。

❷姫路市 (ひめじし)

ポイント 歯を指し、両手人差指を曲げて向い合せる。

❸尼崎市Ａ (あまがさきしA)

ポイント 左手で口の周りを回し、両手指先を前方でつける。

❸尼崎市Ｂ (あまがさきしB)

ポイント 左手で銃身を持ち、右手で引き金を引くしぐさをする。

❹明石市 (あかしし)

ポイント 人差指で頬にふれ、親指をアゴにあてる。

❺西宮市 (にしのみやし)

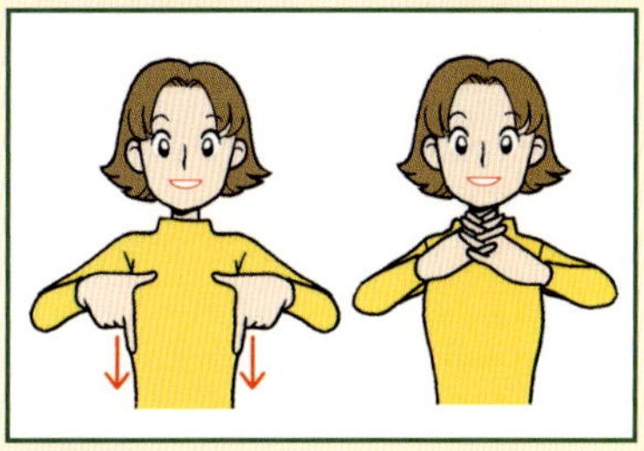

ポイント 「L」にした両手を下にさげ、両手の指を組み合せる。

❻洲本市 (すもとし)

ポイント 伸ばした右手３指を下にさげ、両掌を合せて開く。

❼芦屋市 (あしやし)

ポイント 左手４指の上に右手人差指で半円を描く。

❽伊丹市 (いたみし)

ポイント ３指を伸ばした右手を左上に飛び立つようにあげる。

⑨相生市A （あいおいしA）

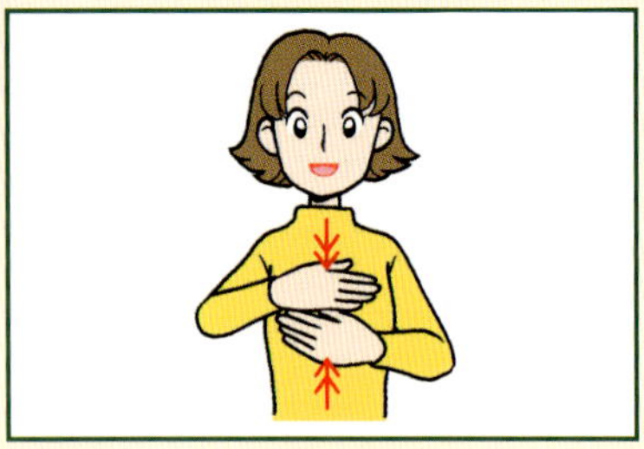

ポイント　横にした両手を上下に合せる。

⑨相生市B （あいおいしB）

ポイント　両手で船の形を作り２回前に出す。

⑩豊岡市 （とよおかし）

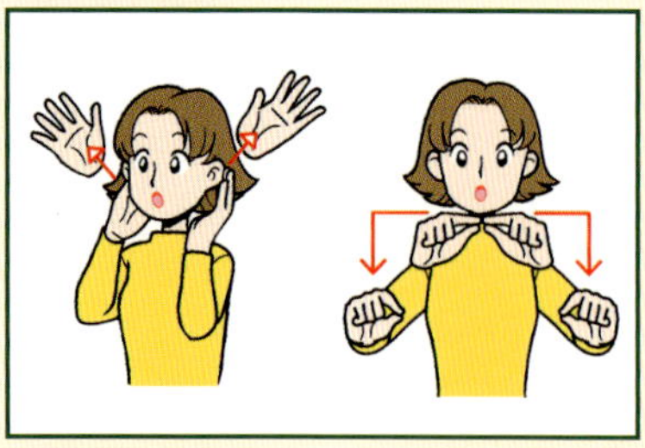

ポイント　両手を首の横から前に出しながら開き、両手２指で左右にカギ形を描く。

⑪加古川市 （かこがわし）

ポイント　指文字「カ」を揺らしながらおろす。

⑫赤穂市 （あこうし）

ポイント　左手で太鼓を持ち、右手でたたくしぐさをする。

⑬西脇市A （にしわきしA）

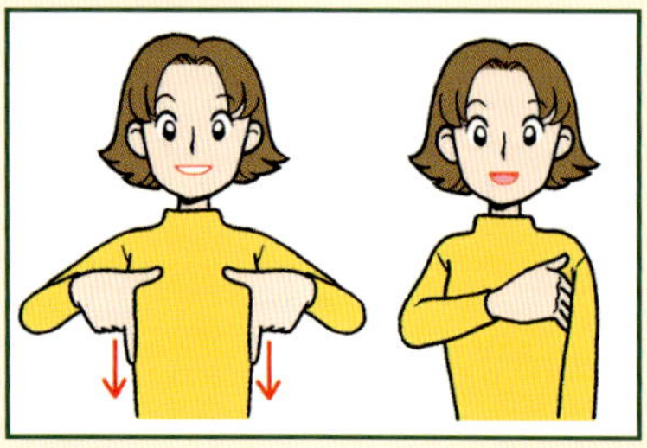

ポイント　「L」にした両手を下にさげ、右手を左脇に入れる。

⑬西脇市B （にしわきしB）

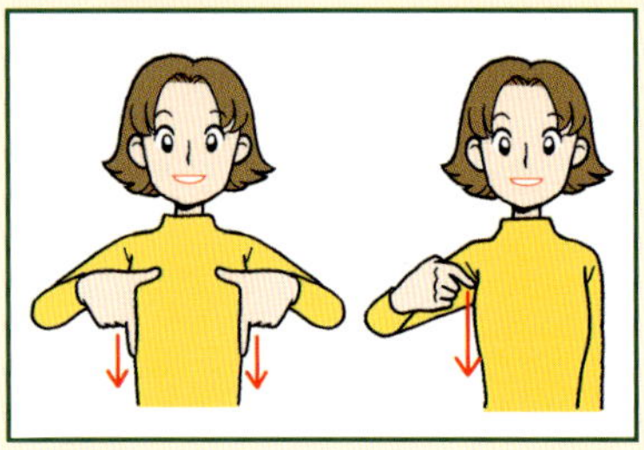

ポイント　「L」にした両手を下にさげ、右手人差指を右脇から下に動かす。

⑭宝塚市 （たからづかし）

ポイント　指先を下に向けた左手の甲に右手を乗せて、右手の指先を上にあげる動作を繰り返す。

⑮三木市 （みきし）

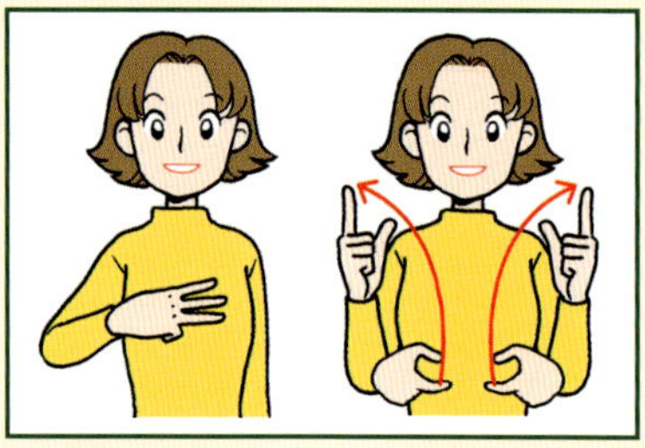

ポイント　指文字「ミ」を表し、「C」にした両手２指を向い合せ、左右に広げながら指を伸ばす。

⑯高砂市 （たかさごし）

ポイント　丸めた両手を上下に合わせ、両手首をつけたまま指先を開閉させる。

⑰川西市 （かわにしし）

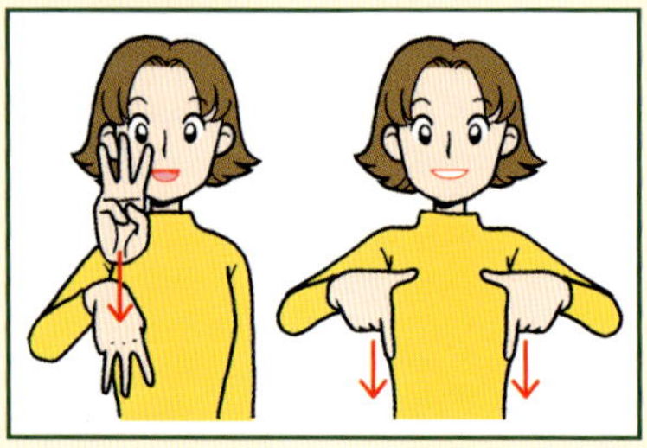

ポイント　伸ばした右手３指を下におろし、「L」にした両手を下にさげる。

⑱小野市 （おのし）

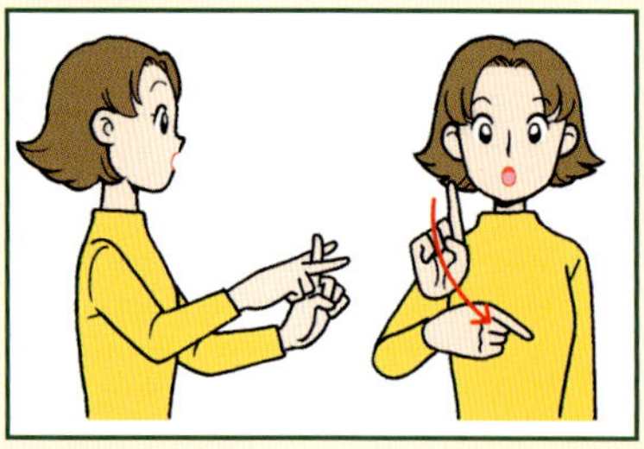

ポイント　左手人差指を右手２指ではさみ、指文字「ノ」を表す。

⑲三田市 （さんだし）

ポイント　指文字「ミ」を表し、両手３指を左手甲を前に向けて重ねる。

⑳加西市 （かさいし）

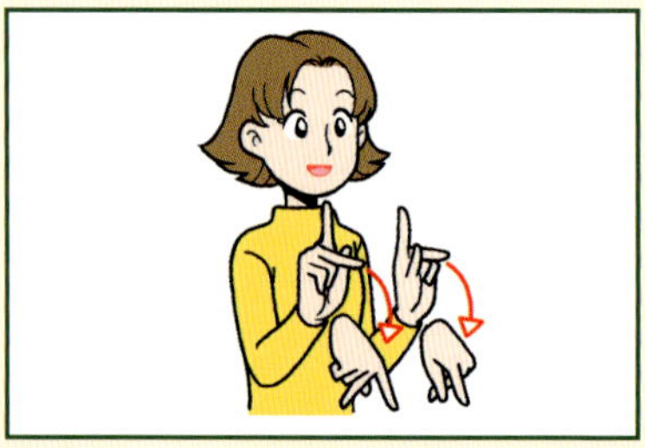

ポイント　指文字「カ」にした両手を前方に弧を描いておろす。

㉑篠山市 （ささやまし）

ポイント　両手で屋根を作り、右手を前に出す。

㉒養父市 （やぶし）

ポイント 左手２指を伸ばし置き、右手人差指でひげを描く。

㉓丹波市 （たんばし）

ポイント 右手２指で山を２つ描く。

㉔南あわじ市 （みなみあわじし）

ポイント うちわであおぐしぐさをし、左掌に右手指先をつけ指先を回す。

㉕朝来市 （あさごし）

ポイント 左手の下から２指で輪を作った右手を上にあげる。

㉖淡路市 （あわじし）

ポイント 左掌に右手指先をつけ指先を回す。

㉗宍粟市 （しそうし）

ポイント 指文字「コ」の左手の下で、指文字「シ」の右手の指先を下にさげる動作を繰り返す。

㉘加東市 （かとうし）

ポイント 向い合せた指文字「カ」にした両手を、手首をひねりながら上にあげる。

㉙たつの市 （たつのし）

ポイント 右手人差指で龍のひげを作り、指文字「ノ」を表す。

奈良県 (ならけん)

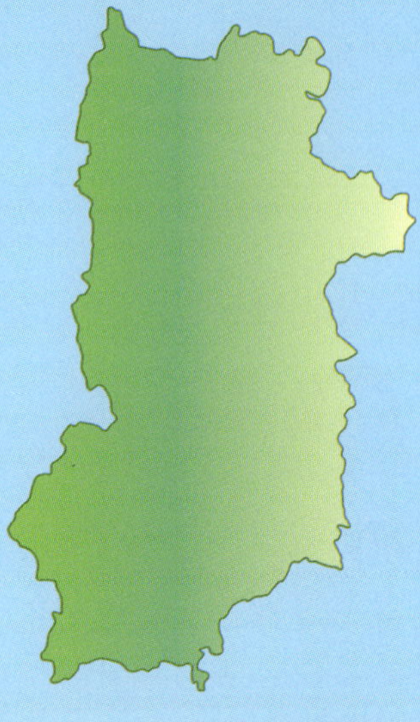

ポイント 大仏の形を表す。

❶奈良市 (ならし)

ポイント 大仏の形を表す。

❷大和高田市 (やまとたかだし)

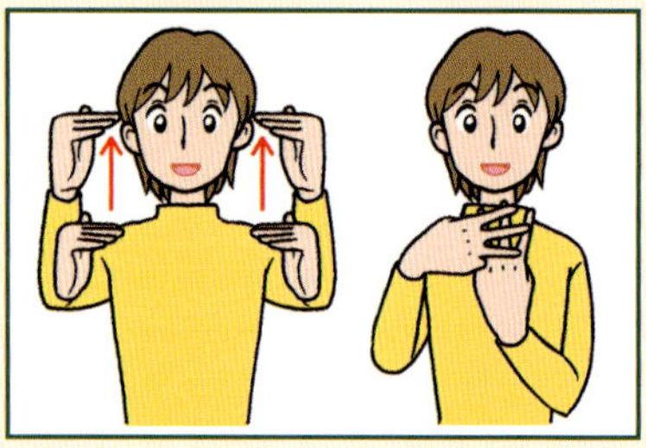

ポイント 両手指文字「コ」を肩から上にあげ、両手３指を甲を前に向けて重ねる。

❸大和郡山市 (やまとこおりやまし)

ポイント 右手３指を伸ばし手首を小刻みにひねりながら右に動かす。

❹天理市 (てんりし)

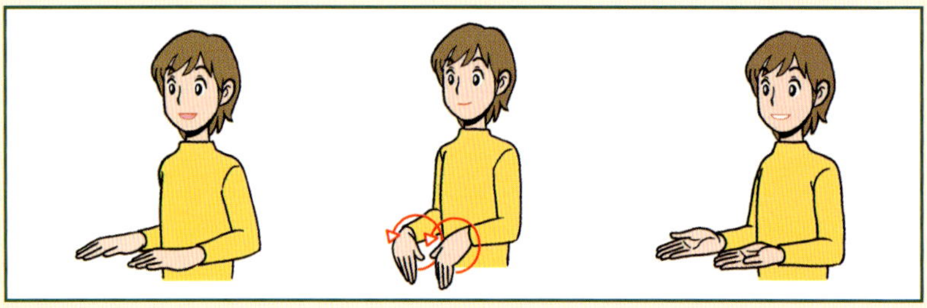

ポイント 下に向けた両掌を指先から回転させ上に向ける。

❺橿原市 (かしはらし)

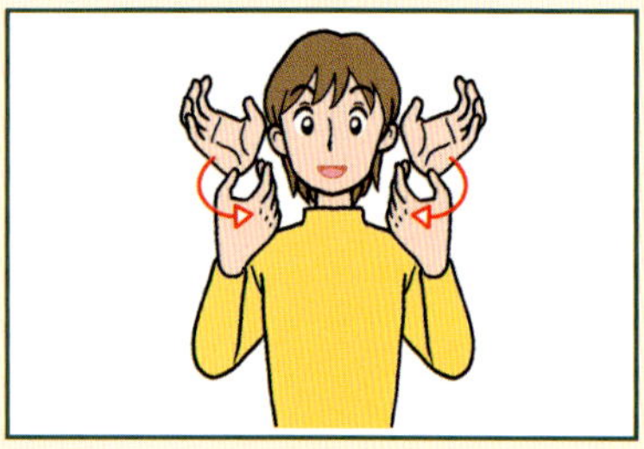

ポイント 両手を髪を握るように耳の横に置き、手首を内側にひねる。

❻桜井市 (さくらいし)

ポイント 丸めた両手をひねってつけ、回しながらを開き、両手２指を重ねる。

❼五條市 (ごじょうし)

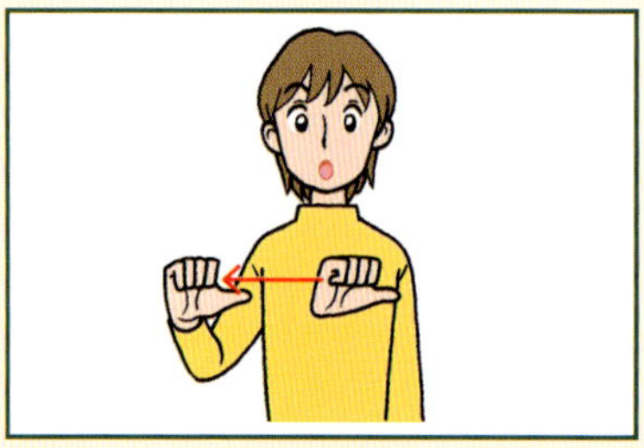

ポイント 数字「５」を右に動かす。

❽御所市 (ごせし)

ポイント 左手２指で作った「C」の指の間に右手人差指を置く。

⑨生駒市 （いこまし）

ポイント 右手人差指を上に向け頭の横で回す。

⑩香芝市 （かしばし）

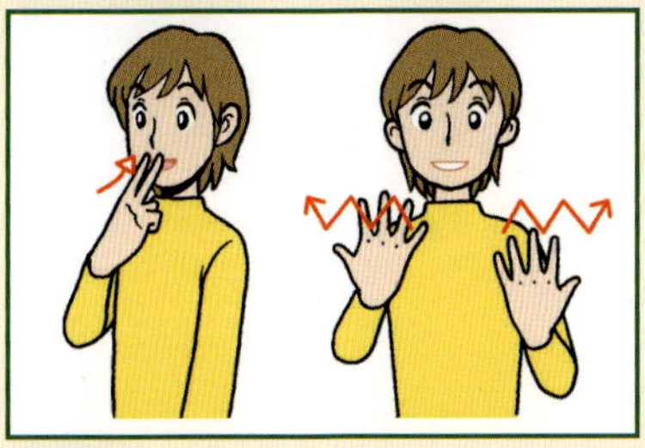

ポイント 右手２指を鼻に近づけ、甲を前に向けた両手を小さく上下させながら左右に広げる。

⑪葛城市 （かつらぎし）

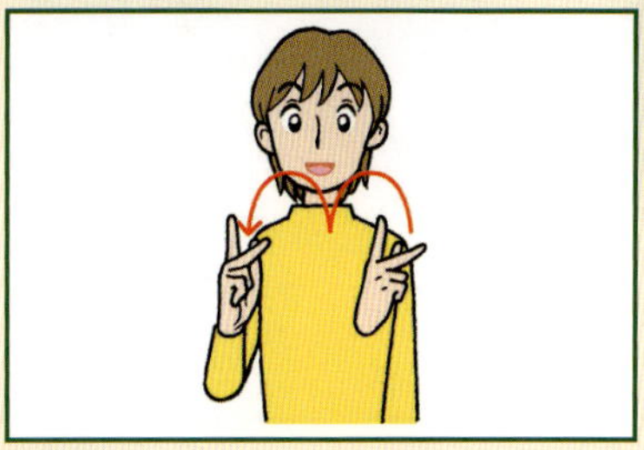

ポイント 指文字「カ」で「山」を２回描く。

⑫宇陀市 （うだし）

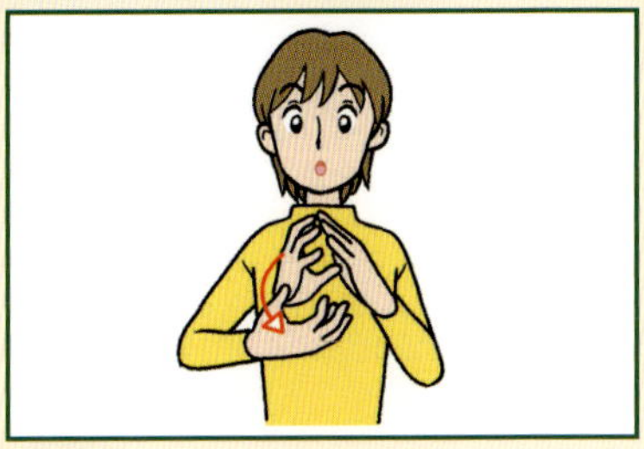

ポイント 屋根の形にした左掌に右手をあててひねる。

和歌山県 (わかやまけん)

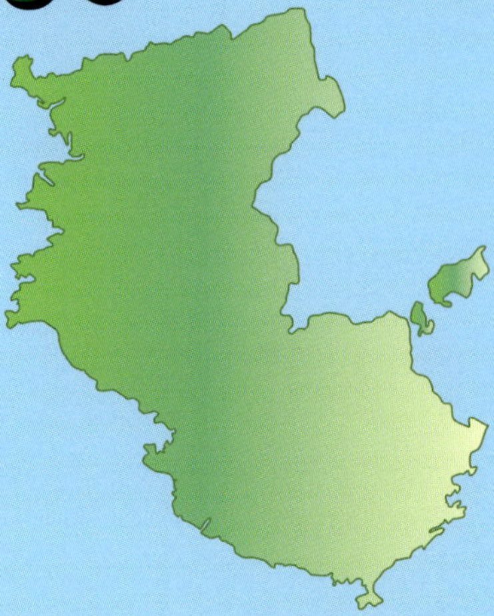

ポイント 指文字「コ」の右手を口元にあてる。
※「和歌山」の「歌」の字から「可」の形を表す。

❶和歌山市 (わかやまし)

ポイント 指文字「コ」の右手を口元にあてる。
※「和歌山」の「歌」の字から「可」の形を表す。

❷海南市 (かいなんし)

ポイント 4指を伸ばした右手で左から右へ弧を描く。

❸橋本市 (はしもとし)

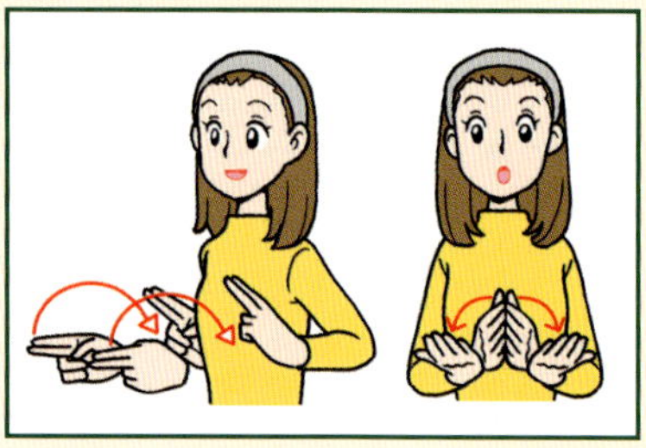

ポイント 伸ばした両手2指を弧を描くように同時に手前に引き、両掌を合せて開く。

❹有田市 (ありだし)

ポイント「みかん」の皮をむくしぐさをする。

❺御坊市A (ごぼうしA)

ポイント 丸めた左手の下から、親指を立てた右手を少し出して置く。

❺御坊市B (ごぼうしB)

ポイント 丸めた左手の下に、親指を立てた右手を置く。

❻田辺市 (たなべし)

ポイント 右手2指を口元で閉じたり開いたりする。

❼新宮市 (しんぐうし)

ポイント 軽く握った両手をさげながら開き、両手の指を組み合せる。

❽紀の川市 (きのかわし)

ポイント 指文字「キ」で「己」を描く。

⑨岩出市 （いわでし）

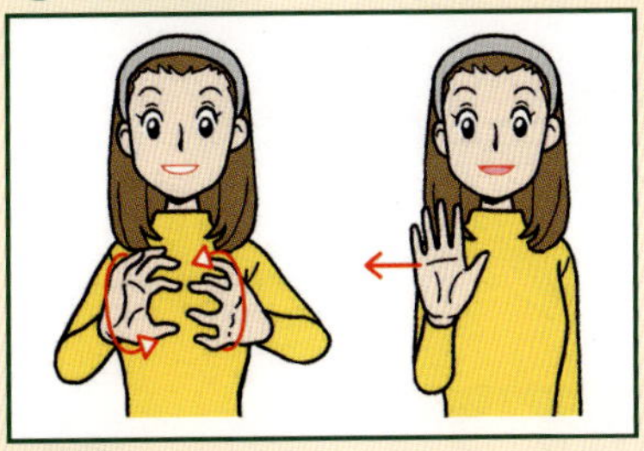

ポイント 両手を折り曲げて向い合せ互いに逆方向に回し、指文字「デ」を表す。

チャレンジ！

にっぽんクイズ③

●答えを手話でやってみよう！●

問題4

東京ディズニーランドは何市にある？

a 東京都多摩市

b 千葉県浦安市

c 神奈川県横浜市

問題5

甲子園球場は何市にある？

a 大阪府堺市

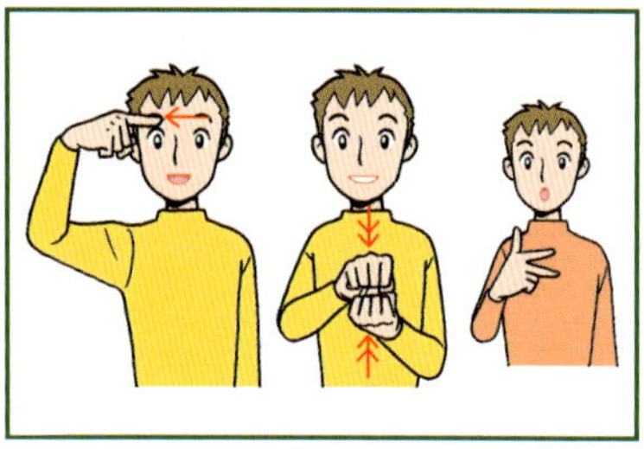

b 奈良県奈良市

c 兵庫県西宮市

※答えは123ページを見てね！

中国ブロック

鳥取県（とっとりけん）

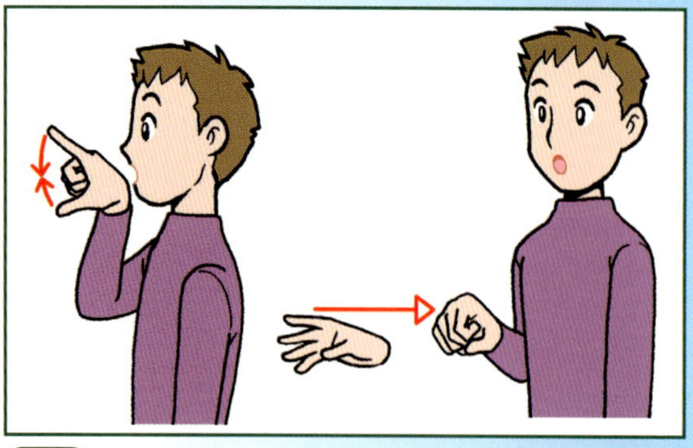

ポイント　右手２指を口元で閉じ、右手をつかみ取るように引き寄せる。

❶鳥取市A（とっとりしA）

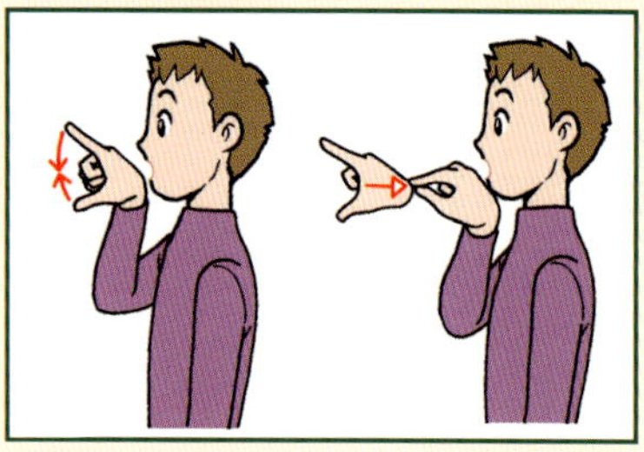

ポイント　右手２指を口元で閉じ、その指を開きながら前に出し、口元に引きながら閉じる。

❶鳥取市B（とっとりしB）

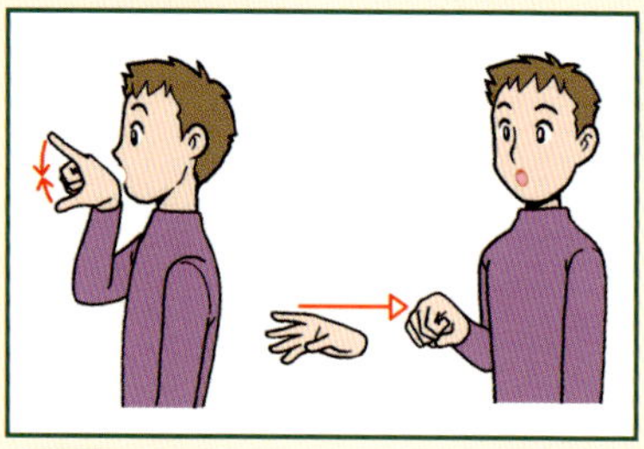

ポイント　右手２指を口元で閉じ、右手をつかみ取るように引き寄せる。

❷米子市（よなごし）

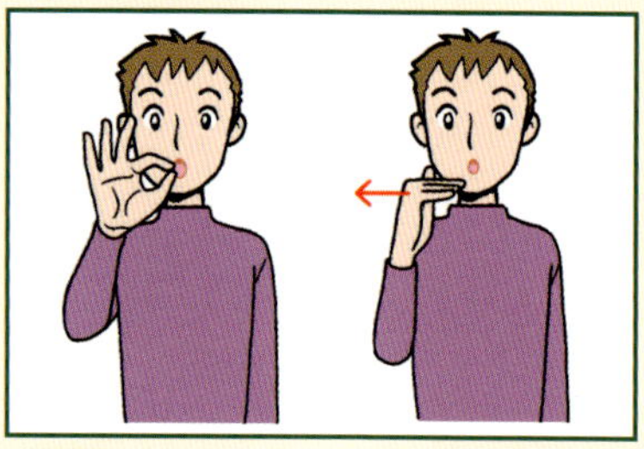

ポイント　２指をつまんで口の端につけ、指文字「ゴ」を表す。

❸倉吉市（くらよしし）

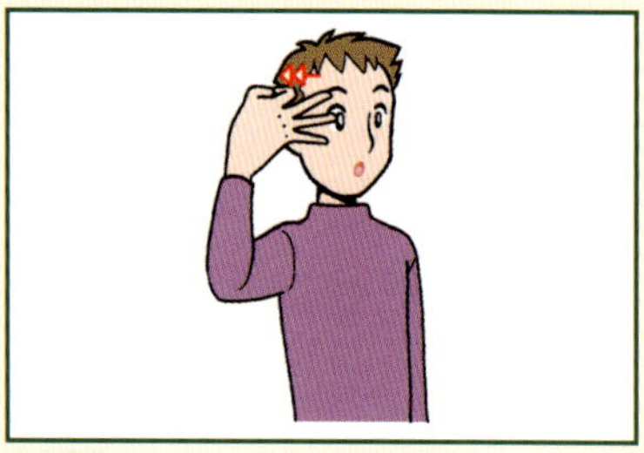

ポイント　２指をつまみ、残りの３指でこめかみのあたりを横に動かす。

❹境港市（さかいみなとし）

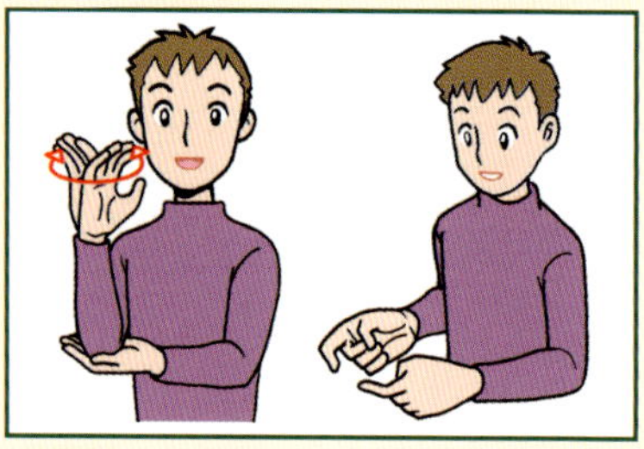

ポイント　左掌に右肘を乗せて「C」にした右手を左右に振り、両手人差指を曲げて指先を向い合せる。

島根県 (しまねけん)

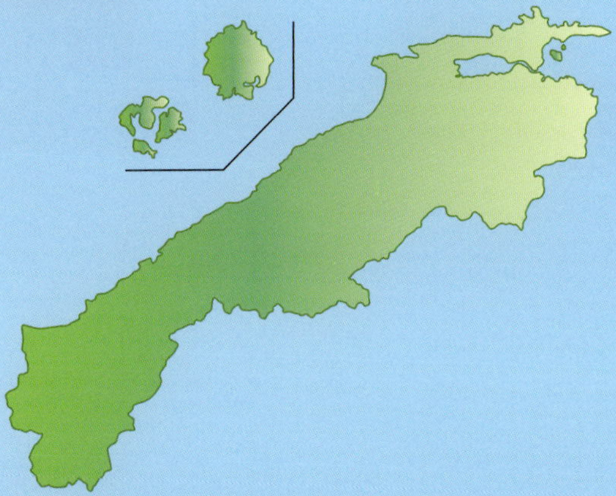

ポイント 丸めた左手の上で反時計回りに右手を掌を上にして回し、左拳の下に指文字「ネ」の右手をつける。

❶松江市 (まつえし)

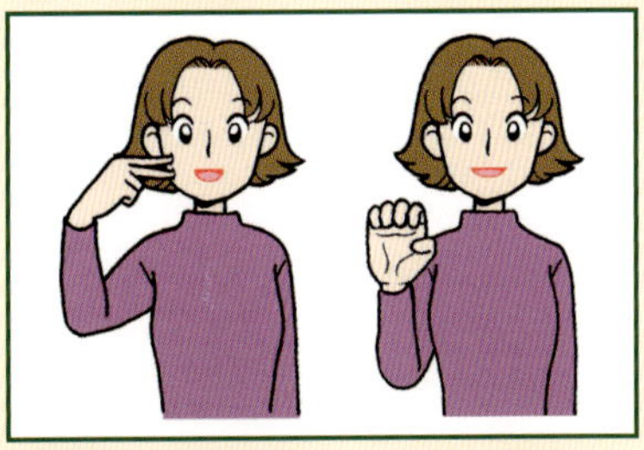

ポイント 右手２指を頬にあて、指文字「エ」を表す。

❷浜田市A (はまだしA)

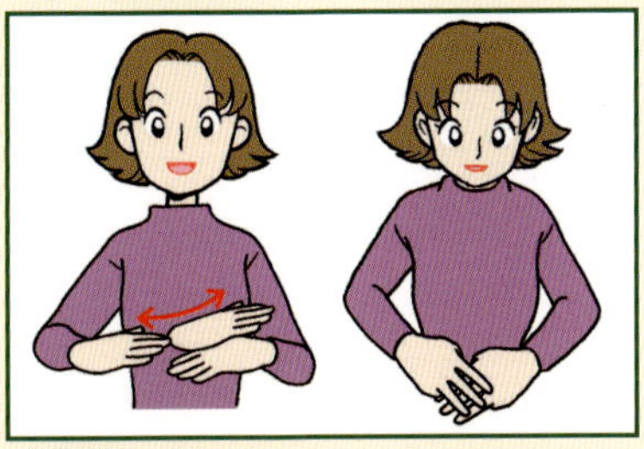

ポイント 左手に右手で波打たせる動作を繰り返し、左手３指に右手３指を重ねる。

❷浜田市B (はまだしB)

ポイント 右掌を額にあて、左手３指に右手３指を重ねる。

❸出雲市A (いずもしA)

ポイント 指を曲げた両手を逆向きに胸前に置き、ひねりながら左右に広げて指を閉じる。

❸出雲市B (いずもしB)

ポイント 右手２指でこめかみをなでるように２回下へ動かす。

❹益田市 (ますだし)

ポイント 人差指を少し曲げてアゴにつけ、小さく弧を描いて前に出し、両手３指を左手甲を前に向けて重ねる。

❺大田市 (おおだし)

ポイント 「C」にした両手２指を左右に広げ、両手３指を左手甲を前に向けて重ねる。

❻安来市 (やすぎし)

ポイント ２指を曲げた右手を、鼻の前で小刻みに左右に動かす。

❼江津市A (ごうつしA)

ポイント ４指を伸ばして指先を前に向けた両手を、前方から２回弧を描きながら胸前へ動かす。

❼江津市B　（ごうつしB）

ポイント　指を広げ甲を前に向けた両手を交差させ、右手を2回小さく斜め下へ動かす。

❽雲南市　（うんなんし）

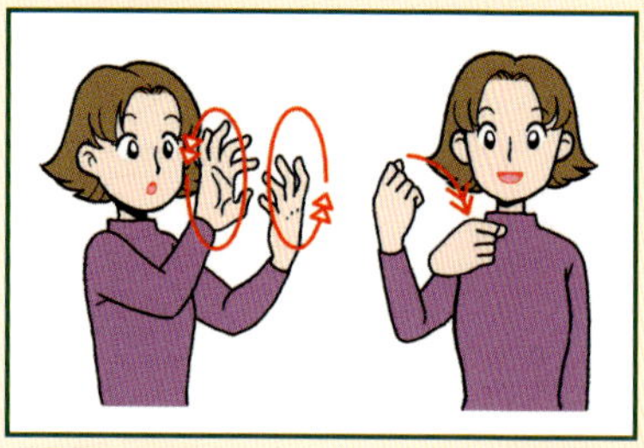

ポイント　指を曲げた両手を前後に向かい合わせて回転させ、うちわであおぐしぐさをする。

岡山県 (おかやまけん)

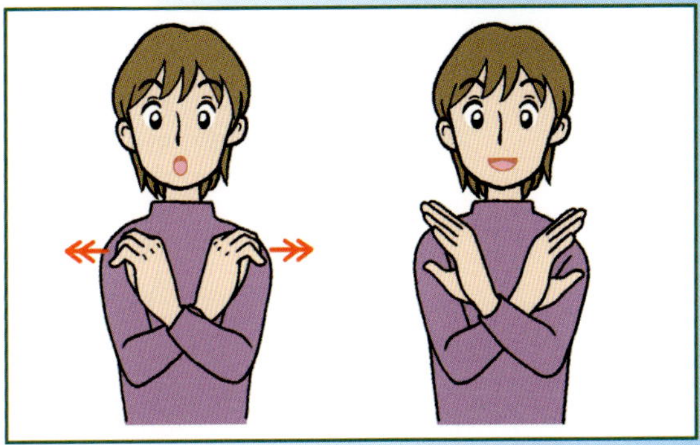

ポイント 5指をつまんだ両手を交差させ、2回左右に指を開きながら動かす。

❶岡山市 (おかやまし)

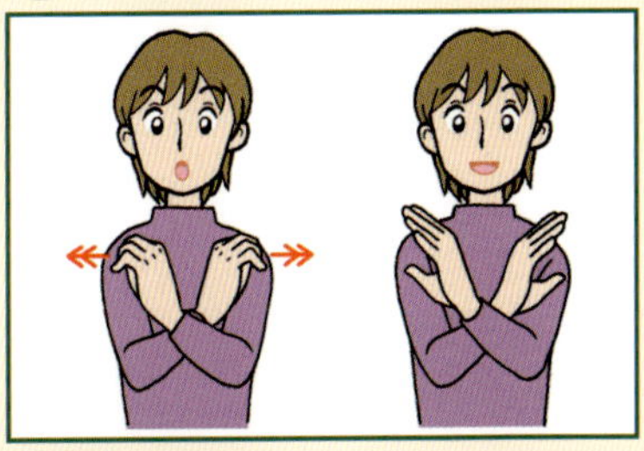

ポイント 5指をつまんだ両手を交差させ、2回左右に指を開きながら動かす。

❷倉敷市 (くらしきし)

ポイント 右掌を頬にあて、前方に2回なでる。

❸津山市 (つやまし)

ポイント 人差指を曲げた右手を2回こめかみにあてる。
※牛の角を表しています。

❹玉野市 (たまのし)

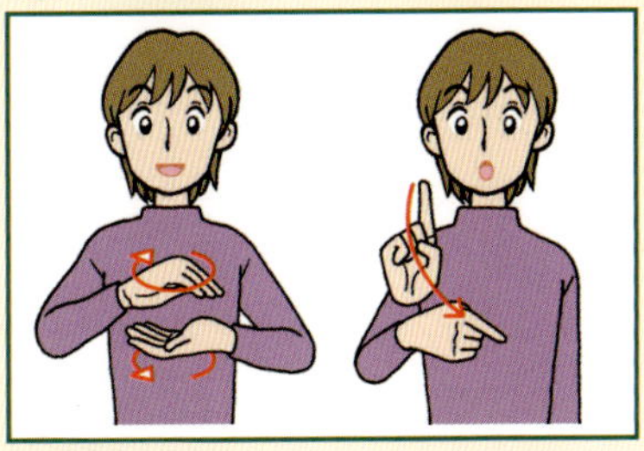

ポイント 丸めた両手を上下に向い合せて回し、指文字「ノ」を表す。

❺笠岡市 (かさおかし)

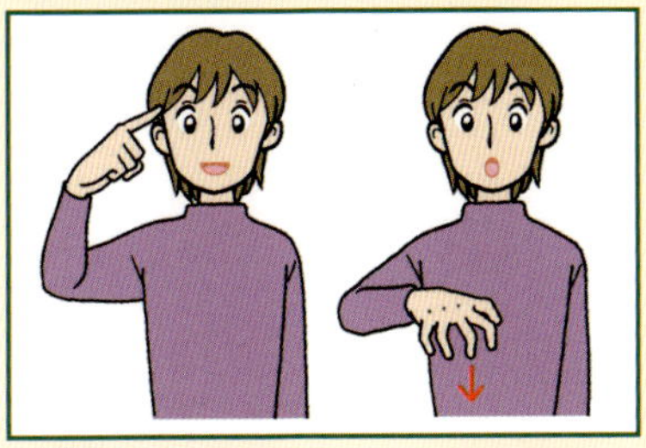

ポイント 右手人差指をこめかみにあて、全指を折り曲げて胸前に置く。

❻井原市 (いばらし)

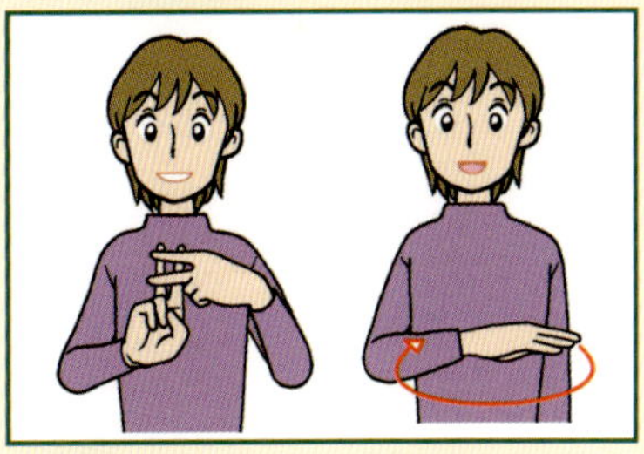

ポイント 両手2指を重ね、右手で半円を描く。

❼総社市 (そうじゃし)

ポイント 左掌に右手の指先を2回あてる。

❽高梁市A (たかはししA)

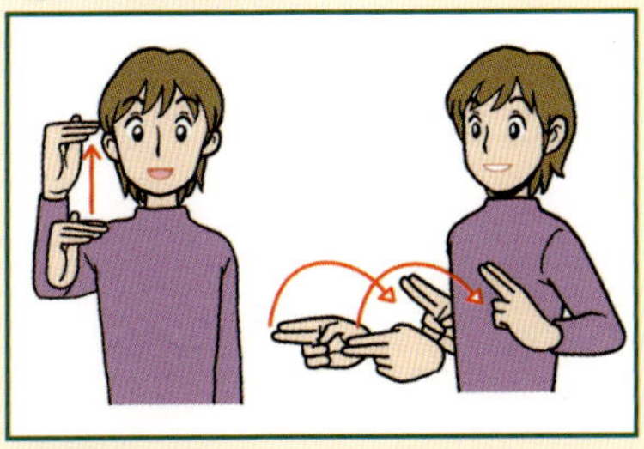

ポイント 指文字「コ」の右手を上にあげ、伸ばした両手2指を弧を描くように同時に手前に引く。

❽高梁市B (たかはししB)

ポイント 右手3指を伸ばし、親指をアゴの下につけ、前に小さく弧を描いて出す。

⑨新見市　（にいみし）

ポイント　目の下から５指をつまんだ両手を前に出しながら開き、右手２指で輪を作り、目から前方に出す。

⑩備前市A　（びぜんしA）

ポイント　両手で陶器を作るしぐさをする。

⑩備前市B　（びぜんしB）

ポイント　右手を左肩にあて、払うように前に出す。

⑪瀬戸内市　（せとうちし）

ポイント　３指を伸ばした右手で、指文字「オ」の左手に沿うように半円を描く。

⑫赤磐市　（あかいわし）

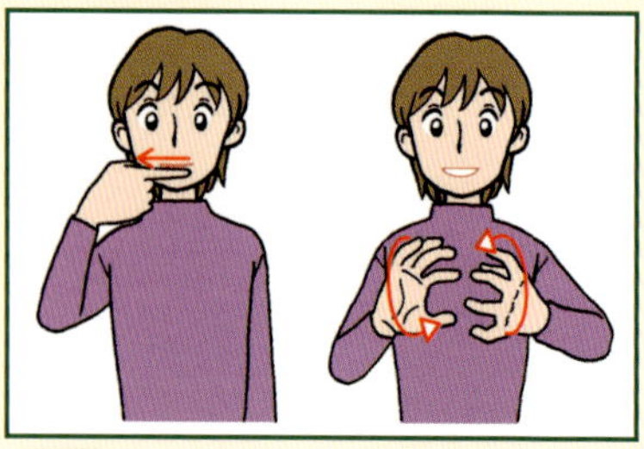

ポイント　右手人差指を唇に沿って動かし、両手を折り曲げて向い合せ互いに逆方向に回す。

⑬真庭市　（まにわし）

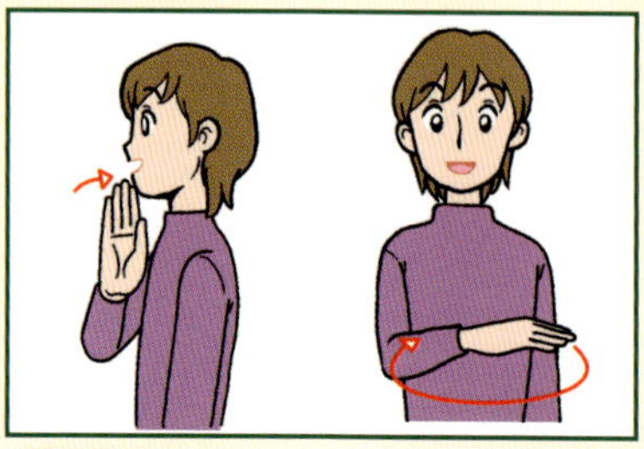

ポイント　右手をアゴにあて、体の前で半円を描く。

⑭美作市　（みまさかし）

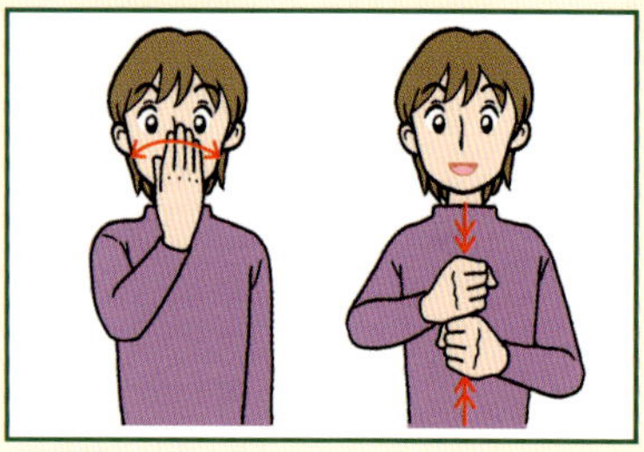

ポイント　右掌を顔に向け左右に小刻みに動かし、両拳を上下から打ちつける動作を繰り返す。

⑮浅口市　（あさくちし）

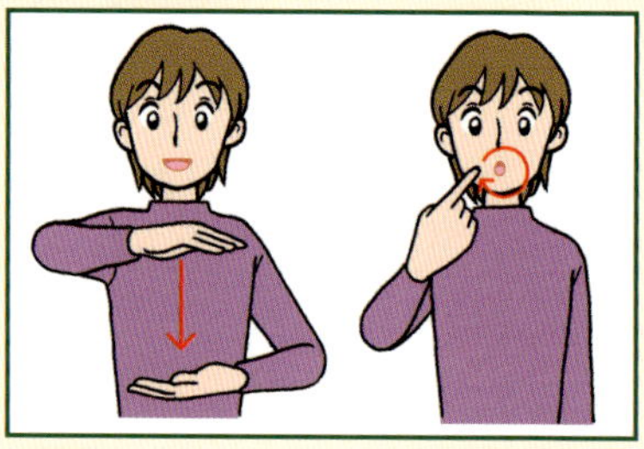

ポイント　両掌を上下に向い合せ、右手をさげて左手に近づけ、人差指で口の周りに円を描く。

広島県 (ひろしまけん)

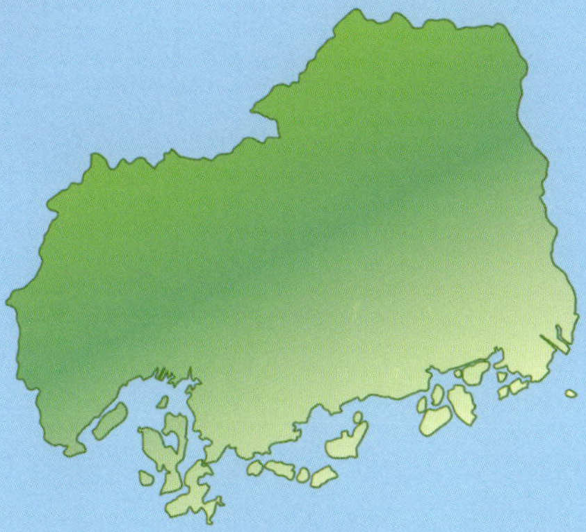

ポイント 両手２指を左右に開き下におろして鳥居を表す。

❶広島市 (ひろしまし)

ポイント 両手２指を左右に開き下におろして鳥居を表す。

❷呉市 (くれし)

ポイント 指文字「ク」、「レ」を表す。

❸竹原市 (たけはらし)

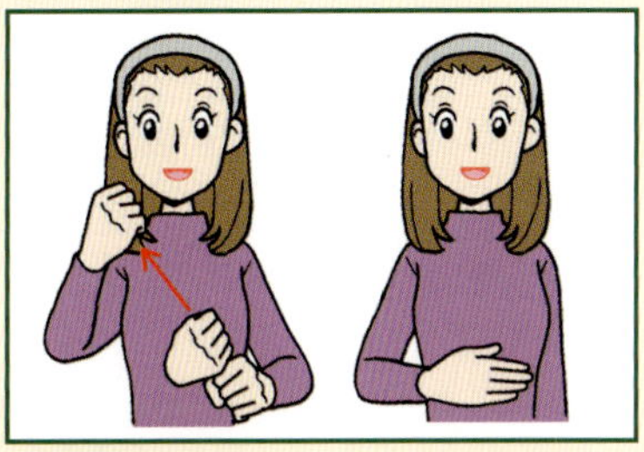

ポイント 両拳を重ねて左下に置き、右手を斜め上にあげ、腹に右手をあてる。

❹三原市 (みはらし)

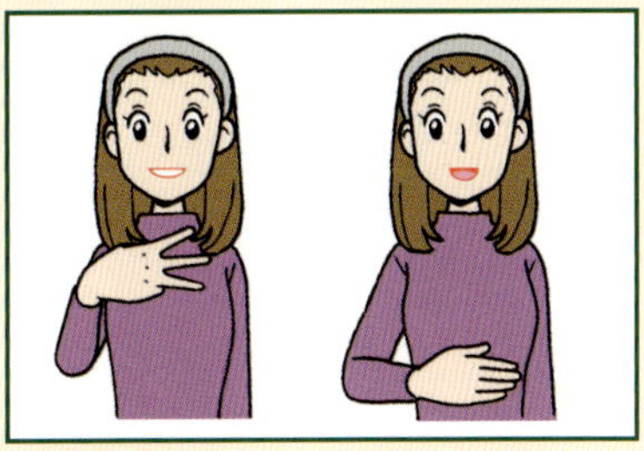

ポイント 指文字「ミ」を表し、腹に右手をあてる。

❺尾道市 (おのみちし)

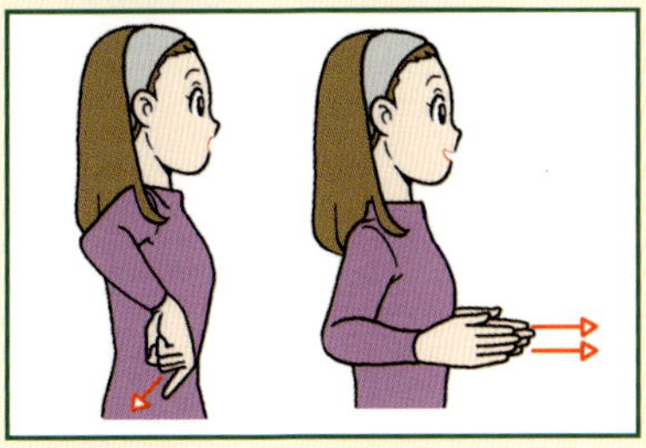

ポイント 右手人差指を腰から後ろへ出し、向い合せた両手を前に出す。

❻福山市 (ふくやまし)

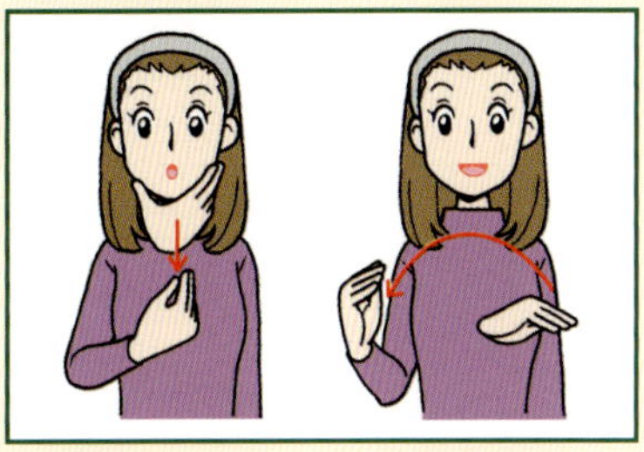

ポイント アゴにつけた指を下に引きながら指先をつけ、左から右へ「山」を描く。

❼府中市 (ふちゅうし)

ポイント 指文字「フ」を表し、左手２指に右手人差指をあてる。

❽三次市 (みよしし)

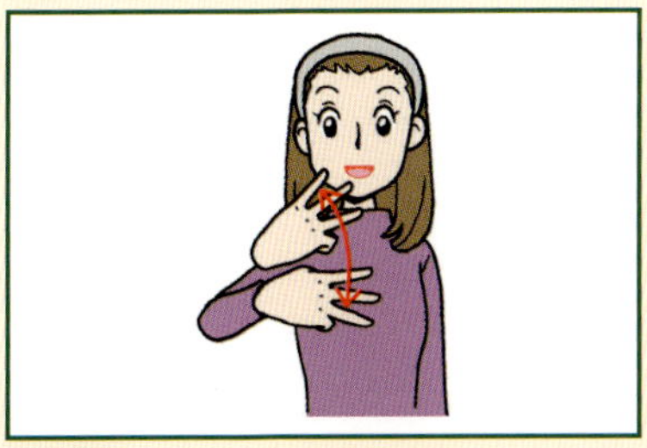

ポイント 指文字「ミ」にした右手を上下に振る。

❾庄原市 (しょうばらし)

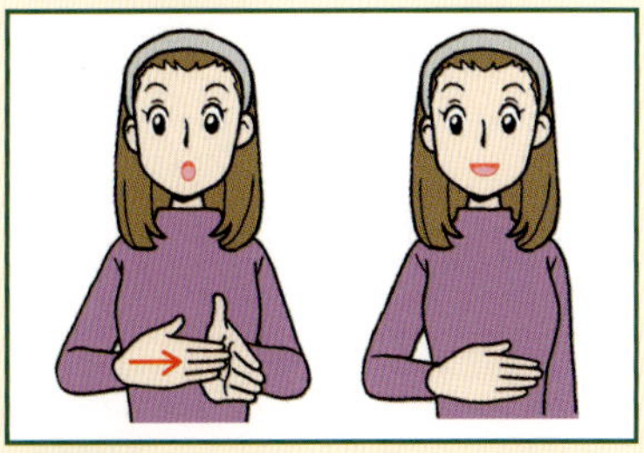

ポイント 左掌に右手指先をつけ、腹に右手をあてる。

⑩大竹市 （おおたけし）

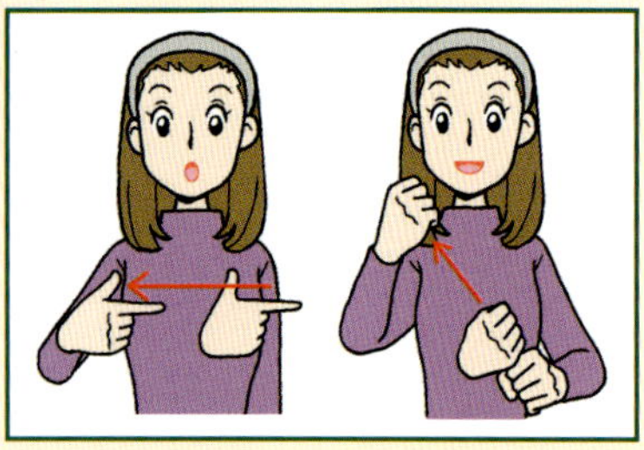

ポイント 右手２指を伸ばし左から右へ動かし、両拳を重ねて左下に置き、右手を斜め上にあげる。

⑪東広島市 （ひがしひろしまし）

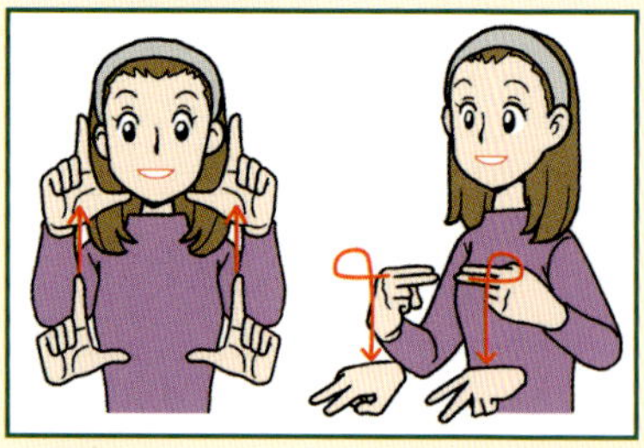

ポイント 「L」にした両手を上にあげ、両手２指を左右に開き下におろして鳥居を表す。

⑫廿日市市 （はつかいちし）

ポイント 数字「２０」を表し、指を折り曲げた右手を体の前に置く。

⑬安芸高田市 （あきたかたし）

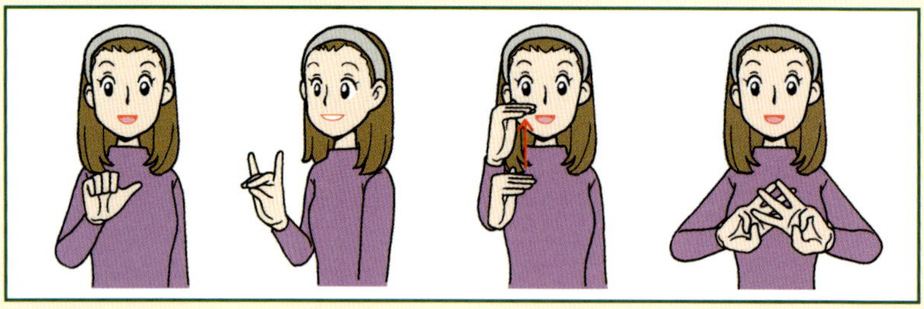

ポイント 指文字「ア」、「キ」を表し、指文字「コ」を上にあげ、掌を前に向けた両手３指を重ねる。

⑭江田島市Ａ （えたじましA）

ポイント 両手の小指側を両腰骨のところに２回つける。

⑭江田島市Ｂ （えたじましB）

ポイント 指文字「エ」を表し、両手３指を重ね、伏せた左手の小指側から掌を上にした右手を回す。

山口県 (やまぐちけん)

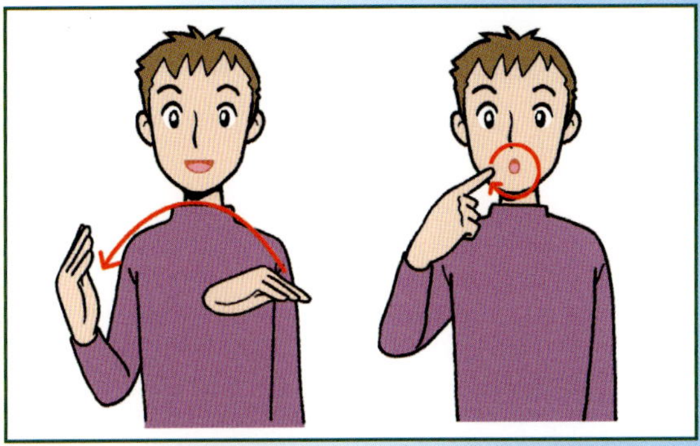

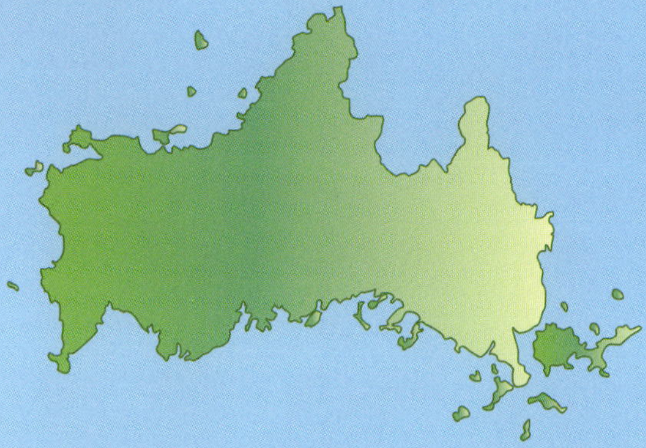

ポイント 右手で左から右へ「山」を描き、人差指で口の周りに円を描く。

❶下関市 (しものせきし)

ポイント 右手2指でカギ形を描く。

❷宇部市 (うべし)

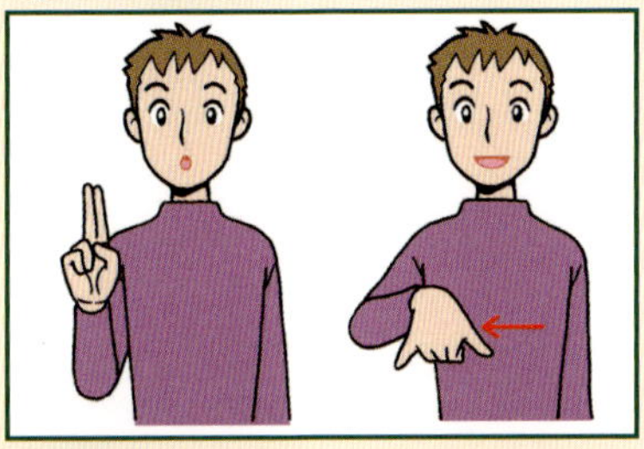

ポイント 指文字「ウ」、「ベ」を表す。

❸山口市 (やまぐちし)

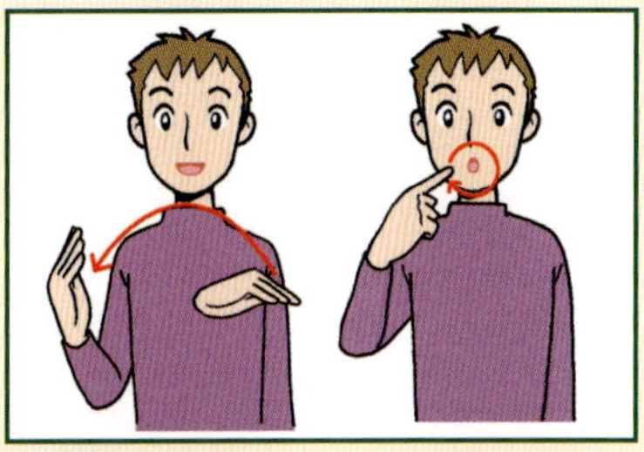

ポイント 右手で左から右へ「山」を描き、人差指で口の周りに円を描く。

❹萩市 (はぎし)

ポイント 両手を右前から顔へあおぐように2回動かす。

❺防府市 (ほうふし)

ポイント 指文字「ホ」、「フ」を表す。

❻下松市 (くだまつし)

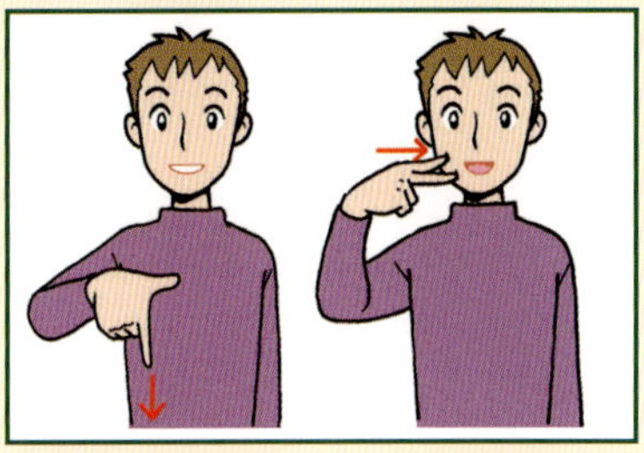

ポイント 「L」にした右手を下にさげ、2指を頬にあてる。

❼岩国市 (いわくにし)

ポイント 少し曲げた右手で山なりに2回前に出す。

❽光市 (ひかりし)

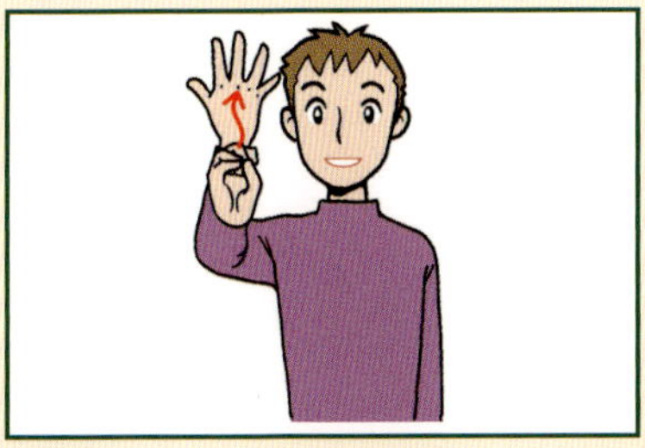

ポイント すぼめた右手をひねるように上にあげながら開く。

❾長門市 (ながとし)

ポイント つまんだ両手2指の先をつけ左右に離し、指文字「ト」を表す。

⑩柳井市 （やないし）

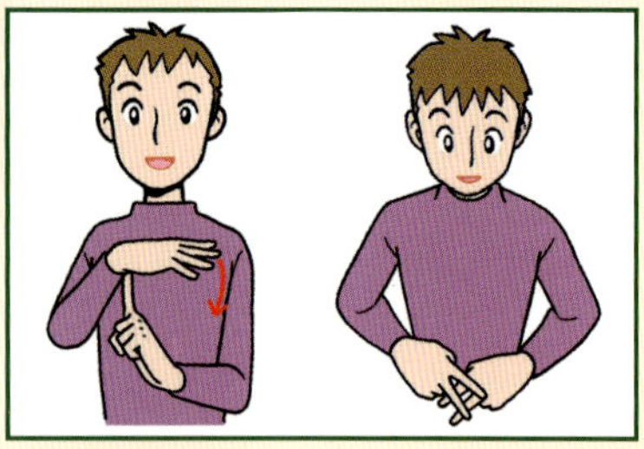

ポイント 左手人差指に右手首を乗せてさげ、両手２指を重ねる。

⑪美祢市 （みねし）

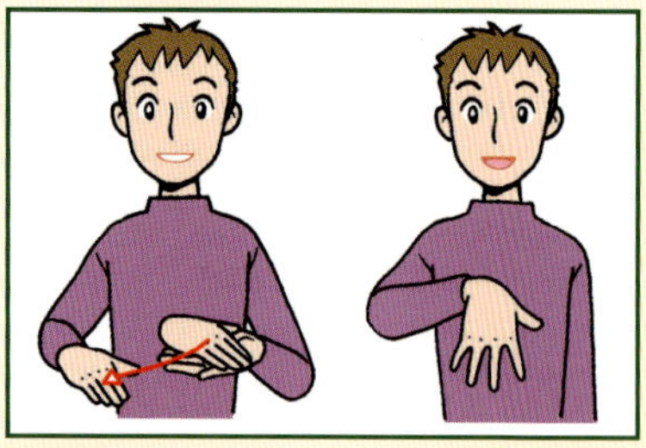

ポイント 左掌を右手でなでながら動かし、指文字「ネ」を表す。

⑫周南市 （しゅうなんし）

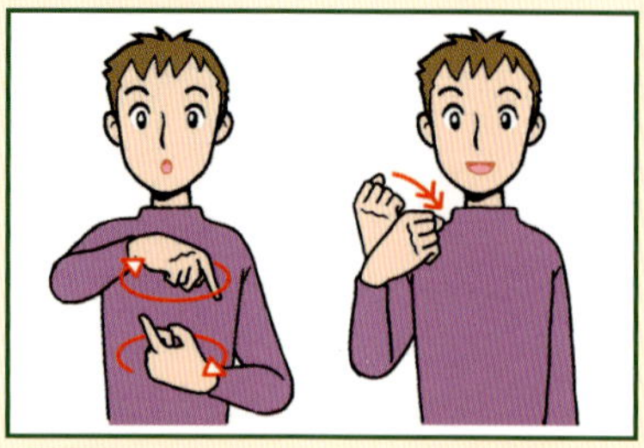

ポイント 人差指を伸ばした両手を上下に向い合せて回し、右手でうちわをあおぐしぐさをする。

⑬山陽小野田市 （さんようおのだし）

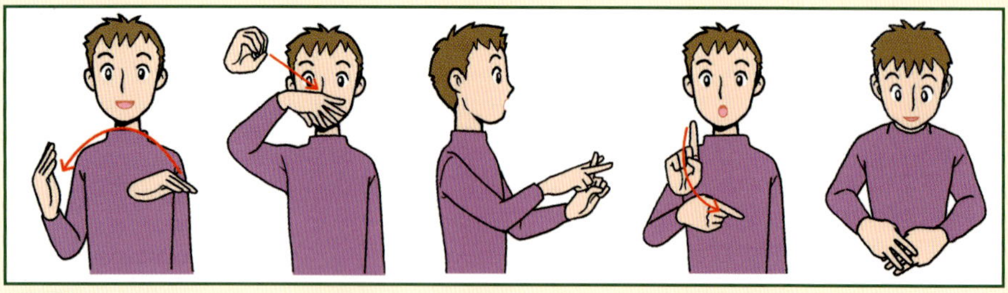

ポイント 「山」を描き、すぼめた右手を右上から斜めに開き、左手人差指を右手２指ではさみ、指文字「ノ」を表し、両手３指を重ねる。

四国ブロック

徳島県（とくしまけん）

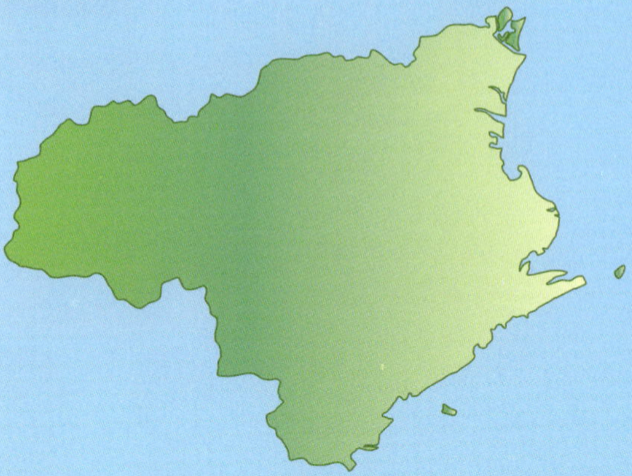

ポイント 伸ばした右手２指の親指をアゴにつけ、伏せた左手の小指側から、掌を上にした右手を回す。

❶徳島市（とくしまし）

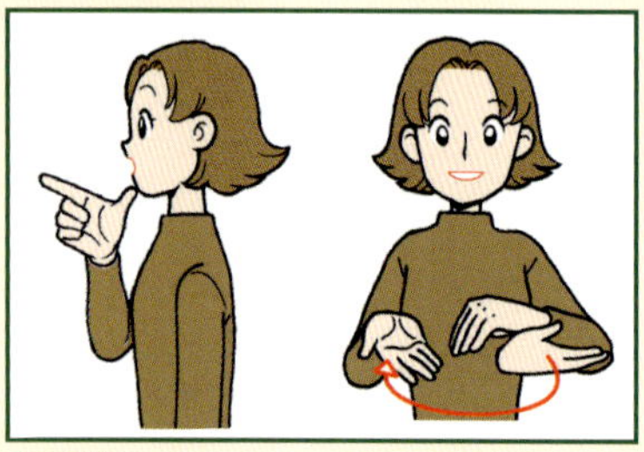

ポイント 伸ばした右手２指の親指をアゴにつけ、伏せた左手の小指側から、掌を上にした右手を回す。

❷鳴門市（なるとし）

ポイント 人差指を伸ばした両手を上下に向い合せて回す。

❸阿南市（あなんし）

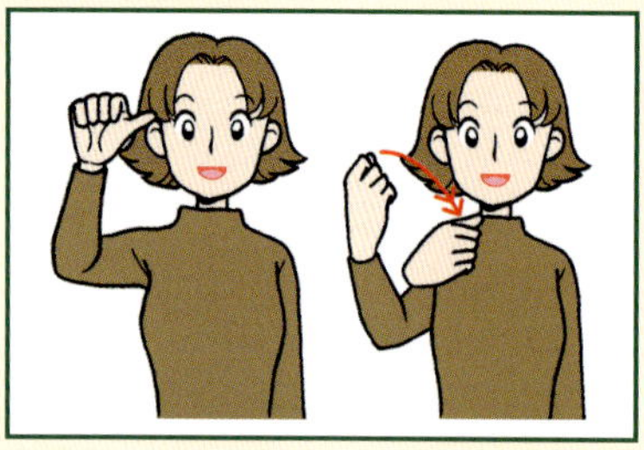

ポイント 指文字「ア」にした右手の親指をこめかみにつけ、うちわであおぐしぐさをする。

❹小松島市（こまつしまし）

ポイント 左手人差指を右手２指ではさみ、右手２指を頬にあて、左掌の指先から手首に右掌で半円を描く。

❺吉野川市（よしのがわし）

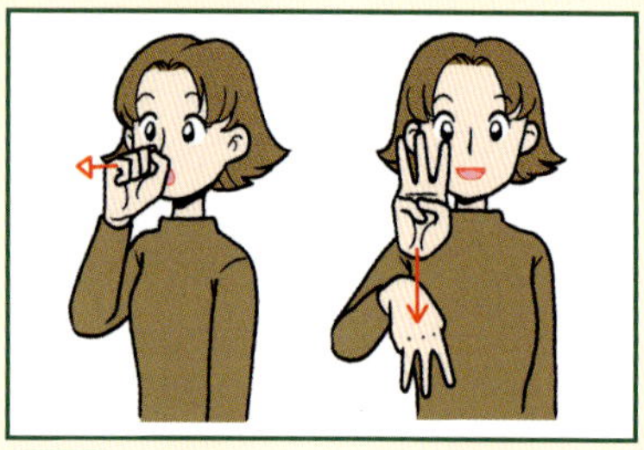

ポイント 右拳を鼻から少し前に出し、３指を伸ばして下へおろす。

❻阿波市（あわし）

ポイント 指文字「ア」、「ワ」を表す。

❼美馬市（みまし）

ポイント 指文字「ミ」、「マ」を表す。

❽三好市（みよしし）

ポイント 指文字「ミ」を表し、２指で首から前方へ出しながらつまむ。

香川県 (かがわけん)

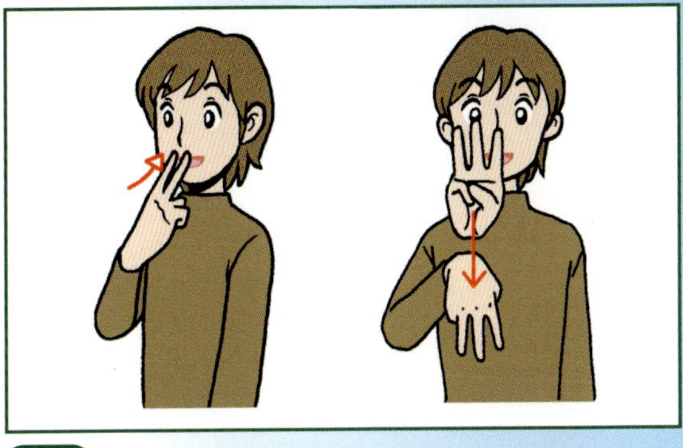

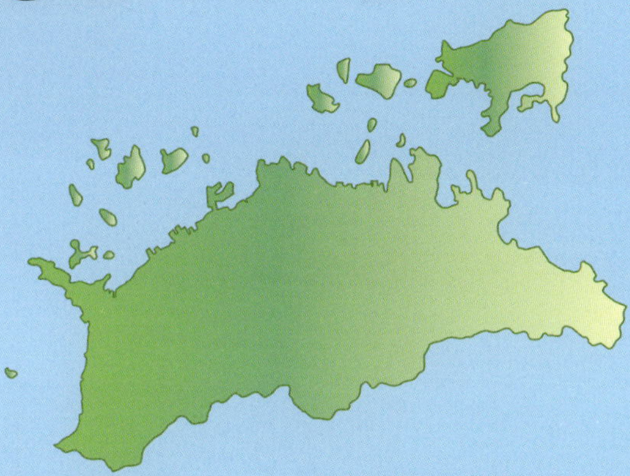

ポイント 右手２指を鼻に近づけ、伸ばした３指を下へおろす。

❶高松市 (たかまつし)

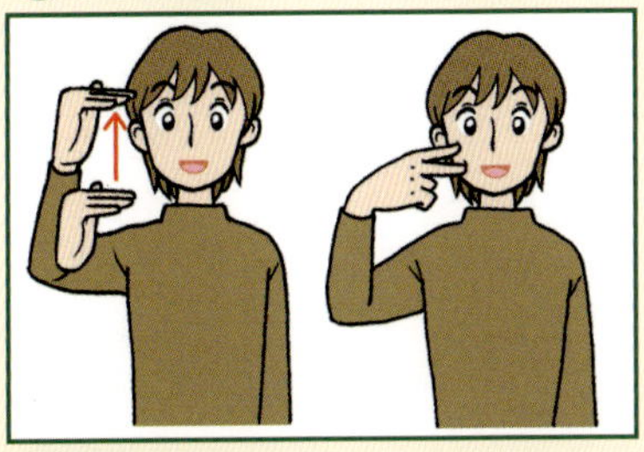

ポイント 指文字「コ」の右手を上にあげ、２指を頬にあてる。

❷丸亀市 (まるがめし)

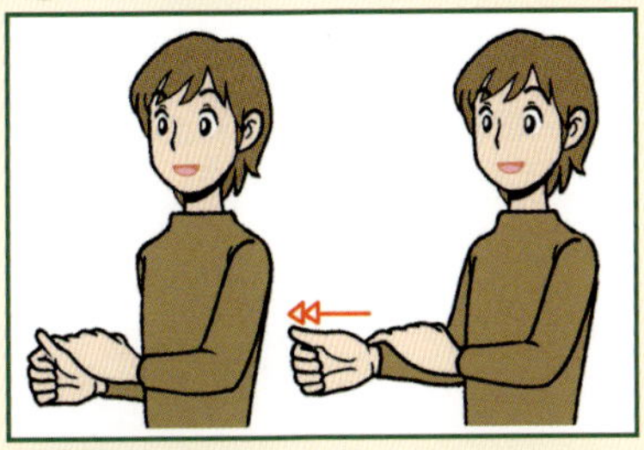

ポイント 親指を伸ばした右手の上に左手を置いて、右手を前に２回動かす。

❸坂出市 (さかいでし)

ポイント 左掌に指文字「ム」の右手人差指をつける。

❹善通寺市 (ぜんつうじし)

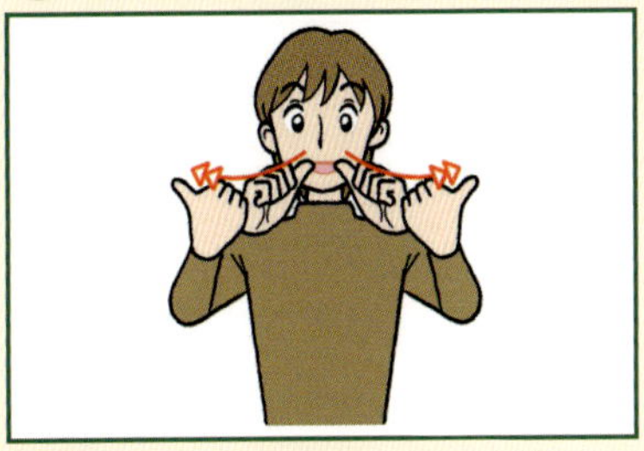

ポイント 両手親指を鼻の横にあて、２回跳ねあげる。

❺観音寺市 (かんおんじし)

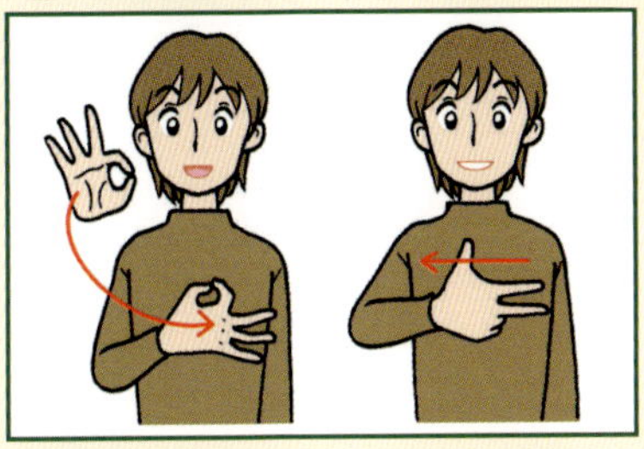

ポイント ２指を輪にし、他の３指で「彡」を描き、指文字「ジ」を表す。

❻さぬき市 (さぬきし)

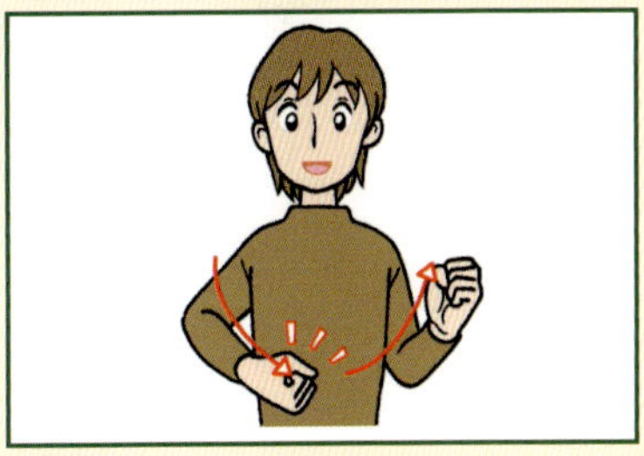

ポイント 両拳で交互に腹をたたく。

❼東かがわ市 (ひがしかがわし)

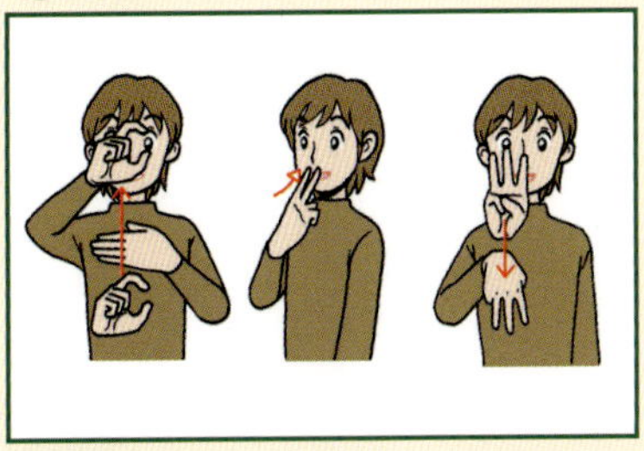

ポイント 甲を前に向けた左手の下から、２指で「C」にした右手を上にあげ、右手２指を鼻に近づけ、伸ばした３指を下へおろす。

❽三豊市 (みとよし)

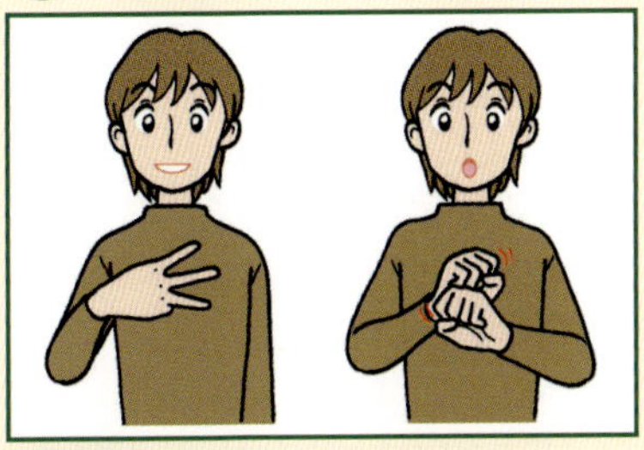

ポイント 指文字「ミ」を表し、両拳を上下に重ね、ニギニギニする動作を繰り返す。

愛媛県（えひめけん）

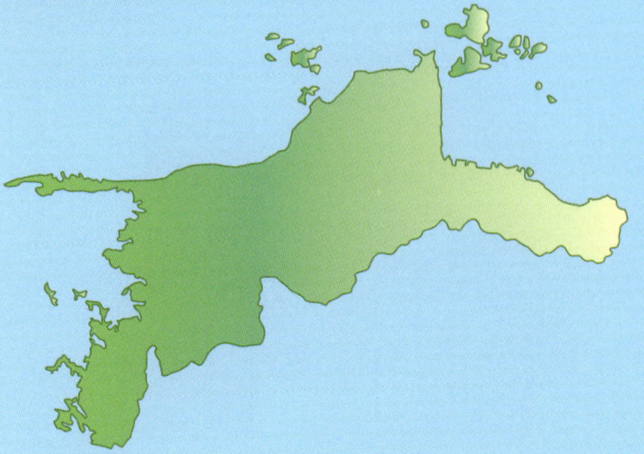

ポイント　左手小指の上で右手を回す。

①松山市A　（まつやましA）

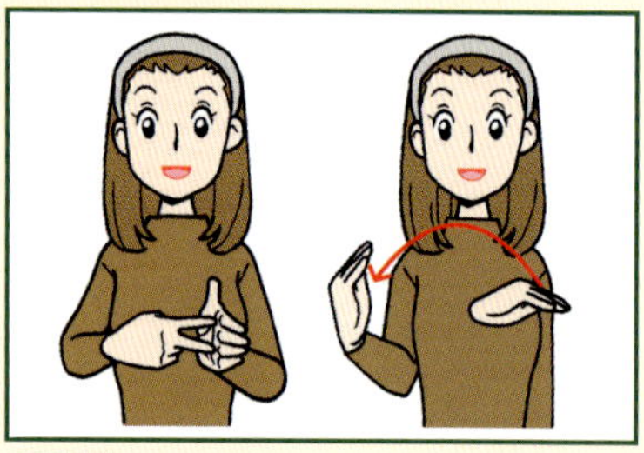

ポイント　左掌に右手２指をつけ、右手で左から右へ「山」を描く。

①松山市B　（まつやましB）

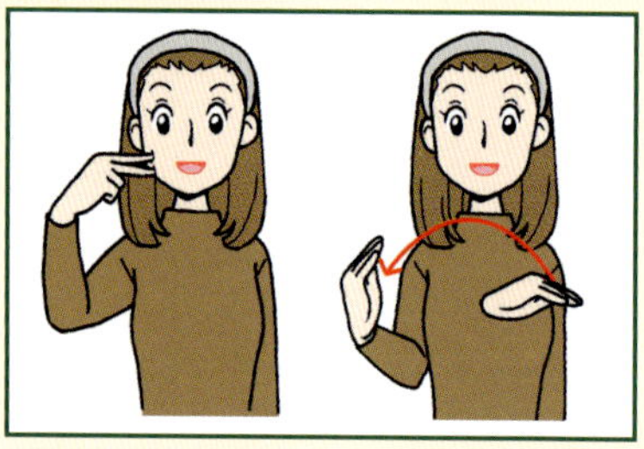

ポイント　右手２指を頬にあて、左から右へ「山」を描く。

②今治市A　（いまばりしA）

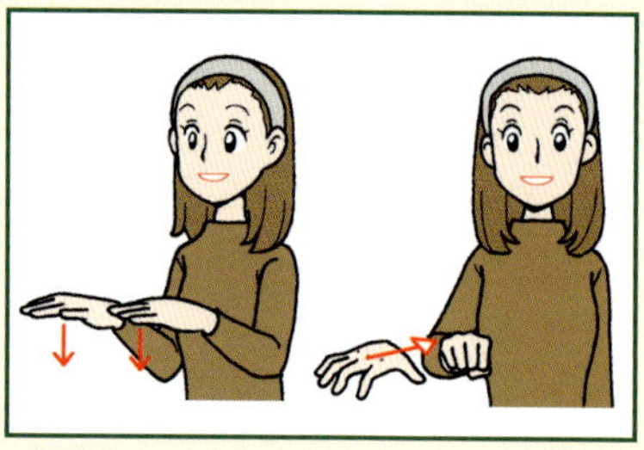

ポイント　両掌を下に向けておろし、右手をつかみ取るように引き寄せる。

②今治市B　（いまばりしB）

ポイント　右手２指を鼻の下につけ、２回下へおろす。

③宇和島市A　（うわじましA）

ポイント　右手の指先を額の中央から右頬へ２回動かす。

③宇和島市B　（うわじましB）

ポイント　２指を伸ばした両手を突き合わせる動作を繰り返す。

④八幡浜市　（やわたはまし）

ポイント　小指を折り曲げて４指で「C」の形にした右手を左掌の上で横に動かす。
※「８」の手話と板付きかまぼこの形を表現

⑤新居浜市　（にいはまし）

ポイント　「V」の形にした両手２指を前後に重ねる。
※住友のマークの形

⑥西条市A　（さいじょうしA）

ポイント　右手人差指で頬から耳へなでるように２回動かす。

❻西条市B （さいじょうしB）

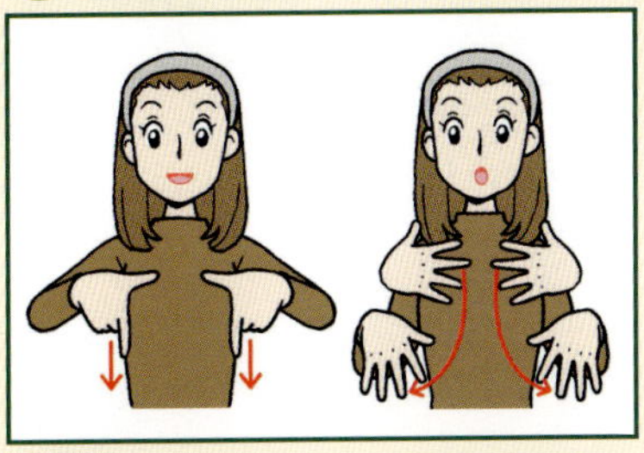

ポイント 「L」にした両手を下にさげ、両手の指先を向かい合せて指先をさげながら下へおろす。

❼大洲市A （おおずしA）

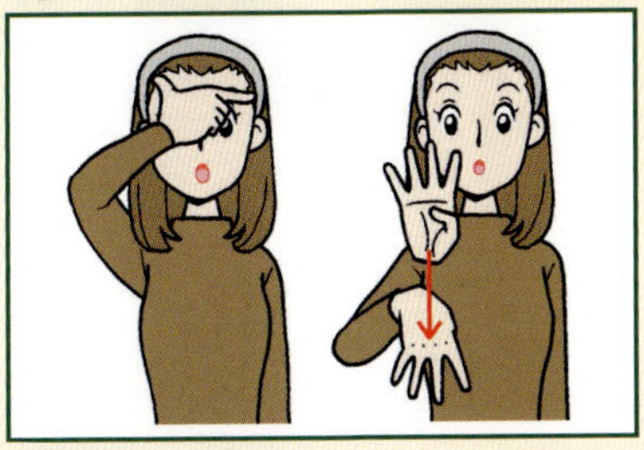

ポイント 右手2指を開いて額にあて、伸ばした4指を下へおろす。

❼大洲市B （おおずしB）

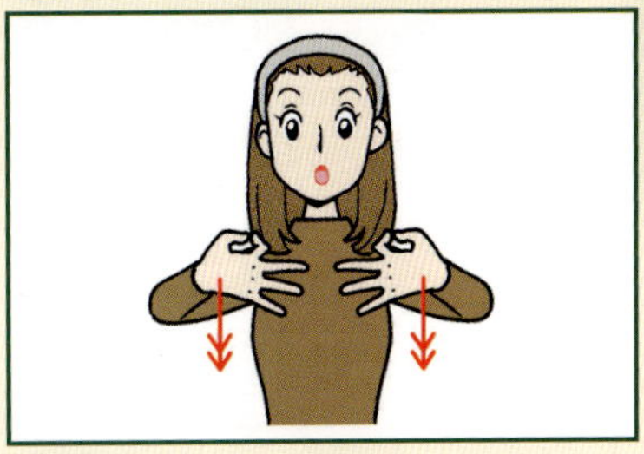

ポイント 2指を輪にし、他の3指を向い合せた両手を下へおろす動作を繰り返す。

❽伊予市A （いよしA）

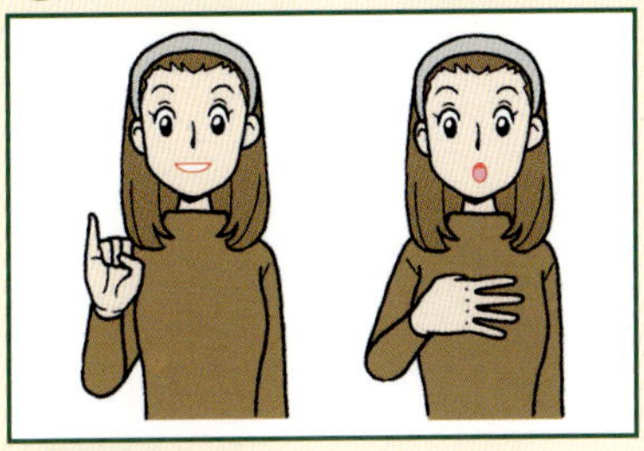

ポイント 指文字「イ」、「ヨ」を表す。

❽伊予市B （いよしB）

ポイント 左手2指の下を折り曲げた右手2指ですべらせる。
※電車が初めて開通したときの終点。

❾四国中央市 （しこくちゅうおうし）

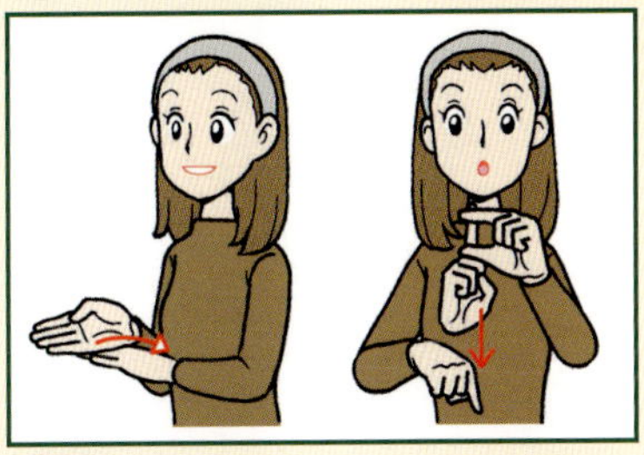

ポイント 左手甲に指先を前に向けた右手を乗せ手前に引き、左手2指に右手人差指をあてる。

❿西予市 （せいよし）

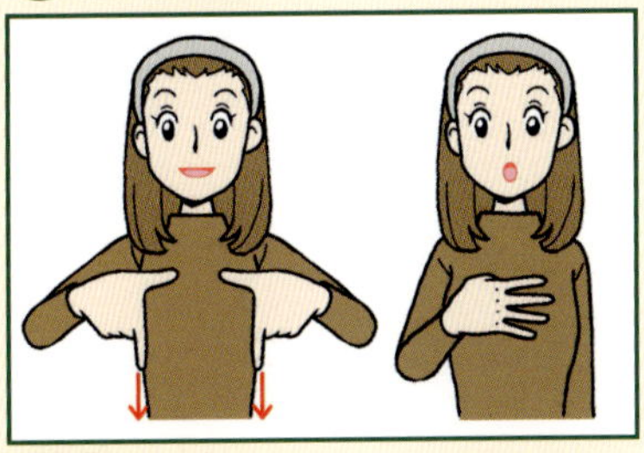

ポイント 「L」にした両手を下にさげ、指文字「ヨ」を表す。

⓫東温市A （とうおんしA）

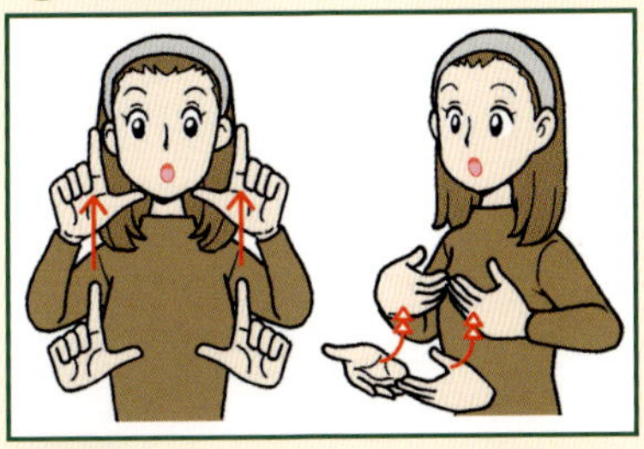

ポイント 「L」にした両手を上にあげ、両手で腹から上へ風を送るように動かす。

⓫東温市B （とうおんしB）

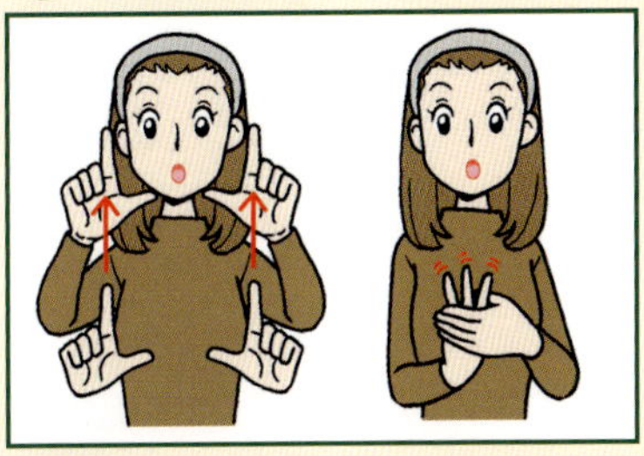

ポイント 「L」にした両手を上にあげ、指文字「ユ」の指をゆらゆらさせた右手を左手でつかむ。

高知県 (こうちけん)

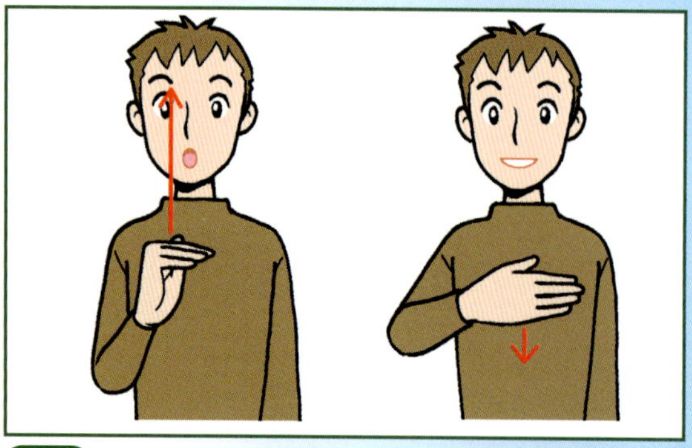

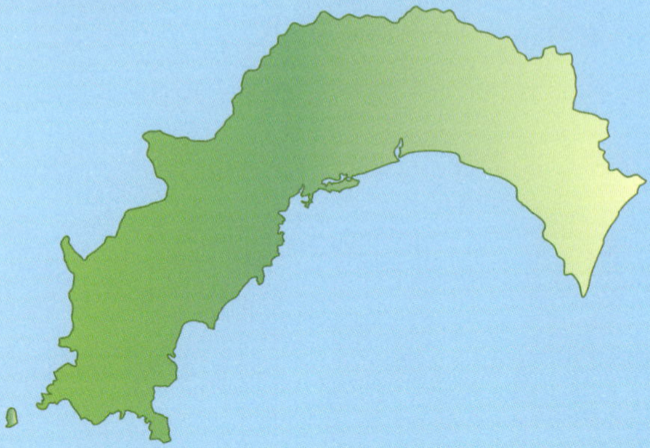

ポイント 指文字「コ」の右手を上にあげ、胸にあててさげる。

❶高知市 (こうちし)

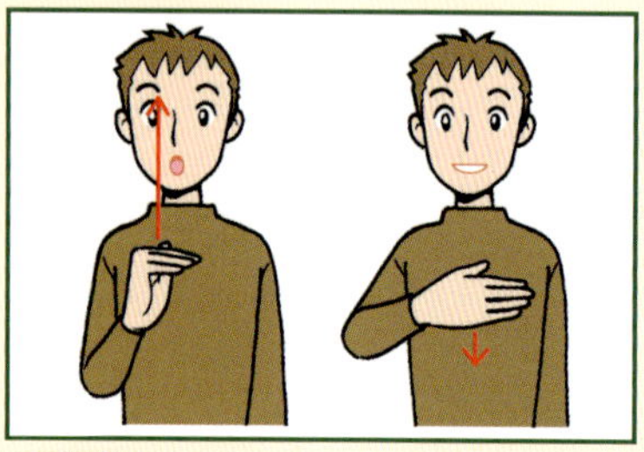

ポイント 指文字「コ」の右手を上にあげ、胸にあててさげる。

❷室戸市 (むろとし)

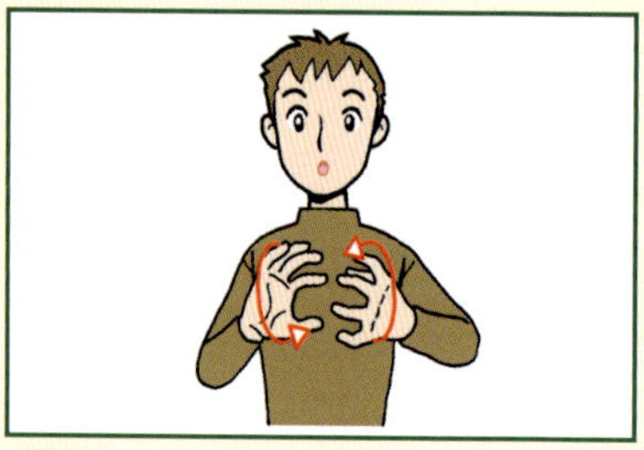

ポイント 両手を折り曲げて向い合せ互いに逆方向に回す。

❸安芸市 (あきし)

ポイント 左掌に右手指先をつける。

❹南国市 (なんこくし)

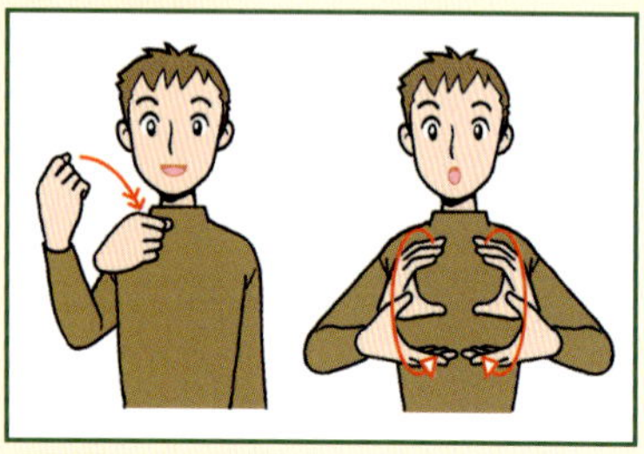

ポイント うちわであおぐしぐさをし、「C」にした両手を向い合せて前方へ回す。

❺土佐市 (とさし)

ポイント 左手２指の上に右手２指を乗せ前に２回出す。

❻須崎市 (すさきし)

ポイント 指文字「ス」を表し、両手指先を前方でつける。

❼宿毛市 (すくもし)

ポイント 人差指を曲げた両手を頭の横につける。

❽土佐清水市 (とさしみずし)

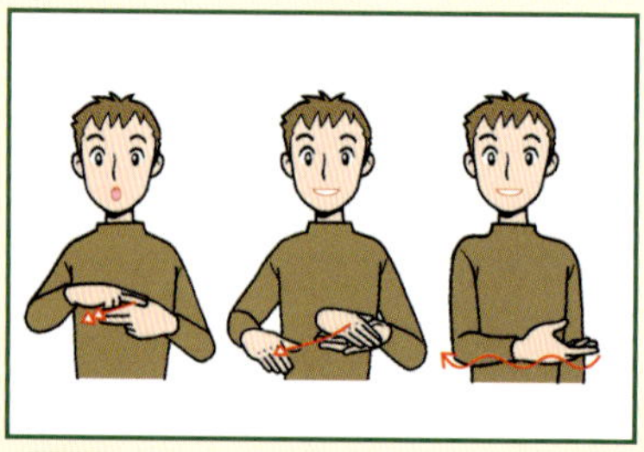

ポイント 左手２指に右手２指を乗せて２回出し、左掌を右手でなで、掌を上にした右手を波打たせる。

❾四万十市 (しまんとし)

ポイント 指文字「ヨ」、数字「万」、指文字「ト」を表す。

⑩香南市 （こうなんし）

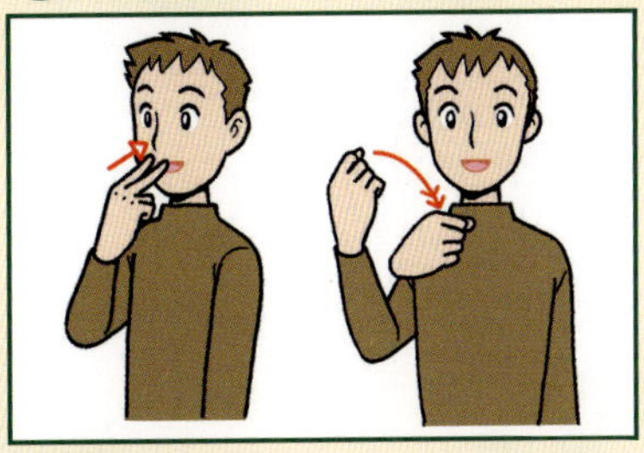

ポイント 右手の２指を鼻に近づけ、うちわであおぐしぐさをする。

⑪香美市 （かみし）

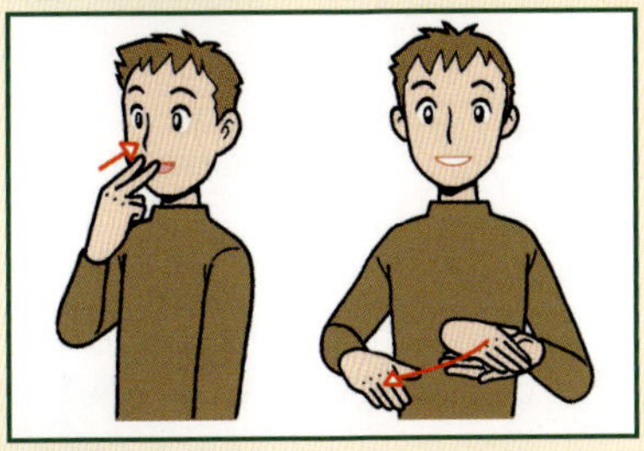

ポイント 右手の２指を鼻に近づけ、左掌を右手でなでながら右へ動かす。

チャレンジ！

にっぽんクイズ④

●答えを手話でやってみよう！●

問題6

皇居は、東京の何区にある？

a 中央区　b 千代田区　c 新宿区

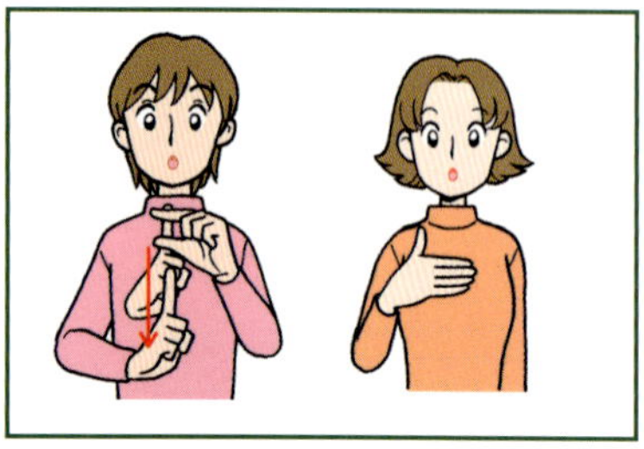

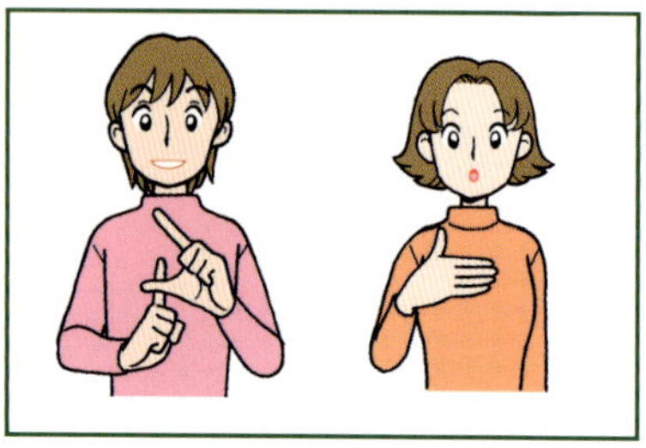

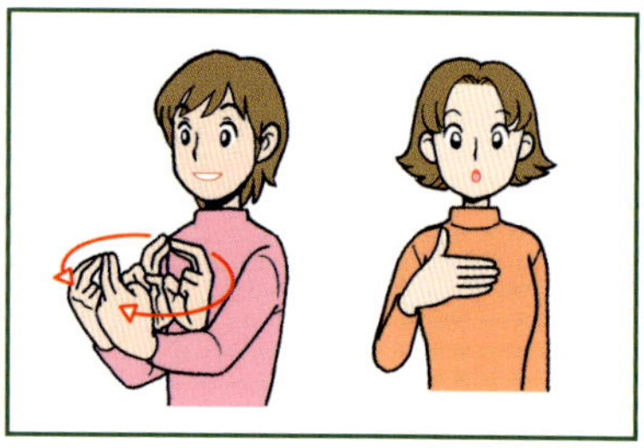

問題7

旧国名「阿波」、これは今の何県？

a 徳島県　b 新潟県　c 沖縄県

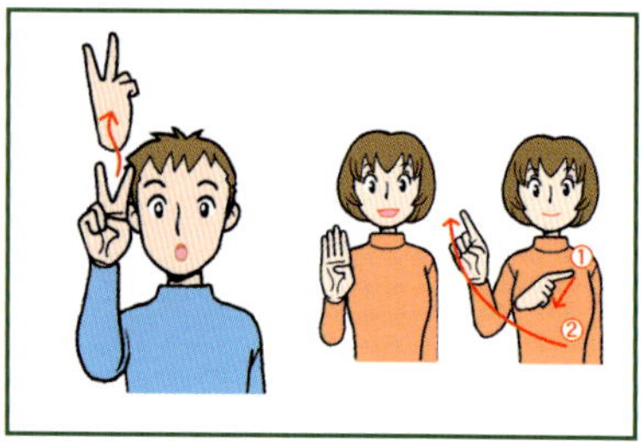

問題8

日本で2つだけ、「同一市名」があります。
これは何市と何市？

●この本から探し出してみてね！ファイト〜！

※答えは123ページを見てね！

九州ブロック

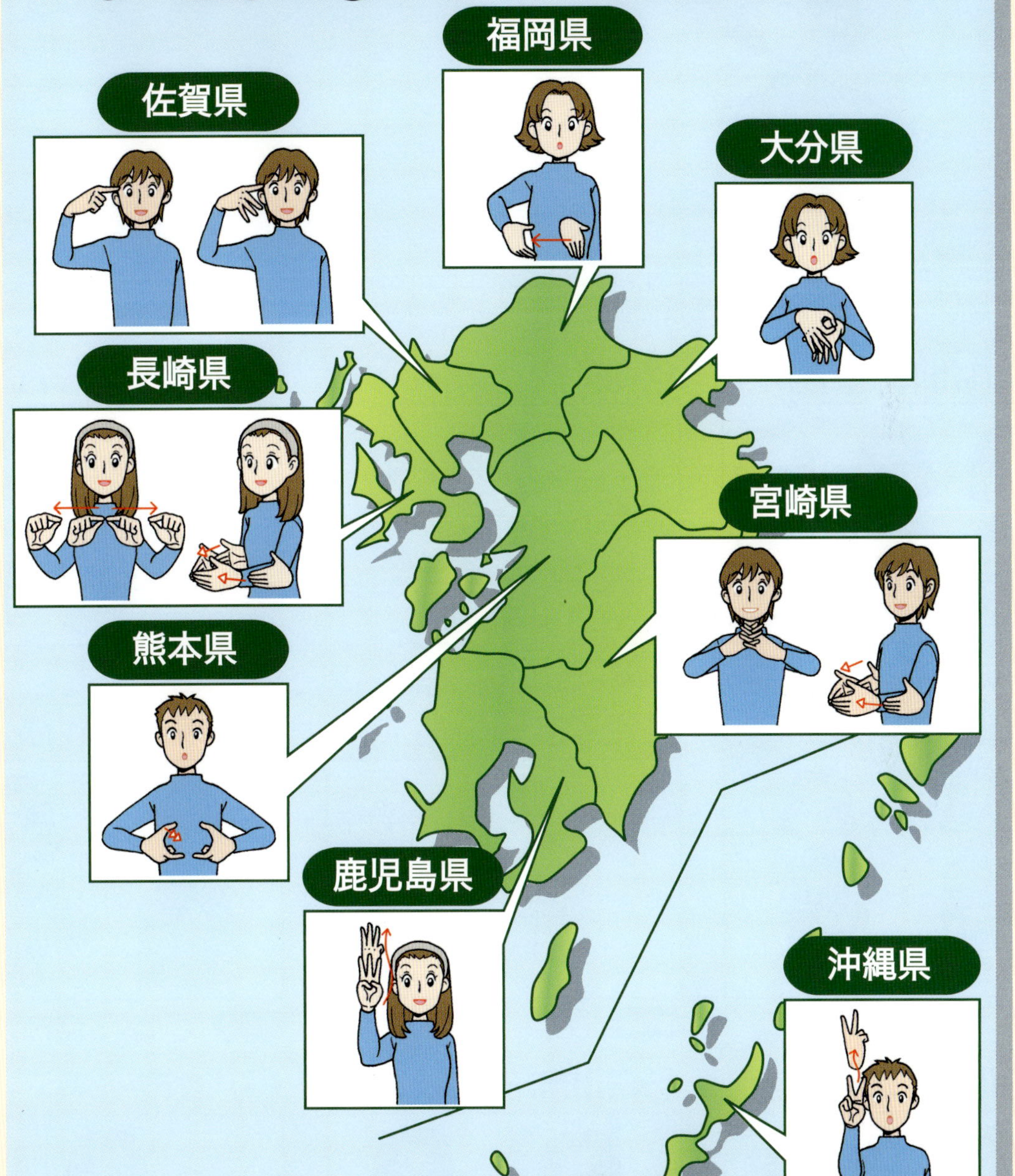

福岡県
佐賀県
大分県
長崎県
宮崎県
熊本県
鹿児島県
沖縄県

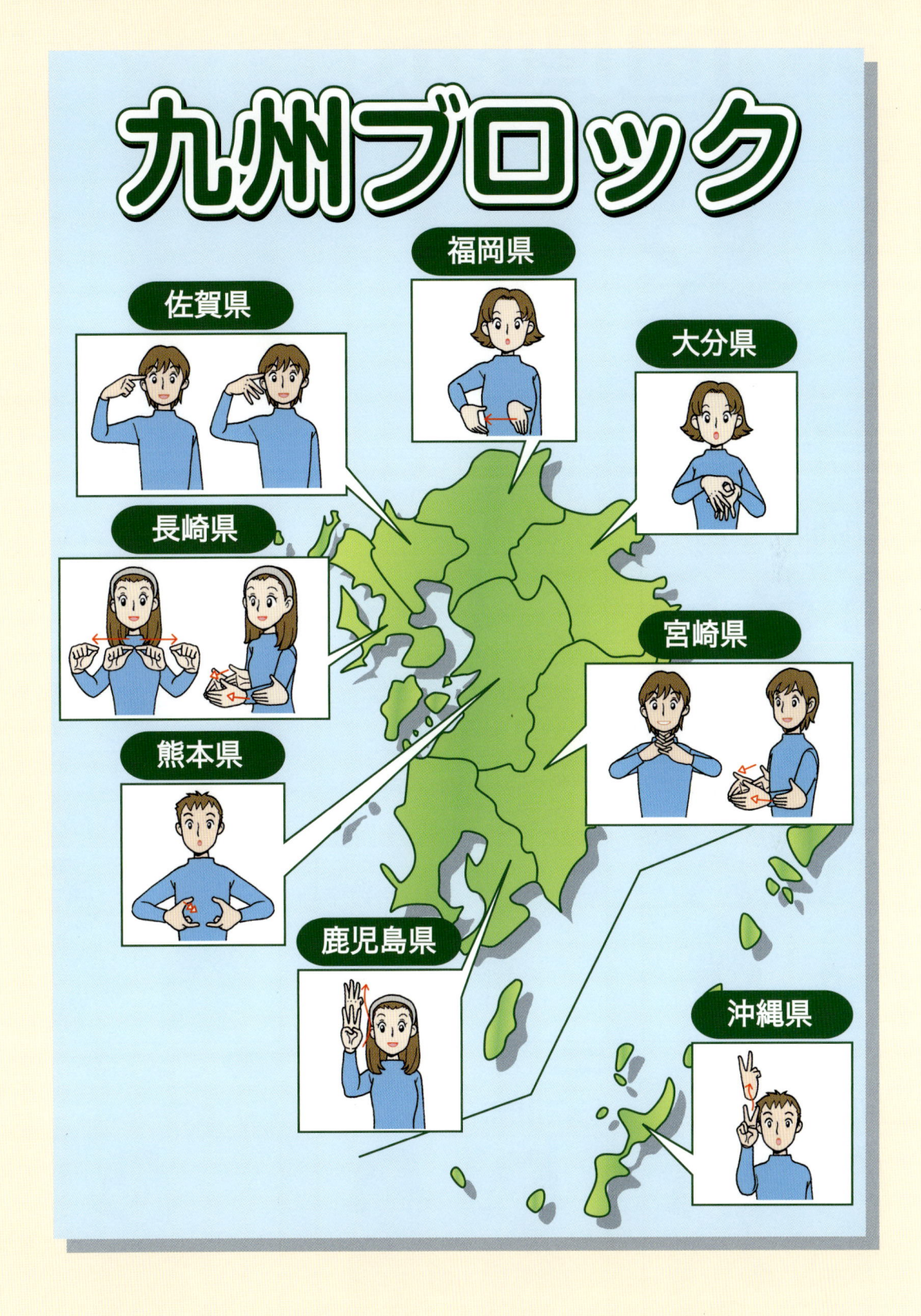

福岡県（ふくおかけん）

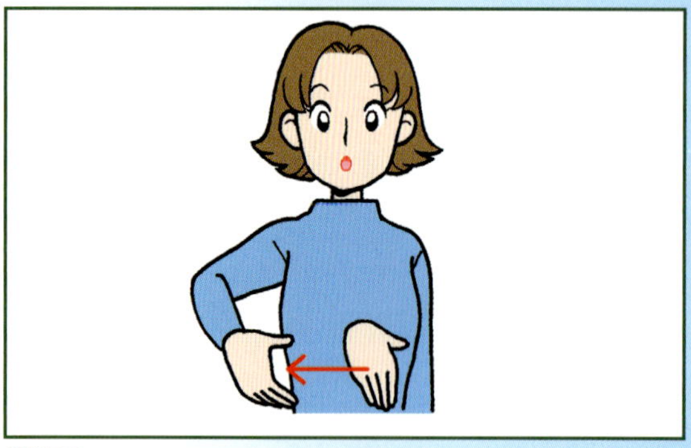

ポイント　やや折り曲げた右手を腹の左から右へ動かす。

❶北九州市（きたきゅうしゅうし）

ポイント　指文字「シ」の両手を交差させ、指文字「ク」にした右手を下に向ける。

❷福岡市（ふくおかし）

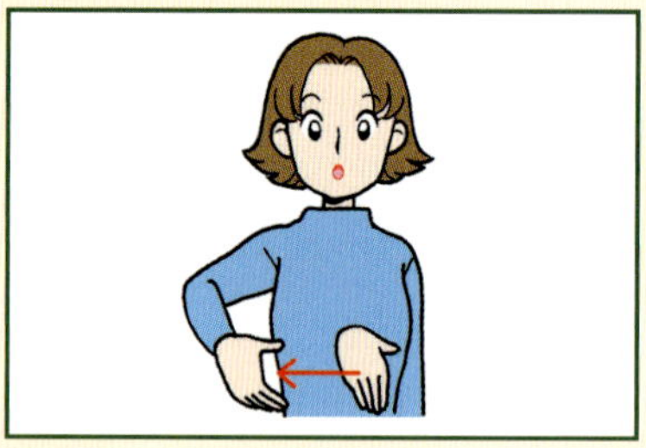

ポイント　やや折り曲げた右手を腹の左から右へ動かす。

❸大牟田市（おおむたし）

ポイント　甲を前に向けた左手に握った右手をつけ、指を開く。

❹久留米市（くるめし）

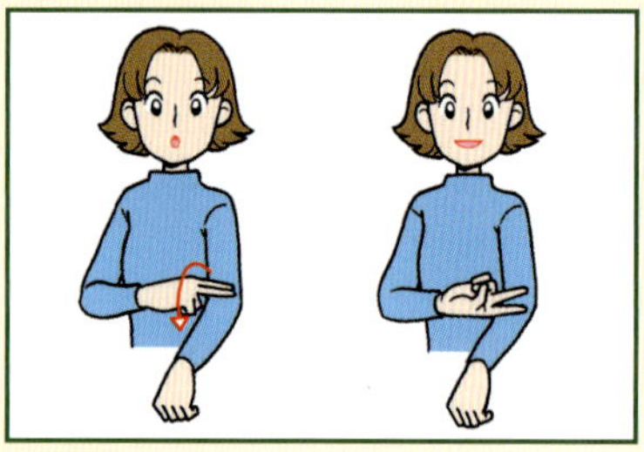

ポイント　右手の２指を左腕に置き、ひっくり返す。

❺直方市（のおがたし）

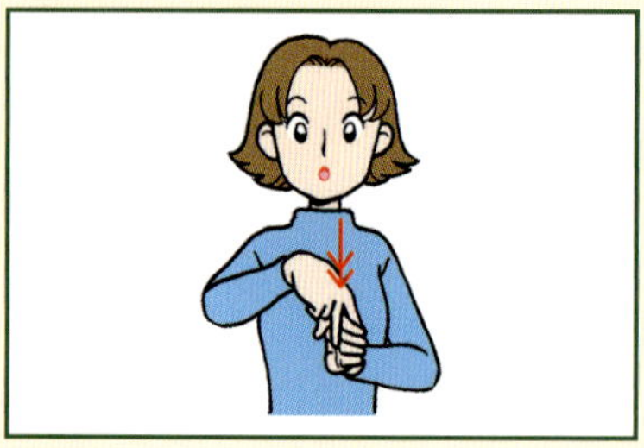

ポイント　指先を前に向けた左手に右手２指を２回はさむ。

❻飯塚市（いいづかし）

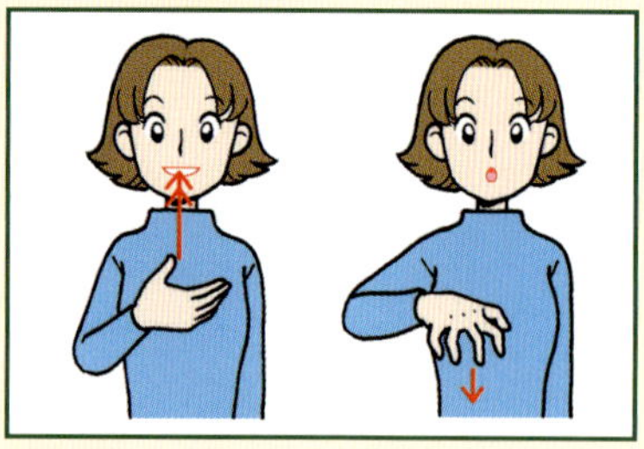

ポイント　少し曲げた右手でものを食べるしぐさをし、指を折り曲げた右手を体の前に置く。

❼田川市（たがわし）

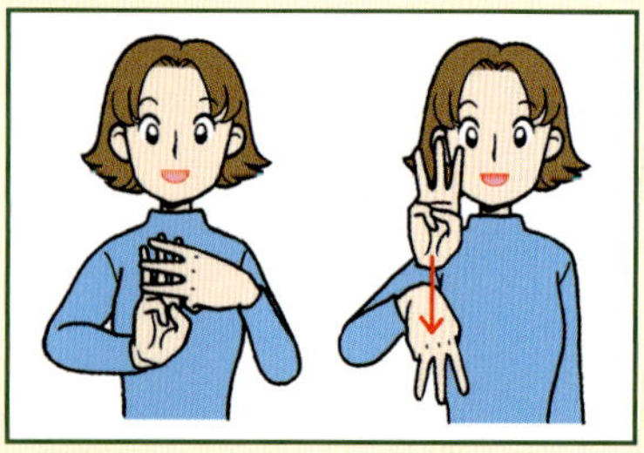

ポイント　両手３指を左手甲を前に向けて重ね、伸ばした右手３指を下へおろす。

❽柳川市（やながわし）

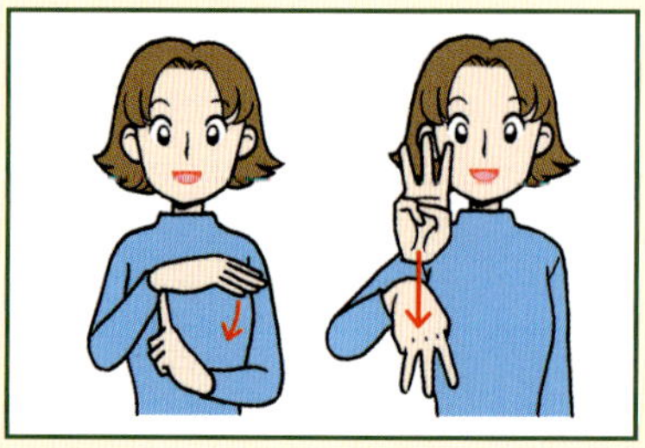

ポイント　左手人差指に右手首を乗せてさげ、伸ばした右手３指を下へおろす。

❾八女市（やめし）

ポイント　指文字「ヤ」の右手親指を左に２回さげる。

⑩筑後市 （ちくごし）

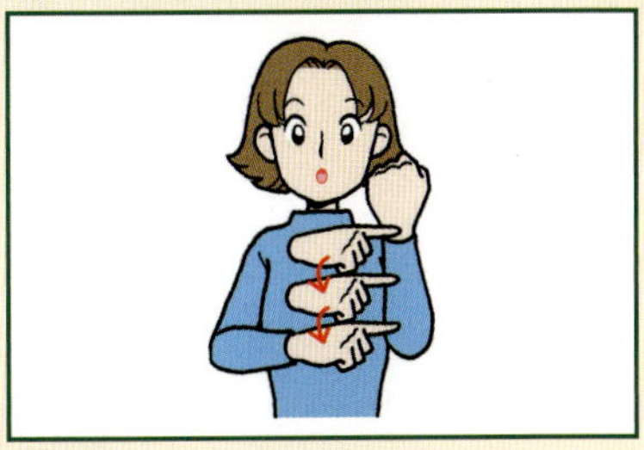

ポイント 左腕に右手人差指を上から下へ３回あてる。

⑪大川市 （おおかわし）

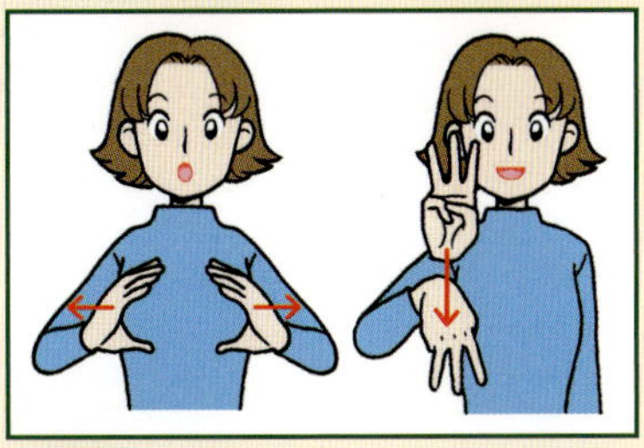

ポイント 「C」にした両手を左右に広げ、伸ばした右手３指を下へおろす。

⑫行橋市 （ゆくはしし）

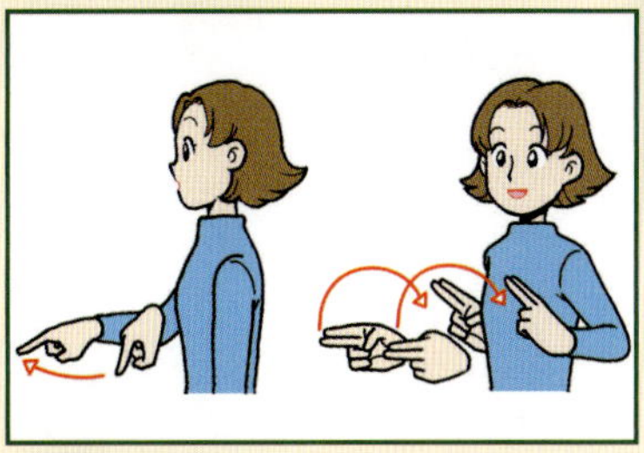

ポイント 指先を下に向けた人差指を前に出し、伸ばした両手２指を弧を描くように同時に手前に引く。

⑬豊前市 （ぶぜんし）

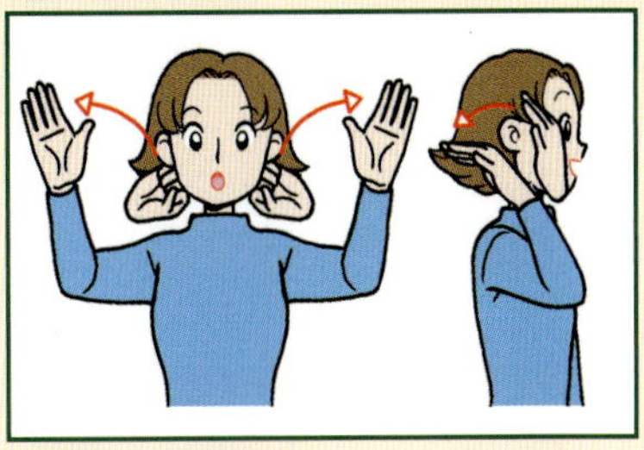

ポイント 首の後ろから両手拳を左右に広げながら開き、右手を顔の横から後ろへ向けて動かす。

⑭中間市 （なかまし）

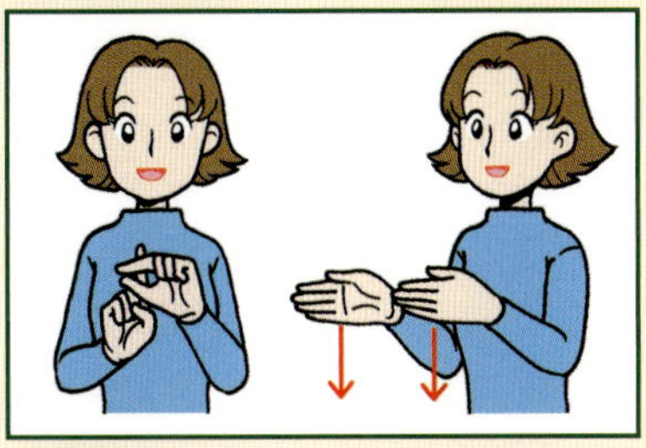

ポイント 指先をつけた左手２指に右手人差指をあて、両手を向かい合わせて軽く下におろす。

⑮小郡市 （おごおりし）

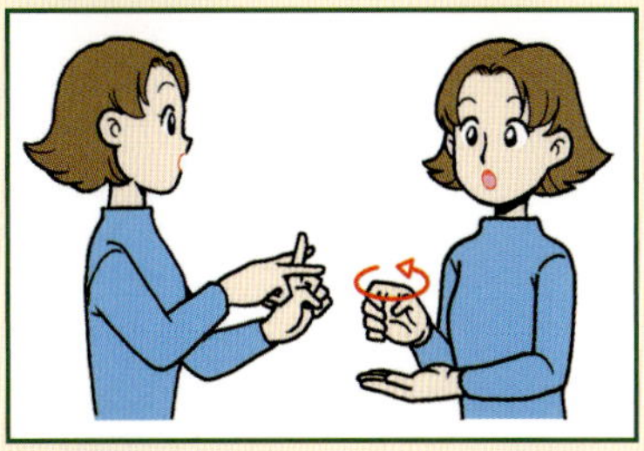

ポイント 左手人差指を右手２指ではさみ、左掌の上で「C」にした右手を回す。

⑯筑紫野市 （ちくしのし）

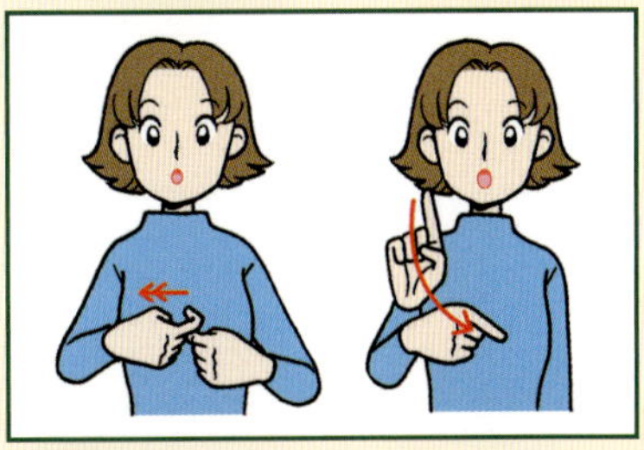

ポイント 曲げた左手人差指の上に乗せた、曲げた右手人差指を２回右へ動かし、指文字「ノ」を表す。

⑰春日市 （かすがし）

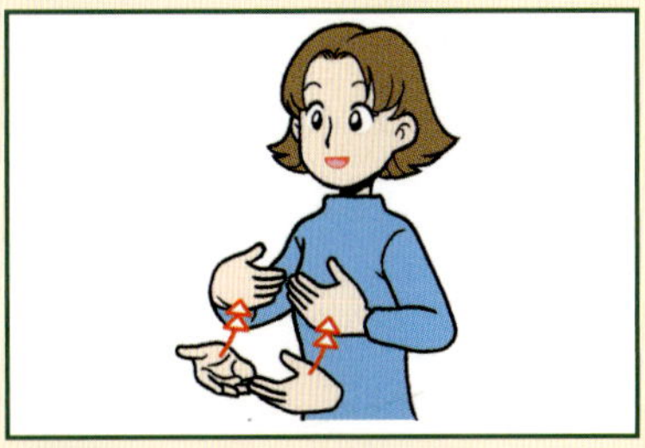

ポイント 両手で腹から上へ風を送るように動かす。

⑱大野城市 （おおのじょうし）

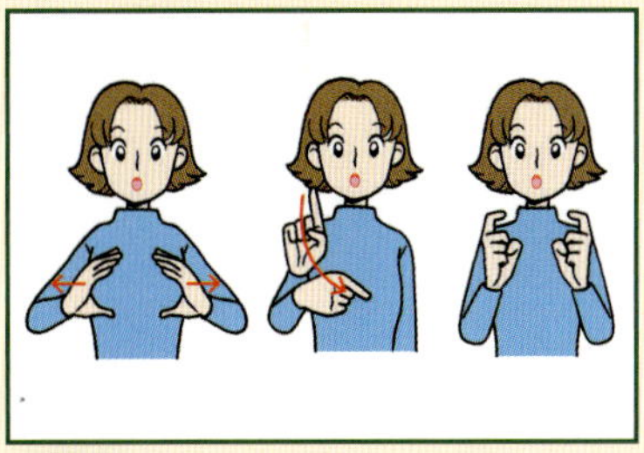

ポイント 「C」にした両手を左右に広げ、指文字「ノ」を表し、両手人差指を曲げて指先を向い合せる。

⑲宗像市 （むなかたし）

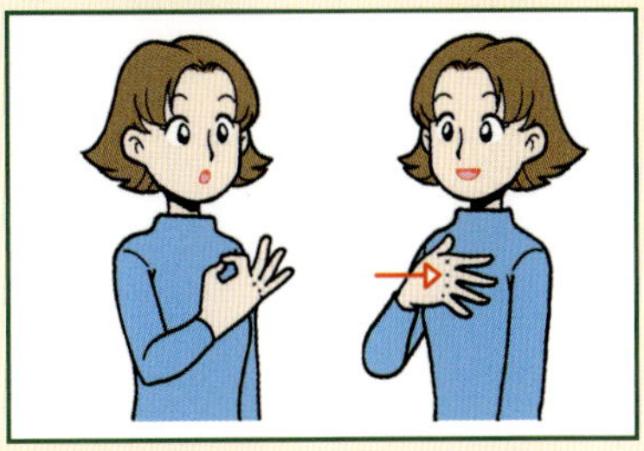

ポイント 輪にした右手２指の先を胸につけ、右手を開いて掌を胸につける。

⑳太宰府市 （だざいふし）

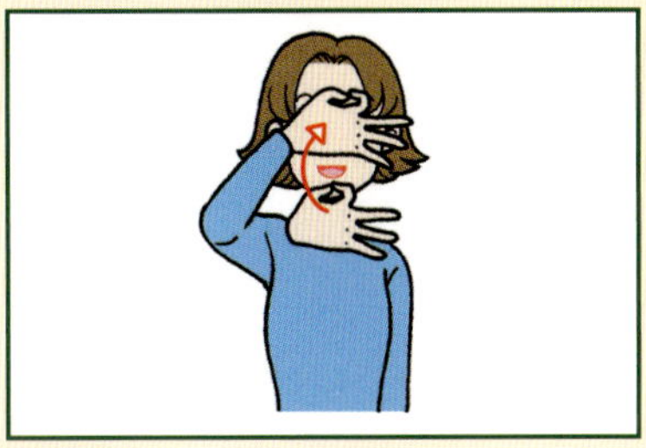

ポイント 輪にした右手の２指をアゴから額につける。

㉑前原市 （まえばるし）

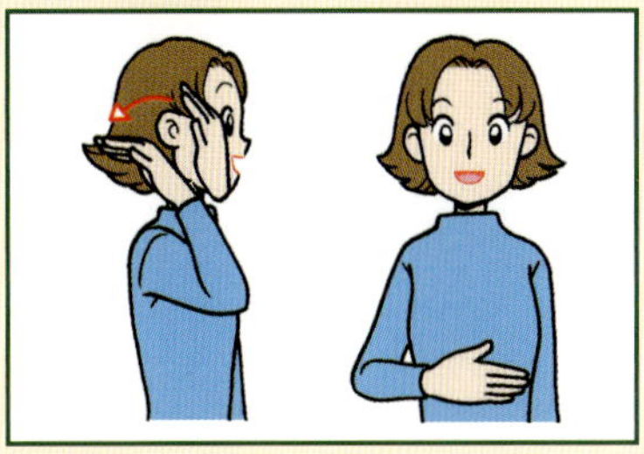

ポイント 右手を顔の横から後ろへ向けて動かし、腹にあてる。

㉒古賀市 （こがし）

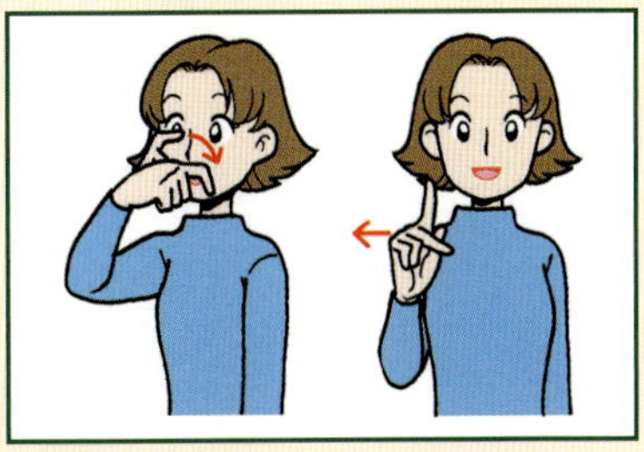

ポイント 人差指を曲げて鼻の前で回し、指文字「ガ」を表す。

㉓福津市 （ふくつし）

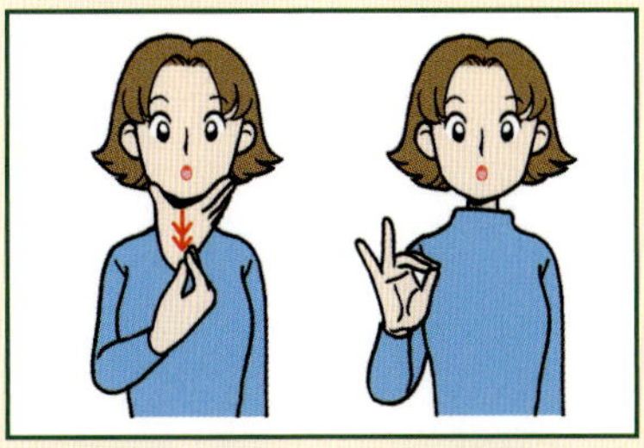

ポイント アゴにつけた指を下に引きながら指先をつける動作を繰り返し、指文字「ツ」を表す。

㉔うきは市 （うきはし）

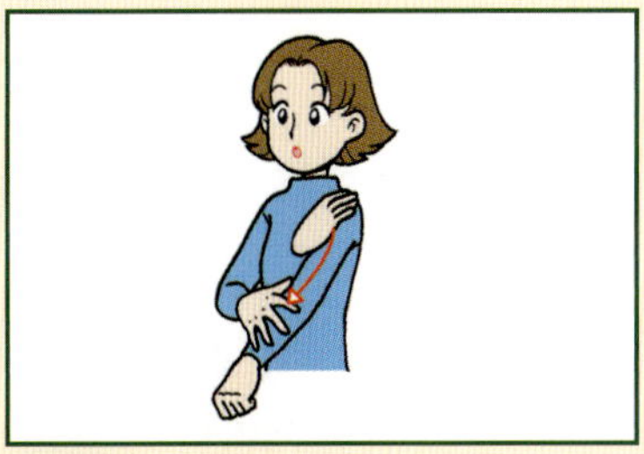

ポイント 左肩にあてた右手を、指を開きながら腕に沿って下にさげる。

㉕宮若市 （みやわかし）

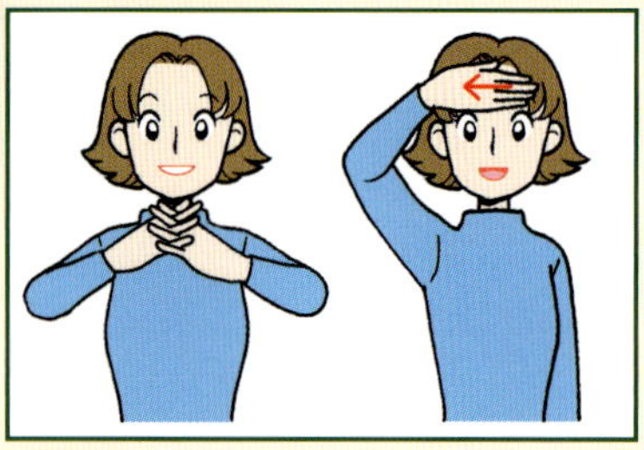

ポイント　両手の指を組み合せ、右掌を額にあてて右へ動かす。

㉖嘉麻市 （かまし）

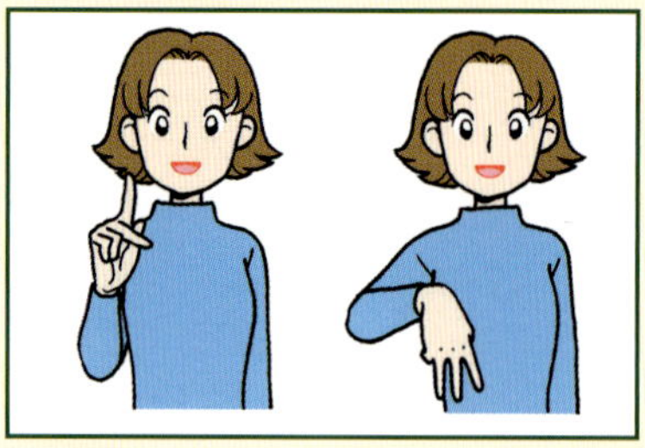

ポイント　指文字「カ」、「マ」を表す。

㉗朝倉市 （あさくらし）

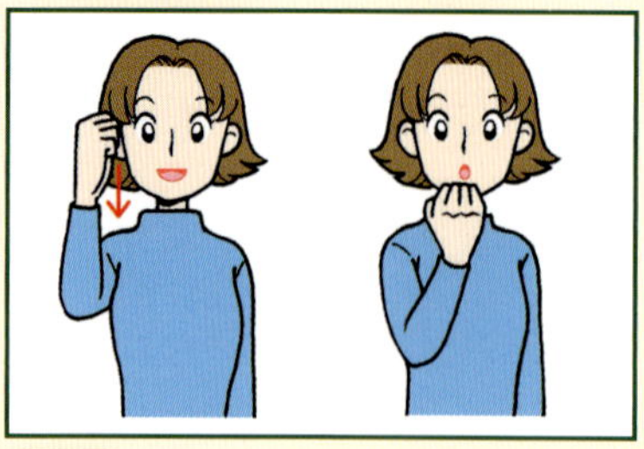

ポイント　右拳をこめかみから下へおろし、アゴにあてる。

㉘みやま市 （みやまし）

ポイント　指文字「ミ」の右手で左から右へ「山」を描く。

佐賀県 (さがけん)

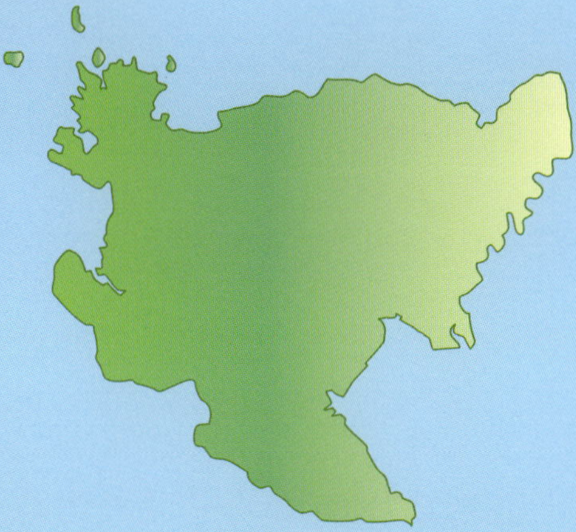

ポイント 人差指をこめかみにあて、他の４指をたらす。

❶佐賀市 (さがし)

ポイント 人差指をこめかみにあて、他の４指をたらす。

❷唐津市 (からつし)

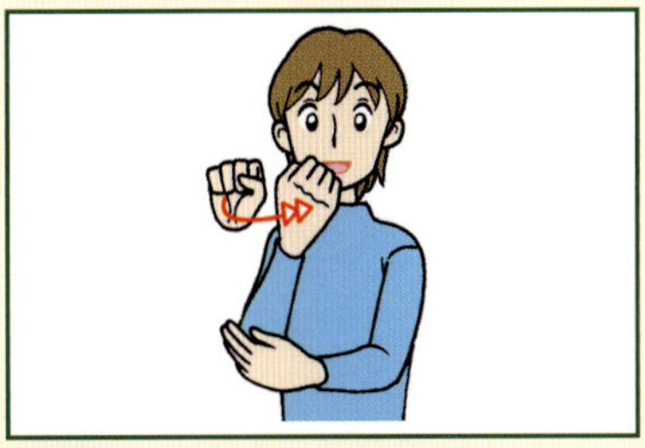

ポイント 左掌に右肘を乗せ、右拳を左右に振る。

❸鳥栖市 (とすし)

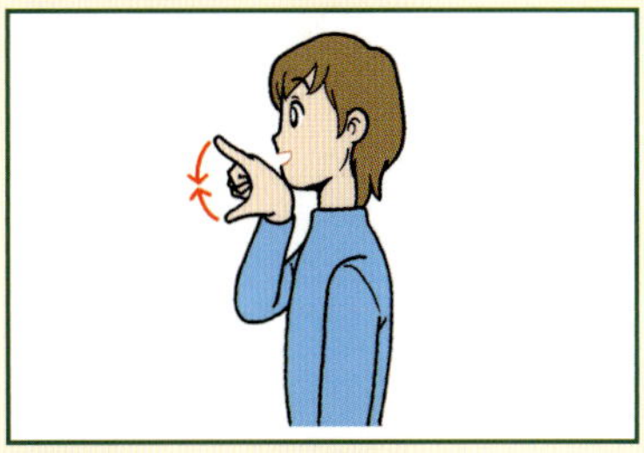

ポイント 右手２指を口元で閉じる。

❹多久市 (たくし)

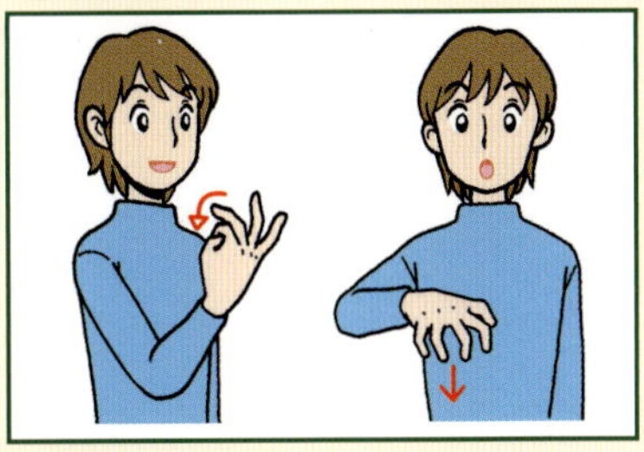

ポイント 右手を親指から順に折り曲げ、指を折り曲げた右手を体の前に置く。

❺伊万里市 (いまりし)

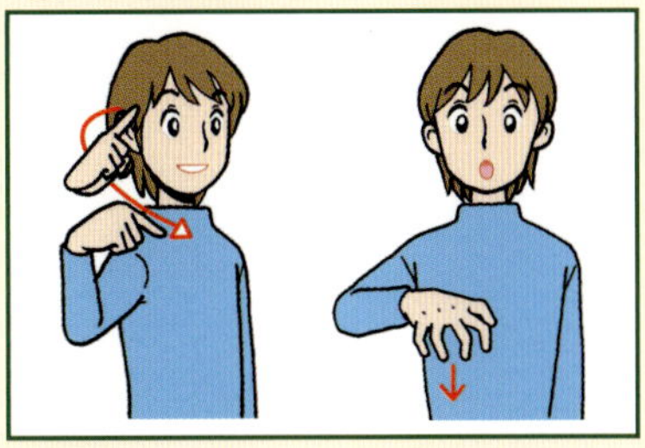

ポイント 右手人差指で右耳に沿って半回転させたあと前に出し、指を折り曲げた右手を体の前に置く。

❻武雄市 (たけおし)

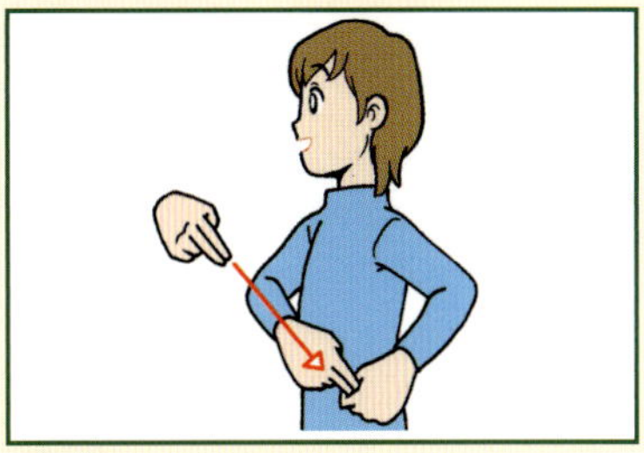

ポイント 丸めて腰の横に置いた左手の中に右手２指を入れる。

❼鹿島市 (かしまし)

ポイント 指文字「キ」を回す。

❽小城市 (おぎし)

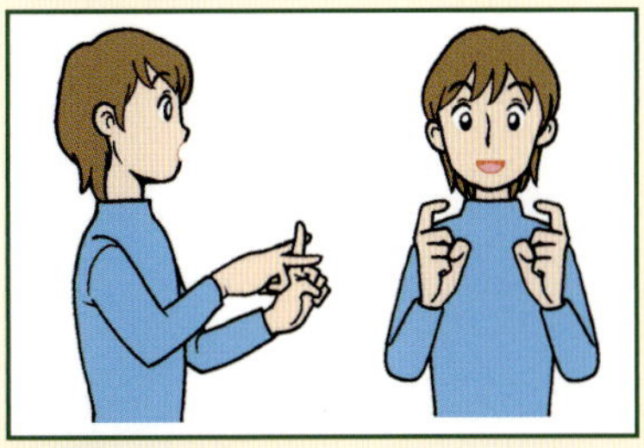

ポイント 左手人差指を右手２指ではさみ、両手人差指を曲げて指先を向い合せる。

❾嬉野市 (うれしのし)

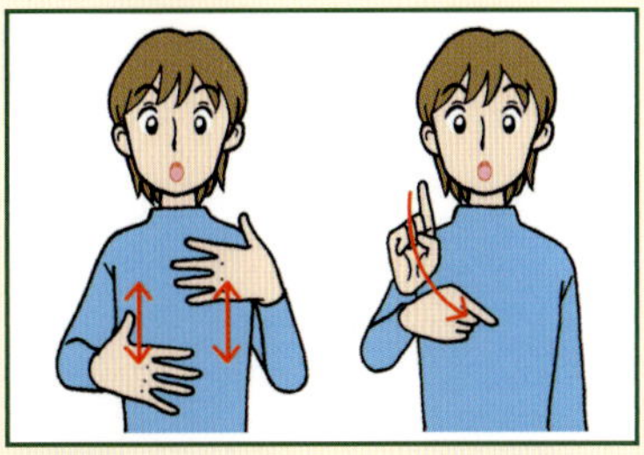

ポイント 両手を胸にあて交互に上下させ、指文字「ノ」を表す。

⑩神埼市 （かんざきし）

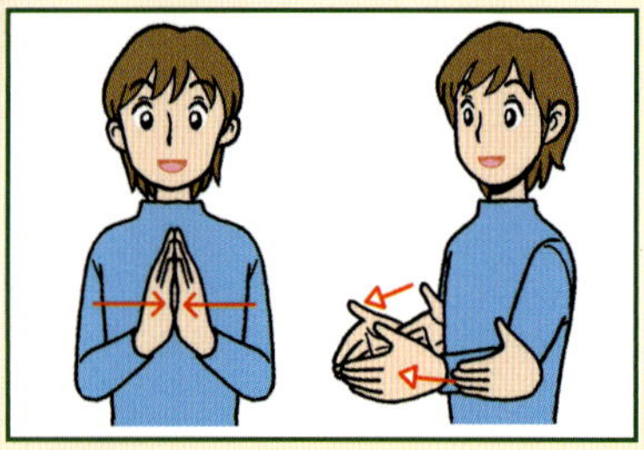

ポイント 両掌をつけ、両手指先を前方でつける。

長崎県 (ながさきけん)

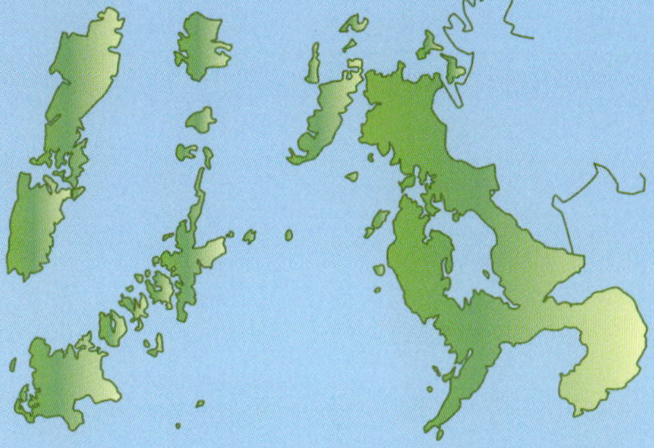

ポイント　つまんだ両手２指の先をつけ左右に離し、両手指先を前方でつける。

❶長崎市A (ながさきしA)

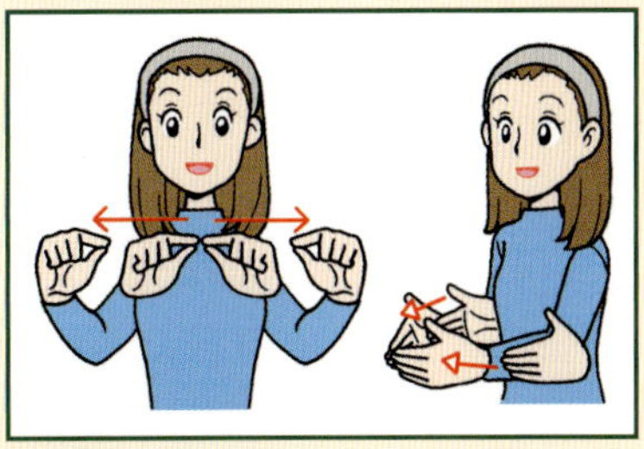

ポイント　つまんだ両手２指の先をつけ左右に離し、両手指先を前方でつける。

❶長崎市B (ながさきしB)

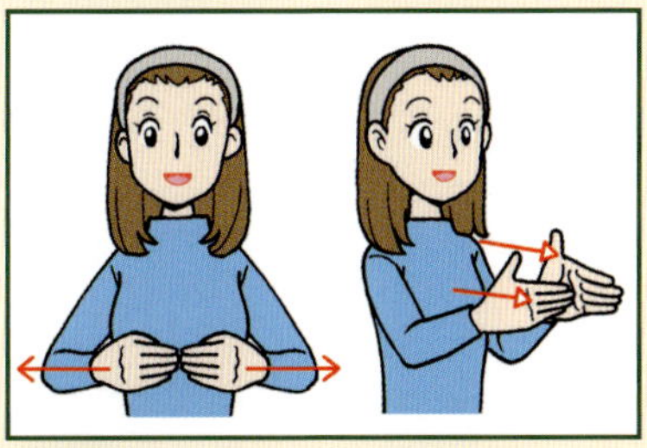

ポイント　つまんだ両手５指の先をつけ左右に離し、前に出しながら指先を前に向けた左手掌に右手指先をつける。

❷佐世保市 (させぼし)

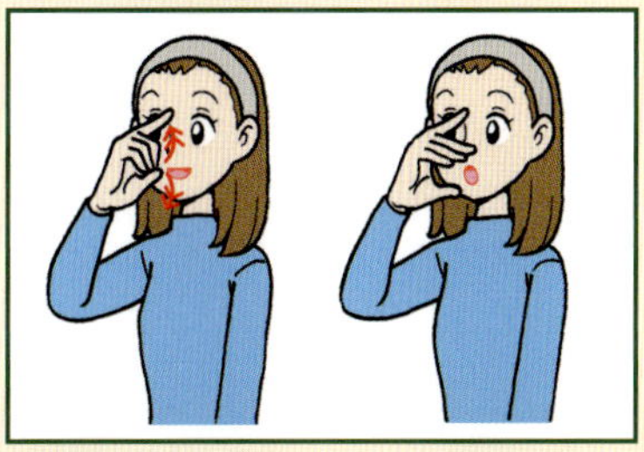

ポイント　右手人差指を額につけ、他の４指で２回はじく。

❸島原市 (しまばらし)

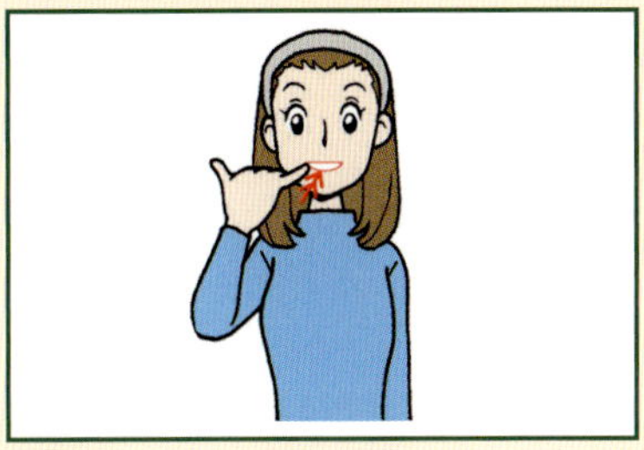

ポイント　指文字「ヤ」の右手の小指を口の右端に２回つける。

❹諫早市 (いさはやし)

ポイント　右手２指をアゴにつけたあと、鼻につける。

❺大村市 (おおむらし)

ポイント　手首をアゴの左側につけ、すぼめた右手の指をはじくように開く動作を繰り返す。

❻平戸市 (ひらどし)

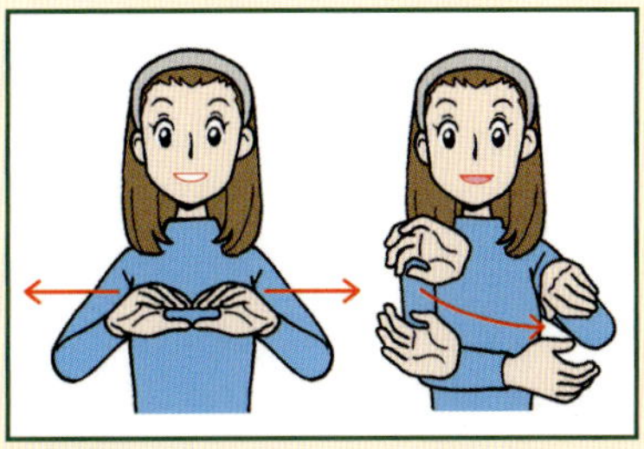

ポイント　「コ」の形にし指先を前に向けた両手を左右に離し、両手で戸を開けるしぐさをする

❼松浦市 (まつうらし)

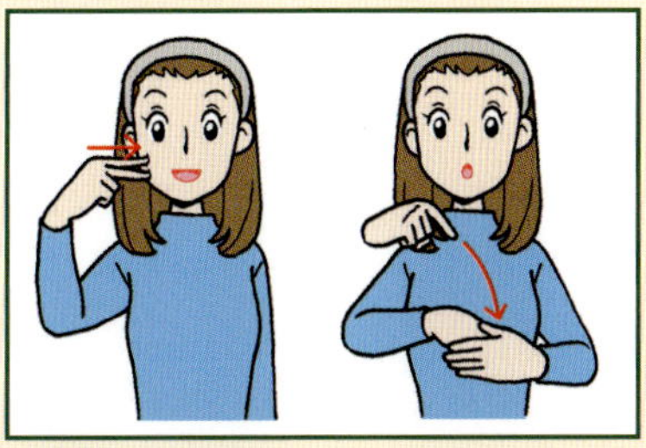

ポイント　右手２指を頬にあて、甲を前に向けた左手の内側に右手人差指を入れる。

❽対馬市 (つしまし)

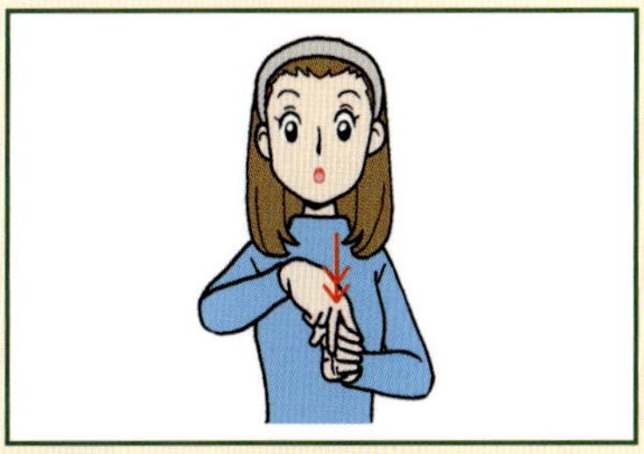

ポイント　指先を前に向けた左手に右手２指を２回はさむ。

⑨壱岐市　（いきし）

ポイント 右拳から人差指をはじき出す動きを２回する。

⑩五島市　（ごとうし）

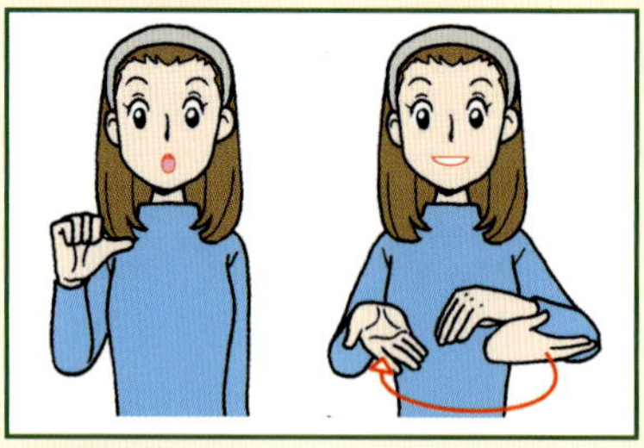

ポイント 数字「ア」を表し、丸めて伏せた左手の小指側から、掌を上にした右手を回す。

⑪西海市　（さいかいし）

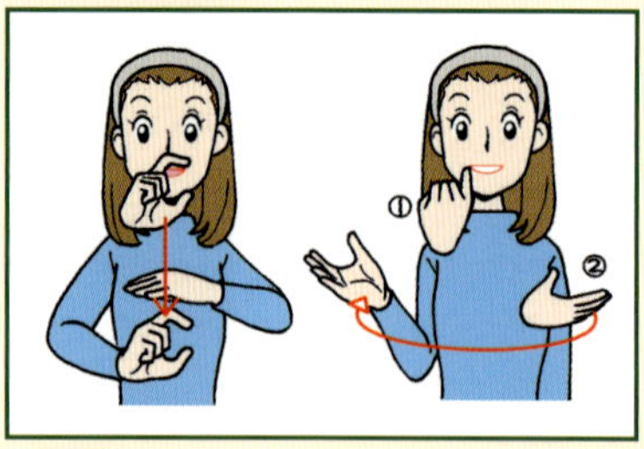

ポイント 左手の上から２指で「C」にした右手をさげ、小指を口の端につけ、掌を上にして左から右へ回す。

⑫雲仙市　（うんぜんし）

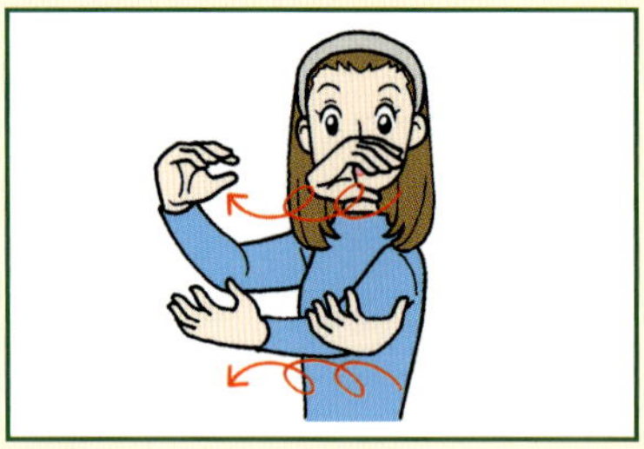

ポイント 指を曲げた両手を上下に向かい合わせ、回しながら右へ動かす。

⑬南島原市　（みなみしまばらし）

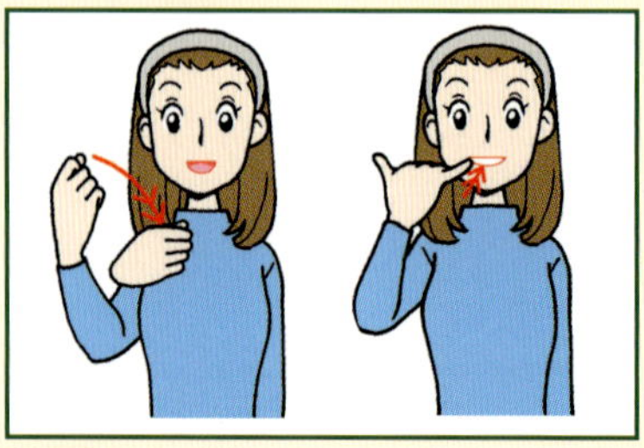

ポイント うちわであおぐしぐさをし、指文字「ヤ」の右手の小指を口の右端に２回つける。

熊本県 (くまもとけん)

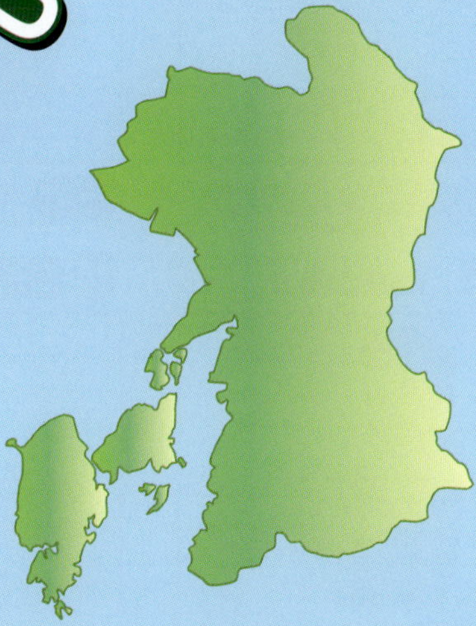

ポイント 「C」にした両手２指を2回腹につける。

❶熊本市 (くまもとし)

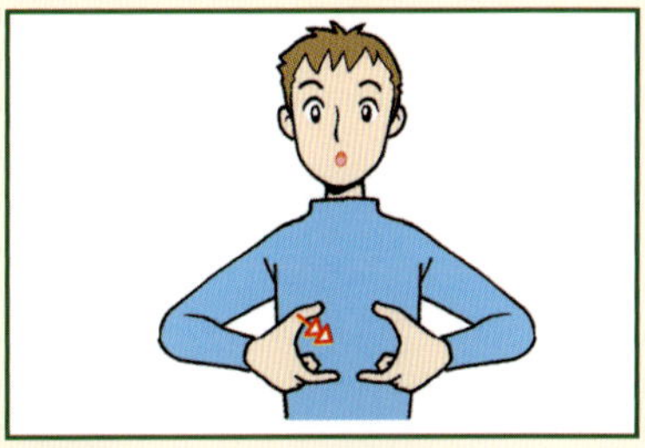

ポイント 「C」にした両手２指を2回腹につける。

❷八代市 (やつしろし)

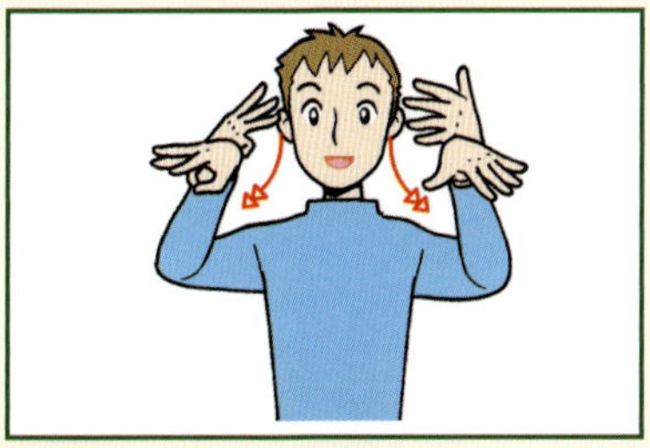

ポイント ３指を伸ばした右手と、５指を伸ばした左手を、同時に両こめかみの横から前へ払うように２回動かす。

❸人吉市 (ひとよしし)

ポイント 親指と小指を伸ばした右手を鼻先で小刻みに振る。

❹荒尾市 (あらおし)

ポイント 親指を鼻先につけ、人差指を２回振る。

❺水俣市 (みなまたし)

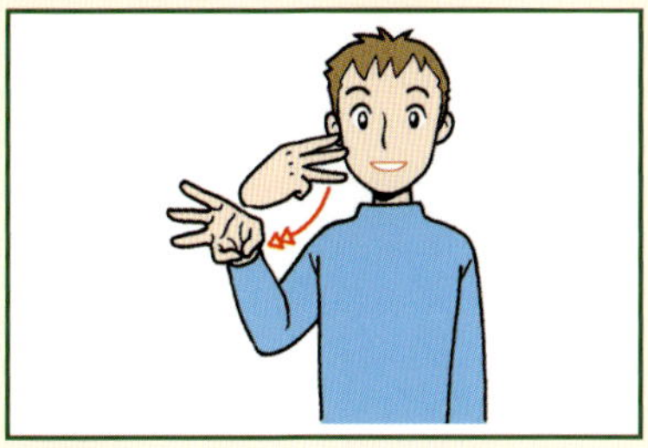

ポイント 右頬のところで３指を伸ばした右手を前のほうへ２回振る。

❻玉名市 (たまなし)

ポイント 右手２指で輪を作って額につけ、はじくように開く動きを２回繰り返す。

❼山鹿市 (やまがし)

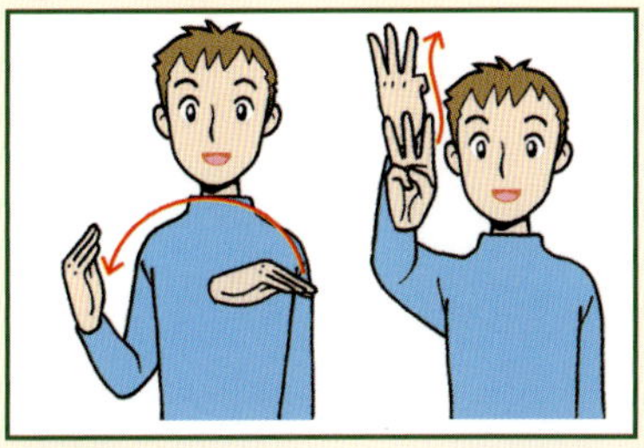

ポイント 右手で左から右へ「山」を描き、右手３指をこめかみの横からひねるように上へあげる。

❽菊池市 (きくちし)

ポイント 両手甲を前に向けて親指を組み、他の４指を翼のように小刻みに前後に動かす。

❾宇土市 (うとし)

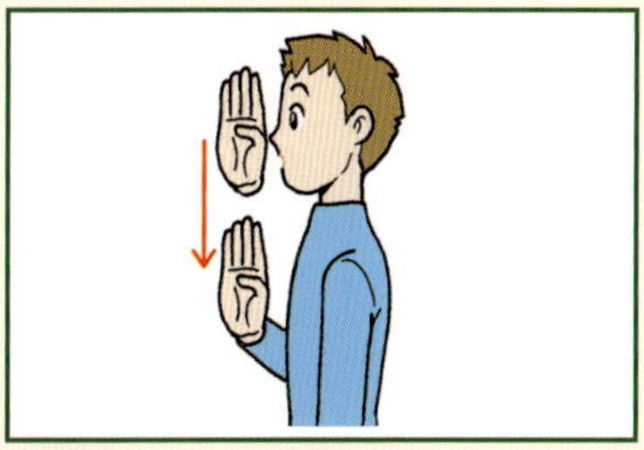

ポイント 親指を折り曲げた右手を顔の中央で上から下へおろす。

⑩上天草市 （かみあまくさし）

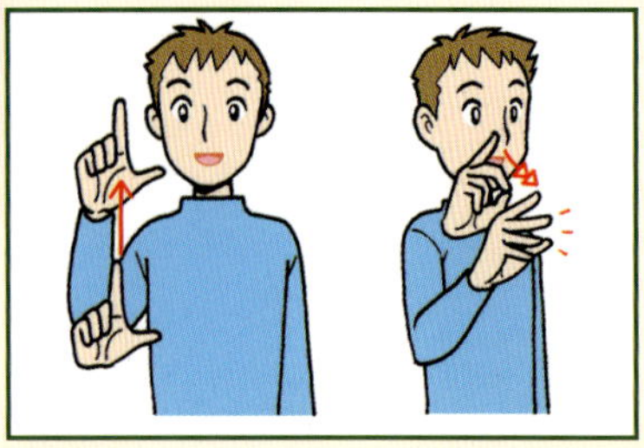

ポイント 「L」にした右手を上にあげ、右手人差指を鼻の横につけ、他の4指をはじきながら前に出す動きを2回繰り返す。

⑪宇城市 （うきし）

ポイント 親指を折り曲げた右手を顔の中央で上から下へおろし、両手人差し指を曲げて指先を向い合せる。

⑫阿蘇市 （あそし）

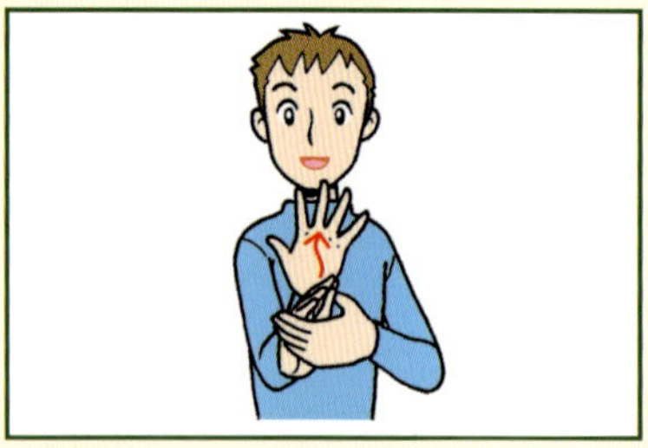

ポイント 左手の中に、指先をすぼめて上向きにした右手を入れ、指を開きながらひねるように上にあげる。

⑬天草市 （あまくさし）

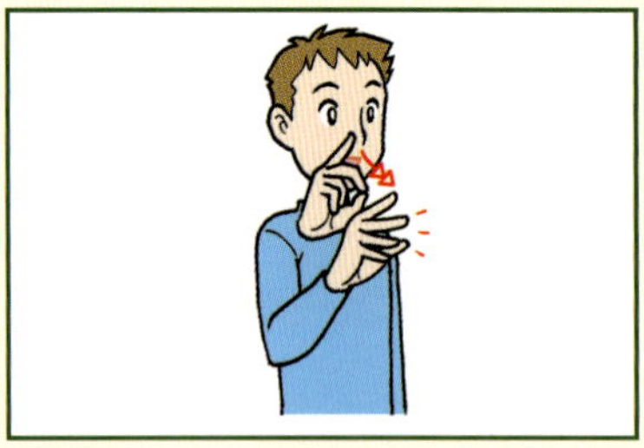

ポイント 右手人差指を鼻の横につけ、他の4指をはじきながら前に出す動きを2回繰り返す。

⑭合志市 （こうしし）

ポイント 両手で円を作る。

大分県 (おおいたけん)

ポイント 左手小指側の手首近くに、輪にした右手２指を置く。

❶大分市 (おおいたし)

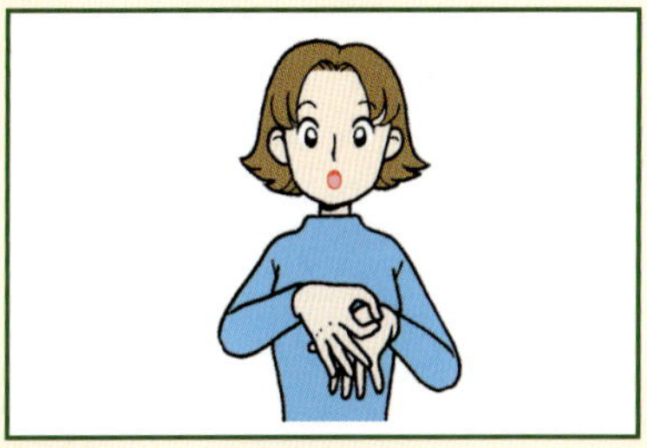

ポイント 左手小指側の手首近くに、輪にした右手２指を置く。

❷別府市 (べっぷし)

ポイント 指文字「ユ」にした右手を左手に２回入れる。

❸中津市 (なかつし)

ポイント 左手２指に右手人差指をあて、指文字「ツ」を表す。

❹日田市A (ひたしA)

ポイント 指文字「ヒ」、「タ」を表す。

❹日田市B (ひたしB)

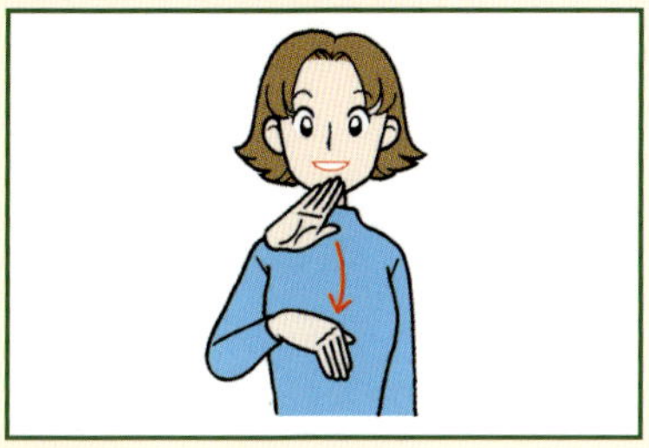

ポイント 右手甲の指をアゴの下につけ、下におろす。

❺佐伯市 (さいきし)

ポイント 両手２指で胸から両肩へなぞる。

❻臼杵市 (うすきし)

ポイント 人差指を立て、親指と中指で「C」にした両手を向い合せる。

❼津久見市 (つくみし)

ポイント 左拳の上から右手で皮をむくしぐさをする。

❽竹田市 (たけたし)

ポイント 左手に右手をはさむように入れ、両手３指を左手甲を前に向けて重ねる。

⑨豊後高田市A （ぶんごたかだしA）

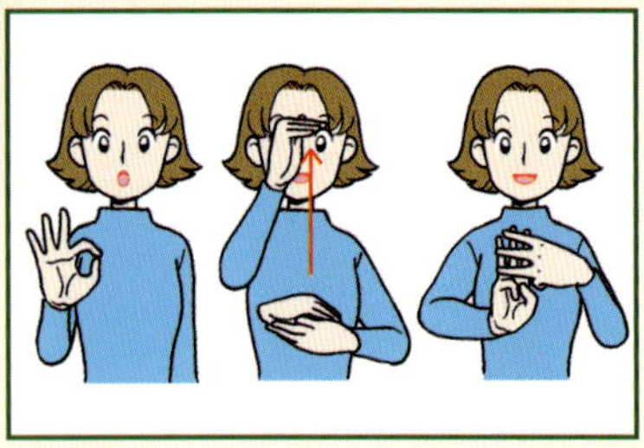

ポイント 右手２指で輪を作り、左手に重ねた右手を上にあげながら指文字「コ」にし、両手３指を重ねる。

⑨豊後高田市B （ぶんごたかだしB）

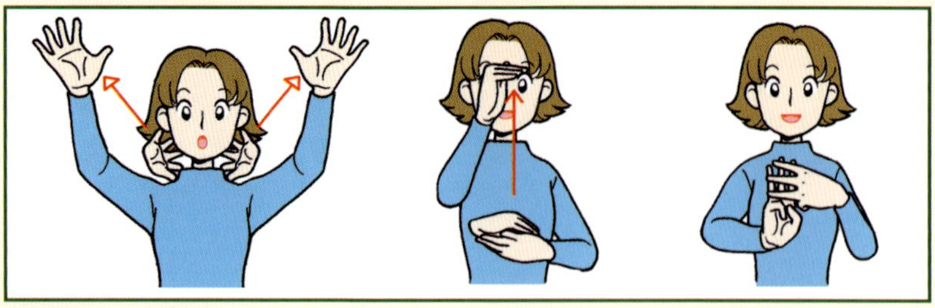

ポイント 両手を首から出しながら開き、左手に重ねた右手をあげながら指文字「コ」にし、両手３指を重ねる。

⑩杵築市 （きつきし）

ポイント 伸ばした２指の親指をこめかみにつける。

⑪宇佐市A （うさしA）

ポイント 指文字「ウ」、「サ」を表す。

⑪宇佐市B （うさしB）

ポイント 両掌を体の前で２回合せる。

⑫豊後大野市 （ぶんごおおのし）

ポイント 両手を首の横から出しながら開き、右手２指を伸ばし左から右へ動かし、指文字「ノ」を表す。

⑬由布市 （ゆふし）

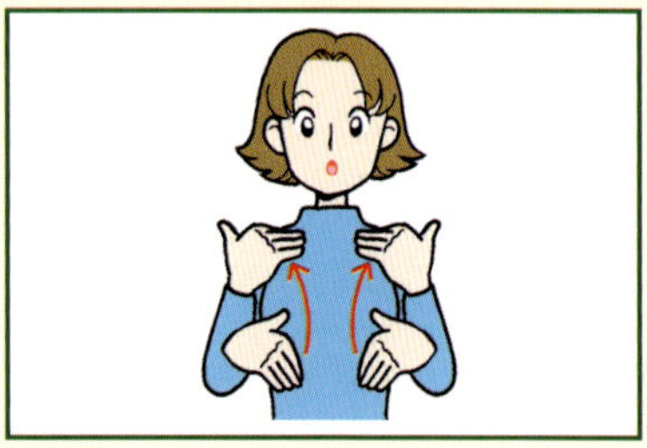

ポイント 少し曲げた両手の指先で胸から両肩へなぞる。

⑭国東市 （くにさきし）

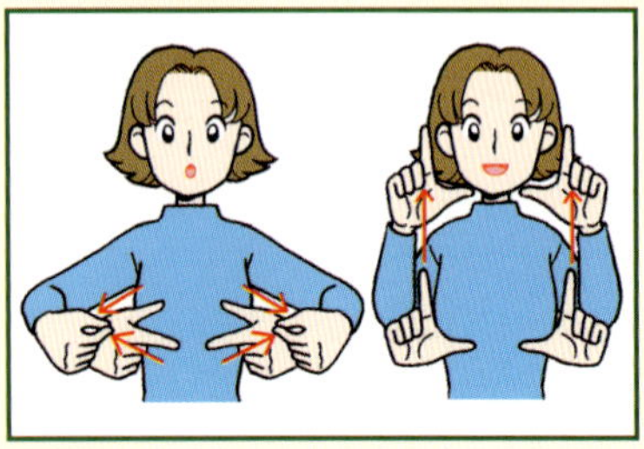

ポイント 両手２指をつまみながら左右へ広げ、「L」にした両手を上にあげる。

宮崎県 (みやざきけん)

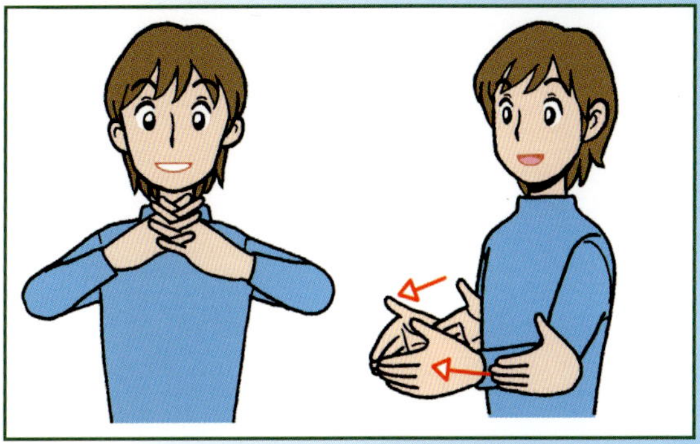

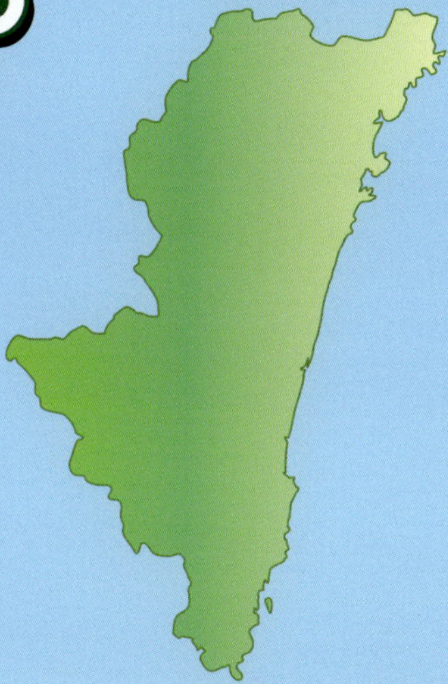

ポイント 両手の指を組み合せ、両手指先を前方でつける。

❶宮崎市 (みやざきし)

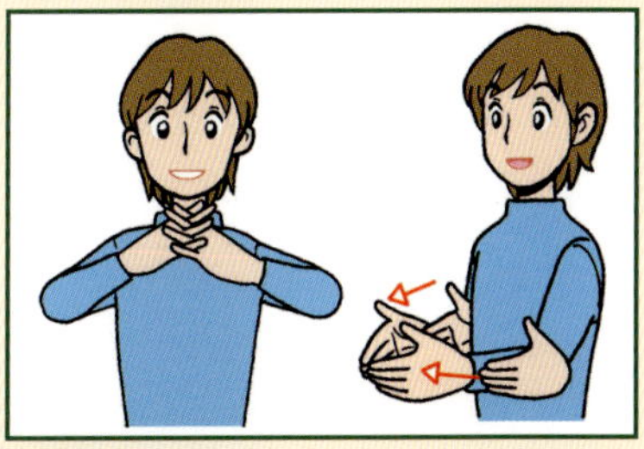

ポイント 両手の指を組み合せ、両手指先を前方でつける。

❷都城市 (みやこのじょうし)

ポイント 両拳を上下にして右に置く。
※都城に陸上自衛隊があり、銃を持つ様子を表します。

❸延岡市A (のべおかしA)

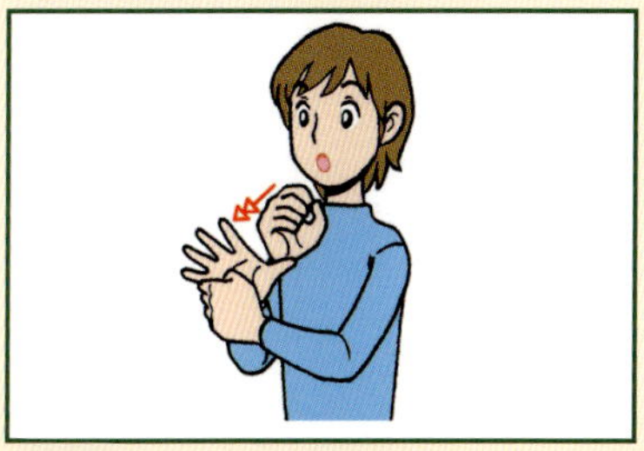

ポイント 指文字「オ」にした右手を開きながら２回左拳につける。

❸延岡市B (のべおかしB)

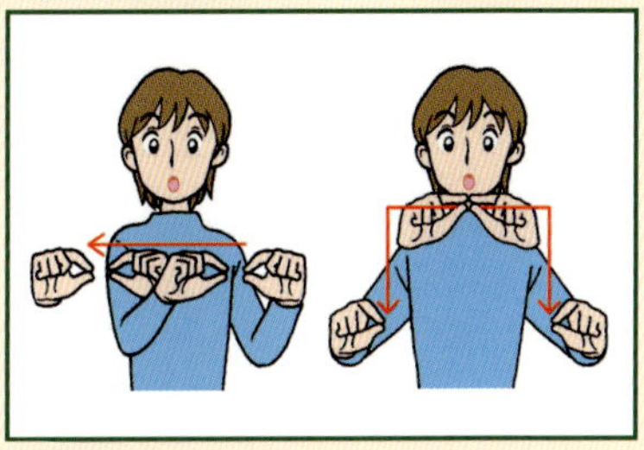

ポイント 両手のつまんだ２指を左から右へ動かし、両手２指で左右にカギ形を描く。

❹日南市 (にちなんし)

ポイント うちわであおぐしぐさをする。

❺小林市 (こばやしし)

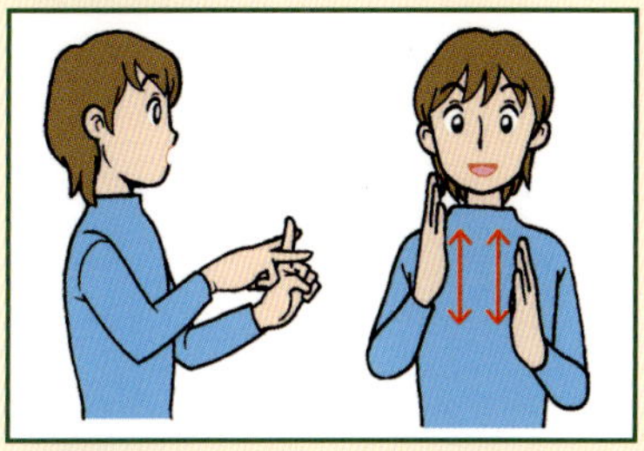

ポイント 左手人差指を右手２指ではさみ、両掌を向い合せて交互に上下させる。

❻日向市 (ひゅうがし)

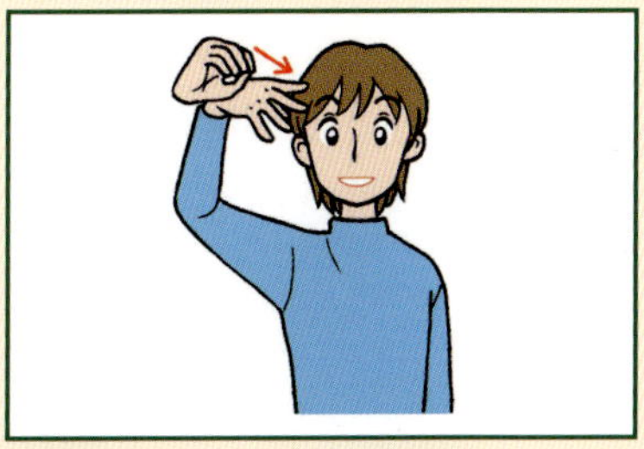

ポイント すぼめた右手を右上から斜めに開く。

❼串間市 (くしまし)

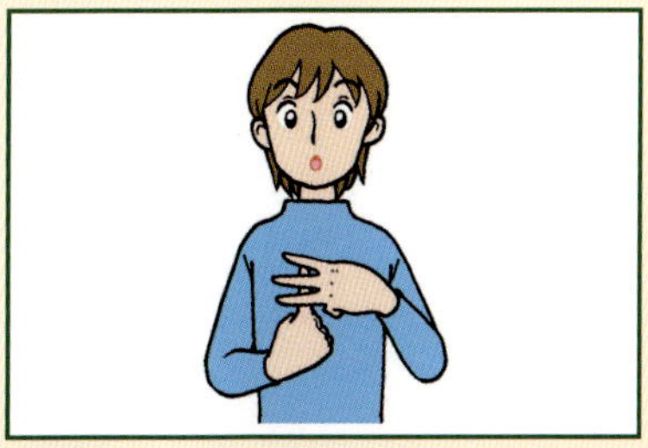

ポイント 左手３指に甲を前にした右手人差指をあてる。

❽西都市 (さいとし)

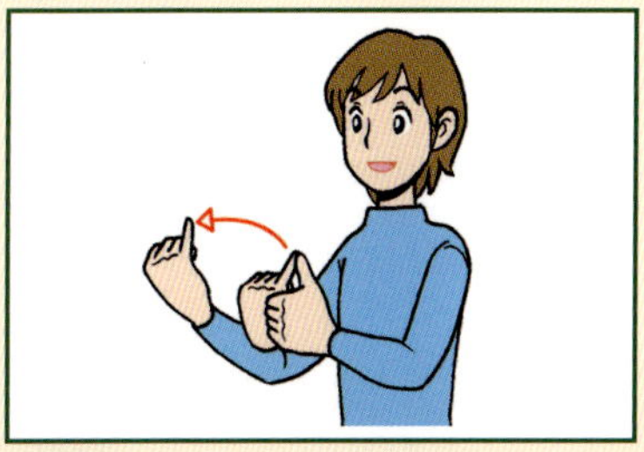

ポイント 左手親指に右手小指をつけて斜め前に出す。

⑨えびの市 （えびのし）

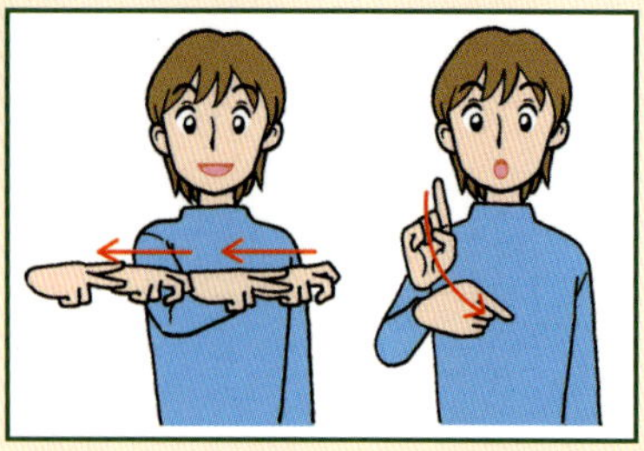

ポイント　２指を曲げたり伸ばしたりしながら横に引き、指文字「ノ」を表す。

鹿児島県（かごしまけん）

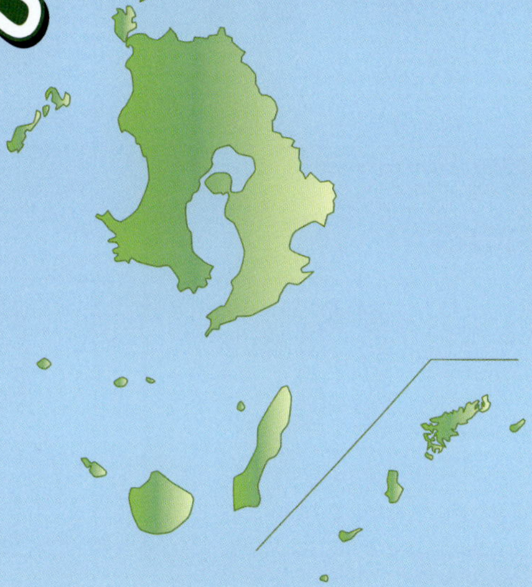

ポイント　右手３指をこめかみの横からひねるように上へあげる。

❶鹿児島市（かごしまし）

ポイント　右手３指をこめかみの横からひねるように上へあげる。

❷鹿屋市A（かのやしA）

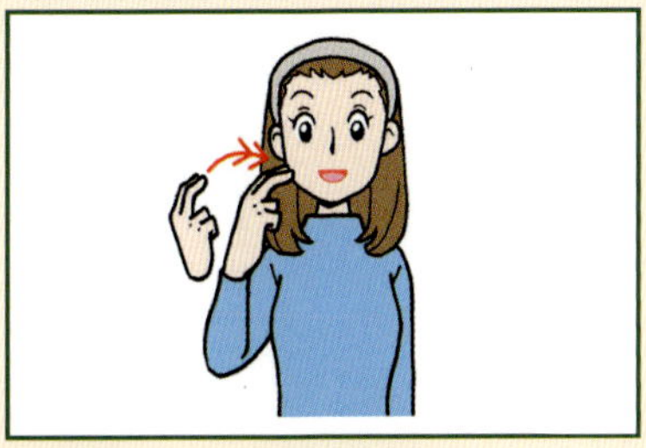

ポイント　折り曲げた２指を頬に２回つける。

❷鹿屋市B（かのやしB）

ポイント　右手３指をこめかみの横からひねるように上へあげ、指文字「ヤ」を表す。

❸枕崎市（まくらざきし）

ポイント　左手人差指に右手人差指を乗せて２回前に出す。

❹阿久根市（あくねし）

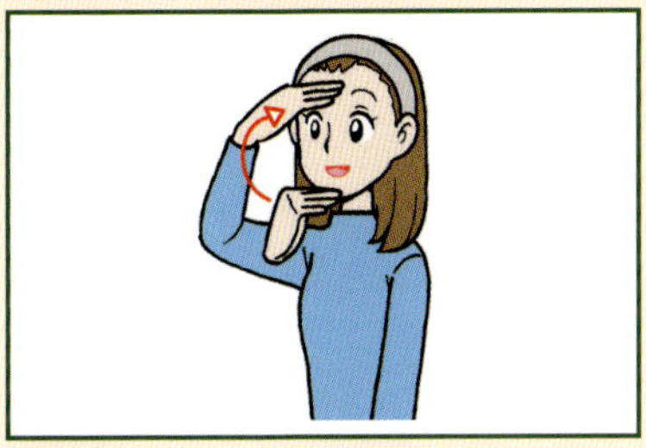

ポイント　右手指先をアゴにつけたあと、額につける。

❺出水市（いずみし）

ポイント　右手２指を口元で閉じる。

❻指宿市（いぶすきし）

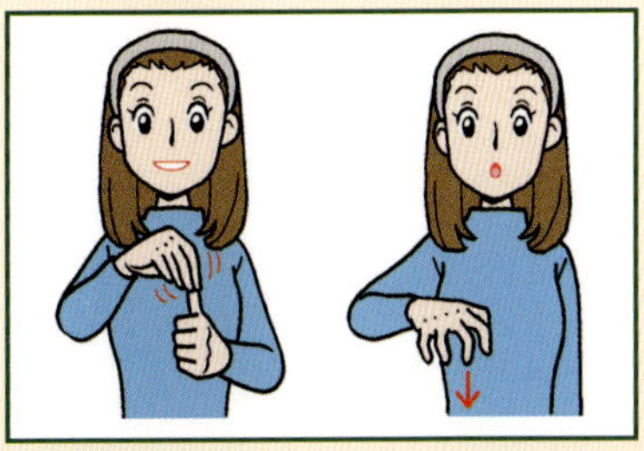

ポイント　左手親指を右手でつまんで小刻みに揺らし、指を折り曲げた右手を体の前に置く。

❼西之表市（にしのおもてし）

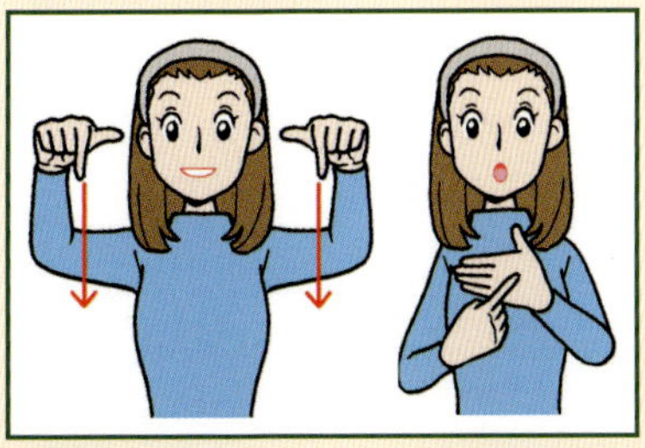

ポイント　「L」にした両手を下にさげ、左手甲を右手人差指で指す。

❽垂水市（たるみずし）

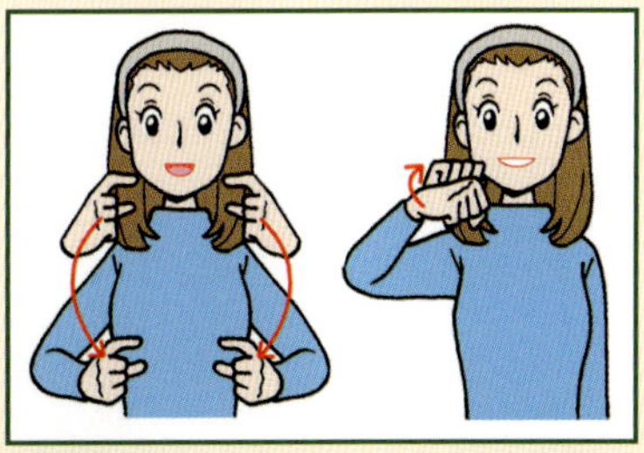

ポイント　「C」にした両手２指で樽の形を描き、水を飲むように口の横で右拳を２回ひねる。

⑨薩摩川内市 （さつませんだいし）

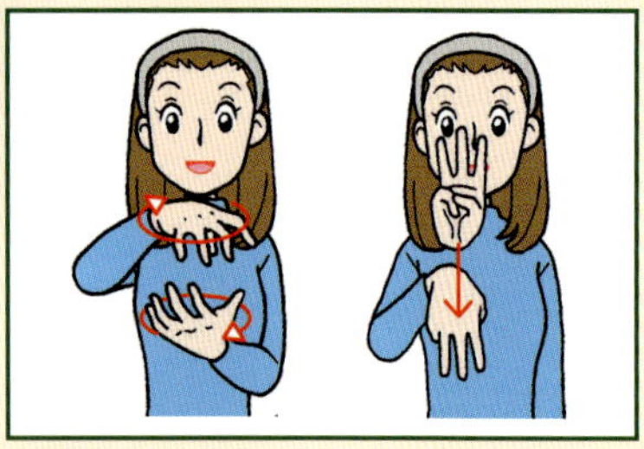

ポイント 指を曲げた両手を上下に向い合せて回し、伸ばした右手３指を下へおろす。

⑩日置市 （ひおきし）

ポイント 「C」にした右手２指を体の前で回す。

⑪曽於市 （そおし）

ポイント 右手で、左手の肩、手首をつまむ。

⑫霧島市 （きりしまし）

ポイント 指を開いた両手を左右から前へ交差させる。

⑬いちき串木野市 （いちきくしきのし）

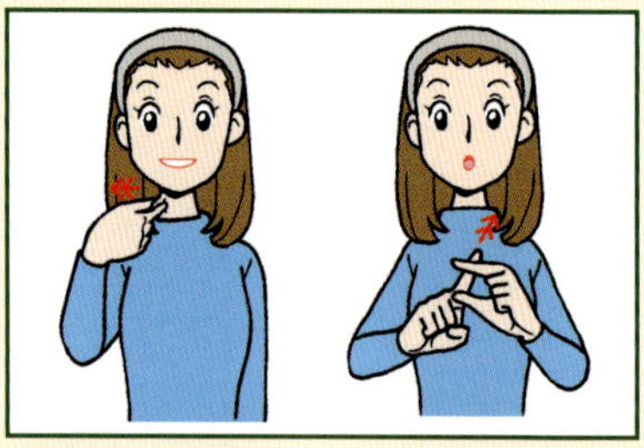

ポイント 首の皮を右手で２回引っ張り、左手２指に右手人差指を下から刺すように２回動かす。

⑭南さつま市 （みなみさつまし）

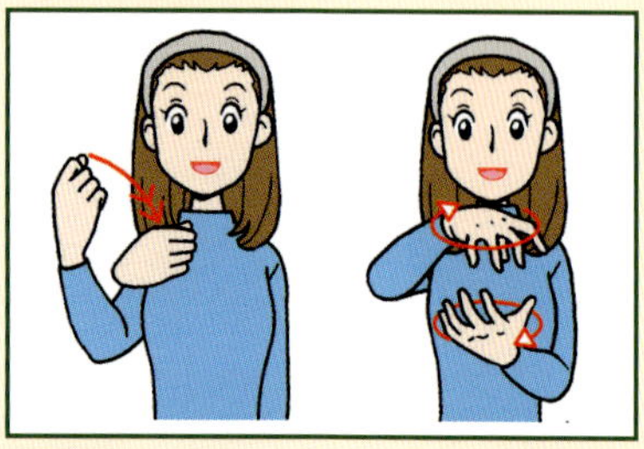

ポイント うちわであおぐしぐさをし、指を曲げた両手を上下に向い合せて回す。

⑮志布志市 （しぶしし）

ポイント 親指を立てた両手をつけ合わせ、交互に半回転させる。

⑯奄美市 （あまみし）

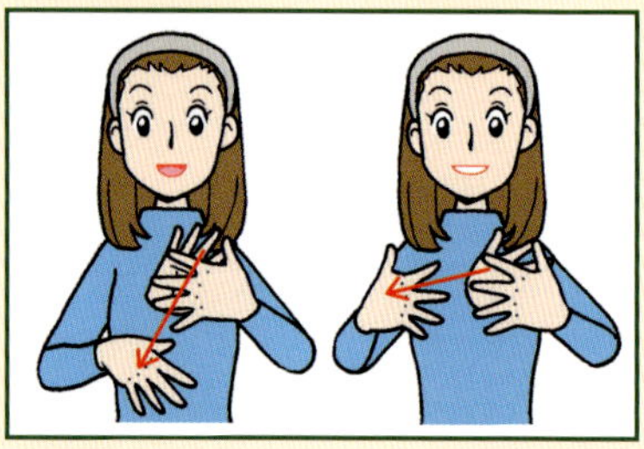

ポイント 左掌の上で、右手を上から下へおろし、返して左から右へ動かす。

⑰南九州市 （みなみきゅうしゅうし）

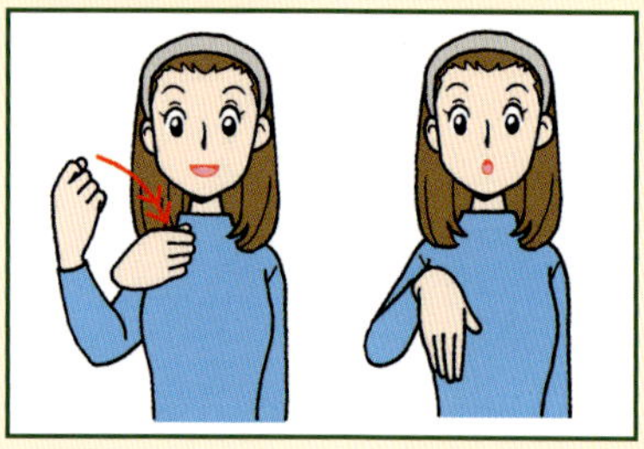

ポイント うちわであおぐしぐさをし、指文字「ク」にした右手を下に向ける。

⑱伊佐市 （いさし）

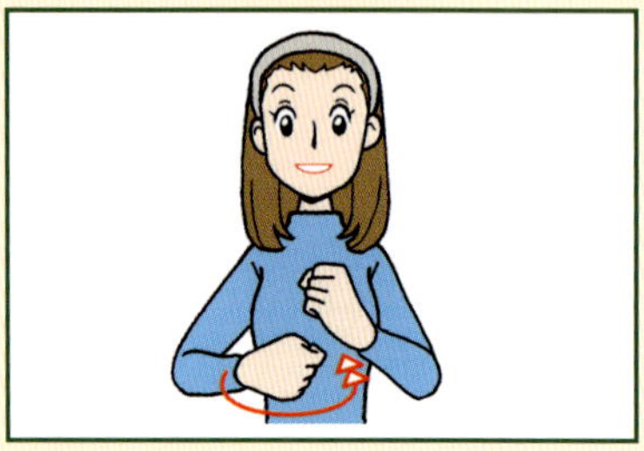

ポイント 左拳の下を、鎌で刈るように右手を回す。

沖縄県 (おきなわけん)

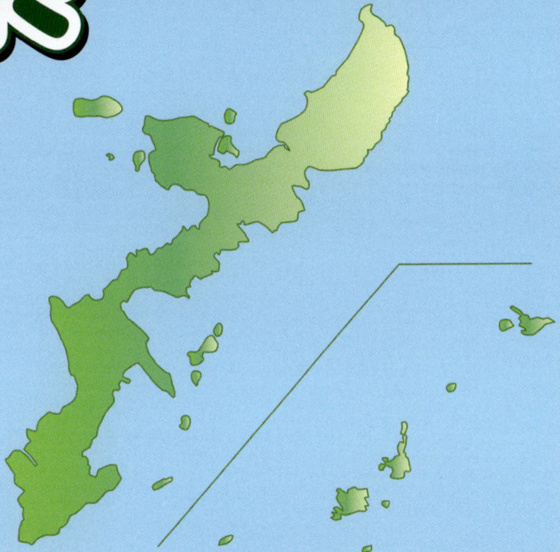

ポイント 右手２指をこめかみの横からひねるように上へあげる。

❶那覇市 (なはし)

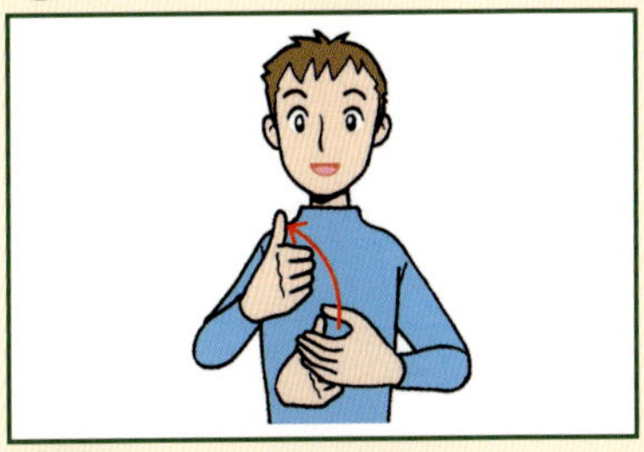

ポイント 「C」にした左手の下から親指を立てた右手を上にあげる。

❷宜野湾市 (ぎのわんし)

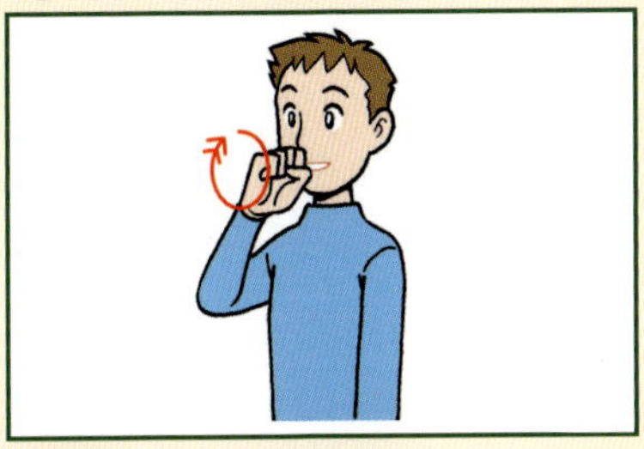

ポイント 右拳を口の前で小さく回す。

❸石垣市 (いしがきし)

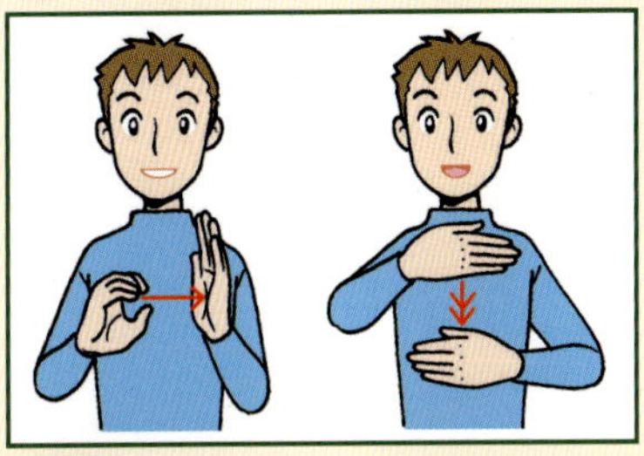

ポイント 左掌に右手指先をつけ、甲を前に向けた左手の上に右手を２回あてる。

❹浦添市 (うらそえし)

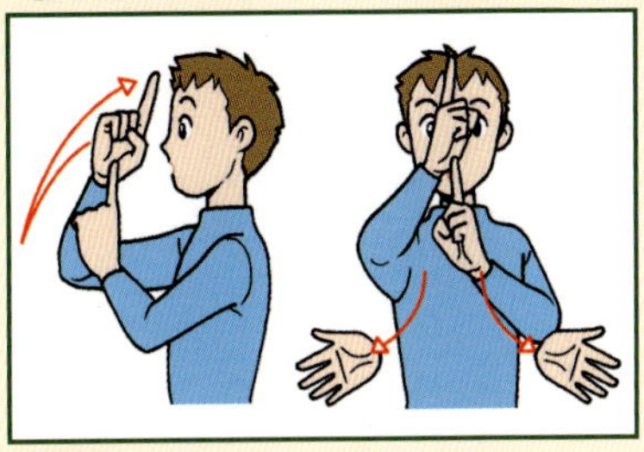

ポイント 両手の人差指を上下につけ、釣りあげるように上にあげ、おろしながら両手を開く。

❺名護市 (なごし)

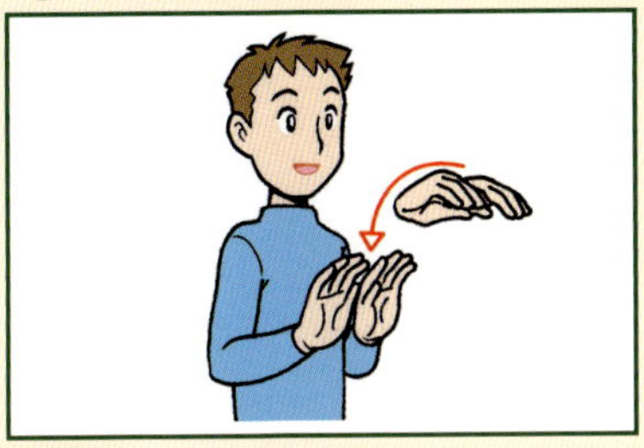

ポイント 少し曲げた両手を上から弧を描くようにおろす。

❻糸満市 (いとまんし)

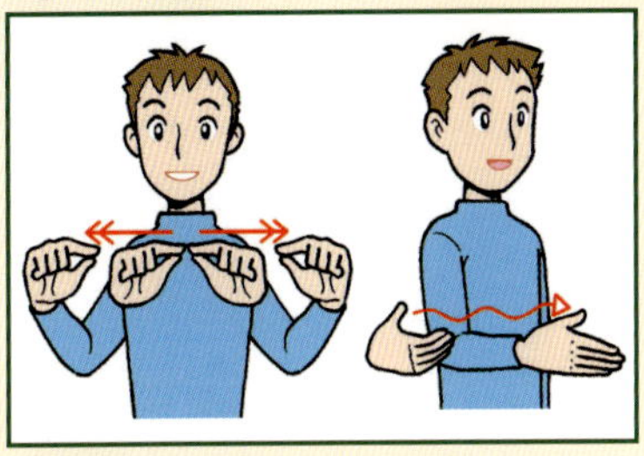

ポイント つまんだ両手２指の先をつけ左右に２回離し、右手を振りながら斜め前に出す。

❼沖縄市 (おきなわし)

ポイント 右手２指をこめかみの横からひねるように上へあげる。

❽豊見城市 (とみぐすくし)

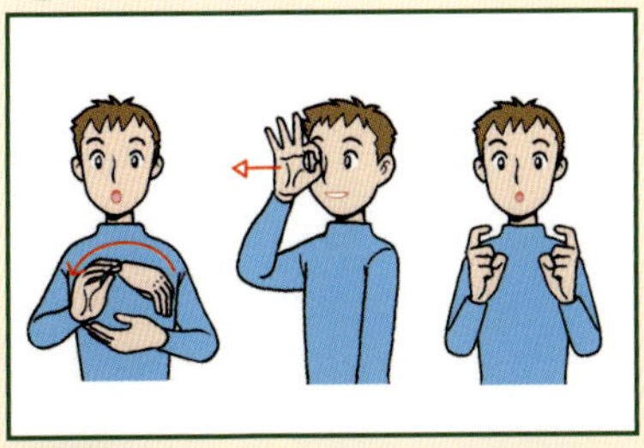

ポイント 左掌の上で右手で弧を描き、２指の輪の右手を目から前方に出し、両手人差指を曲げて指先を向い合せる。

❾うるま市 (うるまし)

ポイント ５指で「L」の形にした左手の横で指文字「ウ」にした右手を回す。

⑩宮古島市 （みやこじまし）

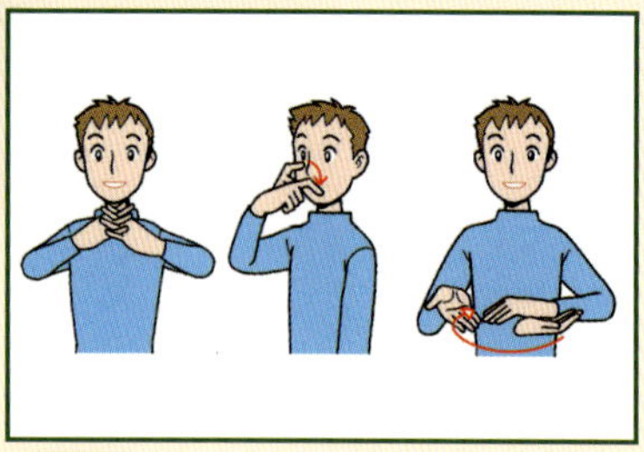

ポイント 両手の指を組み合せ、人差指を曲げて鼻の前で回し、伏せた左手の小指側から、掌を上にした右手を回す。

⑪南城市 （なんじょうし）

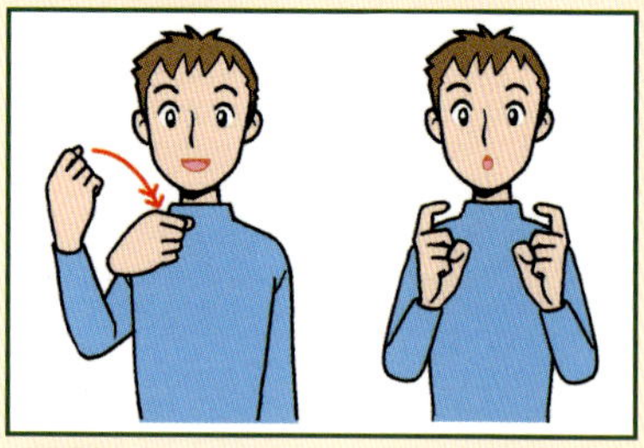

ポイント うちわであおぐしぐさをし、両手人差指を曲げて向い合せる。

チャレンジ！

にっぽんクイズ【解答】

問題1 日本一面積の大きい市は？

c 岐阜県高山市（2,177.67km^2） ※2007年10月1日現在

問題2 日本一面積の小さい市は？

a 埼玉県蕨市（5.10km^2） ※2007年10月1日現在

問題3 海に面していない県はどれとどれ？

a～hのの8つ（栃木県・群馬県・埼玉県・長野県・山梨県・岐阜県・滋賀県・奈良県）

問題4 東京ディズニーランドは何市にある？

b 千葉県浦安市

問題5 甲子園球場は何市にある？

c 兵庫県西宮市

問題6 皇居は、東京の何区にある？

b 千代田区

問題7 旧国名「阿波」、これは今の何県？

a 徳島県

問題8 日本で2つだけ、「同一市名」があります。これは何市と何市？

府中市（東京都・広島県）と伊達市（北海道・福島県）

都道府県加盟団体連絡先および地名手話本の紹介

	団体名	地名手話書籍名	定価
北海道	(社)北海道ろうあ連盟	『北海道の手話』(2005年発行)	1,200円
東北	(社)青森県ろうあ協会		
	(社)岩手県ろうあ協会		
	(社)宮城県ろうあ協会		
	秋田県聴力障害者協会		
	山形県聴力障害者協会		
	(社)福島県聴覚障害者協会		
関東	(社)茨城県聴覚障害者協会		
	栃木県聴覚障害者協会		
	群馬県聴覚障害者団体連合会		
	(社)埼玉県聴覚障害者協会		
	(社福)千葉県聴覚障害者協会		
	(社)東京都聴覚障害者連盟		
	神奈川県聴覚障害者連盟		
	(社)山梨県聴覚障害者協会	『山梨の手話』	800円
北信越	(社)新潟県聴覚障害者協会		
	(社福)長野県聴覚障害者協会		
	(社福) 富山県聴覚障害者協会		
	(社福)石川県聴覚障害者協会		
	福井県聴力障害者福祉協会		
東海	(社)岐阜県聴覚障害者協会	DVD『岐阜県の手話』(2009年2月現在、制作中)	
	(社)静岡県聴覚障害者協会		
	(社)愛知県聴覚障害者協会		
	(社)三重県聴覚障害者協会		
近畿	(社)滋賀県ろうあ協会		
	(社)京都府聴覚障害者協会		
	(社)大阪聴力障害者協会		
	(社)兵庫県聴覚障害者協会		
	(社)奈良県聴覚障害者協会		
	(社)和歌山県聴覚障害者協会	『和歌山の手話』	700円
中国	鳥取県ろうあ団体連合会		
	島根県ろうあ連盟		
	(社)岡山県聴覚障害者福祉協会		
	(社)広島県ろうあ連盟	『聞こえない人とのコミュニケーション』	100円
		『ひろしま 手話学習のてびきⅢ』	1,200円
	(社)山口県ろうあ連盟		
四国	徳島県聴覚障害者福祉協会		
	(社)香川県ろうあ協会	『香川の手話』	800円
	愛媛県聴覚障害者協会		
	(社) 高知県聴覚障害者協会		
九州	(社福)福岡県聴覚障害者協会		
	佐賀県聴覚障害者協会		
	長崎県ろうあ福祉協会		
	(財)熊本県ろう者福祉協会		
	(社福)大分県聴覚障害者協会		
	(社福)宮崎県聴覚障害者協会		
	鹿児島県聴覚障害者協会		
	沖縄県聴覚障害者協会		

※本書に収録の表現のほかに地方の伝統的表現などがある県・市もあります。詳しくは上記団体へお問い合せください。

	申込先および問い合わせ先			
	060-0002	札幌市中央区北２条西７丁目　道民活動センター４Ｆ	TEL 011-221-2695	FAX 011-281-1289
	030-0944	青森市筒井字八ツ橋７６－９　県聴覚障害者情報センター内	TEL 017-728-2279	FAX 017-728-2273
	020-0831	盛岡市三本柳１３地割４２番１号	TEL 019-601-2020	FAX 019-601-2021
	983-0836	仙台市宮城野区幸町４－６－２　宮城県障害者福祉センター内	TEL 022-293-5531	FAX 022-293-5532
	010-0922	秋田市旭北栄町１－５　県社会福祉会館１Ｆ	TEL 018-864-2782	FAX 018-864-2782
	990-0041	山形市緑町１－９－３０　山形県新築西通り会館３Ｆ	TEL 023-615-3582	FAX 023-615-3583
	960-8141	福島市渡利字七社宮１１１　県総合社会福祉センター内	TEL 024-522-0681	FAX 024-522-0681
	310-0844	水戸市住吉町３４９－１　県立聴覚障害者福祉センター「やすらぎ」内	TEL 029-248-0882	FAX 029-246-0998
	320-8508	宇都宮市若草１－１０－６　とちぎ福祉プラザ内	TEL 028-621-8010	FAX 028-621-7896
	371-0843	前橋市新前橋町１３－１２　県社会福祉総合センター内	TEL 027-255-6404	FAX 027-255-6870
	338-8522	さいたま市浦和区大原３－10－１　県障害者交流センター内	TEL 048-824-5277	FAX 048-825-0774
	260-0022	千葉市中央区神明町２０４－１２	TEL 043-308-6372	FAX 043-308-5562
	150-0011	渋谷区東１－２３－３　東京聴覚障害者自立支援センター３Ｆ	TEL 03-5464-6055	FAX 03-5464-6057
	251-0052	藤沢市藤沢９３３－２　神奈川県聴覚障害者福祉センター内	TEL 0466-27-9124	FAX 0466-26-5454
	400-0041	甲府市上石田３－１９－２３　南西ハイツ１０４号	TEL 055-226-4450	FAX 055-226-3310
	950-0121	新潟市江南区亀田向陽１－９－１　新潟ふれ愛プラザ内	TEL 025-381-1956	FAX 025-381-4699
	381-0008	長野市下駒沢５８６　県障害者福祉センター内	TEL 026-295-3612	FAX 026-295-3610
	930-0806	富山市木場町２－２１　富山県聴覚障害者センター	TEL 076-441-7331	FAX 076-441-7305
	920-0964	金沢市本多町３－１－１０　県聴覚障害者センター内	TEL 076-264-8615	FAX 076-261-3021
	910-0026	福井市光陽２－３－２２　県社会福祉センター内	TEL 0776-22-2538	FAX 0776-22-0321
	500-8384	岐阜市薮田南５－１４－５３　岐阜県　県民ふれあい会館６Ｆ	TEL 058-278-1301	FAX 058-274-1800
	420-0856	静岡市葵区駿府町１－７０　県総合社会福祉会館５Ｆ	TEL 054-254-6303	FAX 054-254-6294
	460-0001	名古屋市中区三の丸１－７－２　桜華会館内	TEL 052-221-8545	FAX 052-221-8154
	514-0003	津市桜橋２－１３１　県社会福祉会館内	TEL 059-229-8540	FAX 059-223-4330
	525-0032	草津市大路２－１１－３３　県立聴覚障害者センター内	TEL 077-564-7722	FAX 077-564-4157
	604-8437	京都市中京区西ノ京東中合町２　京都市聴覚言語障害センター気付	TEL 075-841-8433	FAX 075-841-8433
	540-0012	大阪市中央区谷町５－４－１３　大阪府谷町福祉センター大阪ろうあ会館内	TEL 06-6761-1394	FAX 06-6768-3833
	650-8691	神戸市中央区相生町２－２－８　新神戸ビル東館２Ｆ	TEL 078-371-5613	FAX 078-371-0277
	634-0061	橿原市大久保町３２０－１１　県社会福祉総合センター	TEL 0744-29-0133	FAX 0744-29-0134
	640-8034	和歌山市駿河町３５　県身体障害者総合福祉会館内	TEL 073-433-4324	FAX 073-433-4380
	680-0846	鳥取市扇町２１番地　鳥取県立生涯学習センター　県民ふれあい会館内	TEL 0857-32-6070	FAX 0857-32-6071
	690-0011	松江市東津田町１７４１－３　いきいきプラザ島根２Ｆ	TEL 0852-32-5922	FAX 0852-32-5922
	700-0807	岡山市南方２－１３－１　県総合福祉・ボランティア・ＮＰＯ会館（きらめきプラザ）４Ｆ	TEL 086-224-2275	FAX 086-224-2270
	732-0816	広島市南区比治山本町１２－２　県社会福祉会館内	TEL 082-252-0303	FAX 082-252-0303
	747-1221	山口市鋳銭司南原２３６４－１　県聴覚障害者情報センター	TEL 083-986-2818	FAX 083-986-2818
	770-0005	徳島市南矢三町２－１－５９　徳島県立障害者交流プラザ内	TEL 088-631-1666	FAX 088-631-1666
	761-8074	高松市太田上町４０５－１　県聴覚障害者福祉センター内	TEL 087-868-9200	FAX 087-867-2166
	790-0811	松山市本町６－１１－５　県視聴覚福祉センター内	TEL 089-923-7928	FAX 089-923-7928
	780-0928	高知市越前町２－４－１５　県盲ろう福祉会館３Ｆ	TEL 088-822-2794	FAX 088-875-5307
	816-0804	春日市原町３－１－７　クローバープラザ３Ｆ	TEL 092-582-2414	FAX 092-582-2419
	840-0851	佐賀市天祐１－８－５　県総合福祉センター内	TEL 0952-22-7307	FAX 0952-22-7307
	852-8114	長崎市橋口町１０－２２　長崎県聴覚障害者情報センター	TEL 095-847-2681	FAX 095-847-2572
	862-0950	熊本市水前寺６－９－４　熊本聴覚障害者総合福祉センター内	TEL 096-383-5587	FAX 096-384-5937
	870-0907	大分市大津町１－９－５	TEL 097-551-2152	FAX 097-556-0556
	880-0051	宮崎市江平西２－１－２０　県立聴覚障害者センター内	TEL 0985-38-8733	FAX 0985-29-2279
	890-0021	鹿児島市小野１－１－１　「ハートピアかごしま」３Ｆ	TEL 099-228-6357	FAX 099-228-6357
	903-0804	那覇市首里石嶺町４－３７３－１　沖縄県総合福祉センター西棟３Ｆ	TEL 098-886-8355	FAX 098-882-5911

指文字

あ

アルファベット「a」の形

い

アルファベット「i」の形

う

アルファベット「u」の形

え

アルファベット「e」の形

お

アルファベット「o」の形

か

アルファベット「k」の形

き

きつねの影絵

く

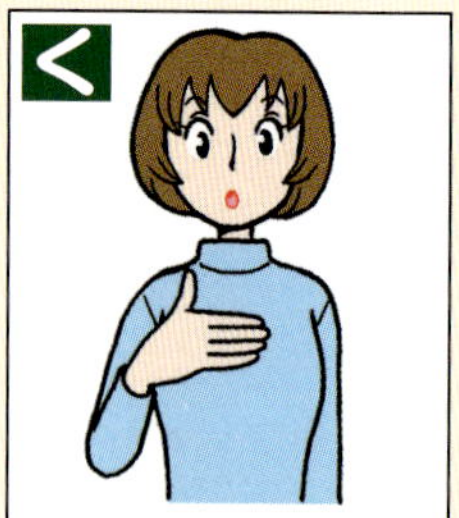

手話の数詞「9」の形

け

アルファベット「b」の形

こ

カタカナの「コ」の形

さ

アルファベット「s」の形

し

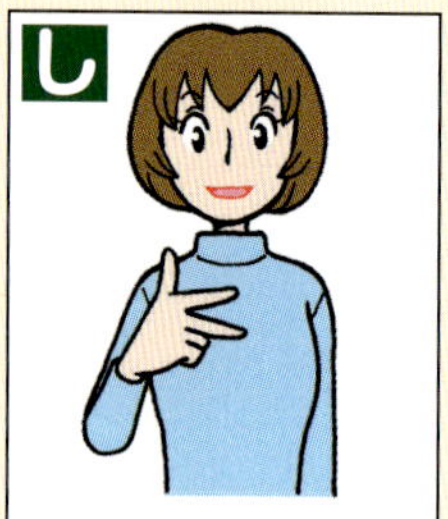

手話の数詞「7」の形

す

カタカナの「ス」の形

せ

背高のっぽ指の「せ」

そ

「それ」指示代名詞

た

アルファベット「t」の形

ち

カタカナの「チ」

つ

カタカナの「ツ」

て

「手」そのものを示す

と

「貴方と私」の「と」

な

アルファベット「n」の形

に

カタカナの「ニ」の形

ぬ

手話の「盗む」を示す

ね

「木の根」の「ね」を示す

の

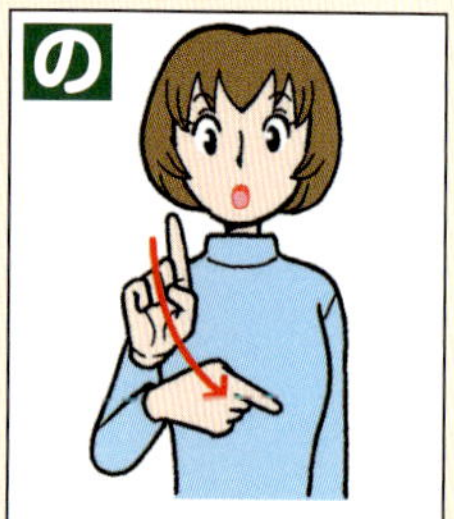

カタカナの「ノ」

は

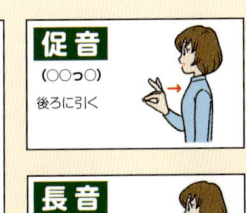

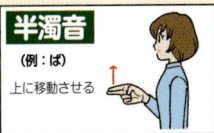

アルファベット「h」の形

ひ

手話の数詞「1」の形

ふ

カタカナの「フ」の形

へ

カタカナの「ヘ」の形

ほ

「帆」の形を形象

ま

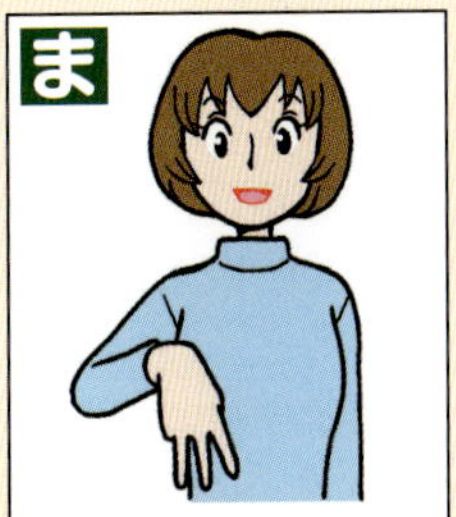

アルファベット「m」の形

み

手話の数詞「3」の形

む

手話の数詞「6」の形

め

「目」の形を形象

も

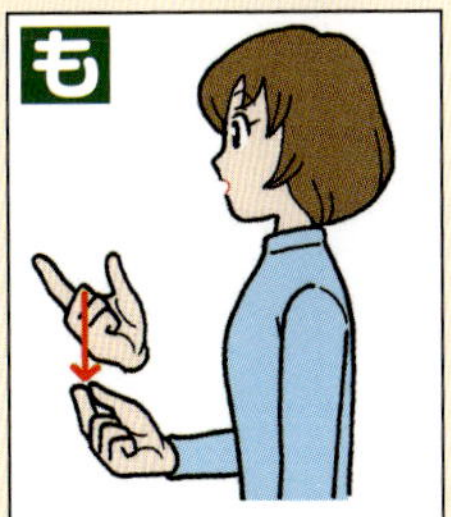

手話の「勿論…同じ」を示す

や

アルファベット「Y」の形

ゆ

温泉「♨」の湯気を形象

よ

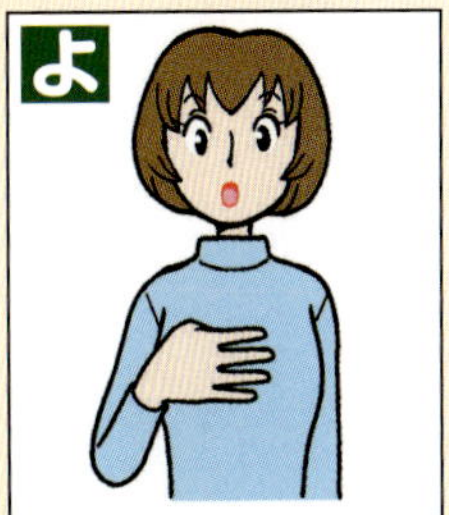

手話の数詞「4」の形

ら

アルファベット「R」の形

り

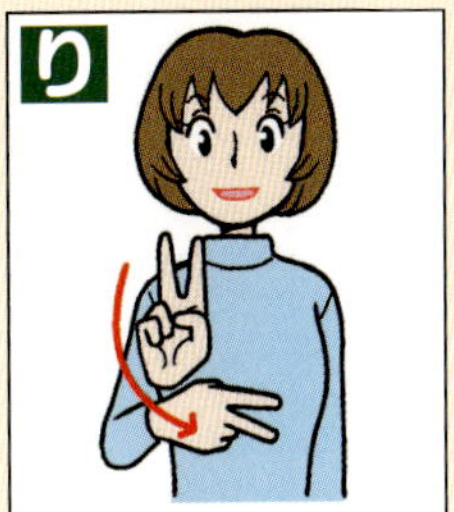

カタカナの「リ」の形

る

カタカナの「ル」の形

れ

カタカナの「レ」の形

ろ

カタカナの「ロ」の形

わ

アルファベット「W」の形

を

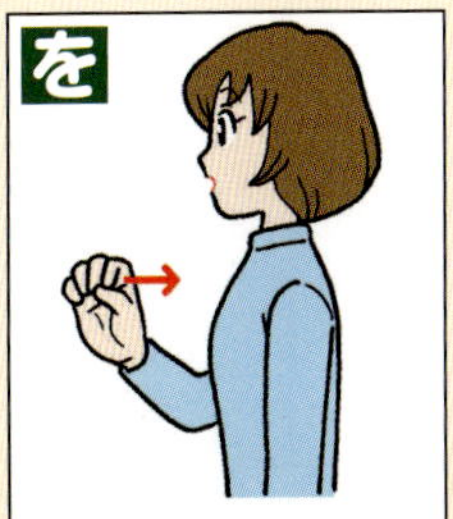

アルファベット「O」の形

ん

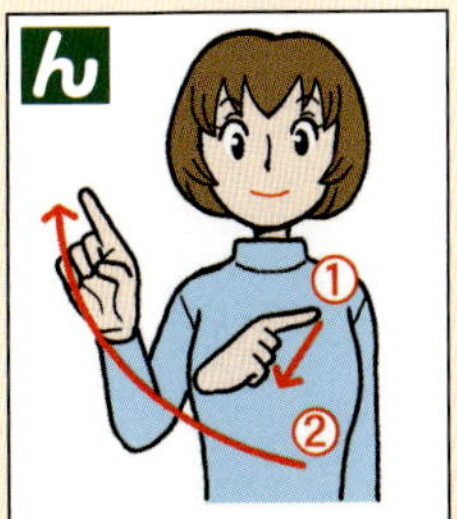

カタカナの「ン」

促音

(○○っ○)

後ろに引く

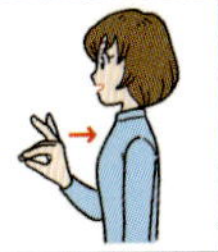

濁音

(例：が)

横に移動させる

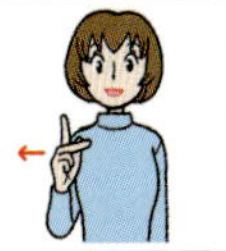

長音

(○○ー○)

人差指で「|」と空書きする

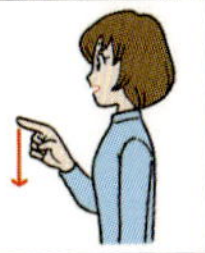

半濁音

(例：ぱ)

上に移動させる

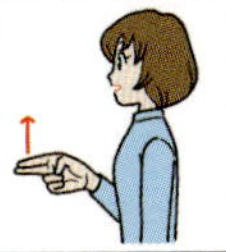

索引（市・区名手話）

あ行

か行

さ 行

た 行

な 行

は 行

ま 行

や 行

ら 行

わ 行

全国地名手話マップ　都道府県・市・東京23区の表現を収録！

発行日　2009年2月1日　初版　第一刷
◆イラスト　米山ともこ
◆デザイン　仁木　尚美
◆手話監修　社会福祉法人全国手話研修センター　日本手話研究所
◆編集・発行　財団法人全日本ろうあ連盟　出版局
〒162-0801
東京都新宿区山吹町130　SKビル8F
電話　03-3268-8847
FAX　03-3267-3445
URL　http://www.jfd.or.jp
全日本ろうあ連盟
携帯サイト
◆印刷/製本　日本印刷株式会社